I0796361

neukirchener
theologie

Die Botschaft des Neuen Testaments

Herausgegeben von Walter Klaiber

Roland Gebauer
Die Apostelgeschichte

Neukirchener Theologie

Roland Gebauer

Die Apostelgeschichte

Teilband 1: Apg 1–12

2014

Neukirchener Theologie

Dieses Buch wurde auf FSC-zertifiziertem Papier gedruckt. FSC (Forest Stewardship Council) ist eine nichtstaatliche, gemeinnützige Organisation, die sich für eine ökologische und sozialverantwortliche Nutzung der Wälder unserer Erde einsetzt.

Bibliografische Information der Deutschen Nationalbibliothek

Die Deutsche Nationalbibliothek verzeichnet diese Publikation in der Deutschen Nationalbibliografie; detaillierte bibliografische Daten sind im Internet über http://dnb.d-nb.de abrufbar.

Umschlaggestaltung: Andreas Sonnhüter, Niederkrüchten
Lektorat: Volker Hampel, Neukirchen-Vluyn
DTP: Volker Hampel, Neukirchen-Vluyn
Gesamtherstellung: Hubert & Co., Göttingen
Printed in Germany
ISBN 978-3-7887-2864-9 (Print)
ISBN 978-3-7887-2865-6 (E-Book-PDF)
www.neukirchener-verlage.de

Für Christine

Vorwort

Die Apostelgeschichte hat etwas Faszinierendes und zugleich Befremdendes – auf der einen Seite ihr Inhalt: der unaufhaltsame »Siegeszug« der Heilsbotschaft von Jesus Christus in der antiken Welt des östlichen Mittelmeerraums – auf der anderen Seite die Geschichtlichkeit dieses Inhalts: Was sich damals mehr oder weniger so abgespielt hat (schon allein das kann bisweilen befremdlich wirken), ist vergangen. Worin liegt seine bleibende Bedeutung?

Diese Frage hat eine andere Dimension als bei den Evangelien. Sie handeln immerhin von der Geschichte Jesu, in dem Gott sich nach christlichem Glauben ein für alle Mal als Mensch zum Heil aller Menschen geoffenbart hat. Von daher hat diese einzigartige Geschichte einen zeitübergreifenden Charakter.

Bei der Apostelgeschichte ist das anders. Was in ihr geschildert wird, ist lediglich der Anfang einer Geschichte, die bis zum heutigen Tag andauert und über ihn hinausgehen wird: die Ausbreitung des Evangeliums und seiner heilend-rettenden Macht unter den Völkern der Welt. Und doch hat diese Geschichte gerade als solche eine bleibende Bedeutung. Sie veranschaulicht nämlich in eindrucksvoller Weise, dass das, was Gott in der Geschichte Jesu begonnen hat, in der Tat für die Menschen aller Völker fortan die Eröffnung des Lebens mit sich bringt, zu dem sie von Gott geschaffen sind – indem sie sich »von der Finsternis zum Licht hinwenden« und »Vergebung der Sünden« und Anteil am ewigen Leben empfangen (so in Anlehnung an Apg 26,18). Dass dies keine Geschichte ist, die von Menschen geschrieben wird – sosehr es eine Geschichte von Menschen unter Menschen ist –, sondern ein Geschehenszusammenhang, in dem letztlich Gott am Werk ist, macht die Apostelgeschichte von der ersten bis zur letzten Seite deutlich. Auch hierin beschreibt sie eine Wirklichkeit, mit der wir es, Gott sei Dank, bis heute noch zu tun haben.

Zugleich zeigt die Apostelgeschichte aber auch die Kehrseite der Medaille auf: den Widerstand gegen das Evangelium von Jesus Christus und die Verweigerung des Glaubens an ihn. So wirft sie eine bis heute brennende Frage auf: Wie ist es zu erklären, dass unzählige Menschen vom Evangelium, und damit vom Heil Gottes, nicht erreicht werden, obwohl es ihnen begegnet? Ihre

Antwort lautet ebenso eindeutig wie rätselhaft: weil in der Geschichte des Evangeliums nicht nur Menschen handeln, sondern Gott selbst am Werk ist. Dass sie dieses Problem ausgerechnet am Beispiel des Gottesvolkes Israel veranschaulicht, lässt die Apostelgeschichte nicht nur angesichts des christlich-jüdischen Dialogs zu einer ungemein herausfordernden Lektüre werden.

Die vorliegende Auslegung geht diesen (und anderen) Fragen immer wieder nach. Gleichwohl bemüht sie sich in erster Linie um eine Erklärung dessen, »was da steht«. Gemäß dem Anliegen dieser Kommentarreihe liegt dabei der Schwerpunkt auf der Botschaft, die Lukas mit seinem zweiten Werk vermitteln will. So kommen die angesprochenen Themen immer wieder in den Blick.

Dass dieser Kommentar in zwei Bänden erscheint, war so nicht vorgesehen. Doch zum einen fällt er vom Umfang her länger aus als gedacht. Zum anderen hindern mich die Pflichten des Rektorenamts seit einem knappen Jahr an der Fertigstellung der noch ausstehenden Arbeiten. Gleichwohl ist geplant, den zweiten Band im nächsten Jahr folgen zu lassen.

Herzlich danken möchte ich Dr. Walter Klaiber, der mich eingeladen hat, diesen Kommentar zur Reihe der »Botschaft des Neuen Testaments« beizusteuern, und dessen kritische Durchsicht zu mancher Präzisierung beigetragen hat. Ebenso danke ich Dr. Volker Hampel für die sorgfältige Lektorierung und die Erstellung der Druckvorlage. Gewidmet sei das Buch meiner Ehefrau Christine, für die die Auslegung der Bibel mit zum Größten gehört, was das Leben zu bieten hat. Dem stimme ich uneingeschränkt zu.

Reutlingen, 16. August 2014 Roland Gebauer

Inhalt

Einleitung

Die Apostelgeschichte ist eine im Neuen Testament einzigartige Schrift. Zwar bietet sie eine *Geschichtsdarstellung* und könnte von daher mit den *Evangelien* auf eine Stufe gestellt werden, aber schon allein die Tatsache, dass Lukas, ihr Verfasser, sie als zweite, separate Schrift auf sein Evangelium folgen ließ, deutet darauf hin, dass sie etwas anderes sein will und soll als ein Evangelium. Der Grund liegt auf der Hand: Während die biblischen Evangelien als erzählerische Entfaltung der Heilsbotschaft von Jesus Christus (= Evangelium) zutiefst um die Geschichte Jesu, das heißt um sein irdisches Wirken, Leiden und Auferstehen, kreisen, geht es in der Apostelgeschichte um die Darstellung der sich aus der Jesus-Geschichte heraus entwickelnden Geschichte des Zeugnisses von Jesus. Sie kreist also nicht um die Geschichte Jesu selbst, sondern um deren unmittelbare Auswirkungen in Israel und der Welt des östlichen Mittelmeerraumes.

Zugleich unterscheidet sich die Apostelgeschichte aber auch stark von *antiken Geschichtsdarstellungen*. Wie diese bietet sie zwar die Schilderung eines in sich zusammenhängenden Geschehensablaufs, der sich nach und nach entwickelt und vor allem in einzelnen Episoden zutage tritt – dazu gehört auch die Deutung des Geschehens in Gestalt von großen Reden der wichtigsten Handlungsträger –, aber im Unterschied zu den antiken Geschichtswerken zeichnet sich die Apostelgeschichte durch die ständige Einbeziehung der Wirklichkeit und Wirksamkeit Gottes aus. Alles, was Lukas schildert, trägt den Charakter eines von Gott beziehungsweise dem erhöhten Jesus und/oder dem Heiligen Geist planvoll gewirkten Geschehens, sodass die großen Handlungsträger – allen voran Petrus und Paulus – nicht die eigentlichen Akteure sind, sondern der dreieinige Gott selbst (auch wenn Lukas noch keine ausgeprägte Trinitätstheologie vertritt), der sich ihrer gleichsam bedient, um seine Sache voranzubringen und sein Ziel zu erreichen (vgl. z.B. Apg 1,8; 9,15; 15,7; 22,14f).

So ist die Apostelgeschichte die Darstellung einer von Gott ausgehenden Geschichte beziehungsweise eines Geschichtsabschnitts. Sie gleicht darin am ehesten den *alttestamentlichen Geschichtsbüchern*, für die im Prinzip dasselbe gilt. Jedoch geht sie von völlig neuen Voraussetzungen aus. Während in den alttestamentlichen Darstellungen Gott im Rahmen seiner Geschichte mit seinem Volk immer wieder nur sporadisch aus seiner Verborgenheit heraustritt, hat er dies nach Lukas in der unmittelbar vorausgegangenen Geschichte Jesu, seines Mensch gewordenen Sohnes (vgl. Lk 1,35), in einzigartiger Weise und ein für alle Mal getan, um nicht nur Israel, sondern Menschen in allen Völkern Heil und Leben zu schenken.

Was lässt sich über den *Verfasser* sagen? Er ist zweifellos identisch mit dem Autor des Lukasevangeliums (vgl. zu Apg 1,1f). Dessen Zuschreibung an einen gewissen *Lukas* – der Name ist die Kurzfassung von Lucianus (= der Leuchtende) – ist jedoch eine spätere Hinzufügung. Gleichwohl dürfte darin die Erinnerung an eine geschichtliche Person zutage treten. Gemeint ist offenbar der Arzt und Paulusbegleiter Lukas (vgl. Kol 4,14; Phlm 24; 2Tim 4,11). Dafür sprechen vor allem die in der Wir-Form gehaltenen Abschnitte der Apostelgeschichte (16,10–17; 20,5–15; 21,1–18; 27,1 – 28,16), in denen der Autor sich als Begleiter des Paulus zu erkennen gibt. Zwar ist die Authentizität dieser Abschnitte höchst umstritten, aber es ist bislang noch kein wirklich überzeugender Beweis für die Bestreitung erbracht.

Dennoch birgt diese Sicht auch schwerwiegende Probleme. So berichtet Lukas von drei Jerusalembesuchen des Paulus nach seiner Bekehrung (Apg 9,26–30; 11,30; 15,1–29), während Paulus selbst nur von zwei Besuchen im selben Zeitraum spricht (Gal 1,18 – 2,1). Auch werden Verlauf und Ergebnis der Apostelversammlung in Jerusalem von beiden sehr unterschiedlich dargestellt (vgl. Apg 15,1–29 mit Gal 2,1–10). Man kann diese Differenzen allerdings damit erklären, dass Lukas hier nicht aus eigener Anschauung schreibt, sondern aufgrund von Quellen, die entweder selbst schon im Widerspruch zu Paulus standen oder von Lukas historisch fehlerhaft verarbeitet wurden.

Woher hat der Autor der Apostelgeschichte sein *Material*? Dass er zum Teil offenbar aus eigenem Erleben berichtet, hat sich durch die obige Deutung der Wir-Abschnitte ergeben. Aber schon allein die Tatsache, dass er die Wir-Form nicht durchgängig beibehält, und die erwähnten Widersprüche zu Paulus lassen unzweifelhaft erkennen, dass Lukas für den weitaus größten Teil seines Werkes auf Quellen zurückgreift. Das gilt ebenso für das von ihm verfasste Evangelium, an dessen Anfang er ausdrücklich Auskunft über Art und Absicht seiner quellenbasierten Geschichtsschreibung gibt (Lk 1,1–4). Eine vergleichbare Information bietet er in der Apostelgeschichte nicht. So sind wir auf Vermutungen angewiesen, die mehr oder weniger gut begründet sind.

Für den ersten größeren Teil seines Werkes, der in der Hauptsache von der Gemeinde in Jerusalem und der von ihr ausgehenden Mission handelt (Kap. 1–12), können wir davon ausgehen, dass Lukas auf eine Reihe von Überlieferungen zurückgreifen konnte, die sich um die großen Gestalten der Anfangszeit der Gemeinde und des Jesuszeugnisses drehen: vor allem Petrus, daneben Barnabas (4,36f), Stephanus (6,1 – 8,3) und Philippus (8,4–40) (die Angaben bezeichnen nicht den gesamten Umfang der Überlieferungen, sondern das Umfeld ihres Vorkommens; so auch im Folgenden). Die mit den großen Personen verbundenen Reden beruhen zum Teil auch auf Überlieferung, sind aber von Lukas entsprechend dem Duktus seiner Darstellung gestaltet worden. Das gilt auch von den späteren Reden des Paulus. Daneben dürften ihm, dem Quellensammler (vgl. Lk 1,3), auch einige Überlieferungen aus der Frühzeit der Gemeinde in Jerusalem vorgelegen haben.

Für den zweiten großen Teil, der sich immer stärker dem Wirken und der Person des Paulus zuwendet (Kap. 13–28), hat Lukas auf eine Reihe von Paulus-Überlieferungen zurückgreifen können. Deren erste verortet er bereits im Rahmen seiner Darstellung der von Jerusalem ausgehenden Mission: die volkstümlich gestaltete Erzählung von der Bekehrung des Paulus (9,1–19), die er noch weitere zwei Mal in abgewandelter Form folgen lässt (22,4–16; 26,9–18), integriert in Überlieferungen von der Gefangenschaft des Paulus in Jerusalem und Cäsarea (Kap. 21–26). Für die Anfangszeit der Wirksamkeit des Paulus, die mit der Entstehung der Gemeinde in Antiochia in engem Zusammenhang steht, standen Lukas wohl Überlieferungen aus dieser ersten großen heidenchristlichen Gemeinde zur Verfügung (11,19–30; Kap. 13–15). Die Darstellung der großen Mission des Paulus in Kleinasien und Griechenland gründet sich vermutlich zum Teil auf ein Wege- und Stationenverzeichnis aus dem Kreis der Mitarbeiter des Paulus (Kap. 16–21). Die Schilderung der abenteuerlichen Romreise des gefangenen Paulus (Kap. 27–28) dürfte auf Lukas selbst zurückgehen (vgl. oben zu den Wir-Abschnitten), wobei es gut vorstellbar ist, dass hier auch Erinnerungen und Eindrücke weiterer Paulusbegleiter mit eingeflossen sind.

Zur *theologischen Konzeption und Arbeitsweise* des Lukas soll an dieser Stelle nichts gesagt werden. Die Überlegungen zur Botschaft der Apostelgeschichte am Schluss des zweiten Bandes werden sich eingehend mit dieser Frage befassen.

Ein kurzes Wort noch zur folgenden *Auslegung* der Apostelgeschichte: Es ist evident, dass Lukas eine Geschichte erzählt. Diese hat er aber nicht um ihrer selbst willen erzählt, sondern um mit ihrer Hilfe eine Botschaft zu vermitteln. Das bringt zwei Konsequenzen mit sich: Um dem Erzählstil gerecht zu werden, wird die Auslegung von den genannten Personen und ihren Handlungen, Worten und Widerfahrnissen ausgehen. Auf einer zweiten Ebene bezieht sich die Auslegung freilich auf Lukas als den Erzähler und eigentlichen Akteur der Darstellung, sodass immer wieder zwischen den Erzählfiguren und dem Erzähler hin und her zu wechseln sein wird. Die zweite Konsequenz besteht darin, dass gemäß der Absicht dieser Kommentarreihe die theologische Interpretation im Vordergrund steht. Auf historische Fragen wird deshalb nur beiläufig eingegangen. Stattdessen richtet sich das Hauptaugenmerk auf die Frage: Welche Botschaft, und das heißt letztlich: welche Inhalte des Evangeliums von Jesus Christus, will Lukas mit seiner Darstellung vermitteln?

Kommentar

1,1–26
Eröffnung: Die geschichtlichen Voraussetzungen des Jesuszeugnisses

Lukas eröffnet die Apostelgeschichte mit einer Darstellung der Begebenheiten zwischen Ostern und Pfingsten, die die Voraussetzung für alles weitere Geschehen bilden, von dem er anschließend berichtet. Nach einem kurzen Vorwort, mit dem er sein zweites Werk mit dem ersten verbindet und in die nachösterliche Ausgangssituation einführt (V. 1–3), schildert er die Beauftragung der Apostel zum weltweiten Jesuszeugnis durch den Auferstandenen kurz vor dessen Himmelfahrt (V. 4–14). Doch damit dieser Auftrag verwirklicht werden kann, muss der durch den Tod des Judas dezimierte Zwölf-Apostel-Kreis als der erwählte Trägerkreis des Jesuszeugnisses wiederhergestellt werden. Nachdem dies erfolgt ist (V. 15–26), ist der Weg frei für das Pfingstereignis (Kap. 2), mit dem das eigentliche Geschehen der Apostelgeschichte seinen Ausgang nimmt.

1,1–3
Anknüpfung an das erste Buch

**1Das erste Buch habe ich verfasst, lieber Theophilus, von allem, was
Jesus zu tun und zu lehren begann 2bis zu dem Tag, an dem er (in
den Himmel) aufgenommen wurde, nachdem er die Apostel, die er
durch den Heiligen Geist erwählt hatte, beauftragt hatte. 3Ihnen
stellte er sich auch nach seinem Leiden in vielen Beweisen als Lebender vor Augen, indem er ihnen vierzig Tage hindurch erschien und über die Dinge der Königsherrschaft Gottes redete.**

Lukas eröffnet sein zweites Buch (Apostelgeschichte) mit einer kurzen Anknüpfung an das erste (Lukasevangelium). Damit bringt er zum Ausdruck, dass er die nun folgende Darstellung als Fortsetzung seiner vorausgegangenen Schilderung der Geschichte Jesu verstanden wissen will. Ein derartiges Vorwort (Proömium) entspricht dem Stil der antiken Geschichtsschreibung. Lukas hat zu Beginn seines ersten Buches ausgiebig von dieser Gepflogenheit Gebrauch gemacht (Lk 1,1–4).

1 Ebenso wie das Lukasevangelium ist auch die Apostelgeschichte an einen gewissen Theophilus gerichtet. Über dessen Identität wissen wir nichts Sicheres. Die Anrede mit *verehrter* (so Lk 1,3) lässt auf ein gewisses gesellschaftliches Ansehen der betreffenden Person schließen. Auch in dem *oh Theophilus* (so wörtlich in Apg 1,1) dürfte der Ausdruck der Achtung mitschwingen. Vielleicht hat Theophilus für die weitere Verbreitung der beiden Bücher gesorgt. Auffallend ist, wie Lukas sein *erstes Buch* bezeichnet: als *Wort* (so wörtlich; griechisch: *logos*). Das Evangelium ist also sein »erstes Wort« zur Sache, die Apostelgeschichte demnach sein zweites. Lukas dürfte den Begriff mit Bedacht gewählt haben, denn er hatte bereits im Vorwort seines Evangeliums betont, dass die Geschichte Jesu Christi (als von Gott gelegte Grundlage des Heils) in der weitergegangenen Zeit nur noch im *Wort* der von den Augenzeugen herkommenden Verkündigung zugänglich ist (vgl. Lk 1,2.4). Das gilt grundsätzlich auch für die nun folgende Geschichte der urchristlichen Mission. Da der Begriff *logos* zugleich aber auch Sache und Buch (im Sinne der schriftlichen Wiedergabe von Worten und Sachen) bedeuten kann, ist er geeignet, sowohl das theologische als auch das literarische Anliegen des Lukas zum Ausdruck zu bringen.

Prägnant ist auch die Angabe des Inhalts des ersten Buches: Es handelt *von allem, was Jesus zu tun und zu lehren begann*. Mit dem *Beginnen* ist zum einen der zeitliche Anfang der Wirksamkeit Jesu angesprochen (vgl. 1,22), der Lukas sehr am Herzen liegt (vgl. Lk 1,2f; 3,23; vgl. auch zu V. 2). Zum anderen kennzeichnet es auch die gesamte Jesusgeschichte als Beginn des endzeitlichen Heilsgeschehens, das Gott in den Ereignissen der urchristlichen Mission fortgeschrieben hat (und deren Darstellung die Apostelgeschichte dient). Wenn Lukas dabei das Handeln Jesu vor seinem Lehren erwähnt, so entspricht dies seiner Auffassung, dass das Entscheidende am Jesusgeschehen sein einzigartiger Ereignis-Charakter ist (vgl. Lk 1,1), der – recht verstanden – die Gewissheit des christlichen Glaubens verbürgt (vgl. Lk 1,2.4). Und wenn er die Verkündigung Jesu auf die Lehre konzentriert, entspricht dies ebenso seinem Anliegen, mit seinem gesamten Werk die Unterrichtung in den Dingen des Glaubens zu untermauern (vgl. Lk 1,4). Nach Lukas gibt es eben keinen Glauben, der nicht über die Geschichte Jesu und des daraus erwachsenden Jesus-Zeugnisses Bescheid weiß und sich darauf gründet (vgl. 1,8).

2 Mit dem Tag der Aufnahme Jesu *in den Himmel* (so muss sinngemäß ergänzt werden; das hier verwendete Verb bedeutet eigentlich nur: aufnehmen, in die Höhe nehmen) terminiert Lukas den Abschluss dessen, was Jesus zuvor mit seiner Wirksamkeit begonnen hatte (vgl. Lk 24,50–53). Er blickt hier also zurück auf die gesamte Geschichte Jesu zwischen seiner Taufe und Himmelfahrt, die für ihn ein einziger Geschehenszusammenhang ist (vgl. 1,21f). Dadurch wird nicht das Ostergeschehen als fundamentale endzeitliche Heilstat Gottes geschmälert (vgl. 1,22b; 2,32–36), sondern es geht Lukas um die gesamte Zeitspanne, in der Jesus irdisch gegenwärtig war – auch in Gestalt der Ostererscheinungen. Von diesen greift er diejenige heraus, die von grundlegender Bedeutung für alles Weitere ist: die Beauftragung der Apostel am Tag der Himmelfahrt. Denn auf diese Weise stellt Jesus die Weichen für das Weitergehen der Heilsgeschichte, in Gestalt der Verkündigung der Heilsbotschaft »in seinem Namen« (vgl. Lk 24, 46–49). Worum es in dieser Beauftragung konkret geht, wird Lukas sogleich näher ausführen (V. 4–11). Hier betont er zunächst einmal nur die einzigartige Rolle der Apostel: Sie sind die von Jesus erwählten Zeugen (vgl. Lk 6,12f), die er in der ihm durch den Heiligen Geist zuteil gewordenen göttlichen Weisheit berufen hat (zum Heiligen Geist als der eigentlichen Kraft des Wirkens Jesu vgl. Lk 3,22; 4,1.14.18–21; Apg 10,38). Als solche stellen sie das heilsgeschichtliche Bindeglied zwischen der Jesuszeit und der Zeit der Mission dar. Sie verbürgen die Kontinuität des nachösterlichen Heilsgeschehens mit seinem vorösterlichen Grund und Kern in der Geschichte Jesu.

3 Eigentlich würde man erwarten, dass Lukas die Rede von seinem ersten Buch (V. 1) nun mit einleitenden Bemerkungen zu seinem zweiten fortsetzt. Stattdessen kommt er sogleich auf die Szenerie zu sprechen, die den Beginn seines zweiten Buches markiert: die Erscheinungen des Auferstandenen vor den Aposteln. Sie bilden nicht nur den erzählerischen Übergang zwischen beiden Werken (vgl. Lk 24,36–53; Apg 1,2–14), sondern vor allem ihren geschichtlich-theologischen Verbindungspunkt: Endete die Evangelienschrift mit einem Ausblick auf die künftige Zeugenschaft der Apostel für den Auferstandenen und das in ihm eröffnete Heil (vgl. Lk 24,46–49), so beginnt die Apostelgeschichte programmatisch mit der Ermächtigung der Apostel zur Durchführung dieses großen Auftrags (vgl. 1,8). Deren Darstellung und theologische Interpretation ist ihr einziges Thema. Lukas hält sich hier also nicht mit langen Vorreden auf (im Unterschied zu den grundlegenden Äußerungen am Beginn der Evangelienschrift; vgl. Lk 1, 1–4), sondern kommt gleich auf das entscheidende Geschehen zu sprechen. Es ist eingebettet in eine Reihe von Erscheinungen, in denen sich Jesus den Aposteln (als den menschlichen Akteuren der nun folgenden Geschichte) nach seinem Todesleiden als Lebendiger, das heißt von den Toten Auferstandener, erwiesen hat (vgl.

13,31). Dabei legt Lukas größten Wert auf die Gewissheit beziehungsweise Tatsächlichkeit dieser Ereignisse, indem er sie als ein *Sich-vor-Augen-Stellen* des Auferstandenen mit überzeugender Beweiskraft (*in vielen Beweisen*) herausstellt. Die Ostererscheinungen waren demnach Erfahrungen, in denen die Apostel von der Realität der Auferweckung des Gekreuzigten überzeugt wurden. Diese Akzentuierung entspricht seinem theologischen Grundanliegen, die Gewissheit des Glaubens an Jesus durch die Gewissheit des ihm zugrunde liegenden Geschehens zu untermauern (vgl. Lk 1,4), und bildet den tragenden Grund und Inhalt der künftigen Zeugenschaft der Apostel (vgl. 1,22b).

Die Angabe des Zeitraumes von *vierzig Tagen,* in dem sich diese Erscheinungen ereigneten, ist im Neuen Testament einmalig; auch am Schluss des Lukasevangeliums ist davon keine Rede. Sie ist wohl in Anlehnung an die 40 Tage gewählt, die sich Mose auf dem Gottesberg aufhielt (Ex 24,18). Wie Mose dort in der Begegnung mit Gott (vgl. Ex 24,2) die Offenbarung des Bundes empfing, so wird den Aposteln in der Begegnung mit dem auferstandenen Jesus die Offenbarung der endzeitlichen Heilssetzung Gottes zuteil: die nach Ostern unter völlig neuem Vorzeichen weitergehende Realisierung seiner *Königsherrschaft.* Dieser Zentralbegriff der vorösterlichen Verkündigung Jesu – gewöhnlich Reich Gottes genannt (vgl. Lk 4,43; 8,1; 9,2.11; 10,9; 11,20; 13,18; 16, 16; 17,20f; 21,31 u.ö.) – ist und bleibt nach Lukas ein wichtiges Stichwort auch der nachösterlichen Verkündigung seiner Zeugen (vgl. Apg 8,12; 14,22; 19,8; 20,25; 28,23.31).

Die Geschichte Jesu ist Heils-Geschichte, da sie die Geschichte des Anbruchs des Reiches Gottes in der Welt ist. Diese Heils-Geschichte geht nach der Himmelfahrt Jesu weiter: als die Geschichte der Apostel. Inwiefern aber kann das Handeln und Lehren der Apostel – analog zum Handeln und Lehren Jesu – Heils-Geschichte sein, in der das Reich Gottes weiterhin zu den Menschen kommt und ihr Leben heil macht? Diese grundsätzliche Frage beantwortet Lukas am Beginn seiner Apostel-Geschichte in ebenso grundlegender Weise. Es bedarf dazu erstens des Erwählt- und Beauftragtseins durch Jesus. Dass Geschichte – und somit menschliches Handeln und Reden – zu Heils-Geschichte – und somit göttlichem Handeln und Reden – wird, ist vom Menschen aus nicht machbar. Ohne göttliche Berufung und Ermächtigung geht hier gar nichts beziehungsweise bleibt hier alles menschliches Tun. Es bedarf dazu deshalb, zweitens, des Heiligen Geistes, der das Wirken Gottes in die Welt hinein realisiert. War dieser Geist in Jesus bei der Erwählung und Beauftragung der Apostel am Werk, so wird er fortan in den Aposteln selbst wirksam sein, indem er sie zum Zeugnis von Jesus befähigt (vgl. 1,8). Um dieses Zeugnis auszurichten bedarf es, drittens, eines Kennens Jesu, das über das hinausgeht, was wir gewöhnlich unter dem Kennen eines Menschen verstehen. Es ist das innere Überzeugtsein davon, dass in Jesus Gott selbst am Werk ist und uns Menschen begegnet. Das erweist sich im Blick auf Gott in der Aufnahme Jesu in den Himmel – und im Blick auf uns Menschen darin, dass Jesus uns als der Auferstandene begegnet. Was den Aposteln damals während der vierzig Tage leibhaftig widerfuhr, begegnet uns heute in vielfältiger Weise – ohne dass wir irgendeinen Einfluss darauf hätten. Es geht in alledem darum, dass Jesus sich uns »als Lebender vor Augen stellt«. Wie das damals geschehen ist, stellt Lukas in der Apostelgeschichte dar. So einmalig diese Geschichte ist, so sehr hat das in ihr Berichtete den Charakter eines Grundgeschehens, das sich – in anderer Weise und unter anderen Voraussetzungen – im Kern bis zum heutigen Tag in aller Welt immer wieder neu ereignet.

1,4–14
Beauftragung der Apostel und Himmelfahrt Jesu

**[4]Und als er mit ihnen zusammen aß, gebot er ihnen, sich nicht von
Jerusalem zu entfernen, sondern (dort) auf die Verheißung des Vaters zu warten, »die ihr von mir gehört habt. [5]Denn Johannes taufte
mit Wasser, ihr aber werdet in wenigen Tagen mit Heiligem Geist
getauft werden.« [6]Die nun, die zusammengekommen waren, fragten
ihn und sprachen: »Herr, stellst du in dieser Zeit die Königsherrschaft für Israel wieder her?« [7]Er aber sprach zu ihnen: »Es ist nicht
eure Sache, die Zeiträume und Zeitpunkte zu wissen, die der Vater
in seiner eigenen Vollmacht festgesetzt hat. [8]Aber ihr werdet Kraft
empfangen, indem der Heilige Geist auf euch kommt, und ihr werdet meine Zeugen sein in Jerusalem und ganz Judäa und Samaria und
bis an das Ende der Erde.«**

**[9]Als er dieses gesagt hatte, sahen sie, wie er emporgehoben wurde,
und eine Wolke nahm ihn auf, von ihren Augen weg. [10]Und als sie
gespannt zum Himmel blickten, wie er von ihnen ging, siehe, da
standen zwei Männer in weißen Gewändern bei ihnen, [11]die sagten:
»Männer von Galiläa, was steht ihr da und schaut in den Himmel?
Dieser Jesus, der von euch weg in den Himmel aufgenommen worden ist, wird auf dieselbe Weise kommen, wie ihr ihn in den Himmel
gehen gesehen habt.«**

**[12]Da kehrten sie nach Jerusalem zurück von dem Berg, der Ölberg
genannt wird und nahe bei Jerusalem ist, einen Sabbatweg entfernt.
[13]Und als sie hineinkamen, stiegen sie hinauf in das Obergemach, wo**

sie sich (ständig) aufhielten: sowohl Petrus als auch Johannes und Jakobus und Andreas, Philippus und Thomas, Bartholomäus und Matthäus, Jakobus (der Sohn) des Alphäus und Simon der Eiferer und Judas (der Sohn) des Jakobus. [14]Diese alle verharrten einmütig im Gebet mit (einigen) Frauen und Maria, der Mutter Jesu, und seinen Brüdern.

Der Abschnitt gliedert sich in drei Teile: die Beauftragung der Apostel (V. 4–8), die Himmelfahrt Jesu (V. 9–11) und den betenden Kern der Urgemeinde (V. 12–14). Vielfach wird der letzte Teil auch zur nächsten Erzählung von der Wiederherstellung des Zwölferkreises (V. 15–26) gezogen. Er stellt eine Art Scharnier zwischen beiden Einheiten dar. Lukas dürfte auf eine Überlieferung einer Erscheinung Jesu vor den Jüngern zurückgegriffen haben, die mit einer gemeinsamen Mahlzeit verbunden war (vgl. Lk 24, 30f.41–43; Joh 21,9–14). Enthielt sie auch eine Schau einer Entrückung Jesu in den Himmel? Die meisten Forscher erklären dieses Motiv mit der Übertragung der hellenistischen Vorstellung der leiblichen Entrückung großer antiker Persönlichkeiten (auch römischer Kaiser) in den Himmel beziehungsweise die Götterwelt. Doch ist es fraglich, ob dies die Quelle der lukanischen Darstellung ist, da Lukas an anderer Stelle die Übertragung heidnischer Vorstellungen, in denen Menschen in den Rang von Göttern erhoben werden, auf die christlichen Handlungsträger ablehnt (vgl. zu 14,8–18). Eine Anwendung auf Jesus wäre von daher zutiefst inkonsequent.

4 Das Geschehen, das die Ereignisse der Apostelgeschichte vorbereitet, verortet Lukas in einem gemeinsamen Essen (wörtlich: *miteinander Salz essen*) des Auferstandenen mit den Aposteln. Vermutlich denkt er dabei an die Szene am Schluss seines Evangeliums (vgl. Lk 24,41–43). Bei dieser Gelegenheit erteilt Jesus den Aposteln eine Weisung, deren mehrfach geschichteter Inhalt für den weiteren Gang der Dinge und ihr Verständnis von fundamentaler Bedeutung ist. *Erstens:* Sie sollen sich nicht von Jerusalem entfernen, sondern dort auf das weitere Geschehen warten. Darin kommt die herausragende Rolle Jerusalems in der heilsgeschichtlichen Konzeption des Lukas zum Ausdruck. Die heilige Stadt ist als Mittelpunkt des Gottesvolkes und Kernort der Geschichte Gottes mit Israel zugleich der Ort, an dem die Geschichte Jesu zum Ziel kommt und von dem aus die weltweite Verkündigung des Evangeliums ihren Ausgang nimmt. So ist Jesus nach der Darstellung des Lukas zielstrebig nach Jerusalem gewandert, um dort zu sterben und von den Toten auferweckt zu werden (vgl. Lk 9,31.51.53; 18,31–33). Dementsprechend berichtet Lukas, im Gegensatz zu den anderen Evangelisten, nur über Erscheinungen des Auferstandenen in und um Jerusalem (vgl. Lk 24,13–53). *Zweitens:* Das zu erwartende Geschehen besteht in der Ausrüstung mit dem Heiligen Geist. Dies ist hier nur indirekt angekündigt, ergibt sich aber deutlich vom nächsten Vers her. Darin kommt die tragende Rolle des Heiligen Geistes als göttliche Kraft- und Erkenntnismitteilung im Kontext des endzeitlichen Heilsgeschehens zum Ausdruck (vgl. Lk 4,1.14; Apg 2,4.33.38; 10,38; 13,2.4 u.ö.). *Drittens:* In der Ausgießung des Heiligen Geistes erfüllt sich eine *Verheißung* Gottes, die von Jesus zuvor ausdrücklich bekräftigt worden war. Darin vor allem zeigt sich nach Lukas die Kontinuität der Heilsgeschichte. Sie hat nicht nur einen bleibenden äußeren Bezugspunkt (in Jerusalem), sondern erweist sich auch als eine innere Einheit von Gott her, der in väterlicher Treue zu seinen Verheißungen steht und sie in der Geschichte verwirklicht. Das gilt insbesondere im Blick auf den Heiligen Geist als die alles bewegende Kraft seines endgültigen Heilshandelns. Sie ist den Aposteln von Jesus bei ihrer letzten Begegnung ausdrücklich zugesagt worden (vgl. Lk 24,49; hierauf bezieht sich die Wendung: *die ihr von mir gehört habt*).

5 Lukas konkretisiert die Rede von der *Verheißung des Vaters* als *Getauftwerden mit dem Heiligen Geist.* Wenn er dabei an ein entsprechendes Wort Johannes des Täufers anknüpft (vgl. Lk 3,16), kommt darin bei aller Kontinuität des göttlichen Heilshandelns doch das unüberbietbar Neue dessen zum Ausdruck, das mit dem Jesusgeschehen begonnen hat und nun weitergeführt werden soll. Das Heil, das Johannes als heilsgeschichtlicher Vorläufer Jesu mit seiner Taufe vermittelte, hatte noch nicht die volle eschatologische (d.h. endzeitlich-heilvolle) »Qualität«. Das wusste nach Lukas auch Johannes schon. Deshalb bezeichnete er seine eigene Taufe lediglich als eine, die *mit Wasser* vollzogen wird, während er ihre Vollendung in der Taufe *mit Heiligem Geist* durch Jesus selbst ankündigte. Dieses Ausgerüstetwerden mit der eschatologischen Kraft Gottes kündigt Jesus nun für die nächste Zukunft (wörtlich: *nach diesen nicht vielen Tagen*) an. Hier zeigt sich, wie die Verkündigung des Täufers im Licht der Jesusgeschichte neu interpretiert worden ist. Denn ursprünglich dürfte Johannes mit der Ankündigung der Taufe mit Heiligem Geist *und Feuer* (Lk 3,16) das kommende endzeitliche Gerichtsgeschehen gemeint haben, vor dem seine Taufe als Besiegelung der Umkehr retten sollte.

6 Ein beiläufig erwähnter Orts- und Zeitwechsel (ein erneutes *Zusammenkommen* der Apostel mit Jesus am Ölberg; vgl. V. 12) leitet zur Szenerie der Himmelfahrt Jesu über, in deren un-

mittelbarem Zusammenhang sich das Folgende abspielt (vgl. Lk 24,50). Die Frage der Apostel nach der *Wiederherstellung der Königsherrschaft für Israel* ist wohl ausgelöst durch die Ankündigung der Geisttaufe *in wenigen Tagen* (V. 5). Dem entspricht jedenfalls die Terminierung *in dieser Zeit*. Die Apostel verbinden offenbar mit der Ankündigung Jesu die Hoffnung auf die unmittelbar bevorstehende Realisierung der endzeitlichen Heilsherrschaft Gottes als König über sein Volk durch ein entsprechendes Handeln Jesu (vgl. Lk 19,11; 17,20) – und das, obwohl in der alttestamentlich-jüdischen Überlieferung nirgends eine unmittelbare Verbindung von endzeitlicher Geistausgießung und Aufrichtung der Königsherrschaft Gottes vorliegt (am nächsten kommt Joel 3, das in Apg 2,22ff aber gerade nicht so gedeutet wird). Auch Jesus hatte nach Lukas einen solchen Zusammenhang niemals hergestellt (vgl. Lk 11,20 mit Mt 12,28). Die Frage der Apostel soll also wohl offenlegen, dass sie noch völlig in der alten, im irdisch-nationalen Rahmen sich verwirklichenden Heilshoffnung Israels denken und glauben. Das von ihnen verwendete Verb *wiederherstellen* bedeutet eigentlich »in den richtigen Zustand versetzen« und meint die endzeitliche Herstellung der von Gott gewollten Ordnung (vgl. Dan 4,36; Mal 3,23; beide Male nach dem Wortlaut der Septuaginta). Mit der Hoheitsanrede *Herr* ist Jesus schon vor seiner Auferstehung wiederholt angesprochen worden (vgl. Lk 5,8; 11,1; 18,41; 22,49 u.ö.).

7 Die Antwort Jesu fällt entsprechend kritisch aus – zunächst in einer negativen, dann in einer positiven Aussage (V. 8). Die Verneinung besteht in einem Verweis auf die Nicht-Zuständigkeit der Apostel (und der Menschen überhaupt) im Blick auf die Zeitfragen der Heilsgeschichte. Was die Kenntnis von *Zeiträumen* für bestimmte Zustände und Entwicklungen sowie *Zeitpunkten* bestimmter Ereignisse angeht, steht der Mensch einzig vor der verborgenen Souveränität Gottes, der in einer Vollmacht, die nur ihm »eigen« ist, die Dinge lenkt (vgl. Mk 13,32; 1Thess 5,1–3). Die darin zum Ausdruck kommende Distanz zwischen Gott und Mensch wird aber durch die Redeweise vom *Vater* zugleich in dem Sinne abgeschwächt, dass die göttliche Lenkung der Heilsgeschichte von väterlicher Liebe und Fürsorge geprägt ist. Dabei geht es keineswegs nur um die Endereignisse, wie es die Frage der Apostel nahelegt, sondern generell um das Handeln Gottes in der Geschichte. Diesbezüglich stehen die Apostel an der Schwelle zu einem neuen, dem Ende vorausgehenden Zeitabschnitt, wie der zweite Teil der Antwort Jesu deutlich macht.

8 Dieser formuliert positiv, worin die erfragte Wiederherstellung der Königsherrschaft Gottes besteht: in der neuen Epoche einer weltweiten Zeugenschaft der Apostel für Jesus. Das Reich Gottes ist also nach wie vor »an die Heilsgegenwart Jesu« gebunden, doch nunmehr in Gestalt des vom Heiligen Geist gewirkten Zeugnisses von ihm (so Merk, 282). Israel ist in dieses Geschehen integriert (vgl. V. 6), aber nur als Teil einer weltweiten Dimension. Dazu bedarf es einer Voraussetzung, die die in V. 5 angekündigte Geisttaufe näher erläutert: die Ausrüstung mit dem *Heiligen Geist* als der eschatologischen Kraft Gottes, die zu dieser Zeugenschaft befähigt und sie bei den Menschen ihr rettendes Werk tun lässt (vgl. 2,37.40.47). Wie Jesus bei seiner Taufe mit dem Geist Gottes ausgerüstet wurde, um fortan in der Kraft Gottes sein Heilswerk zu verrichten (vgl. Lk 3,21f; 4,1.14.18.21; 10, 21; Apg 10,38), so wird dieser Geist auch auf die Apostel herabkommen, um durch sie das in Jesus begonnene Werk seinem (irdischen) Ziel zuzuführen (vgl. Lk 24,49 im Kontext ab V. 46). Dieses besteht darin, dass alle Menschen mit der Heilsbotschaft von Jesus erreicht werden (vgl. Lk 24,47). *Bis an das Ende der Erde* meint die Durchdringung *aller* geographischen Regionen mit dem Heil Gottes (vgl. Jes 49,6). Entsprechend der zentralen Rolle *Jerusalems* in der Heilsgeschichte (vgl. V. 4) wird diese neue Epoche in ihrem Zentrum beginnen und sich über das jüdische Land (= *Judäa*; vgl. Lk 23,5) und das angrenzende Gebiet *Samarias* (das gleichsam zwischen Israel und den Heiden liegt) hinaus weltweit (*bis an das Ende der Erde*) vollenden.

Dieses Geschehen darzustellen und theologisch zu interpretieren – zumindest bis zur Zeugenschaft für Jesus in der damaligen Welthauptstadt Rom (vgl. 28,17ff) –, ist das Anliegen des Lukas mit der Abfassung der Apostelgeschichte. Hier formuliert der Auferstandene in seinem letzten Wort an die Apostel unmittelbar vor der Himmelfahrt gleichsam das Programm des zweiten Teils des lukanischen Werks, in dem der Autor die von Jerusalem ausgehende (Kap. 2–7.12), sich über Judäa und Samaria ausweitende (Kap. 8–11; vgl. bes. 8,1) weltweite (Kap. 13–28) »Erfolgsgeschichte« des Evangeliums beschreibt.

Ihre ersten Träger sind die von Jesus selbst ermächtigten und in der *Kraft* des Heiligen Geistes wirkenden *Zeugen*. Ihre Qualifikation besteht darin, dass sie das gesamte Jesusgeschehen und seine Heilsbedeutung aus eigener Anschauung kennen und mit ihrer Person die Wahrheit des Bezeugten verbürgen (vgl. Lk 24,48; Apg 1,21f; 5,30–32; 10,39; 13,31; 22,15; 23,11; 26,16 u.ö.). Dieses Zeugnis lebendig zu erhalten und als verlässliche Grundlage des christlichen Glaubens zu etablieren, ist das große Anliegen, das Lukas mit seinen beiden literarischen Werken verfolgt (vgl. Lk 1,1–4).

9 Unmittelbar nachdem Jesus diese Worte gleichsam als sein Vermächtnis an die Apostel gerichtet hat, werden sie Augen-Zeugen seiner Aufnahme in den Himmel. Das ist insofern ein Problem, als Lukas der einzige neutestamentliche Autor ist, der Derartiges berichtet. Ursprünglich wurde wohl die Auferweckung Jesu zugleich als Akt seiner Inthronisation als Erhöhter bei Gott (im Himmel) interpretiert, sodass die Rede von einer »Himmelfahrt« entfiel (vgl. Phil 2,9–11; Apg 2,33; 5,31). Das schließt jedoch nicht aus, dass die Jünger eine der Erscheinungen des Auferstandenen so wahrnahmen, dass sie mit einer Aufnahme Jesu in den Himmel beendet wurde. Lukas legt als Historiker (vgl. Lk 1,1–4; Apg 1,1) jedenfalls größten Wert auf die geschichtliche Realität des Versetzt-Werdens Jesu von der Erde (als Ort seines geschichtlichen Heilswerkes) in den Himmel (als Raum seiner göttlichen Regentschaft zur Vollendung seines Werkes; vgl. 2,33–36; 5,31; 7,55f; vgl. auch 1Petr 3,22) – wobei er selbst zu erkennen gibt, dass diese Wahrheit die Ebene des Historischen übersteigt. Denn sie ist nach seiner Darstellung nur in ihren Anfängen als geschichtliches Geschehen zu erkennen (die Apostel *sahen* diesen Anfang), ihre Vollendung entzieht sich jedoch jeder menschlich-historischen Wahrnehmung (die Richtung des Geschehens geht *von ihren Augen weg*). Für die Transzendierung des Historischen steht auch die *Wolke*, die Jesus *aufnimmt*. Sie ist Symbol der Gegenwart Gottes (vgl. Ex 19,9.16; 24,15–18; 33,9f; Lk 9,34f u.ö.), in die hinein Jesus entrückt wird (vgl. 1Thess 4,17; Offb 11,12).

10 Die Apostel verfolgen *gespannt* die Auffahrt Jesu in den *Himmel*. Sie wird von Lukas als das letzte Stadium des (irdischen) Weges Jesu interpretiert (wörtlich: *wie er ging*; Lukas verwendet das Verb *gehen* vielfach, um das irdische Wirken Jesu als Beschreiten eines Weges darzustellen; vgl. Lk 4,42; 9,51ff; 10,58; 13,33; 17,11; 22,22 u.ö.). Das entspricht der Zielvorgabe von Lk 9,51, wonach Jesus sich vorgenommen hatte, nach Jerusalem als Ort seiner *Aufnahme* in den Himmel zu gehen. Die Apostel befinden sich urplötzlich in der Gegenwart von zwei Gestalten aus der himmlischen Welt, in deren Richtung sie gebannt blicken. Die beiden *Männer*, die in leuchtenden, *weißen* (so wörtlich) *Gewändern* bei ihnen stehen, sind Engel, die – analog zur Auferweckung Jesu (vgl. Lk 24,4) – das Hereinbrechen der Wirklichkeit Gottes in die Dimension von Raum und Zeit dem menschlichen Wahrnehmen und Verstehen zugänglich machen.

11 Das tun sie durch Worte, die das Geschehen deuten. Die Anrede mit *Männer von Galiläa* soll die Apostel wohl an den Weg erinnern, den sie mit Jesus zusammen von Galiläa, dem Ausgangspunkt (vgl. Lk 4,14; 17,11; 23,5; Apg 10,37; 13,31), nach

Jerusalem, dem (bisherigen) Zielpunkt, gegangen sind. Daraus erklärt sich auch der leichte Tadel, den sie erhalten: Sie müssten angesichts der Erfahrungen, die sie unterwegs mit Jesus gemacht haben, eigentlich wissen, dass der Weg Jesu mit ihnen mit seiner Himmelfahrt nicht zu Ende ist, sondern auf eine andere Weise weitergeht (vgl. bes. Lk 21,12–18; 24,44–49). So verständlich ihr *Dastehen* und staunend-überraschtes *Beschauen* des unglaublichen Vorgangs ist, so unangemessen wäre es, länger in dieser Haltung zu verharren. Denn eines ist nach Auskunft der Engel gewiss: Jesus wird *in derselben Weise wiederkommen*, wie er gegangen ist – sichtbar *in einer Wolke* (Lk 21,27 par; vgl. auch Mk 14,62; Offb 1,7). Bis dahin gilt es, den Auftrag und die Verheißung zu verwirklichen, die er den Aposteln unmittelbar vor seinem Weggang gegeben hatte (vgl. V. 8). Das ist der neue, nun beginnende Abschnitt seines Weges mit ihnen. Dessen großes Ziel ist die »Wiederherstellung aller Dinge« durch den wiederkommenden Jesus Christus (vgl. 3,20f).

12 Gemäß dem Auftrag Jesu, bis auf weiteres in Jerusalem zu bleiben (vgl. V. 4), kehren die Apostel wieder in die Stadt zurück. Sie waren ohnehin kaum von ihr entfernt, denn der etwa 900 Meter (= 1 *Sabbatweg*) entfernte *Ölberg* gehörte zur unmittelbaren Umgebung Jerusalems. Lukas erwähnt diese Einzelheiten offenbar um zu verdeutlichen, dass sich auch die Vollendung des irdischen Weges Jesu mit der damit verbundenen Verheißung des neuen Abschnitts der Heilsgeschichte in der heiligen Stadt ereignete (vgl. Lk 9,51).

13 In der Stadt angekommen begeben sich die Apostel in das *Obergemach* (meistens ein größerer Raum) eines nicht näher erwähnten Hauses. Es diente ihnen als ständiger Aufenthaltsort in Jerusalem. Weitere Details sind für Lukas diesbezüglich nicht von Belang – ganz im Gegensatz zur nun folgenden Namensliste der Apostel. Sie soll klar benennen, wer die elf Personen (vgl. 1,16ff) waren, die als Augen- und Ohrenzeugen des gesamten Jesusgeschehens (vgl. Lk 1,2) vom Auferstandenen unmittelbar vor seiner Himmelfahrt zu den maßgeblichen Trägern seines weltweiten Zeugnisses ermächtigt worden sind. *Petrus* steht, seiner Position und Funktion im folgenden (und vorausgegangenen) Geschehen gemäß, an erster Stelle. Es folgen mit *Johannes und Jakobus* zwei weitere herausragende Personen des Apostelkreises (vgl. Lk 8,51; 9,28; 22,8; Apg 3,1ff; 4,13.19; 8,14; 12,2). *Simon* wird als *Eiferer* (für die Sache Gottes) oder auch »Zelot« (ehemaliges Mitglied einer jüdisch-nationalen Freiheitsbewegung) näher bezeichnet. Beide Deutungen sind vom Griechischen her möglich, wobei sie nach zelotischem Selbstverständnis zusammenfallen.

14 Die Zeit des Wartens auf die verheißene Geistausgießung verbringen die Apostel mit anhaltendem *Beten* (vgl. Lk 3,21f, wonach Jesus vor dem Empfang des Heiligen Geistes ebenfalls betete). Das geschieht in großer *Einmütigkeit*, da sie alle in dasselbe Geschehen eingebunden und auf dasselbe Ziel ausgerichtet sind. Wo Warten auf eine Großtat Gottes angesagt ist, ist (einträchtiges) Beten das einzig angemessene Handeln. Das will Lukas wohl mit dieser idealen Zustandsbeschreibung der Keimzelle der ersten (juden)christlichen Gemeinde zum Ausdruck bringen. Zu dieser Ur-Gemeinde gehören neben den Aposteln eine unbestimmte Anzahl von *Frauen* – vermutlich diejenigen, die Jesus schon zu Lebzeiten nachgefolgt waren (vgl. Lk 8,2f; 23,49.55f; 24,10.22–24) –, ebenso *Maria*, die *Mutter Jesu* (vgl. Lk 1–2), und die *Brüder* Jesu (vgl. Mk 6,3). Die Erwähnung von Mitgliedern der engsten Familie Jesu überrascht, war das Verhältnis Jesu zu ihnen vorher doch recht distanziert (vgl. Lk 8,19f). Wie sie zur Gemeinde gestoßen sind, ist uns nicht überliefert. Einen Hinweis bietet 1Kor 15,7, wonach der Auferstandene (auch) seinem Bruder Jakobus, dem späteren Leiter der Jerusalemer Urgemeinde (vgl. Apg 12,17; 15,13; 21,18), erschienen ist. Vermutlich hat das Ostergeschehen eine neue Einstellung der Familie Jesus gegenüber bewirkt.

Das Geschehen, von dem die Apostelgeschichte berichtet, beginnt damit, dass das menschliche Denken und Fassungsvermögen gehörig an seine Grenzen gerät. Davon sind sowohl Raum als auch Zeit betroffen. Denn weder ist Israel fortan der zentrale Raum des Handelns Gottes in der Welt und am Menschen (V. 6), noch ist das menschliche Zeitverständnis in der Lage, die zeitlichen, um nicht zu sagen: »ewigen«, Dimensionen der Heilsgeschichte Gottes zu erfassen (V. 7). Dass diese Geschichte auf ein Ziel jenseits dieser Zeit (V. 6) hinausläuft und damit alles Zeitlich-Geschichtliche transzendiert, wird in der Himmelfahrt Jesu deutlich. Sie wird von den Aposteln als eine Absetzbewegung Jesu von ihnen weg wahrgenommen (V. 9f). Deshalb ist die Ankündigung des Wiederkommens Jesu in derselben Weise (V. 11; nämlich von Gott her, zu dem hin er aufgenommen wurde) von höchster Bedeutung. Denn sie vermag dessen zu vergewissern, dass das nun herbeigekommene Ende der Gegenwart Jesu unter den Menschen (anfänglich veranschaulicht in der Mahlgemeinschaft mit den Jüngern, V. 4) keineswegs das Ende der heilvollen Zuwendung Gottes zur Welt bedeutet, sondern im Gegenteil deren künftige Vollendung verbürgt.

Der Weg dorthin verläuft nach dem Ratschluss Gottes zunächst einmal weiterhin in der Geschichte (V. 7f). Deshalb entspricht der Absetzbewegung Jesu an diesem heilsgeschichtlichen Schnittpunkt eine neue »Zuwendungsbewegung« Gottes, um auch die weitergehende Geschichte mit seiner heilvollen Wirksamkeit zu füllen: die Taufe der Jünger mit dem Heiligen Geist (V. 5.8). Ausgerüstet mit dieser göttlichen Kraft werden sie das, was Gott in Jesus begonnen hat, als seine Zeugen weiterführen. Die irdische Gegenwart des in den Himmel aufgenommenen Jesus (V. 11) ist fortan die Gegenwart seines Zeugnisses durch Menschen unter den Menschen – und zwar weltweit, bis an das Ende der Erde (V. 8). Dass dieses – für die Apostel noch nahezu unvorstellbare! – globale Ziel auf dem Weg zur Vollendung erreicht wird, ist in der Treue Gottes, des liebenden Vaters (V. 4.7), verbürgt. Deshalb ist für die Menschen, denen diese Verheißung zuteil geworden ist, erst einmal warten und beten angesagt (V. 4.14) – auch für die Familie Jesu, an der schon deutlich geworden ist, dass Gott bereits angefangen hat, scheinbar unüberwindliche Grenzen zu überschreiten.

1,15–26
Die Wiederherstellung des Zwölf-Apostel-Kreises

[15]In diesen Tagen stand Petrus inmitten der Brüder auf – es war eine Menge von ungefähr einhundertzwanzig Personen beisammen – und sprach: [16]»Männer, (liebe) Brüder, es musste die Schrift erfüllt werden, die der Heilige Geist durch den Mund Davids über Judas vorhergesagt hat, der ein Führer derer geworden war, die Jesus festgenommen haben; [17]denn er gehörte zu uns und hatte Anteil an diesem Dienst erhalten. [18]Dieser nun erwarb von dem Lohn der Ungerechtigkeit ein Stück Land, und er stürzte vornüber und zerplatzte in der Mitte, und alle seine Eingeweide quollen hervor. [19]Und es wurde allen Bewohnern Jerusalems bekannt, sodass jenes Landstück in ihrer eigenen Sprache ›Hakeldamach‹ genannt wurde, das heißt ›Blutacker‹. [20]Denn es ist geschrieben im Buch der Psalmen: ›Sein Gehöft soll öde werden, und kein Bewohner soll in ihm sein‹, und: ›Sein Amt soll ein anderer empfangen.‹ [21]Es muss nun von den Männern, die mit uns gegangen sind in der ganzen Zeit, in der der Herr Jesus bei uns ein- und ausging – [22]angefangen von der Taufe des Johannes bis zu dem Tag, an dem er von uns hinweg aufgenommen wurde –, von diesen (muss) einer mit uns Zeuge seiner Auferstehung werden.« [23]Und sie stellten zwei (Kandidaten) auf: Joseph, genannt Barsabbas, der den Beinamen Justus trug, und Matthias. [24]Und sie beteten und sprachen: »Du, Herr, Herzenskenner aller, zeige (uns) den einen, den du von diesen beiden erwählt hast, [25]den Platz dieses Dienstes und Apostelamtes zu empfangen, von dem Judas abgeirrt ist, um an seinen eigenen Ort zu gehen.« [26]Und sie gaben ihnen Lose,

und das Los fiel auf Matthias, und er wurde den elf Aposteln zugezählt.

Der Abschnitt lässt sich wiederum in drei Teile gliedern: eine kurze Situationsangabe (V. 15), die Rede des Petrus (V. 16–22) sowie die Wahl des neuen Apostels (V. 23–26). Lukas dürfte auf zwei Überlieferungen zurückgegriffen haben, von denen die eine von der Wahl des Matthias in das Amt der Zwölf, die andere vom Tod des Judas handelte. Auf die historischen Probleme, die sich aus seiner Darstellung ergeben, wird an Ort und Stelle der Kommentierung eingegangen. Bei der Petrusrede stellt sich jedoch ein grundsätzliches Problem, das vorab kurz angesprochen werden soll. Die Rede ist nämlich in ihrer vorliegenden Gestalt an die Leser der Apostelgeschichte gerichtet. Das ergibt sich etwa daraus, dass der Ausdruck *Hakeldamach* als aramäische Spracheigentümlichkeit bezeichnet und ins Griechische (die Sprache der Leser) übersetzt wird (V. 19) – ein vor einer aramäisch sprechenden Hörerschaft undenkbarer Vorgang (zu weiteren diesbezüglichen Einzelheiten vgl. Roloff, 29ff). Lukas will auf diese Weise dem Leser die nötigen Informationen und theologischen Interpretationen liefern, die zum Verständnis des Vorgangs und seiner Bedeutung nötig sind. Damit ist nicht ausgeschlossen, dass die Rede auch authentische Überlieferung enthält. Aber sie dient weniger der historisch getreuen Wiedergabe, sondern der deutenden Darstellung des Lukas. Das gilt sinngemäß auch für alle anderen Reden der Apostelgeschichte.

15 In die ruhige Szenerie von V. 14 gerät Bewegung. Ob die Initiative des Petrus dem anhaltenden gemeinsamen Beten zu verdanken ist, wird nicht gesagt. Lukas könnte dies aber so verstanden wissen wollen, denn alles wichtige Handeln Jesu und der ersten Christen ist nach seiner Darstellung von Gebet umfasst und getragen (vgl. Lk 3,21f; 5,15; 6,12f; 9,18.28f; 11,1; 22,39–44; 23,34. 46; Apg 1,24f; 4,23–31; 6,6; 9,11; 10,9–11.30; 13,3; 14,23; 22, 17f u.ö.). Das ist im vorliegenden Zusammenhang der Wiederherstellung des Zwölf-Apostel-Kreises umso wichtiger, als es dabei letztlich um ein Handeln und eine Entscheidung Gottes selbst geht (vgl. V. 24–26). Jedenfalls hat Petrus erkannt, dass der von Jesus eingesetzte Zwölferkreis (vgl. Lk 6,12f; 9,1f) vervollständigt werden muss. Er wird damit seiner besonderen Stellung und Aufgabe im Apostelkreis gerecht (vgl. zu 1,13; Lk 22,32). Dies muss offenbar noch vor der verheißenen Geistausgießung geschehen (*in diesen Tagen* des Wartens und Betens), damit der Zwölferkreis bereit steht, um den damit verbundenen Auftrag unverzüglich in die Tat umzusetzen (vgl. 1,8). Die Zahl der Versammelten wird mit rund *einhundertzwanzig* angegeben; die Urgemeinde muss also inzwischen gewachsen sein. Dass Petrus nur im Kreis *der Brüder* aufsteht, bedeutet keinen Ausschluss der Frauen aus dieser Versammlung (vgl. 1,14), sondern bezeichnet die – gemäß alttestamentlich-jüdischer Tradition freilich maskulinisch formulierten – Glaubensgeschwister beiderlei Geschlechts (vgl. Mk 3,31–35; Röm 8,29).

16 Diese werden entsprechend angeredet (vgl. 2,29; 7,2; 13, 15; 15,7; 22,1; 23,1; 28,17 u.ö.). Petrus beginnt seine inhaltlichen Ausführungen zunächst mit der betonten Feststellung, dass das Handeln und Geschick des *Judas* als Erfüllung einer durch den Heiligen Geist ergangenen Ankündigung des Alten Testaments verstanden werden muss. So rätselhaft und verwerflich die Tat des Judas auch war – er hatte das Inhaftierungskommando angeführt, das Jesus festgenommen hatte (vgl. Lk 22,47.54) –, so sehr entspricht sie doch dem verborgenen Willen und Wirken Gottes in der Geschichte (vgl. zu 2,23). Dahinter steht die Grundüberzeugung des Lukas von der Heilsgeschichte als Erfüllungsgeschehen göttlicher Zusagen (vgl. Lk 1,1; 9,51; 24,44; Apg 3,18; 13, 27.33 u.ö.). Die Ankündigung der *Schrift* bezüglich Judas (Ps 69, 26; vgl. V. 20) musste in Erfüllung gehen, weil der Heilige Geist ihr Urheber ist. Er hat sich lediglich eines Menschen – in diesem Fall Davids, der nach traditioneller Auffassung als Verfasser der Psalmen galt (vgl. Lk 20,42; Apg 2,25; 4,25) – bedient, um eine göttliche Weissagung auszusprechen (vgl. 28,25; Sach 7,12). Ihre Erfüllung ist ein Stück Heilsgeschichte, in der Gott auch Unheilvolles in seinen Dienst nimmt (vgl. 3,13–18; 13,46f; 28,27f; vgl. auch Gen 50,20; Mk 9,31; Röm 11,11f.15 u.ö.).

17 Das Unheil des Todes (vgl. V. 18) traf Judas als göttliches Strafgericht, weil er einer der zwölf Apostel war (wörtlich: *er war uns zugezählt*; vgl. Lk 22,3). Als solcher hatte er von Gott, in Gestalt der Berufung durch Jesus (vgl. Lk 6,13.16), *Anteil an dem Dienst erhalten* (oder auch: *das Los des Dienstes zugeteilt bekommen*), mit dem die Apostel beauftragt sind. Durch seinen Verrat hat Judas das Gegenteil von dem getan, wozu er berufen war (vgl. Lk 22,3). *Dienst* bezeichnet bei Lukas vorrangig die Verkündigung des Evangeliums (vgl. 6,4; 20,24; 21,19), aber auch praktische Hilfserweise durch die Apostel (vgl. 11,29f; 12,25). Im Vordergrund steht dabei das Wirken zugunsten der Menschen.

18 Von dem *Lohn*, den Judas für seine *Ungerechtigkeit* – das heißt: für seine Tat, die seiner Beziehung zu Jesus beziehungsweise Gott widersprach – empfing (vgl. Lk 22,3–5), kaufte er sich *ein Stück Land* (vgl. Mt 27,7f.10, wo von einem Acker die Rede ist). Dort ist er jedoch sehr bald so unglücklich gestürzt (kopfüber und *in der Mitte* seines Körpers *aufplatzend*), dass sämtliche *Eingeweide hervorquollen*. Diese blutigen Details sind gewiss auch erzählt, um die Schärfe des Gottesgerichts über Judas herauszustellen, vor allem aber, um zum entscheidenden Stichwort *Blutacker* (V. 19) hinzuführen. Dass in der Überlieferung über den Tod des Judas der erzählerische Gestaltungswille in relativer Freiheit dominiert, zeigt der Vergleich mit Mt 27, wonach Judas sich durch Erhängen das Leben nimmt (V. 4) und der sogenannte Blutacker erst danach von den Hohenpriestern erworben wird und der Name an die Stelle der bisherigen Bezeichnung *Töpferacker* tritt (V. 6–8).

19 Der spektakuläre Tod des Judas sprach sich schnell in der ganzen Stadt herum (vgl. 4,16; 9,42; 19,17), sodass der Ort des Geschehens den Namen *Blutacker* erhielt. Das setzt voraus, dass die Namensgebung sehr bald erfolgte, denn es waren zu diesem Zeitpunkt wohl kaum zwei Monate vergangen (vgl. 1,3.15). Unmöglich ist das nicht. Der Verweis auf den aramäischen Namen *Hakeldamach* als Ausdruck der Sprache Jerusalems und seine griechische Übersetzung *Blutacker* sind eine Information, die Lukas seinen (griechisch sprechenden) Lesern gibt. Offensichtlich wollte er an dem aramäischen Namen, der wohl fest in der Überlieferung verankert war, festhalten (vgl. 9,36).

20 Petrus führt nun die schon angesprochene Erfüllung der Schrift (V. 16) näher aus. Dabei verweist er auf zwei *Psalm*zitate, die er miteinander verknüpft. Beide werden als göttliche Weissagungen auf das Ende des Judas und seine Vorgeschichte verstanden (vgl. zu V. 16). Die erste von ihnen hat sich jetzt erfüllt (Ps 69,26: das *Öde-Werden* und Verlassensein *seines* durch die Unrechtstat erworbenen *Gehöfts* infolge seines Todes). Daraus ergibt sich zwingend, dass sich auch die zweite (Ps 109,8b) nun erfüllen wird. Da diese imperativisch formuliert ist, wird dies als Auftrag aufgefasst, der unverzüglich in die Tat umzusetzen ist: die Besetzung des *Amtes*, das ihm als einem von den Zwölf eigentlich zugedacht war, durch eine *andere* Person. Freilich müssen gewisse Änderungen am griechischen Text der Psalmenzitate vorgenommen werden, damit sie in dieser Weise verstanden werden können. So wird die pluralische Aussage von Ps 69,26 (es ist dort von mehreren Personen die Rede) in eine singularische umgewandelt, und statt *in ihren Zelten* (sollen keine Bewohner sein) heißt es *in ihm* (d.h. dem Gehöft). In Ps 109,8 wird die Wunschform (*möge empfangen*) in einen Imperativ (*soll empfangen*) geändert. Man mag das aus heutiger Sicht als unredlich empfinden (Bibelverse werden so »zurechtgebogen«, dass sie passen). Aber man muss dabei berücksichtigen, dass die ersten Christen die alttestamentlichen Schriften von der überwältigenden Erfahrung des Christusheils her generell als (inspirierte) Zeugnisse dieses Geschehens verstanden und gelesen haben (vgl. Joh 5,39–46; Röm 1,1–4; 2Kor 1,20 u.ö.). Auf dieser Grundlage haben sie einzelne Änderungen vorgenommen, um mit ihnen den eigentlichen, freilich erst vom Christusgeschehen her erkennbaren Sinn im gesamten Wortlaut vorzufinden.

21 Die Formulierung *es muss* zeigt an, dass Petrus das Psalmwort als prophetische Kundgabe des Willens Gottes versteht, der nun in Erfüllung gehen *muss.* Das soll durch die Wahl eines neuen Apostels geschehen, der an die Stelle des alten tritt (vgl. V. 25). Dabei werden die Voraussetzungen für die Besetzung dieses Amtes klar formuliert. Der Kandidat muss die ganze Jesus-Geschichte von Anfang bis Ende persönlich miterlebt haben. Es muss also jemand sein, der in der *ganzen Zeit* mit Jesus und den Aposteln zusammen unterwegs war. Diese Zeit wird als ein *Ein- und Ausgehen* Jesu bei den Aposteln umschrieben.

22 Die nun folgenden Angaben sind historisch problematisch: Nach dem einhelligen Zeugnis der synoptischen Evangelien – und insbesondere nach der Darstellung des Lukas (vgl. Lk 3,21f; 5,1–11) – hat Jesus die ersten Jünger erst *nach* seiner *Taufe durch Johannes* berufen (vgl. Mk 1,9–11.16–20; Mt 3,13–17; 4,18–22). Es hat also keiner dieser galiläischen Männer (vgl. 1,11) die Taufe Jesu aus eigener Anschauung miterlebt. Ebenso war bei der *Himmelfahrt Jesu* nach Lukas niemand außer den elf Aposteln zugegen – auch die aufzustellenden Kandidaten nicht (vgl. 1,13). Die Zeugenschaft der Apostel bedeutet somit nicht ein lückenloses Bezeugen-Können *aller* Ereignisse der Jesus-Geschichte aus eigenem Erleben, sondern es geht primär um die Bezeugung der *Auferstehung* Jesu (vgl. 2,32; 3,15; 4,33; vgl. auch 5,32; 10,41; 1Kor 15,15). Durch sie erst ist die gesamte Jesus-Geschichte als Heils-Geschichte qualifiziert (vgl. Lk 24,46f; Apg 2,36; 10,40–43 u.ö.). Deshalb muss ein *Zeuge seiner Auferstehung* bestimmt werden – und der muss, zusammen mit den elf anderen, in der Lage sein, die Identität des auferstandenen mit dem vorösterlichen Jesus, dessen Geschichte mit seiner Taufe durch Johannes beginnt (vgl. Lk 3,21–23; Apg 10,37) und mit der Himmelfahrt endet, aus eigener Anschauung zuverlässig zu bekunden. Das betrifft alles, was Jesus *nach* seiner Taufe tat, sowie das Ostergeschehen (vgl. 10,37.39–41, wo diese beiden Elemente der Zeugenschaft explizit benannt werden).

23 Diese Voraussetzungen erfüllen offenbar die beiden Kandidaten, die nun zur Wahl *aufgestellt* werden (was freilich heißt, dass sie bei einer von Lukas nicht erwähnten Ostererscheinung dabei waren; vgl. 1Kor 15,6). Ob es die einzigen sind, die in Frage kamen, wird nicht gesagt. Wichtig ist lediglich, die Voraussetzungen für eine Wahl durch Gott selbst zu schaffen. *Joseph* wird dabei in auffälliger Weise mit zwei weiteren Namen bedacht und so besonders hervorgehoben.

24 Entsprechend dem Charakter der Wahl als einer Gottesentscheidung wendet sich die versammelte Gemeinde im *Gebet* an Gott mit der Bitte, den von ihm *erwählten* zwölften Apostel *aufzuzeigen* (so wörtlich) – das heißt, die Versammelten wissen zu lassen, wer der Erwählte ist. Diese Bitte setzt Vertrauen in Gott und sein Handeln in zweierlei Weise voraus: erstens, dass Gott in souveräner Entscheidung bei sich selbst bereits einen von beiden für dieses Amt bestimmt hat (vgl. Jes 49,1; Jer 1,5; Gal 1,15; dem entspricht auch die Anrede mit *Herr*, die alttestamentliche Gebetssprache aufgreift; vgl. z.B. Dtn 9,26; Ps 7,2; 139,4; vgl. auch Apg 4,29). Und zweitens geht sie davon aus, dass er diese Entscheidung als *Herzenskenner* getroffen hat, der sich nicht nach dem äußeren Ansehen richtet, sondern nach dem, was er im Inneren des Menschen (dafür steht der Begriff Herz) vorfindet (vgl. 15,8; Lk 16,15; Röm 8,27; 1Sam 16,7). Der zwölfte Apostel wird also kein »zweitklassiger« Ersatzmann sein, sondern einer, der uneingeschränkt als Apostel gelten kann (vgl. zu V. 26).

25 Das wird zunächst durch die Näherbestimmung seines Auftrags deutlich. Es geht darum, den *Platz* im Zwölf-Apostel-Kreis wieder zu besetzen, den Judas durch seinen Verrat schuldhaft verlassen hat (er ist von ihm *abgeirrt*; vgl. Dtn 9,16; 17,20). Dabei wird klar gesagt, dass das Betrautwerden mit *diesem Dienst* (so in Anlehnung an V. 17) ein *Amt* ist, das der Betreffende von Gott empfängt. Steht der neue *Apostel* damit an dem ihm von Gott zugewiesenen Platz, so befindet sich *Judas* durch seinen Tod *an seinem eigenen Ort*, der ihm entsprechend seiner Tat zukommt – gedacht ist wohl an die Hölle als Ort ewiger Qual (vgl. Lk 12,5; 16,22–28).

26 Die Entscheidung wird im *Los*verfahren herbeigeführt. Es gilt schon im Alten Testament als heiliger Akt der Willenskundgabe Gottes in Entscheidungsfällen (vgl. Lev 16,8–10; Num 34, 13; 36,2; 1Sam 10,20f u.ö.; vgl. auch Lk 1,9). Wie der Vorgang im Einzelnen ablief, ist unklar – und für Lukas auch unwichtig. Umso klarer aber ist der Ausgang: *Matthias* wird infolge der göttlichen Wahl *zu den elf Aposteln dazugezählt*. Er gilt fortan als Mitglied des Zwölf-Apostel-Kreises, der durch diesen Vorgang in seiner ursprünglichen Zahl und Funktion, das Gottesvolk in der Vollzahl seiner zwölf Stämme für das Heil der Königsherrschaft Gottes zu gewinnen, wiederhergestellt worden ist (vgl. Lk 6,13; 9,1f; vgl. auch zu V. 15).

Der wohl auffallendste Zug dieser Erzählung besteht in der Rückführung des rätselhaften und verwerflichen Handelns des Judas auf den verborgenen Willen Gottes. Damit ist nicht gesagt, dass seine Ungerechtigkeit (V. 18) dem göttlichen Wollen entspräche oder gar entspränge. Wohl aber wird deutlich, dass die Schrift – wie im Nachhinein erkennbar wird – eine göttliche Vorhersage der Dinge ausspricht (V. 16), deren Eintreffen nicht dem Zufall überlassen ist, sondern dem geheimnisvollen Wirken Gottes in der Geschichte mit allen ihren kleinen und großen Katastrophen und Sünden. Entscheidend dabei ist, was Gott in seiner heilvollen Absicht daraus macht (V. 20; vgl. auch 13,45ff; 28,24ff). Hier geht es um die Wiederherstellung des Zwölf-Apostel-Kreises durch einen Kandidaten, der nun wirklich von Gott zu diesem Amt erwählt ist (V. 24) und die damit verbundene Funktion in (glaub)würdiger Weise ausfüllen kann (V. 25). Es ist müßig, darüber zu spekulieren, ob der Verrat des Judas so etwas wie die geschichtliche Voraussetzung der Auferstehung Jesu bildet, um deren Bezeugung es ja primär geht (V. 22)! Tatsache ist, dass Gott aus diesem verwerflichen menschlichen Handeln den Höhepunkt seines Heilswirkens in der Person und Geschichte Jesu werden ließ. Diesen Höhepunkt samt seiner Vorgeschichte in Jesus aus eigenem Miterleben vor dem ganzen Gottesvolk zu bezeugen, ist denn auch die große Aufgabe der Apostel. Von daher ist die Kirche gut beraten, sich nicht nur stets ihrer Herkunft aus Israel bewusst zu sein, sondern auch sich bleibend als »apostolisch«, das heißt: auf dem authentischen Jesuszeugnis der Apostel beruhend, zu verstehen (wie es im Nizänischen Glaubensbekenntnis festgehalten ist).

2,1 – 8,3
Das Jesuszeugnis in Jerusalem

Der erste große Teil der Apostelgeschichte gilt der Geschichte des Jesuszeugnisses in Jerusalem, von wo es gemäß der programmatischen Verheißung des Auferstandenen seinen Ausgang nehmen soll (vgl. 1,8). Das auslösende Ereignis ist die Ausgießung des Heiligen Geistes zu Pfingsten (2,1–13), die ebenfalls der Ankündigung von 1,8 entspricht. Ihr verdankt sich die Pfingstpredigt des Petrus (2, 14–41), die erste von insgesamt drei großen Predigten in diesem Abschnitt. Ihr Hauptinhalt, die Verkündigung von Tod und Auferstehung Jesu als endzeitlicher Heilserweis Gottes an sein Volk, führt dazu, dass die christliche Gemeinde zum ersten Mal sichtbar in Erscheinung tritt. Sie bestand zwar schon zuvor, wächst aber nun durch die vielen Menschen, die zum Glauben an Jesus kommen, rasant und wird zu einem unübersehbaren Faktor des öffentlichen und religiösen Lebens in Jerusalem. Entsprechend beschreibt Lukas ihr gottesdienstliches und gemeinschaftliches Leben (2,42–47) in einem ersten von drei Sammelberichten, mit denen er unter jeweils anderem Aspekt die lebendige Wirklichkeit der christlichen Gemeinde als Auswirkung des Jesuszeugnisses mitten im Zentrum des Gottesvolkes in Erinnerung ruft (4,32–37; 5,12–16).

Die Heilung eines Lahmen durch Petrus im Tempel (3,1–10) ist die einzige ausgeführte Wundererzählung in diesem ersten Teil der Apostelgeschichte. Sie hat eine exemplarische Funktion, mit der Lukas verdeutlichen will: Das Jesuszeugnis erweist seine heilvolle Wirkung nicht nur in der Existenz und dem Leben der Gemeinde, sondern auch im Geschehen von Zeichen und Wundern – von denen denn auch summarisch immer wieder die Rede ist (2,43; 4,30; 5,12; 6,8). Die sich an die Heilung anschließende zweite Predigt des Petrus zielt viel stärker als die erste auf die Umkehr Israels angesichts seines Widerstands gegen Gottes Handeln in Jesus (3,11–26). So kommt es zum ersten Widerstand gegen das Zeugnis von Jesus: Die Apostel Petrus und Johannes werden festgenommen und müssen sich vor dem Hohen Rat wegen ihrer Jesusverkündigung verantworten (4,1–22). Doch am Ende steht das eindrucksvolle Ergebnis der durch keine menschliche Macht zu brechenden Macht des Jesuszeugnisses, das die vom Heiligen Geist erfüllten Apostel gegen allen Widerstand ausrichten. Auch die Gemeinde wird durch den Vorgang in ihrer missionarischen Kraft gestärkt (4,23–31).

Mit dem zweiten Sammelbericht, der die Gütergemeinschaft der Gemeinde in den Vordergrund rückt (4,32–37), bereitet Lukas den Boden für die folgende Geschichte vom Betrug des Hananias und seiner Frau Saphira mit den für beide tödlichen Folgen des göttlichen Gerichts (5,1–11). So wird deutlich: Nicht nur äußerer Widerstand kann dem Jesuszeugnis nicht schaden, sondern auch Vergehen in der Mitte der Gemeinde können und dürfen ihm keinen Abbruch tun. Dass die Gemeinde aus dem Vorgang unbeschadet hervorgegangen ist, zeigt Lukas denn auch sogleich mit dem dritten Sammelbericht vom Leben der Gemeinde an, der das Wunderwirken der Apostel und seine Resonanz beim Volk hervorhebt (5,12–16). Daraufhin regt sich erneut der Widerstand der jüdischen Führung. Wiederum werden die Apostel festgenommen. Aber ihre wunderbare Befreiung bringt den Hohen Rat in Verlegenheit und Petrus die Gelegenheit zu erneuter Ausrichtung der wesentlichen Inhalte des Jesuszeugnisses, sodass der Schriftgelehrte Gamaliel zu Vorsicht und einer differenzierten Sicht der Dinge mahnt (5,17–42).

Mit der Wahl und Einsetzung der »Sieben« (6,1–7) beginnt ein neuer Abschnitt im Leben der Urgemeinde: Der Kreis der sogenannten »Hellenisten« tritt erstmals in Erscheinung – und zwar als Gruppierung innerhalb der Gemeinde, die den Fundamenten des jüdischen Glaubens, Gesetz und Tempel, kritisch gegenübersteht, sodass ihr führender Vertreter Stephanus auf entsprechende Äußerungen hin angeklagt wird (6,8–15). Seine Verteidigungsrede gerät zu einer massiven Gegenanklage in Gestalt eines großen Rückblicks auf die Geschichte Israels, der aufzeigt, dass und wie sich das Gottesvolk immer wieder den Heilserweisen seines Gottes widersetzt hat, indem es die ihm von Gott gesandten Propheten und Retter abgewiesen und sogar getötet hat, gipfelnd in der Ermordung Jesu (7,1–53). Daraufhin kommt es zur Steinigung des Stephanus sowie zu einer umfassenden Verfolgung der Jerusalemer Gemeinde. Doch was zur Vernichtung der Jesusbewegung intendiert ist, gerät zur Ausbreitung des Jesuszeugnisses über Jerusalem hinaus (7,54 – 8,3). Davon berichtet der zweite Hauptteil der Apostelgeschichte.

2,1–13
Das Erfülltwerden mit dem Heiligen Geist zu Pfingsten

1Und als der Tag des Pfingstfestes erfüllt war, waren sie alle an einem Ort beisammen. 2Und plötzlich entstand vom Himmel her ein

**Brausen wie ein gewaltiger daherfahrender Wind, und es erfüllte das
ganze Haus, in dem sie saßen. [3]Und es erschienen ihnen zerteilte
Zungen, wie (züngelndes) Feuer, und sie ließen sich auf jeden Einzelnen von ihnen nieder. [4]Und sie wurden alle mit Heiligem Geist
erfüllt und fingen an, in anderen Sprachen zu reden, so wie der Geist
sie zum Aussprechen befähigte.**

**[5]Es wohnten aber in Jerusalem Juden, fromme Männer aus jedem
Volk unter dem Himmel. [6]Als aber dieses Geräusch entstand, kam
die Menge zusammen und wurde verwirrt, denn jeder Einzelne hörte sie in seiner eigenen Sprache reden. [7]Und sie gerieten außer sich
und staunten und sprachen: »Siehe, sind nicht diese alle, die da reden, Galiläer? [8]Wie können wir sie denn ein jeder in unserer eigenen
Sprache hören, in der wir geboren sind? [9]Parther, Meder, Elamiter
und die Bewohner von Mesopotamien, Judäa und Kappadokien,
Pontus und Asien, [10]Phrygien und Pamphylien, Ägypten und dem
Gebiet von Libyen gegen Kyrene hin, auch die Römer, die sich hier
aufhalten, [11]Juden und Proselyten, Kreter und Araber – wir hören
sie in unseren Sprachen von den großen Taten Gottes reden.« [12]Sie
waren aber alle außer sich und befanden sich in großer Verlegenheit
und sagten einer zum anderen: »Was mag dies wohl sein?« [13]Andere
aber spotteten und sagten: »Die sind mit Most abgefüllt.«**

Die Erzählung besteht aus zwei Teilen: dem Erfülltwerden der Gemeinde mit dem Heiligen Geist (V. 1–4) und der Reaktion der aus aller Welt anwesenden Juden auf das mit der Geisterfüllung verbundene Sprachenwunder (V. 5–13). Die Quellenlage ist kompliziert, die Lösungsversuche sind widersprüchlich und die damit verbundenen Fragen nicht eindeutig zu beantworten. In jedem Fall hat Lukas auf Überlieferung zurückgegriffen und sie in seinem Sinne bearbeitet. Der historische Kern der von ihm gestalteten Erzählung dürfte hauptsächlich in zwei Vorgängen zu finden sein: die Erfahrung des Überwältigtwerdens der nachösterlichen Jüngerschar mit göttlicher Kraft am Pfingstfest sowie das daraus resultierende Sprachen- beziehungsweise Hörwunder auf Seiten der Umstehenden.

1 In der für ihn charakteristischen Weise führt Lukas die Geistausgießung zu Pfingsten als heilsgeschichtliches Erfüllungsgeschehen ein (vgl. 1,16; Lk 1,1; 9,51; 24,44 u.ö.). Das bezieht sich von der Sachaussage her zwar nur auf den Zeitpunkt (*der Tag des Pfingstfestes war erfüllt*), ist von Lukas aber umfassend gemeint, insofern jetzt die kurz zuvor ergangene Verheißung Jesu in Erfüllung geht (vgl. 1,5.8). Das *Pfingstfest* ist das jüdische Wochenfest (vgl. Ex 34,22; Num 28,26), das am fünfzigsten Tag nach dem Passa gefeiert wurde (daher der griechische Name *pentekoste* = »fünfzigster« [Tag]). Da von 1,23 an mit dem unbestimmten *sie* die versammelte Gemeinde gemeint war (vgl. 1,15), ist dies hier wohl ebenfalls vorauszusetzen – zumal Lukas betont, dass *alle* beieinander waren, und zwar an *einem* Ort. Damit will er vermutlich hervorheben, dass von dem folgenden Geschehen die gesamte, an einem bestimmten Punkt (nach V. 2 ein Haus) zusammengekommene Gemeinde betroffen war. Es liegt ihm offenbar an geschichtlicher Konkretion dieses tragenden Ereignisses.

2 Zwar sollte die Gemeinde nach den Worten Jesu auf dieses Geschehnis warten (vgl. 1,4f) – sie war also darauf vorbereitet –, aber die Art und Weise seines Eintritts kommt dennoch völlig überraschend. Dabei verweist die Richtungsangabe *vom Himmel her* auf den göttlichen Ursprung und Charakter des Geschehens (vgl. Lk 11,13, wo Lukas die himmlische Herkunft der Gabe des Heiligen Geistes besonders betont). Möglicherweise will Lukas auch einen Bezug zur Himmelfahrtsgeschichte herstellen und dem Weggang Jesu zum Himmel hin ein neues göttliches Kommen vom Himmel her gegenüberstellen (vgl. die Zusammenfassung zu 1,4–14). Wahrnehmbar ist nur ein plötzliches *Brausen* (wörtlich: *Ton, Geräusch*; vgl. Lk 21,25; Hebr 12,19). Lukas kann das rätselhafte Phänomen nur mit Hilfe von Vergleichen beschreiben – zunächst mit dem Rauschen eines *daherfahrenden gewaltigen Windes*. Es ist das im *ganzen Haus* und somit für alle Anwesenden hörbare Zeichen des nun von Gott her kommenden Geistes (vgl. Lk 3,21f; 1Petr 1,12). Der Bezug zum Wind (griechisch: *pnoee*) greift die eigentliche Bedeutung des griechischen Wortes für Geist (*pneuma* = Wehen, Hauch, Atem; vgl. Joh 3,8) auf. Beiden, Wind und Geist, ist gemeinsam, dass sie für den Menschen unsichtbar und unverfügbar sind, aber an ihren Wirkungen deutlich wahrgenommen werden können.

3 Das zweite Phänomen ist das unvermittelte Sichtbarwerden von *Zungen*, die sich *zerteilen*. Auch hier hilft zur Veranschaulichung nur ein Vergleich: Es ähnelt den Flammen eines züngelnden *Feuers*. Wenn Lukas den Satz singularisch fortführt (wörtlich: *es* [das Feuer] *setzte sich ...*), will er wohl zum Ausdruck bringen, dass es sich um ein einheitliches, aber in vielfache Einzelmomente aufteilendes Geschehen handelt, sodass jede/r Anwesende davon betroffen ist: Die Zungen lassen sich *auf jeden Einzelnen* nieder. Mit dem Bezug zum Feuer spielt Lukas gewiss auf die von Johannes verheißene Taufe *mit Heiligem Geist und Feuer* an (vgl. Lk 3,16), die sich nun erfüllt (vgl. auch 1,5). Zugleich verweisen die Phänomene Wind/Sturm und Feuer vom Alten Testament her darauf, dass es hier letztlich um ein Nahekommen Gottes selbst geht (vgl. Ex 19,18; 1Kön 19,11; Ps 50,3; Jes 66,15).

4 Nun lüftet Lukas das Geheimnis: Was hier in äußeren Zeichen geschieht, ist das *Erfülltwerden* der ganzen Gemeinde *mit dem Geist* Gottes (vgl. V. 17f.33). War dieses Ereignis von Jesus ursprünglich nur den Aposteln verheißen (vgl. Lk 24,49; Apg 1, 4f.8), so sind hier wohl alle Angehörige der Gemeinde davon betroffen (vgl. zu V. 1) – auch wenn im Folgenden nur die Apostel beziehungsweise Petrus als Handelnde auftreten (vgl. V. 14.37f. 40). Dieses an sich nicht wahrnehmbare Geschehen wird sogleich an seiner Auswirkung erkennbar: Der zuteilgewordene *Heilige Geist* befähigt alle, in fremden *Sprachen* (wörtlich: *Zungen*) zu reden. Die Geisteszungen bewegen gleichsam die Menschenzungen zur Verkündigung der *großen Taten Gottes* (V. 11) in den Sprachen der Völker (vgl. V. 8–10). Es ist der Geist selbst, der hier handelt, denn er *gibt* allen das *Gerade-Heraussagen* (so wörtlich), womit ein feierliches oder begeistertes Sprechen gemeint ist. Ein Beispiel derartiger Verkündigung gibt Lukas in der gleich folgenden Pfingstpredigt des Petrus (V. 14–36). Sie ist der Beginn der von Jerusalem ausgehenden weltweiten Zeugenschaft der Apostel für Jesus (vgl. 1,8).

5 Nun wendet sich die Darstellung der Außenwirkung des Geschehens zu. Dazu verweist Lukas auf den Sachverhalt, dass in Jerusalem auch viele Diasporajuden wohnten, die zuvor ihr ganzes Leben oder zumindest eine längere Zeit im »Ausland« verbracht hatten. Es sind *fromme Männer*, die sich aus religiösen Gründen mit ihren Familien in der heiligen Stadt niedergelassen haben (vgl. 4,36f; 6,5). Mit ihrer Herkunft *aus jedem Volk unter dem Himmel* repräsentieren sie die Gesamtheit der Weltvölker, aus deren Mitte sie gekommen sind.

6 Lukas setzt voraus, dass das sich im Haus der Gemeinde abspielende Geschehen nach außen hörbar war. Denn die draußen weilende *Menge* (bei großen religiösen Festen in Jerusalem nichts Ungewöhnliches) läuft sofort zusammen, als sie den entstandenen Lärm hört. Lukas spricht verallgemeinernd von einem *Geräusch*. Vermutlich bezieht er es sowohl auf das Sturmesbrausen als auch auf das Reden in anderen Sprachen. Jedenfalls ist letzteres die Ursache der sogleich aufkommenden *Verwirrung* der Menge, denn *jeder Einzelne* aus ihr hört die Menschen der Gemeinde *in seiner eigenen Sprache reden*. Das bezieht sich auf die zuvor genannten ehemaligen Diasporajuden und die von ihnen gesprochenen Sprachen der jeweiligen Herkunftsländer (vgl. auch V. 8). Dass diese Juden daneben freilich auch griechisch und/oder aramäisch sprachen und selbstverständlich auch palästinische Juden zugegen waren (vgl. V. 14), spielt für Lukas in diesem Zusammenhang keine Rolle – ebensowenig die Frage, wie die einzelnen Sprachen aus dem Stimmengewirr herauszuhören gewesen sein sollen. Wichtig ist allein die Tatsache, dass die christliche Botschaft urplötzlich in den Sprachen der Weltvölker ertönt und von deren Repräsentanten verstanden wird.

7–8 Die Verwirrung der Menge (wörtlich: *sie gerieten außer sich*) steigert sich zu einem fassungslosen *Staunen*. Es verschafft sich sogleich in der Frage Ausdruck: *Wie* ist es möglich, dass einfache Galiläer in den Muttersprachen der anwesenden Diasporajuden reden? Die zweigeteilte Frage zielt zunächst auf die Identität der Redenden als *Galiläer*. Diese kann der rein zufällig zusammengekommenen Menge keinesfalls durchweg bekannt gewesen sein. Vielmehr weist Lukas mit dieser Formulierung seine Leser auf eine bereits bekannte Tatsache hin (vgl. 1,11: *Männer von Galiläa*), die hier von höchstem Belang ist. Zugleich bereitet er so den Auftritt der Apostel vor (vgl. V. 14), denn nur für sie gilt, dass sie *alle* Galiläer sind (vgl. auch 13,31). Das erregte Staunen der Menge bezieht sich auf den höchst verwunderlichen Sachverhalt, dass einfache Menschen aus der galiläischen Provinz mit ihrem durchweg niedrigen Bildungsstand in anderen Sprachen reden. Jeder Einzelne der Anwesenden hört sie in seiner eigenen Muttersprache (= *Sprache ... in der wir geboren sind*). So zielt die Frage in ihrem zweiten Teil auf die Ursache dieses an sich unerklärlichen Vorgangs (*Wie* ist so etwas möglich?).

9–11 Bevor der Versuch einer Antwort erfolgt (V. 12f), werden zunächst die einzelnen Völker und Menschengruppen aufgelistet, die versammelt sind. Die Richtung geht von West nach Ost und erfasst die Gebiete, in denen Juden damals zahlreich lebten. Dass die Aufzählung nicht einheitlich gestaltet ist, liegt nicht nur dem disparaten Quellenmaterial, das Lukas vorlag, sondern soll vor allem den lebendigen Charakter des erstaunten Redens der Menschen veranschaulichen. Zunächst werden drei Völker genannt (*Parther, Meder, Elamiter*). Dann folgen die Bewohner von neun Ländern (von *Mesopotamien* bis *Libyen*, das eine besonders starke Judenschaft in und um *Kyrene* hatte; vgl. Lk 23,26 par; Apg 11,20; 13,1). Eigens erwähnt werden sodann die *Römer*, die sich zeitweilig in Jerusalem aufhalten – Lukas denkt vermutlich an Mitglieder und Angehörige der Besatzungsmacht (sie spielt später bei Paulus eine wichtige Rolle; vgl. 21,31ff; 22,23ff). Schließlich werden zwei religiöse Gruppen genannt: *Juden* und *Proselyten* (= ehemalige Nicht-Juden, die zum jüdischen Glauben übergetreten sind; vgl. 6,5; Mt 23,15) – sowie ganz zuletzt zwei Völker (*Kreter* und *Araber*), die Insel- und Festlandbewohner beziehungsweise

Menschen westlicher und östlicher Herkunft bezeichnen. Auffallend ist die Erwähnung von *Judäa*. Gewiss will Lukas damit sagen, dass sich auch Judäer unter den Versammelten befanden (vgl. V. 14). Im Kontext des Sprachenwunders heißt dies freilich, dass nach Lukas Galiläer eine andere Sprache sprachen als Judäer. Das trifft so zwar nicht zu, man kann aber von einem andersartigen Dialekt ausgehen (vgl. Mt 26,73).

Lukas will mit der Völker- und Länderaufzählung zeigen, dass bereits beim allerersten Anfang der Erfüllung der programmatischen Verheißung Jesu (1,8) alle Adressaten des weltweiten Jesuszeugnisses der Apostel zumindest indirekt erreicht werden. Es sind bei der Ausgießung des Heiligen Geistes Repräsentanten aller Völker *unter dem Himmel* (V. 5) anwesend. Diese sind freilich vorerst ausschließlich Juden (vgl. V. 5), aber sie stehen für die Menschen der Völker, aus denen sie kommen (und die später vor allem durch Paulus missioniert werden; Kap. 13–28). Ebenso ist es wichtig, dass auch Menschen aus Judäa (einschließlich Jerusalem) zugegen sind, denn das weltweite Jesuszeugnis soll ja von Jerusalem und Judäa ausgehen. Allerdings ergeht in dieser Situation das Zeugnis von Jesus noch nicht explizit. Es folgt jedoch sogleich in der Pfingstpredigt des Petrus (V. 14–36). Vorerst hören die Menschen die Gemeinde *von den Großtaten Gottes reden* (so wörtlich V. 11b). Das ist gleichsam die Ouvertüre zur Petruspredigt, indem sie auf Gott als den verborgenen Urheber des Pfingstereignisses verweist. Aber an seinen großen Taten in der Geschichte seines Volkes sowie der Weltvölker (vgl. 14,15–17; 17,24–28) und vor allem in der Geschichte Jesu (vgl. V. 22–24.32–36; 10,38–40) kann man den erkennen beziehungsweise zumindest erahnen, der auch hier in dem, was sich vor den Augen und Ohren der Anwesenden abspielt, am Werk ist.

12–13 Mit denselben Worten wie am Beginn von V. 7 beschreibt Lukas die anhaltende Verwirrung, von der die ganze Menge betroffen ist (*sie waren alle außer sich*). Das anfängliche Staunen (V. 7) wandelt sich in *Verlegenheit* gegenüber dem unerklärlichen Phänomen. Die Menschen reagieren auf zweierlei Weise – die einen ratlos mit der Frage nach dem Wesen beziehungsweise der Bedeutung des Vorgangs (sinngemäß: »Was soll das bedeuten?«, »Was spielt sich hier ab?«), die anderen mit *Spott* und der Unterstellung von Volltrunkenheit der Betroffenen. Auf beides geht Petrus in der sogleich folgenden »Pfingstpredigt« ein.

Die Pfingsterzählung ist der erste Höhepunkt der Apostelgeschichte. Denn der zum Himmel gefahrene Jesus erfüllt *vom Himmel her* seine grundlegende Zusage, die er den Jüngern in diesem Zusammenhang gegeben hat (1,8): Sie werden in der Tat mit der *Kraft* des *Heiligen Geistes* ausgerüstet – und so in die Lage versetzt, als *Zeugen* Jesu aufzutreten. Was sich hier, in Jerusalem, gleichsam als »Initialzündung« abspielt, setzt sich von nun an in unzähligen Varianten fort: die Ausrichtung des Jesuszeugnisses an die Menschen in aller Welt. Das ist das Thema der Apostelgeschichte. Lukas betont in diesem Zusammenhang zwei Dinge: einmal die überwältigende Kraft des göttlichen Geistes, der die Anwesenden zum Reden in Sprachen befähigt, deren sie nicht mächtig sind (V. 4). Doch nicht dies ist das eigentliche Wunder, sondern – das ist der zweite Punkt – die Wahrnehmung des Gesprochenen durch die Umstehenden: Sie hören von den *großen Taten Gottes* in ihrer jeweiligen Muttersprache (V. 11). Das ist es, worauf es auch heute noch ankommt: Die Menschen in aller Welt sollen von Gott und seinen Taten, insbesondere in Jesus Christus, auf verständliche Weise hören. Das geschieht nach wie vor in erster Linie durch Verkündigung – und zwar als Zeugnis derer, die vom Geist Gottes dazu befähigt und ermächtigt sind. Das gilt nicht nur für besonders berufene Amtsträger, sondern für alle Christen – so wie nicht nur die Apostel, sondern die ganze Gemeinde mit Geist erfüllt wurde. Wo sich dieses Wunder ereignet, dass Menschen verstehbar von Gott reden, indem sie Jesus bezeugen, ist aber noch nicht das Problem gelöst, ob die Hörenden auch wirklich verstehen. Um die *Verlegenheit* oder gar den *Spott* auf ihrer Seite (V. 12f) in Herzensverständnis zu überführen, bedarf es eines weiteren Wunders, das ebenso nur Gott selbst zu vollbringen vermag (vgl. zu V. 37ff).

2,14–41
Die Pfingstpredigt des Petrus

14Da trat Petrus mit den Elf auf und erhob seine Stimme und sprach
sie an: »Ihr jüdischen Männer und alle, die ihr in Jerusalem wohnt,
dies sei euch kund, und hört auf meine Worte. 15Diese sind nicht be-
trunken, wie ihr meint – es ist (doch erst) die dritte Stunde des Ta-
ges –, 16sondern es ist dies (geschehen), was durch den Propheten
Joel gesagt ist: 17›Es wird in den letzten Tagen geschehen, spricht
Gott, da werde ich von meinem Geist auf alles Fleisch ausgießen,
und eure Söhne und Töchter werden weissagen, und eure jungen
Männer werden Visionen haben, und eure alten Männer werden
Traumgesichte sehen. 18Und auch über meine Knechte und Mägde
werde ich in jenen Tagen von meinem Geist ausgießen, und sie wer-
den weissagen. 19Und ich werde Wunder tun oben am Himmel und
Zeichen unten auf der Erde: Blut und Feuer und Rauchdampf. 20Die
Sonne wird sich in Finsternis verkehren und der Mond in Blut, be-

vor der große und glanzvolle Tag des Herrn kommt. [21]Und es wird geschehen: Jeder, der den Namen des Herrn anruft, wird gerettet werden.‹

[22]Ihr Männer Israels, hört auf diese Worte: Jesus, den Nazoräer, einen Mann, der von Gott unter euch ausgewiesen worden ist durch Machttaten, Wunder und Zeichen, die Gott durch ihn in eurer Mitte tat, wie ihr selbst wisst, [23]diesen, der nach dem festgesetzten Ratschluss und dem Vorherwissen Gottes ausgeliefert worden war, habt ihr getötet, indem ihr ihn durch die Hand von Gesetzlosen ans Kreuz geschlagen habt. [24]Den hat Gott auferweckt, indem er die Wehen des Todes löste, denn es war nicht möglich, dass er von ihm festgehalten wurde. [25]Denn David sagt in Bezug auf ihn: ›Ich sah den Herrn allezeit vor mir; denn er ist zu meiner Rechten, damit ich nicht ins Wanken gerate. [26]Deshalb freute sich mein Herz, und meine Zunge jubelte, noch mehr aber wird mein Fleisch in Hoffnung wohnen. [27]Denn du wirst meine Seele nicht im Hades zurücklassen und nicht zulassen, dass dein Heiliger die Verwesung sieht. [28]Du hast mir Wege des Lebens kundgetan, du wirst mich mit Freude erfüllen vor deinem Angesicht.‹

[29]Männer, (liebe) Brüder, es sei erlaubt, zu euch mit Offenheit über den Stammvater David zu sprechen: dass er gestorben und begraben worden ist und sein Grab sich bis auf diesen Tag unter uns befindet. [30]Da er nun ein Prophet war und wusste, dass Gott ihm mit einem Eid geschworen hatte, (einen) aus seiner Nachkommenschaft auf seinen Thron zu setzen, [31]hat er voraussehend von der Auferstehung des Christus geredet, dass er weder im Hades zurückgelassen worden ist noch sein Fleisch die Verwesung gesehen hat.

[32]Diesen Jesus hat Gott auferweckt, wovon wir alle Zeugen sind. [33]Nachdem er nun zur Rechten Gottes erhöht worden ist und die Verheißung des Heiligen Geistes vom Vater empfangen hat, hat er dieses ausgegossen, was ihr seht und hört. [34]Denn nicht David ist in den Himmel aufgestiegen, er sagt vielmehr selbst: ›Der Herr sprach zu meinem Herrn: Setze dich zu meiner Rechten, [35]bis ich deine Feinde hinlege als Schemel deiner Füße.‹ [36]Mit Gewissheit möge nun das ganze Haus Israel erkennen, dass Gott ihn sowohl zum Herrn als auch zum Messias gemacht hat, diesen Jesus, den ihr gekreuzigt habt.«

[37]Als sie das hörten, drang es ihnen durch das Herz, und sie sagten zu Petrus und den anderen Aposteln: »Was sollen wir tun, ihr Brüder?« [38]Petrus (sprach) zu ihnen: »Bekehrt euch, und ein jeder von euch lasse sich taufen auf den Namen Jesu Christi zur Vergebung eurer Sünden, und ihr werdet die Gabe des Heiligen Geistes empfangen. [39]Denn euch gilt die Verheißung und euren Nachkommen und allen, die in der Ferne sind, so viele der Herr, unser Gott, herzu-

ruft.« [40]Und mit vielen anderen Worten redete er ihnen eindringlich zu und ermahnte sie, indem er sprach: »Lasst euch retten aus diesem verkehrten Geschlecht!« [41]Diejenigen nun, die sein Wort annahmen, ließen sich taufen, und es wurden an jenem Tag etwa dreitausend Seelen hinzugetan.

Die Rede lässt sich in sechs Sinneinheiten gliedern: 1. Anrede der Hörer und Bezugnahme auf die Situation (V. 14f) – 2. Interpretation der Geistausgießung als Erfüllung der Joel-Verheißung (V. 16–21) – 3. Das Wirken und Geschick Jesu als geschichtlicher Beginn des endzeitlichen Heilshandelns Gottes (V. 22f) – 4. Die Auferweckung Jesu als in der Schrift geweissagter Höhepunkt dieses Handelns (V. 24–32) – 5. Der erhöhte Christus als Sender des Geistes und Heilsbringer für Israel (V. 33–36) – 6. Das Ziel der Predigt: Umkehr und Rettung (V. 37–41). In ihrer vorliegenden Fassung verdankt sich die Predigt dem gestalterischen Willen und Geschick des Lukas. Gleichwohl liegt alte Überlieferung zugrunde – vor allem wohl in den Deutungen des Geschehens vom Alten Testament her (das für die Christen von Anfang an charakteristisch war) sowie in einem geprägten Verkündigungsschema, das die Tötung Jesu durch die Juden (V. 23.36), seine Auferweckung durch Gott (V. 24.32) und die daraus resultierende Umkehrforderung an die Hörer (V. 38; bereits angedeutet in V. 36) umfasst (vgl. Roloff, 49ff). In ihrer Bedeutung für die Botschaft der Apostelgeschichte kann die Predigt kaum unterschätzt werden. Denn sie liefert die theologische Deutung des Pfingstereignisses als endzeitliches Heilsgeschehen und verknüpft damit die Heilsbotschaft von Jesus Christus, die in ähnlicher Gestalt in den weiteren Reden des Petrus und in der ersten Predigt des Paulus den bleibenden Grundgehalt der christlichen Verkündigung bildet.

14 Petrus ergreift, wie bereits zuvor (vgl. 1,15ff), die Initiative. Zusammen mit den elf anderen Aposteln stellt er sich unerschrocken vor die Menge hin (das hier mit *auftreten* übersetzte griechische Wort bringt ein festes Stehen zum Ausdruck), um ihr den Vorgang zu erklären und dies in missionarische Christusverkündigung einmünden zu lassen (ab V. 21ff). Der zweite Teil der programmatischen Verheißung des Auferstandenen, das in Jerusalem anhebende Jesuszeugnis der Apostel (1,8), beginnt sich zu erfüllen. Entsprechend dem Gewicht der nun folgenden Rede *erhebt* Petrus *seine Stimme* und *spricht* die Menschen *gerade heraus an* (so wörtlich). Lukas wählt hier dasselbe Verb wie in V. 4 in Bezug auf das Reden der Gemeinde in anderen Sprachen, sodass deutlich wird: Was Petrus jetzt sagt, ist ebenso vom Heiligen Geist gewirkt wie die zuvor ergangene Verkündigung der großen Taten Gottes in den Sprachen der Völker. Die Anrede richtet sich an die anwesenden Juden aus aller Welt (*Ihr jüdischen Männer*; vgl. V. 5) und insbesondere an die Bewohner von *Jerusalem* (wohl wegen der in V. 23 gegen sie ergehenden Anklage). Mit dem Hinweis auf die Wichtigkeit des nun zu Sagenden (wörtlich: *dies soll euch bekannt sein*) und einer Aufforderung zur Aufmerksamkeit (wörtlich: *lasst meine Worte in euer Ohr dringen*) leitet Petrus zum Inhalt seiner Rede über.

15–16 Er beginnt mit einer Bezugnahme auf die Situation – zunächst negativ durch eine Zurückweisung der spöttischen Unterstellung von Trunkenheit (vgl. V. 13): Um neun Uhr morgens (= *die dritte Stunde des Tages*) ist so etwas ausgeschlossen. Sodann antwortet er auf das ernste Fragen nach Wesen und Bedeutung des Vorgangs (vgl. V. 12) und präsentiert die wahre Erklärung: Was hier geschieht, ist die Erfüllung dessen, was der Prophet Joel für die Endzeit geweissagt hat. Das gleich darauf folgende Joel-Zitat (V. 17–21) wird dies näher ausführen. Dabei betont die gewählte Formulierung die göttliche Urheberschaft der Verheißung: Gott hat sie *durch den Propheten Joel* ausgesprochen (vgl. V. 17; Lk 1,70; 18,31; Apg 3,18.21; 28,25). Deshalb ist das Reden in anderen Sprachen die durch Gott selbst realisierte Verwirklichung dessen, was er vor langer Zeit seinem Volk verheißen hat.

17 Diese Verheißung wird nun zitiert. Dabei nimmt Lukas, dem wir die vorliegende Gestalt der Petrusrede verdanken, am Wortlaut von Joel 3,1–5 einige Veränderungen vor. Statt *nach diesem,* was in der vorausgesetzten Situation keinen klaren Sinn ergibt, heißt es jetzt *in den letzten Tagen.* Damit wird das Pfingstgeschehen als endzeitliches Ereignis gedeutet, das nach dem Wort und Willen Gottes (… *spricht Gott* – von Lukas hinzugefügt) die Vollendung seiner Geschichte mit den Menschen ankündigt. Freilich umfasst dies nach Lukas einen längeren Zeitraum, nämlich den des von nun an weltweit ergehenden Jesuszeugnisses. Erst wenn diese Phase abgeschlossen ist, wird Gott mit der Wiederkunft Jesu seine Geschichte mit Mensch und Welt zum Abschluss bringen (vgl. 3,20f; 1,11). Konkret spricht die prophetische Verheißung von der endzeitlichen Ausgießung des Geistes Gottes *auf alles Fleisch,* das heißt auf alle Menschen des Gottesvolkes. Deshalb ist im Folgenden auch betont von verschiedenen Ständen und Gruppen des Volkes die Rede (*Söhne* und *Töchter, junge* und *alte Männer;* bei letzteren hat Lukas die Reihenfolge geändert).

Diese Verheißung hat sich nun grundlegend erfüllt, und sie wird sich weiter erfüllen. Alle Angehörigen der Gemeinde (vgl. V.

4) haben soeben den für die Endzeit verheißenen göttlichen Geist empfangen. Und alle, die sich dem Jesuszeugnis im Glauben öffnen, werden (sehr bald) dieselbe Erfahrung machen (vgl. V. 37–39). Bei diesem Gedanken dürfte Lukas die prophetische Formulierung *ich werde von meinem Geist … ausgießen* sehr entgegengekommen sein, denn sie bringt zum Ausdruck, dass bei Gott sozusagen ein unbegrenzter Vorrat an Geist vorhanden ist, der sich in dem gegenwärtigen Geschehen keinesfalls erschöpft hat (vgl. 4,31; 9, 17; 13,52). Das entscheidende Symptom der verheißenen Geistausgießung ist nach Lukas die prophetische Rede (*eure Söhne und Töchter werden weissagen*; vgl. auch V. 18, wo er *und sie werden weissagen* dem Joel-Text hinzufügt; vgl. auch Num 11,29). Gott hat sein prophetisches Wort in Gestalt der Verkündigung seiner großen Taten in den Sprachen der Völker zu einer neuen, endzeitlichen Wirklichkeit werden lassen. Diese Botschaft wird sich von nun an in der Weise des apostolischen Jesuszeugnisses als das endzeitliche Wort Gottes an die Menschen in seiner rettenden Macht erweisen (vgl. V. 40). Die Symptome der Visionen und Traumgesichte treten dagegen im vorliegenden Kontext zurück; sie werden später aber ebenfalls als »Qualitätsmerkmale« des endzeitlichen Heilshandelns Gottes in Erscheinung treten (vgl. 9,10; 10,3.11. 17.19; 11,5; 16,9f; 18,9; 22,17f).

18 Im nächsten Vers hat Lukas die Worte *auch* und *meine* hinzugefügt. Dadurch erfolgt eine Präzisierung, denn nun werden aus den ursprünglich gemeinten Sklaven und Sklavinnen unzweifelhaft die Glieder der Gemeinde, die von Gott als seine Diener/innen in Dienst genommen sind (vgl. 4,29; vgl. auch 16,17; Offb 2,20). Die Hinzufügung von *und sie werden weissagen* stellt die prophetische Rede als die primäre und entscheidende Wirkung der endzeitlichen Geistausgießung heraus (vgl. zu V. 17).

19–20 Wenn Lukas das Joel-Zitat ungebrochen fortführt, dann vor allem um des finalen V. 21 willen, in dem von der endzeitlichen Rettung der Menschen die Rede ist. Von daher haben die V. 19 und 20 nur ein untergeordnetes Gewicht. Gleichwohl machen sie deutlich, dass mit der soeben erfolgten Geistausgießung das endzeitliche Geschehen unwiderruflich eingeleitet ist. Aber noch ist Zeit zur Rettung, denn noch sind die für das Ende angekündigten Ereignisse nicht eingetreten. Vorformen von ihnen sind aber schon wahrnehmbar: in Gestalt der *Zeichen und Wunder* Jesu, auf die Petrus gleich zu sprechen kommt (V. 22; vgl. auch 4,30) und die durch die Apostel und urchristlichen Missionare fortgeführt werden (vgl. 2,43; 5,12; 6,8; 8,13; 14,3; 15,12). Um diesen Zusammenhang zu präzisieren, hat Lukas den Begriff *Zeichen* hinzugefügt, sodass nun geprägte biblische Sprache vorliegt (vgl. Ex 7,3; Dtn 4,34; Neh 9,10f; Ps 78,43; Jes 8,18; Jer 32, 20f; Mk 13,22; Joh 4,48; Röm 15,19 u.ö.). Auch die Worte *oben* und *unten* fügt er ein, wohl um zu verdeutlichen, dass das endzeitliche Handeln des Schöpfers und Herrn der Welt beide Bereiche umfasst (den oberen, himmlischen und den unteren, irdischen; vgl. Dtn 4,39; Jos 2,11; 1Kön 8,30; Apg 4,24; 7,49; 14,15; 17,24). *Blut, Feuer und Rauchdampf* gehören dagegen in den Kontext der Ereignisse, die nach apokalyptischer Vorstellung dem Ende unmittelbar vorausgehen (vgl. Offb 8,7f; 9,17f), ebenso die Verfinsterung der Sonne und die mit Blut verglichene Rötung des Mondes (vgl. Offb 6,12). Auf sie folgt der *Tag des Herrn,* den Lukas freilich im Unterschied zum Alten Testament (vgl. Jes 13,6.9; Ez 13,5; Joel 1,15; 2,1.11; Am 5,20; Obd 1,15; Zeph 1,7; Mal 3,23) auf die Wiederkunft Jesu *mit Macht und großer Herrlichkeit* bezieht (Lk 21,27; vgl. Lk 9,26; 1Kor 1,8; 1Thess 5,2).

21 Doch zuvor steht nach dem Willen Gottes die Zeit des weltweiten Jesuszeugnisses an. Seine Ausrichtung steht im Mittelpunkt der Pfingstpredigt sowie der gesamten Apostelgeschichte. Der letzte Satz des Joel-Zitats nimmt dieses Geschehen in den Blick – und zwar zugespitzt auf seine Bedeutung für die Menschen: Wer *den Namen des Herrn anruft, wird gerettet werden.* Dabei geht es um die Rettung im Jüngsten Gericht, das nach urchristlicher Überzeugung mit der Wiederkunft Jesu verbunden ist (vgl. Lk 9,26; 1Kor 4,3–5; Hebr 9,27f). Freilich erfolgt die Rettung schon jetzt, im Vorgriff auf das Gericht. Gerade Lukas stellt in seinen beiden Werken den Gegenwartsaspekt dieses Geschehens heraus (vgl. Lk 2,11; 19,10; Apg 2,47; 4,12; 11,14; 16,30f). Petrus wird das am Ende seiner Predigt auch deutlich aussprechen (V. 40). Bedingung für die Rettung ist das *Anrufen* des *Namens des Herrn.* Das bezieht sich ebenso wie der *Tag des Herrn* auf Jesus und meint die Anerkennung seiner Herrschaft und die existenzielle Bindung an ihn. Hatte das Anrufen des Namens des Herrn im Alten Testament durchaus etwas mit der Anrufung Gottes im Gebet zu tun (vgl. 1Kön 18,24.36f), so geschieht es nach Lukas vor allem in der Taufe auf den Namen Jesu und in der Berufung auf seinen Namen (vgl. V. 38; 19,13; 22,16; vgl. auch Röm 10,12f; 1Kor 1,2; Apg 9,14.21). Dabei dürfte er die Formulierung *jeder, der ...* als prophetische Ankündigung der grenzenlosen Gültigkeit des göttlichen Heilsangebots in Jesus Christus verstanden haben, das auch die Heiden einschließt (vgl. V. 39; 10,1 – 11,18; 13,46ff; 15,7–11).

22 Petrus wendet sich aufgrund der vorgegebenen Situation freilich an die Glieder des Gottesvolkes Israel. Diese werden nun ausdrücklich als solche angesprochen (wörtlich: *Ihr Männer, Israe-*

liten), weil sich in ihrer Mitte und unter ihrer unmittelbaren Beteiligung das endzeitliche Heilshandeln Gottes in Jesus Christus abgespielt hat. Entsprechend fordert Petrus sie noch einmal ausdrücklich zum aufmerksamen Hören auf (vgl. V. 14). Die Verknüpfung des Joelzitats mit der von ihnen miterlebten Ausgießung des Heiligen Geistes erfolgt zunächst durch den Verweis auf ihre Vorgeschichte. Sie ist die Geschichte Jesu und als solche nicht lediglich die Vorgeschichte des Pfingstereignisses, sondern *die* Geschichte schlechthin, in der Gott seinen Heilswillen für die Menschen in einzigartiger Weise umgesetzt hat. Das ist freilich vordergründig nicht erkennbar, wie die nun folgenden Worte deutlich werden lassen.

Petrus benennt zuallererst die Person, um die es in der Hauptsache geht: *Jesus*. Der Zusatz *Nazoräer* macht ihn als galiläischen Juden aus Nazareth kenntlich (vgl. Lk 18,37 mit Mk 10,47; Mt 2,23; vgl. auch Apg 3,6; 4,10; 6,14; 22,8; 26,9). Dieser *Mann* ist als solcher aber zugleich etwas besonderes: nämlich derjenige, durch den Gott selbst inmitten seines Volkes (*in eurer Mitte*) und für alle wahrnehmbar (*wie ihr selbst wisst*) gehandelt hat. *Machttaten, Wunder und Zeichen* (vgl. V. 19; 2Kor 12,12; 2Thess 2,9; Hebr 2,4) stehen zum einen für den Erweis der Macht und Kraft Gottes in Gestalt von wunderbaren Geschehnissen im Wirken Jesu. Lukas denkt hier konkret an die Heilungen und Dämonenaustreibungen Jesu (vgl. Lk 4,36; 5,17; 6,19; 8,46; Apg 10,38). Dabei fällt die theozentrische Zuspitzung auf: Gott ist es, der diese Dinge *durch ihn getan* hat. Zum anderen haben diese Ereignisse aber auch eine Hinweisfunktion auf etwas Verborgenes, das in ihnen nicht unmittelbar zutage tritt. Sie sind *Zeichen* für die Gegenwart Gottes in der ganzen Person und Geschichte Jesu – nicht nur in seinen Wundern. Durch letztere wird Jesus in seiner umfassenden Identität als Träger des endzeitlichen Heilshandelns Gottes lediglich *ausgewiesen*.

23 Es geht dabei aber um mehr als nur die Taten Jesu. Auch (und gerade!) die Passion ist Ausdruck des einzigartigen Wirkens Gottes durch Jesus. Denn er ist gemäß dem *festgesetzten Ratschluss und dem Vorherwissen Gottes* in dieses Geschehen gegeben worden. Petrus will damit sagen: Gott selbst hat ihn dem Leiden und Sterben preisgegeben. Das entspricht seinem unabänderlichen Willensentschluss, den er in göttlicher Souveränität getroffen hat (vgl. Lk 22,22; Apg 4,28; 13,36; Eph 1,11; Hebr 6,17; vgl. auch Lk 22,37; 24,26; Apg 17,3) und um dessen Durchführung er im Voraus weiß (vgl. 1Petr 1,2). Freilich hat Gott Jesus in dieses Geschehen nur hineingegeben (er wurde *ausgeliefert*). Die aktiv Handelnden aber waren die Menschen seines Volkes (*Ihr* *habt ihn getötet*), die eben seine endzeitlich-heilvolle Gegenwart in Jesus nicht (an)erkannten. Auch wenn sie Jesus nicht selbst gekreuzigt haben, so haben sie doch massiv auf die römische Oberhoheit eingewirkt (vgl. Lk 23,1–25; Apg 13,28f) und ihn so *durch die Hand von Gesetzlosen* (d.h. Heiden) zu Tode gebracht. Von daher tragen sie auch die Hauptverantwortung für die Tötung Jesu. Der Ratschluss Gottes hebt ihre Schuld nicht auf, sondern bezieht sie – paradoxerweise! – in das Geschehen mit ein, durch das er letztlich Heil für sein Volk und alle Menschen schafft (vgl. dazu 1,16.20).

24 Das macht die Fortsetzung deutlich. Denn auf das todbringende Handeln seines Volkes antwortet Gott mit der *Auferweckung* des Gekreuzigten. Hierin zeigt sich mit allem Nachdruck der unwiderstehliche Heilswille Gottes, der selbst schuldhaftes Töten von Menschen so zu integrieren vermag, dass neues Leben erwächst und der Tod seine Macht verliert. Petrus formuliert dies als *Lösen der Wehen* (wörtlich: *Geburtsschmerzen*) *des Todes*. Das Bild ist schwer zu deuten. Wo es im Neuen Testament begegnet, bezeichnet es die schmerzhafte Vorstufe eines Zieles, um dessen Erreichen beziehungsweise Realisierung es geht (vgl. Mt 24,8 par Mk 13,8; Gal 4,19; 1Thess 5,3; Offb 12,2). Möglicherweise wird der Tod hier als personale Macht vorgestellt, die Jesus zu halten versucht, es aber wegen der Übermacht Gottes nicht vermag (*es war nicht möglich, dass er* [Jesus] *von ihm* [dem Tod] *festgehalten wurde*). Dann könnte sich das Bild ergeben, dass der Tod Jesus so schmerzhaft ins Leben entlassen muss, wie es bei der Geburt eines Menschen der Fall ist. Dann aber müsste *lösen* eigentlich *auslösen* (der Wehen) heißen, was nicht gut möglich ist. So könnte auch die geprägte Vorstellung vom Lösen der *Stricke des Todes* zugrundeliegen (vgl. Ps 18,5f; 116,3; 2Sam 22,6), die in der Septuaginta mit *Wehen des Todes* wiedergegeben werden. Vermutlich gehen beide Bildkreise ineinander über. Das Ergebnis ist in jedem Fall dasselbe: Jesus wird durch die schöpferische Macht Gottes aus dem Machtbereich des Todes herausgelöst und zu neuem Leben bei Gott *auferweckt* (vgl. V. 32f). Das Unheilshandeln der Juden macht das Heilshandeln Gottes also nicht zunichte, sondern es wird im Gegenteil so von Gott beantwortet, dass das Geschehen im Ganzen zur unumstößlichen Grundlage des Heils für sein Volk wird (vgl. V. 37–41). Dieser Gedanke ist ein grundlegendes Schema der Jesusverkündigung in der Apostelgeschichte (vgl. 3,15f; 4,10–12; 5,30f; 10,39–43; 13,28–30.38f).

25 Wieder dient ein alttestamentliches Zitat zur Begründung und Erläuterung des Gesagten von der Schrift her. Petrus legt also größten Wert darauf, zu zeigen, dass sich seine Verkündigung vor dem Volk Gottes, das das Handeln Gottes in Jesus bisher nicht in der rechten Weise verstanden und angenommen hat, im Einklang mit den heiligen Schriften befindet. Wenn Israel schon nicht aufgrund der Geschichte Jesu geglaubt hat, so soll es doch aufgrund der endzeitlichen Erfüllung der Verheißungen Gottes in der Schrift zum Glauben kommen. Als zentralen Text zieht Petrus im vorliegenden Zusammenhang Psalm 16,8–11 in der griechischen Übersetzung der Septuaginta heran. Dessen Aussagen werden als Worte Davids (der traditionell als Verfasser der Psalmen galt) interpretiert, der in prophetischer Vorausschau (vgl. V. 30) Worte und Gedanken Jesu zum Ausdruck gebracht hat (ursprünglich spricht der Psalm von der Hoffnung auf Gottes Hilfe in akuter Todesgefahr). Demnach hatte Jesus während seiner irdischen Wirksamkeit stets Gott vor Augen (*ich sah den Herrn allezeit vor mir*) und war sich seines Beistands gewiss (*er ist zu meiner Rechten*) – und das gerade angesichts des bevorstehenden Leidens und Sterbens, das ihn *ins Wanken* hätte bringen können (vgl. Lk 12,50; 22,44).

26–28 Aber die Gewissheit, dass Gott ihn in aller Anfechtung bewahren wird, ließ ihn tiefe Freude empfinden und dankbaren Jubel bekunden (*Deshalb freute sich mein Herz, und meine Zunge jubelte*). Vor allem aber ging er mit der gewissen Hoffnung in den Tod, auch dort nicht von Gott verlassen zu sein (*noch mehr aber wird mein Fleisch in Hoffnung wohnen*; vgl. Lk 23,46 im Unterschied zu Mk 15,34). Begründet ist diese Gewissheit in der Zuversicht, dass Gott denjenigen, der seine Sache vor den Menschen vertritt, nicht in der Totenwelt zurücklassen und so der Verwesung preisgeben wird (*Denn du wirst meine Seele nicht im Hades zurücklassen und nicht zulassen, dass dein Heiliger die Verwesung sieht*). Im Gegenteil: Durch die Auferweckung aus den Toten hat Gott Jesus *Wege des Lebens kundgetan*. Das Ziel dieser schöpferischen Tat besteht in der unmittelbaren und von ewiger Freude geprägten Gemeinschaft mit Gott (*du wirst mich mit Freude erfüllen vor deinem Angesicht*; vgl. V. 33f).

29 Mit einer erneuten Anrede (die gleiche wie in 1,16) beginnt Petrus mit der Interpretation des Psalmenzitats. Es geht ihm zunächst darum zu zeigen, dass David dort nicht von sich selbst gesprochen haben kann. Da Petrus nun eine völlig neue Auslegung der Psalmenstelle vortragen wird, bittet er seine Hörer mit einer rhetorischen Wendung vorab um die *Erlaubnis*, in aller *Offenheit* zu ihnen reden zu dürfen. Was er zunächst zu sagen hat, muss die Zustimmung aller hervorrufen, denn es handelt sich um evidente Fakten: David ist *gestorben* und er wurde *begraben*. Der Beweis dafür ist sein Grab, das sich seit Jahrhunderten *bis zu diesem Tag* in Jerusalem (*unter uns*) befindet. Die Titulierung *Stamm-*

vater (wörtlich: *Patriarch* – im Neuen Testament sonst nur noch im Blick auf die zwölf Söhne Jakobs [Apg 7,8f] und Abraham [Hebr 7,4]) ist wohl im Hinblick auf den nächsten Vers gewählt, in dem von dem messianischen Nachkommen Davids die Rede ist.

30–31 Dieser Nachkomme ist der auferstandene *Christus* (d.h. der Gesalbte [ein messianischer Titel]). Die jüdische Überlieferung kennt freilich keinen sterbenden und auferstehenden Messias. Was also für jüdische Ohren höchst befremdlich klingen muss, ist doch die eschatologische Wahrheit, die David in prophetischer Vorausschau ausgesprochen hat (V. 30f: *Da er nun ein Prophet war ... hat er voraussehend ... geredet*). Hier wird also die eigentliche, nämlich auf Jesus Christus bezogene, Bedeutung des Schriftzitats auf die prophetische Begabung Davids, und damit letztlich auf Gott selbst, zurückgeführt (vgl. zu 1,16). Er bürgt für die Wahrheit des tieferen Sinns des Psalms. Doch das Wirken Gottes umfasst in diesem Kontext noch mehr. Die entscheidende inhaltliche Rolle spielt nämlich die Messiasverheißung, die er David zukommen ließ (vgl. 2Sam 7,12f). Sie wird in der Fassung von Ps 132,11 aufgegriffen, wohl um die dortige Charakterisierung als Treueid Gottes an David hervorzuheben (vgl. auch Ps 89,4) und so die absolute Verbindlichkeit der Zusage herauszustellen. Dieser Fassung ist auch die Formulierung, jemand *aus seiner Nachkommenschaft* (wörtlich: *aus der Frucht seiner Lende*) *auf seinen Thron zu setzen*, zu verdanken. Die Rede ist von dem messianischen Davidsnachkommen Jesus (vgl. Lk 18,38f; 20,41; Röm 1,3). Durch Auferweckung und Erhöhung hat Gott ihn auf den himmlischen Thron gesetzt (vgl. V. 34) und ihn somit zum wahren Träger der Zusage seiner ewigen Herrschaft durch einen Nachkommen Davids gemacht (vgl. V. 36; 2Sam 7,12–14). Entsprechend handelt das prophetische Psalmenzitat von der *Auferstehung des Christus*. Insbesondere Ps 16,10 spricht dann von der Überwindung der Totenwelt und der drohenden Verwesung (vgl. V. 27).

32 Für die Richtigkeit dieser Interpretation steht letztlich das Geschehen der Auferweckung selbst. In ihm hat Gott endzeitlich verwirklicht, was er vor Jahrhunderten durch David prophetisch ansagen ließ. Dabei legt Petrus größtes Gewicht auf die Faktizität des Auferweckungsgeschehens: *Diesen Jesus* (von dem der Psalm spricht) *hat Gott auferweckt!* Was so als unumstößliche Tatsache formuliert ist, wird in seinem Realitätscharakter noch verstärkt durch die unmittelbar folgende Feststellung der *Zeugen*schaft der Apostel. Dabei liegt die Betonung auf *wir* und *alle*. Gemeint sind damit die zwölf Apostel, die die Wahrheit und Wirklichkeit der Aufweckung Jesu aus eigener Anschauung bezeugen können (vgl. zu 1,22). Damit ist Petrus zum Ausgangspunkt des gesamten Argumentationsgangs zurückgekehrt: Es geht von V. 24 an um den Erweis der Auferweckungswirklichkeit als heilsgeschichtlich-eschatologisches Handeln Gottes an seinem Messias Jesus, das seinem prophetischen Wort in der Schrift entspricht und es erfüllt. Das ist die fundamentale Voraussetzung und der unmittelbare Kontext des Pfingstereignisses, um dessen Erklärung es in der ganzen Rede ja eigentlich geht (vgl. V. 15–21). Petrus kommt nun wieder darauf zu sprechen.

33 Zwei unerlässliche Voraussetzungen des Pfingstereignisses werden von Petrus noch kurz angesprochen. Das ist zum einen die Erhöhung des Auferstandenen *zur Rechten Gottes*. Die rechte Seite bezeichnet schon im irdischen Hofstaat die Teilhabe an der Macht und Hoheit des Regenten (vgl. 1Kön 2,19). Die Himmelfahrt Jesu (vgl. Lk 24,51; Apg 1,2.9–11) ist also gleichbedeutend mit der Inthronisation in die Machtposition des göttlichen Weltenherrn (vgl. V. 34f; Lk 22,69; Apg 7,55f; 1Petr 3,22; Hebr 12,2). Als solcher ist er von Gott mit der Ausübung der endzeitlichen Heilsherrschaft betraut. Dem entspricht das zweite: Jesu Empfang des verheißenen Heiligen Geistes von Gott zum Zwecke der Weitervermittlung an die Menschen. Die Formulierung *Verheißung des Heiligen Geistes* meint den Geist als Inhalt einer Verheißung Gottes (vgl. 1,4; Gal 3,14; Eph 1,13). Die Bezeichnung Gottes als *Vater* hat im Neuen Testament einen festen Ort im Zusammenhang mit der Rede vom Heiligen Geist. In ihr kommt vor allem die fürsorglich-heilvolle Verbundenheit Gottes mit den Glaubenden und die Ermöglichung ihrer vertrauensvollen Hinwendung zu ihm durch den Geist zum Ausdruck (vgl. Mt 10,20; Lk 11,13; 24,49; Joh 14,26; 15,26; Apg 1,4; Röm 8,15; Gal 4,6; Eph 1,17; 2,18). Gleichwohl will Petrus mit der Rede vom Vater wohl auch die Unterordnung Jesu (als Sohn) unter Gott akzentuieren (vgl. V. 34f; Lk 1,32.35; 3,22; 8,28; 10,22; 22,22; 24,7; Apg 13,33; 20,28). Gott ist auch in der Sendung des Geistes der eigentlich Handelnde. Wenn er die endzeitliche Gabe des Geistes durch Jesus erfolgen lässt, heißt dies freilich, dass die Erfüllung der Joel-Verheißung (aufgenommen in der Formulierung *ausgegossen*; vgl. V. 17f) eine ganz bestimmte »Qualität« hat: Der endzeitlich wirksame Geist Gottes ist der Geist Jesu Christi. Was der Geist in den und durch die Menschen wirkt, trägt fortan die Signatur des Geschehens, das mit dem Namen und der Person Jesus Christus unablösbar verbunden ist. Was die Anwesenden also *sehen und hören* (Präsens!), sind nicht nur die zu diesem Zeitpunkt offenbar vergangenen Phänomene des Kommens des Geistes (vgl. V. 2–11), sondern auch das mutige Auftreten der Apostel (V. 14) und vor allem die Christusverkündigung des Petrus.

34 Diese kommt nun noch einmal auf die Erhöhung Jesu zu sprechen. Als unmittelbare Voraussetzung der Geistausgießung durch Jesus ist sie von größter Bedeutung, sodass Petrus auch für sie einen Schriftbeweis führt. Dieser Umstand zeigt, dass die Erhöhung Jesu für Lukas ein eigener Gesichtspunkt im Zusammenhang seiner Auferweckung ist. Lukas will auf diese Weise offenbar verdeutlichen, was das eigentliche Ziel der Auferweckung Jesu ist: nicht sein vielfaches Erscheinen als Auferstandener vor den Aposteln – so bleibend wichtig das auch ist (vgl. Lk 24,36–49; Apg 1,3.4–8) –, sondern seine Inthronisation zur Rechten Gottes. Ohne sie wäre der Heilige Geist nicht ausgegossen worden. Deshalb ist es bedeutsam zu zeigen, dass auch dieses Geschehen dem Wort Gottes in der Schrift entspricht. Petrus bezieht sich dabei auf Ps 110,1, wo wiederum David spricht – und zwar von der Aufforderung Gottes an seinen (sc. Davids) Herrn, sich *zu seiner* (sc. Gottes) *Rechten* zu setzen. Auch hier kann David nicht von sich selbst reden (vgl. zu V. 25; vgl. auch Lk 20,42–44), denn er ist ja *nicht ... in den Himmel* (wörtlich: *die Himmel*) *aufgestiegen,* wie sein Tod und das Vorhandensein seines Grabes beweisen (vgl. V. 29). Also muss er auch hier vom auferstandenen und erhöhten Christus reden. Dann ist der *Herr,* der hier *spricht,* Gott (diese Deutung setzt die Wiedergabe des ursprünglichen hebräischen Gottesnamens Jahwe mit *Herr* in der Septuaginta voraus), und mit *mein Herr* kann nur Christus gemeint sein, der von Gott aufgefordert wird, sich zu seiner Rechten zu setzen. Folglich spricht David auch hier in prophetischer Vorausschau von Jesus Christus.

35 Dessen Erhöhung zur Rechten Gottes wird im zweiten Teil des Psalmworts hinsichtlich der damit verbundenen Machtposition präzisiert: Der von Gott herbeigeführte Vollendungszustand des Herrschens Christi wird in der Unterwerfung aller seiner Gegner bestehen (*bis ich deine Feinde hinlege als Schemel deiner Füße*). Dieser Prozess hat im irdischen Wirken Jesu schon begonnen (vgl. Lk 1,71.74; 10,19) und im Sieg des Auferstandenen über den Tod seinen vorläufigen Höhepunkt erreicht (vgl. V. 31). Er wird sich im Wirken der Apostel fortsetzen (vgl. 13,10ff; 26,9ff) und in der *Wiederherstellung aller Dinge* durch den wiederkommenden Christus sein Ziel erreichen (3,20f). Bis dahin gilt es, dem Glauben zu schenken, was der durch den Erhöhten ausgegossene Geist durch das Zeugnis der Apostel von ihm bekundet: dass er der von Gott eingesetzte Herr und Messias Israels (und aller Völker) ist.

36 Der Abschluss der Pfingstpredigt bringt dies zum Ausdruck. Dieser Jesus, den die Juden gekreuzigt haben (Petrus sagt betont, *den **ihr** gekreuzigt habt*; vgl. zu V. 23), ist von Gott *sowohl zum Herrn als auch zum Messias gemacht* worden. Das ist nicht so zu verstehen, als sei Jesus erst durch Auferweckung und Erhöhung zu etwas *gemacht* worden, was er vorher nicht war. Nach Lukas war Jesus von Anfang seines irdischen Lebens an schon göttlicher Herr und Messias beziehungsweise Gottes Sohn (vgl. Lk 1,35; 2,11 – diese Ansicht teilen auch Matthäus, Johannes, Paulus und der Hebräerbrief; vgl. nur Mt 1,18–25; Joh 1,1f.14.18; Röm 1,3f; Gal 4,4; Phil 2,6–11; Hebr 1,2f u.ö.). Das wurde im Laufe seines Wirkens auch immer wieder offenkundig (vgl. Lk 4,18–21; 9,35; Apg 10,38). Dass Gott Jesus zum Herrn und Messias gemacht hat, hängt gleichwohl elementar mit dem Geschehen von Auferweckung und Erhöhung zusammen, denn die Titel *Herr* und *Messias* begegnen in der Pfingstpredigt ausschließlich im Kontext der Rede von Jesus als dem Auferweckten und Erhöhten (V. 20f.25.31.34). Wenn man zudem den unmittelbar formulierten Kontrast zum Kreuzigungsgeschehen bedenkt, so wird unter dem Vorgang zu verstehen sein, dass Gott Jesus durch Auferweckung und Erhöhung (als Antwort auf sein erniedrigendes Todesgeschick) offenkundig als den erwiesen hat, der er zuvor in Verborgenheit schon war: als Herrn und Messias, in dem Gott in einzigartiger Weise gegenwärtig ist und durch den er seine heilvolle Herrschaft über sein Volk und alle Welt aufrichtet. Diese Identität Jesu ist durch Auferweckung, Erhöhung und Geistausgießung in einer neuen, sein wahres Wesen erst wirklich erschließenden Dimension deutlich geworden.

Gleichwohl kann sich die *Gewissheit*, mit der die Hörer dies erkennen sollen, nicht unmittelbar auf dieses Geschehen beziehen, da es sich ja in der Unsichtbarkeit der himmlischen Welt abgespielt hat. Vielmehr kommt hier das zentrale theologische Anliegen des Lukas zum Tragen: Er möchte mit seinen beiden Werken Gewissheit beziehungsweise Sicherheit des Glaubens vermitteln (vgl. bes. Lk 1,1–4). Dabei legt er größten Wert auf den Wirklichkeits- und Wahrheitscharakter sowohl des irdisch-geschichtlichen Geschehens als auch der himmlischen Vorgänge. In der Pfingstpredigt kommt all dies zusammen: der göttliche Erweis Jesu durch Machttaten, Wunder und Zeichen (V. 22), seine Kreuzigung nach dem Ratschluss Gottes (V. 23), seine Auferweckung, Erhöhung und die Geistausgießung als schriftgemäßes Handeln Gottes beziehungsweise Christi (V. 17–21.25–32.33–35), die Beglaubigung der Faktizität der Auferweckung durch die Apostel als Zeugen (V. 32) sowie der Geistausgießung durch die sichtbaren und hörbaren Vorgänge (V. 33). Dies alles zusammen ist die Grundlage, auf der ganz Israel (= *das ganze Haus Israel*) die Identität Jesu als göttlichen Herrn und Messias *mit Gewissheit* erkennen *möge*. Freilich kann dieser Aufforderung nur im Glauben entsprochen werden. Die Gewissheit, um die es hier geht, ist eine, die allein im Glauben zu einer existenziellen Wirklichkeit werden kann. Das zeigen die Reaktion der Hörer und die Antwort des Petrus.

37 Ob Petrus seine Predigt tatsächlich an dieser Stelle beenden wollte, lässt Lukas offen (vgl. zu V. 40). Jedenfalls ist mit den letzten Worten des Apostels das Entscheidende gesagt worden. Das Gehörte entfaltet eine Wirkung, die bis in die Tiefe der Existenz der Hörer eindringt: *Es drang ihnen durch das Herz* (wörtlich: *ihr Herz wurde durchbohrt*). Gemeint ist das tiefe Empfinden quälenden Schmerzes – offenbar aufgrund der Erkenntnis, den göttlichen Herrn und Messias ermordet zu haben (V. 36). Die unmittelbar folgende Frage: *Was sollen wir tun?* offenbart diese Betroffenheit, aber auch Ratlosigkeit sowie die Bereitschaft zum einem Handeln, das der mitreißend-herausfordernden Botschaft entspricht (vgl. 16,30; 22,10; Lk 3,10). Wenn Lukas Petrus (als Wortführer) und die anderen Apostel als Ansprechpartner der Menge herausstellt, will er damit zeigen, dass es hier um das *apostolische* Christuszeugnis geht (vgl. 1,8). Dabei bringt die Anrede *ihr Brüder* (wörtlich: *Männer, Brüder*; ebenso 1,16; 2,29) eine innere Verbundenheit mit den Aposteln und ihrer Verkündigung zum Ausdruck.

38 Die Antwort des Petrus ist ebenso eindeutig wie inhaltsschwer. Sie besteht aus zwei Aufforderungen und zwei Zusagen. Der erste Aufruf lautet wörtlich: *Ändert euren Sinn!* In dem betreffenden griechischen Wort *metanoeo* sind die Aspekte von Buße und Umkehr beziehungsweise Bekehrung enthalten. Es geht um eine radikale Abkehr vom Bisherigen und totale Neuausrichtung der ganzen Existenz. Gerade Lukas thematisiert dies wie kein anderer im Neuen Testament (vgl. Lk 3,3.8; 5,32; 13,3.5; 15,7.10; 16,30; 17,3f; 24,47; Apg 3,19; 5,31; 8,22; 11,18; 13,24; 17,30; 19,4; 20,21; 26,20). Gemeint ist hier, der gewonnenen Einsicht in die eigene Schuld (vgl. V. 37) Raum zu geben und sich vorbehaltlos von Gott auf einen neuen Weg stellen zu lassen, auf dem das Gegenteil des Bisherigen zählt: sich ganz und gar von Gott und der Wirklichkeit seines Heilserweises in Jesus Christus bestimmt sein zu lassen. Das gilt auch und gerade, wenn man sein bisheriges Leben im Kontext des Volkes Gottes (bzw. später auch der Kirche) geführt hat.

Zum Ausdruck kommt die Umkehr in der *Taufe*. Jeder Einzelne der Hörer (*ein jeder von euch*) ist aufgefordert, diesen Schritt zu gehen (= der zweite Aufruf). Das ist eine unmittelbare Anknüpfung an die Verkündigung und Praxis Johannes des Täufers (vgl. Mt 3,11; Mk 1,4; Lk 3,3; Apg 13,24; 19,4). So wie bei Johannes die Taufe die Umkehr des einzelnen Menschen markierte, indem sie zugleich Ausdruck des Sündenbekenntnisses und Zeichen der von Gott gewährten Vergebung war (vgl. Mt 3,6; Mk 1,4f; Lk 3,3), so geschieht sie auch hier *zur Vergebung eurer Sünden*. Die Vergebung – und mit ihr die Aufnahme in ein neues Gottesverhältnis, in dem keine Schuld mehr trennend zwischen Gott und dem Menschen steht – ist also die unmittelbare Frucht und Folge von Taufe und Umkehr (= erste Zusage; vgl. 22,16 im Kontext von 22,3ff). Dabei stellt die Taufe den inneren Geschehenszusammenhang von Umkehr und Vergebung dar, der bei Lukas generell im Zentrum steht (vgl. Lk 24,47; 5,32; 15,7.10–32; 17,3f; Apg 3,19; 5,31).

Freilich ist die Taufe von jetzt an unablösbar mit dem *Namen Jesus Christus* verbunden, denn das Heilsgeschehen, das sie abbildet, ist das des Herrn und Messias Jesus Christus (vgl. V. 36). Hierin unterscheidet sich die christliche Taufe fundamental von der Johannestaufe. Das kommt auch in der zweiten Zusage zum Ausdruck. Denn Johannes hatte sich mit seiner Tauftätigkeit ausdrücklich vom endzeitlichen Geisteswirken abgegrenzt und dieses dem nach ihm Kommenden vorbehalten (vgl. Mt 3,11; Lk 3,16; Apg 1,5). Das geht nun auch für diejenigen in Erfüllung, die umkehren und sich taufen lassen. Sie werden nicht nur durch *Sündenvergebung* in ein neues Gottesverhältnis versetzt, sondern *empfangen* mit dem *Heiligen Geist* auch die göttliche Kraft, diesem neuen Verhältnis entsprechend zu leben. Dabei erfolgt der Geistempfang nach Lukas nur in einigen Fällen im unmittelbaren Zusammenhang des Taufvollzugs; er ist aber mit ihm vielfach auf das engste verknüpft (vgl. 8,16f; 9,17f; 10,47f; 19,5f).

39 Petrus begründet die Zusage des Geistempfangs mit dem Verweis auf die Gültigkeit der von ihm zu Anfang seiner Predigt zitierten Joel-Verheißung (V. 17–21). Sie steht in Geltung, weil Gott selbst ihr Urheber ist (vgl. zu V. 16). Er hat zur Stunde mit der endzeitlichen Erfüllung der von ihm verheißenen Geistausgießung begonnen und will sie auch an allen anderen Menschen seines Volkes verwirklichen, denn sie *gilt* allen gegenwärtigen und zukünftigen Generationen (*euch und euren Nachkommen*; wörtlich: *Kindern*), nicht nur in Palästina, sondern auch *in der Ferne* der Diaspora. Hier dürfte kaum schon die Heidenmission ausgesprochen sein (trotz des Anklangs an 22,21), zu der Petrus erst noch durch ein besonderes Offenbarungshandeln Gottes bewegt werden muss (vgl. 10,1 – 11,18). Im Blick ist vielmehr die Gesamtheit Israels (vgl. V. 36) – allerdings eingeschränkt durch die Rede vom *Herzurufen* Gottes. Der Gott Israels (*der Herr, unser*

Gott) gießt den Geist nicht »flächendeckend« über sein Volk aus, sondern – weil es sich nunmehr um den Geist Jesu Christi handelt (vgl. V. 33) – allein über diejenigen (*so viele*), die er in freier Wahl durch Umkehr und Taufe *auf den Namen Jesu Christi* zur endzeitlichen Heilsgemeinde *herzuruft*. Die Joel-Verheißung erfährt hier also eine Zuspitzung auf das souveräne Berufungs- und Erwählungshandeln Gottes (vgl. V. 47; 13,48), das in dem von Petrus nicht mehr zitierten letzten Versteil thematisiert ist (vgl. Joel 3,5b).

40 Lukas deutet an, dass Petrus noch mehr sagte als von ihm berichtet. Dabei legt er den Schwerpunkt auf die *eindringlich ermahnende* Redeweise des Apostels. Das ist verständlich, denn bei dem Abschluss der Pfingstpredigt geht es für die Hörer ums Ganze: die endzeitliche *Rettung*! Der status quo des Volkes Gottes ist also zunächst einmal der des Nicht-gerettet-Seins. Israel wird in seiner Gesamtheit als *verkehrtes* (wörtlich: *krummes*) *Geschlecht* bezeichnet. Damit ist die Verweigerung der Treue gegen Gott, die sündhafte Auflehnung gegen ihn und seine Heilserweise gemeint (vgl. Dtn 32,5; Ps 78,8; Mt 17,17; vgl. auch Phil 2,15). Stephanus wird das in seiner Rede später zum großen Thema machen und dies – wie Jesus (vgl. V. 23.36) – mit seinem Leben bezahlen (vgl. Kap. 7). Worum es also letztlich im gesamten Heilshandeln Gottes in Jesus Christus bis hin zur endzeitlichen Geistausgießung geht und was Petrus zur Quintessenz seiner Verkündigung macht, ist die Rettung aus der Verkehrtheit der gottwidrigen Existenz. Darum ging es schon bei Joel (vgl. V. 21). Das ist einerseits Sache des Menschen, dem eindringlich zugeredet wird, sich dem Rettungshandeln Gottes in dem »Retter« Jesus (vgl. Lk 2,11; Apg 5, 31; 13,23; vgl. auch 4,12; 15,11) nicht zu verweigern (*Lasst euch retten!* ist ein Imperativ). Und es ist andererseits Sache Gottes, denn er allein kann die Rettung vollziehen. *Lasst euch retten!* ist passivisch formuliert: Der Mensch kann also nur die in Jesus zur Rettung ausgestreckte Hand Gottes ergreifen und sich ihr überlassen.

41 Nachdem das Entscheidende gesagt ist (vgl. V. 36.40), kommt es zur Entscheidung. Sie ist nicht einheitlich. Lukas spricht nur über *diejenigen*, die der Aufforderung zum »Sich-retten-Lassen« Folge geleistet haben. An ihnen allein haftet das Interesse. Alles andere steht im Moment nicht zur Debatte. Die positive Reaktion auf die Verkündigung des Petrus (= die Sache des Menschen) wird mit *sein Wort annehmen* und *sich taufen lassen* umschrieben. Gemeint ist die innere Zustimmung zur gesamten Botschaft des Apostels (vgl. Lk 8,13; Apg 8,14; 11,1; 17,11), das existenzielle Sich-Einlassen auf das von ihm Gesagte, der Entschluss, sich dem Heilsangebot Gottes in Jesus Christus und dem Heiligen Geist nicht zu verweigern – und sich zum Zeichen für dies alles taufen zu lassen. Doch ist es letztlich Gott, der hier handelt: an denen, die sich taufen *lassen* und infolge des Wirkens Gottes, für das die Taufe steht (vgl. zu V. 38), zur Gemeinde *hinzugetan* werden. Pfingsten ist also genau genommen nicht der Geburts-Tag der Kirche, sondern der Tag, an dem sie sichtbar in Erscheinung tritt, an dem das apostolische Christuszeugnis laut wird und an dem Menschen hinzukommen, die umkehren und sich retten lassen. Die Rede von *dreitausend Seelen* steht dabei für eine außergewöhnlich hohe Zahl von Personen (= Seelen; vgl. 7,14; 27,37), für die das Gesagte zutrifft. Das für die Endzeit verheißene Rettungshandeln Gottes (vgl. V. 21) ist hier zu einem ersten Ziel und Höhepunkt im Blick auf die Menschen gelangt, denen es gilt.

Die Pfingstpredigt des Petrus ist nach Lukas die erste christliche Predigt. Als solche ist sie von ihm als Musterbeispiel für den grundlegenden Inhalt der christlichen Verkündigung gedacht, wie sie sich vom Christusgeschehen her aufgrund der Bevollmächtigung durch den Heiligen Geist ergibt. Sie ist darin zugleich das maßgebende Beispiel für das apostolische Jesuszeugnis (V. 32; vgl. 1,8) – ohne dass dessen Inhalte in jeder weiteren Predigt jeweils explizit neu zu entfalten wären. Aber was von Petrus, dem Leiter der Apostel und der ersten christlichen Gemeinde, hier gesagt wird, bildet die Basis aller weiteren christlichen Verkündigung. Lukas veranschaulicht diesen Sachverhalt, indem die folgenden Predigten des Petrus bis hin zu seinem »Nachfolger« Paulus den Kerngehalt dieser ersten Predigt entfalten oder – wo sie dies nicht ausdrücklich tun – zumindest voraussetzen.

Vielleicht kommt man der bleibenden Bedeutung der Pfingstpredigt am nächsten, wenn man ihrer inneren Logik folgt. Diese besteht vor allem darin, dass alles Geschehen zum Heil der Menschen in Gegenwart und Vergangenheit auf Gott und sein Wirken zurückgeführt wird. Das ist in mehrfacher Hinsicht zu bedenken:

Erstens: Im Blick auf *Gott* besteht der wohl gravierendste Gedanke darin, dass alles *nach seinem festgesetzten Ratschluss und Vorherwissen* abläuft (V. 23). Wenn die Predigt dies gerade an dem Geschehen festmacht, bei dem infolge menschlicher Sünde und Schuld am ehesten das Gegenteil zu erwarten wäre (die *Auslieferung* und *Tötung* Jesu; V. 23), so ergibt sich daraus, dass in der gesamten Geschichte und Vorgeschichte Jesu nichts »aus dem Ruder«, sondern sozusagen alles »nach Plan« verlaufen ist. Deshalb spielt der Schriftbeweis, das heißt der Aufweis der Übereinstimmung des Christusgeschehens mit dem in der Schrift geweissagten endzeitlichen Heilshandeln Gottes, eine so herausragende Rolle. Gott realisiert auf diese Weise, was er schon immer zum Heil der Menschen zu tun gedachte – insbesondere in Jesu Kreuzigung (V. 23), Auferweckung (V. 24–32) und Erhöhung zum Herrn und Messias (V. 33–36) sowie in der Ausgießung des Heiligen Geistes (V. 16–21.33) und dem sich aus alledem ergebenden Zeugnis der Apostel (V. 32; vgl. 1,21f). Christliche Verkündigung hat nach Lukas bleibend den Auftrag, dieses Handeln Gottes – in Verbindung mit der persönlichen Erfahrung des darin zuteilwerdenden Heils – zu bezeugen. Die Wirkung ihres Zeugnisses darf sie getrost Gott überlassen, denn – das macht die Predigt abschließend klar – Gott selbst ist es, der daraufhin Menschen zu seiner Heilsgemeinde *herzuruft* (V. 39).

Zweitens: Im Blick auf *Jesus* betont Lukas die durch Gott schlussendlich geoffenbarte Identität als Vollstrecker seiner heilvollen Herrschaft über sein Volk und alle Welt (V. 36: *Herr* und *Messias*). Dazu gehört bereits sein vorösterliches Wirken in *Machttaten, Wundern und Zeichen, die Gott durch ihn* inmitten der Menschen tat (V. 22). Ihren vorläufigen Ziel- und Höhepunkt findet diese Identifizierung in der *Auferweckung* und *Erhöhung* Jesu *zur Rechten Gottes* sowie der damit verbundenen *Ausgießung* des *vom Vater empfangenen Heiligen Geistes* (V. 32f). Das Heil des Menschen beruht fortan in der *Erkenntnis* dieser Wahrheit (V. 36) und dem *Anrufen* dessen, der sie verkörpert (V. 21). Zu dieser existenziellen *Umkehr* aufzurufen (V. 38.40), ist nach wie vor der zentrale Auftrag der Kirche vor allem anderen, was sich in diesem Zusammenhang sonst noch ergeben mag. Es geht hier primär um *Wort*verkündigung auf der einen Seite und die innere Zustimmung zu ihr auf der anderen (V. 41). Beides zusammen ist der Weg der *Rettung* aus der *Verkehrtheit* des Menschen (V. 40). Er zielt auf *Sündenvergebung* und *Geistempfang* als Grundlage einer neuen Existenz (V. 38). Die ganze Apostelgeschichte handelt im Grunde davon, dass sich dieses eine Geschehen, dem das Handeln Gottes in Jesus Christus in erster Linie dient, immer wieder neu ereignet.

Drittens: Im Blick auf den *Heiligen Geist* fällt die eschatologische (= endzeitliche) Dimension seiner Ausgießung auf. Das darf nicht apokalyptisch, das heißt als Anzeichen des nahen Weltendes, missverstanden werden – wozu das Joel-Zitat verleiten könnte (V. 17–21). Es geht vielmehr um den Zweck der Ausgießung des Geistes: die Ermöglichung des Zeugnisses von Jesus. Das Jesusgeschehen ist das eigentliche eschatologische Geschehen. Aber aus ihm folgt, dass es sich durch den Geist vergegenwärtigt, indem es den Menschen »zu Herzen geht«. Die Art und Weise, wie der Mensch in dieses Geschehen einbezogen wird, ist demnach selbst ein Teil des eschatologischen Geschehens. Es geht dabei letztlich um die neue, alles Bisherige überbietende Weise der Zuwendung Gottes zum Menschen. Hat Gott diese Zuwendung in der Geschichte Jesu end-gültig vollzogen (V. 22–24), so erfolgt sie seit Ostern und Pfingsten primär in Gestalt der in der Kraftwirkung seines Geistes (vgl. 1,8) ergehenden Verkündigung des Evangeliums von Jesus Christus (V. 32–36). Sie zielt auf ein neues Gottesverhältnis des Menschen, dessen tragende – und so die zukünftige Vollendung verbürgende – Kraft keine menschliche Fähigkeit, sondern allein das Wirken Gottes durch den Heiligen Geist ist (V. 38).

Viertens: Im Blick auf *Israel* ist nach Lukas an der Ausrichtung des Jesuszeugnisses als rettender Heilsbotschaft (V. 40) festzuhalten. Die Pfingstpredigt ist eine an die Gesamtheit der Juden als der Primäradressaten des Heilswirkens Gottes gerichtete Predigt (V. 14.17.22f.36; vgl. 3,26; 13,26.46). Allerdings darf nicht übersehen werden, dass sie aus jüdischem Mund ergeht. Dieser Umstand, der in der Apostelgeschichte konsequent durchgehalten wird, nötigt zu differenzierten Überlegungen im Kontext der Frage von Kirche und Judenmission. Sie haben davon auszugehen, dass die Kirche aus Israel hervorgegangen ist – was Lukas in seiner Schilderung der Entstehung der Urgemeinde in Jerusalem exemplarisch vor Augen führt (V. 39–41).

2,42–47
Das Leben der ersten Gemeinde

42Sie blieben aber beständig in der Lehre der Apostel und der Ge-
meinschaft, dem Brechen des Brotes und den Gebeten. 43Es kam
aber Furcht über jede Seele, und es geschahen viele Wunder und
Zeichen durch die Apostel. 44Alle Glaubenden aber waren beisam-
men und hatten alles gemeinsam. 45Und sie verkauften den Besitz
und die Habe und verteilten den Erlös an alle, je nachdem einer Be-
darf hatte. 46Tag für Tag verharrten sie einmütig im Tempel, bra-
chen Brot in ihren Häusern und nahmen Speise mit Jubel und
Schlichtheit des Herzens zu sich, 47sie lobten Gott und hatten Gunst
beim ganzen Volk. Der Herr aber fügte täglich die Geretteten ihrer
Gemeinschaft hinzu.

Das Ergebnis der Pfingstpredigt – die exorbitant gewachsene und nun erstmals sichtbar in Erscheinung tretende christliche Urgemeinde – stellt Lukas in Gestalt einer knappen Schilderung ihres gottesdienstlichen und gemeinschaftlichen Lebens dar. Charakteristisch für diesen sogenannten Sammelbericht (Summarium) ist die Skizzierung der Hauptmerkmale, die diese Gemeinschaft als etwas Neues im Rahmen des Judentums erscheinen lassen. Dabei geht es zunächst um die geistlichen Grundelemente des gemeindlichen Lebens sowie das Wirken der Apostel (V. 42f). In einem zweiten Schritt wird sodann der Gemeinschaftsaspekt hinsichtlich seiner sozialen und gottesdienstlichen Dimension konkretisiert (V. 44–47a). Den Abschluss bildet eine markante Aussage über das von Gott gewirkte permanente Wachstum der Gemeinde (V. 47b). Dieses Summarium ist das erste von dreien, mit denen Lukas das Leben der Urgemeinde in kurzen Zügen zwischen den Einzelnen detailliert dargestellten Geschehensabläufen charakterisiert (vgl. 4,32–35; 5,12–16). Es dürfte auf alter Überlieferung beruhen (wohl in V. 42–44) und von Lukas bearbeitet und erweitert worden sein.

42 Ging es als Konsequenz der Pfingstpredigt um ein einmaliges Geschehen – das Christ-*Werden* in Gestalt von Umkehr und Taufe (vgl. V. 38.41) – so zeigt Lukas nun die sich daraus ergebende dauerhafte Seite des Christ-*Seins* auf. Es ist fest im gemeinsamen Leben in der Gemeinde verankert. Wer durch Glaube und Taufe *hinzugetan* worden ist (V. 41), gehört nun zur Gemeinschaft derer, in der dieser Glaube in der Art und Weise des Miteinander-Lebens Gestalt gewinnt. Dabei nennt Lukas zunächst vier Grundelemente, die konstitutiv für das Leben der christlichen Gemeinde sind (genauer: der *juden*christlichen Gemeinde – denn die ersten Christen verstanden sich keineswegs als Gruppierung außerhalb Israels; vgl. zu V. 46f). Dabei ist Beständigkeit das ausschlaggebende Kriterium. Es geht nicht darum, heute dies und morgen das zu tun, sondern um fundamentale Handlungs- und Verhaltensweisen, deren Formen sich wandeln können, die aber als solche in ihrem Kern *beständig bleiben*. Das betreffende griechische Verb lautet wörtlich: *bei etwas beharren*. Gefragt ist also die Permanenz, die immer wieder aufs Neue die Elemente des geistlichen und gemeinsamen Lebens sucht und praktiziert, in denen und aus denen die Gemeinde als Gemeinschaft der Glaubenden existiert und nach außen wirkt.

Der erste und grundlegende Lebensvollzug von Gemeinde ist das beständige Bleiben in der *Lehre der Apostel*. Das mag verwundern, denn es klingt nach Rückschau. Aber genau das macht die Identität der christlichen Gemeinde aus. Sie lebt aus einem ganz bestimmten Geschehen der Vergangenheit und steht vor der Herausforderung, sich dessen ständig neu zu besinnen und zu vergewissern. Dabei geht es nicht um *irgendeine* Lehre, sondern um die der Apostel als der authentischen Zeugen des heilschaffenden Handelns Gottes in Jesus Christus (vgl. 1,21f). Diese Lehre ist exemplarisch in der Pfingstpredigt des Petrus vorgetragen worden. Es gilt, an *diesen* fundamentalen Inhalten festzuhalten, denn nur in ihnen begegnet der, auf den die Umkehr zielt und auf dessen Namen die Taufe erfolgt ist (vgl. V. 38).

Der zweite Lebensvollzug von Gemeinde ist das Bleiben in der *Gemeinschaft*. Entscheidend ist hier das existenzielle Miteinander. Der griechische Begriff *koinonia* bringt eine enge Verbundenheit und innige Beziehung zum Ausdruck. Wer zur Gemeinschaft der in Christus Geretteten *hinzugetan* worden ist (V. 40f), bezieht seine Identität nicht mehr allein aus sich selbst – sosehr es die eigene Glaubensentscheidung und -haltung ist, die dem zugrunde liegt –, sondern aus dem Verbundensein mit all denen, für die dies ebenso gilt. Konkrete Gestalt gewinnt das im gemeinsamen Leben der örtlichen Gemeinde (vgl. V. 44–46).

Der dritte Lebensvollzug von Gemeinde ist das Bleiben im *Brechen des Brotes*. Gemeint ist damit das Herrenmahl (vgl. 20,7.11; 1Kor 10,16; 11,23f). Die ersten Christen feierten es wohl täglich (vgl. V. 46), und zwar stets in Verbindung mit einem Sättigungsmahl – in Anlehnung an die jüdische Tradition, wonach der Hausvater mit dem Brechen des Brotes die Mahlzeit eröffnete (vgl. 27, 35). Sie knüpften damit an die Mahlzeiten Jesu an (vgl. Mk 6,41 par; 8,6 par; Lk 24,30.35), besonders aber an das Abschiedsmahl am Vorabend seines Todes (vgl. Lk 22,19 par). Letzteres gibt dem Herrenmahl auch seine unmittelbare Bedeutung im Kontext der Gemeinde: Es schließt die Versammelten nicht nur zur Mahlgemeinschaft in der Gegenwart Jesu Christi zusammen (vgl. 1Kor 10,16f), sondern verbindet sie auch in besonderer Weise mit der Heilswirkung seines Todes (vgl. Lk 22,19f par).

Der vierte Lebensvollzug von Gemeinde ist das Bleiben in den *Gebeten*. So wie Christus sich im Herrenmahl mit der Gemeinde und ihren Gliedern verbindet, so bringt die Gemeinde diese Verbundenheit vor allem im Gebet zum Ausdruck – wobei die Gebete zunächst wohl vorwiegend an Gott gerichtet wurden (vgl. 1, 24; 4,24; vgl. aber auch 7,59). Gemeinsames Beten gehört zu den grundlegenden Vollzügen gemeindlichen Lebens (vgl. 1,14; 4,24ff; 6,4; 12,5; 13,3; 14,23; 20,36 u.ö.). Es artikuliert die glaubende und vertrauende Hinwendung zu Gott in Dank, Bitte und Fürbitte. Lobpreis wird von Lukas offenbar als eine besondere Form des Betens angesehen (vgl. V. 47).

43 Auf die Nennung der geistlichen Grundlagen des Gemeindelebens folgen Angaben über dessen konkrete Ausprägungen und Erscheinungsformen. Hier werden zunächst die *Apostel* hervorgehoben. Sie treten nicht nur als Verkündiger auf (vgl. V. 14), sondern auch als *Wunder*täter. Die Apostel bleiben so der Gemeinde in jeder Hinsicht vor- und übergeordnet als diejenigen, durch die Gott in besonderer Weise handelt (vgl. 1,8.21f). So setzt er sein in Jesus erwiesenes wundermächtiges Handeln (vgl. V. 22) durch die Apostel als die erwählten Zeugen Jesu inmitten seines Volkes fort. Zugleich wird darin deutlich, dass das Vollbringen von Wundern nicht zu den Lebensäußerungen der Gemeinde im Ganzen gehört, sondern einem bestimmten Personenkreis vorbehalten ist. Das *Geschehen* von *vielen Wundern und Zeichen* soll dabei zugleich die endzeitliche Erfüllung der Joel-Weissagung untermauern (vgl. V. 19) und die Gegenwart als die davon bestimmte Zeit erweisen (vgl. 4,30; 5,12; 6,8; 8,13; 14,3; 15,12). So ist es nicht verwunderlich, dass alle (*jede Seele*), die dies mitbekommen, von einem ehrfürchtigen Erschrecken angesichts der Macht Gottes befallen werden, die sich in diesen Wundern manifestiert (zum Aufkommen von *Furcht* infolge wunderbarer Geschehnisse vgl. Lk 1,65; Apg 5,5.11; das griechische Wort *phobos* kann *Furcht* sowohl im Sinne von Angst/Schrecken als auch von Ehrfurcht bedeuten).

44 Lukas wendet den Blick wieder der Gemeinde zu. Indem er ihre Glieder als *Glaubende* qualifiziert, spricht er die grundlegende Haltung der Christen Gott und dem Evangelium gegenüber an (vgl. 5,14; 6,7; 8,12; 9,42; 10,43; 11,17; 13,48 u.ö.). Dieser gemeinsame Glaube, der sie in ihrer ganzen Existenz prägt, schließt sie zu einer auch durch größtmögliche räumliche Nähe verbundenen Gemeinschaft zusammen (*alle … waren beisammen* – damit kann bei mehr als dreitausend Personen nicht der Aufenthalt in *einem* Gebäude oder an *einem* Ort gemeint sein, sondern das stete Beieinandersein aller, auch in kleineren Gruppen und verschiedenen Räumlichkeiten; vgl. V. 46). Ein besonderes Kennzeichen der Urgemeinde in Jerusalem ist ihre Gütergemeinschaft. Es ist sozusagen die höchste Ausprägung gemeinsamen Lebens, *alles gemeinsam* zu *haben*. Die in V. 42 angesprochene *koinonia* zielt also nicht nur auf geistige und räumliche Verbundenheit, sondern auch auf deren äußerste Konkretion in Gestalt gemeinsamen Besitzes (vgl. 4,32).

45 Freilich wird der Besitz nach der Darstellung des Lukas sogleich veräußert und der Erlös der Gemeinde zur Verfügung gestellt (vgl. 4,34–37). Offenbar ist nur so gewährleistet, dass alle in gleicher Weise an dem gemeinsamen Wohlergehen teilhaben können. Dabei ist nicht daran zu denken, dass aller Besitz auf einmal verkauft wurde (2,46; 5,42 setzen Häuser als vorhandenes Eigentum der Gemeinde voraus, und die von Lukas gewählte Zeitform des Imperfekt fasst den Abschluss des Vorgangs nicht ins Auge). Vielmehr wird man sich die Sache so vorzustellen haben, dass grundsätzlich alle zum Verkauf ihrer Häuser und Grundstücke bereit waren (vgl. 4,34f), dies aber nach und nach geschah (vgl. 4,36 – 5,1) und eine Sache der Freiwilligkeit war (vgl. 5,4). Sinn und Zweck des Ganzen ist jedenfalls das ausnahmslose Einbringen von Privateigentum in die Gemeinde (vgl. 4,32) und die Verteilung des Erlöses an alle Bedürftigen (*je nachdem einer Bedarf hatte*; vgl. 4,35). Der Beweggrund für diese Praxis dürfte im Leben und Verhalten Jesu zu sehen sein: in seinem Besitzverzicht (auch dem seiner engsten Jünger; vgl. Lk 18,28f par), in seinen Mahlgemeinschaften, in denen alle in gleicher Weise mit dem Lebensnotwendigen versorgt wurden (vgl. vor allem die Speisungserzählungen Mk 6,30–44 par; 8,1–9 par), aber auch in seiner Aufforderung an den reichen Jüngling, alles zu verkaufen und den Erlös an die Armen zu verteilen (Lk 18,22 par). Verständlich wird das Ganze nur vor dem Hintergrund einer intensiven Naherwartung der Heilsvollendung (vgl. Lk 9,27 par; 19,11), die gar nicht auf den Gedanken kommt, dass hieraus auch eine Notlage erwachsen könnte (vgl. dazu 11,28–30; Gal 2,10).

46 Im Anschluss an die Gütergemeinschaft skizziert Lukas noch kurz das gottesdienstliche Gemeinschaftsleben der ersten Christen. Betont stellt er das tägliche *Verharren* (d.h. den kontinuierlichen Aufenthalt) im *Tempel* voran. Darin kommt die bleibende Verbundenheit der Gemeinde mit Israel zum Ausdruck, dessen religiösen Mittelpunkt sie zum Zentrum ihrer eigenen gottesdienstlichen Versammlung macht (mit Gebet [vgl. 3,1; Lk 24, 53] und Lehre [vgl. 4,2; 5,21.42]). Der engen Verbundenheit, die sich in der Gütergemeinschaft äußerlich zeigt, entspricht dabei die innere, geistige Einheit (*Einmütigkeit*; vgl. 1,14; 4,24; 5,12). Jedoch wird im *Brotbrechen*, das in einzelnen *Häusern* von Gemeindegliedern stattfindet, die Eigenständigkeit der christlichen Gemeinde als einer neuen religiösen Gruppierung innerhalb des Judentums offenkundig. Man bewegt sich also zwischen der Treue zur Identität Israels als Volk Gottes und seinem religiösen Leben und der beginnenden Formung eines eigenen Gottesdienstes, der mit dem Herrenmahl und der ebenfalls in den Häusern stattfindenden Lehre der Apostel (vgl. 5,42) einen unaufgebbaren Bezug zu Jesus Christus als Brennpunkt einer neuen Identität hat. Freilich kommt diese auch im Tempel zum Ausdruck, wie die weiteren Ereignisse zeigen (vgl. bes. Kap. 3–5). Das gemeinsame Essen (*sie nahmen Speise ... zu sich*) in den Häusern ist dabei vom äußeren Ausdruck (*Jubel*) dessen geprägt, was die Glaubenden im tiefsten Inneren ihres Wesens ausfüllt und sie einfache, aber glückliche Menschen sein lässt (so ist die Rede von der *Schlichtheit* bzw. Lauterkeit *des Herzens* wohl zu verstehen).

47 Verbalen Ausdruck findet der Jubel im gemeinsamen *Lob Gottes*. Wer sich derart mit neuem Leben beschenkt weiß, kann gar nicht anders als den zu preisen, der der Urheber und Geber solchen inneren und zwischenmenschlichen Reichtums mit seinen sozialen Auswirkungen ist. Solches wird auch von der Masse der jüdischen Bevölkerung mit Wohlwollen und hohem Ansehen betrachtet (*sie hatten Gunst beim ganzen Volk*). Dem Erschrecken der Öffentlichkeit vor der sich in den Wundertaten der Apostel erweisenden Macht Gottes (vgl. V. 43) entspricht also auf der anderen Seite die Wertschätzung der sozialen Erscheinungsform des Wirkens Gottes, wie sie sich im Gemeinschaftsleben der Gemeinde zeigt. Freilich ist solche Zuwendung noch nicht der entscheidende Schritt in die neue Gemeinschaft hinein. Dieser ist abhängig vom *rettenden* Eingreifen Gottes selbst. Was *der Herr* (= Gott) im Anschluss an die Pfingstpredigt tat (vgl. V. 39–41), wirkt er seitdem *täglich* neu – in welchen Größenordnungen, lässt Lukas offen. Wichtig ist ihm das tägliche, kontinuierliche Wachstum der Gemeinde als Resultat des endzeitlichen Rettungshandelns Gottes.

Wo Gott neue Menschen schafft – denn um nichts weniger als die Neuwerdung der Existenz durch Gottes Wort und Geist geht es hier (vgl. 2Kor 5,17) –, kann das nicht ohne soziale Auswirkungen bleiben. Dabei ist die Gewichtung und innere Kausalität zu beachten. Die Pfingstpredigt zielt nicht auf die (zeitliche) Sozialgestalt der Gemeinde, sondern auf die (ewige) *Rettung* aus der *Verkehrtheit* des *sündigen*, das heißt gottwidrigen Lebens (V. 38.40.47; vgl. 13,46.48). Damit ist aber zugleich die Ermöglichung einer neuen, dem *Wort* Gottes (V. 41) gemäßen Lebensgestaltung in der Kraft *des Heiligen Geistes* verbunden (V. 38). Diese hat zunächst eine innere, geistliche Dimension. Sie wird in den vier Grundvollzügen christlichen Lebens im Raum der Gemeinde umschrieben (V. 42). So ist auch die neue, christliche *Gemeinschaft* (V. 42) die Auswirkung eines inneren Prozesses, ohne den sie nicht zustande kommen kann. Das macht Lukas daran deutlich, dass er zu Beginn seiner Konkretisierung des Gemeinschaftslebens dezidiert – und zum ersten Mal in der Apostelgeschichte! – vom Glauben beziehungsweise den Menschen als *Glaubenden* spricht (V. 44). Im Leben derjenigen, die in solch grundlegender Weise verändert worden sind, kommt es zu einer ebenso radikalen Veränderung ihres Gemeinschaftsverhaltens – und zwar sowohl in seiner gottesdienstlichen als auch in seiner sozialen Dimension (V. 44–47). Die viel diskutierte Gütergemeinschaft der ersten Christen (V. 44f) ist also nicht das Ideal eines Sozialprogramms, sondern letztlich Ausdruck dessen, was der dritte Artikel des Apostolischen Glaubensbekenntnisses in die Worte fasst: »Ich glaube an den Heiligen Geist, die heilige christliche Kirche, Gemeinschaft der Heiligen.« Lukas hat diesen Zusammenhang im zweiten Kapitel der Apostelgeschichte exemplarisch dargestellt.

3,1–10
Heilung eines Lahmen im Tempel

[1]Petrus aber und Johannes gingen zur neunten Stunde, der (Stunde) des Gebets, hinauf in den Tempel. [2]Und ein Mann, von Mutterleib an gelähmt, war herbeigetragen worden – man setzte ihn täglich an die sogenannte Schöne Pforte des Tempels, damit er Almosen von denen erbitten konnte, die in den Tempel hineingingen. [3]Als er Petrus und Johannes sah, wie sie gerade in den Tempel hineingehen wollten, bat er sie, um ein Almosen zu bekommen. [4]Petrus aber blickte mit Johannes fest auf ihn und sprach: »Sieh uns an!« [5]Und er richtete sein Augenmerk auf sie in der Erwartung, etwas von ihnen zu erhalten. [6]Da sprach Petrus zu ihm: »Silber und Gold besitze ich nicht. Was ich aber habe, das gebe ich dir: Im Namen Jesu Christi, des Nazoräers, [stehe auf und] gehe umher!« [7]Und er ergriff ihn bei der rechten Hand und richtete ihn auf. Und sofort wurden seine Füße und Knöchel stark und fest, [8]und er sprang auf, stellte sich hin und ging umher. Und er ging mit ihnen in den Tempel hinein und ging (dort) umher und sprang und lobte Gott. [9]Und das ganze Volk sah ihn umhergehen und Gott loben. [10]Und sie erkannten ihn, dass er der war, der an der Schönen Pforte des Tempels um Almosen gesessen hatte, und sie wurden mit Staunen und Erregung über das erfüllt, was ihm widerfahren war.

Die in der vorausgegangenen Kurzdarstellung des Lebens der Urgemeinde nur sehr knapp erwähnte Wundertätigkeit der Apostel (2,43) wird nun zum ersten Mal von Lukas ausführlicher geschildert (vgl. auch 5,1–11; 8,18–24; 9,32–42). Dabei kann er an die Bemerkung vom täglichen Aufenthalt der Christen im Tempel (2, 46) anknüpfen. Die vorliegende Heilungserzählung dürfte mündlicher Überlieferung entstammen – wie ihre lebendige, plastische Darstellungsweise vermuten lässt – und wurde von Lukas in den Kontext seines Werkes integriert. Das zeigt sich besonders am Ende, das nach einer Fortsetzung in Gestalt einer Predigt geradezu ruft. Die Erzählung hat einen Aufbau, wie er für Heilungswundergeschichten typisch ist: 1. Ausgangssituation, insbesondere im Blick auf den Kranken (V. 1+2) – 2. Heilungsvorgang: hier zunächst durch das Wort, sodann durch die Tat des Petrus (V. 3–7a) – 3. Heilungserfolg: Der ehemals Gelähmte kann gehen (V. 7b.8) – 4. Reaktion der Umstehenden: erregtes Staunen (V. 9f).

1–2 *Petrus* und *Johannes,* der von Lukas noch einige Male an der Seite des Petrus erwähnt wird (vgl. Lk 22,8; Apg 4,13.19; 8,14), gehen *zur Stunde des* nachmittäglichen *Gebets* (die *neunte* Stunde ist am späteren Nachmittag) in den *Tempel*. Herkömmlicherweise war diese Zeit von der Vorbereitung des Abendopfers bestimmt (vgl. Num 28,4; Dan 9,21). Die grundlegende Funktion des Tempels als Stätte des *Gebets* (vgl. 22,17) war davon aber unberührt. Mit dem *Herbeitragen* des Gelähmten wird die Voraussetzung für das folgende Heilungswunder geschaffen. Wie jeden Tag hatte man ihn wohl schon am Morgen im Tempel abgesetzt, denn nur dann konnte Aussicht auf einen gewissen Ertrag an erbettelten Almosen seitens der Tempelbesucher bestehen. Der nicht näher identifizierte Mann (laut 4,22 ist er über vierzig Jahre alt) ist *von Mutterleib an gelähmt*, hat also keinerlei Chance, sich seinen Lebensunterhalt selbst zu beschaffen. Dank der steten Hilfe anderer und der festen Verankerung des Almosengebens in der jüdischen Frömmigkeit (vgl. Mt 6,2–4) hatte er sich bis dahin aber offenbar über Wasser halten können. Die *schöne* Tempelpforte ist nicht genau identifizierbar. Nach der Auffassung des Lukas musste sie wohl von allen passiert werden, *die in den Tempel hineingingen* – und darum auch von Petrus und Johannes.

3–5 So kommt es zur Begegnung der drei und der zu erwartenden Bitte um eine Gabe. Doch dieses Mal verläuft die Sache anders als unzählige Male zuvor. Petrus, der von Lukas Schritt für Schritt in die Rolle des allein Agierenden erhoben wird (vgl. V. 6f), weiß offenbar genau, was jetzt zu sagen und zu tun ist. *Mit Johannes* blickt er den am Boden sitzenden Gelähmten *fest* und eindringlich an und fordert ihn auf, den intensiven Blickkontakt zu erwidern. V. 6 wird zeigen, woher Petrus diese Sicherheit des Auftretens nahm. Der Gelähmte folgt der Anweisung und richtet *sein Augenmerk* auf die beiden Apostel – in der Erwartung, von ihnen eben auch eine der vielen milden Gaben zu empfangen, die ihm in ihrer Gesamtheit das Überleben ermöglichen. Er ist jedenfalls auf das, was kommt, in keiner Weise vorbereitet oder eingestellt.

6 Was Petrus nun sagt, muss für den Gelähmten zunächst einmal sehr enttäuschend klingen: Er kann kein *Silber und Gold* (d.h. wohl: hochwertiges Geld; vgl. 20,33; Mt 10,9) erwarten, weil Petrus über Derartiges nicht verfügt (so wörtlich). Das steht nicht im Widerspruch zu 2,44f und 4,32–35, denn das den Aposteln bereitgestellte Geld der Gemeinde ist ausschließlich für die Versorgung der bedürftigen Gemeindeglieder gedacht, nicht aber zur persönlichen Verfügung (was hier gemeint ist). Statt dessen soll der Mann etwas anderes erhalten. Das kann im Vergleich zu einer größeren Geldsumme, wie sie von Petrus angedeutet worden ist, nach menschlichem Ermessen doch nur eine Art Trostpflaster sein. Doch Petrus ist im Besitz einer Gabe, die dem Gelähmten das zu geben vermag, woran dieser wohl nur noch – wenn überhaupt – in seinen Sehnsuchtsträumen denkt: die Fähigkeit zu gehen. Die Formulierung *was ich aber habe* klingt dabei sehr vollmundig. Doch in Verbindung mit der folgenden Berufung auf den *Namen Jesu Christi, des Nazoräers* wird klar: Es geht nicht um eine Gabe, über die Petrus eigenmächtig verfügen konnte (vgl. V. 12), sondern um eine ihm von Jesus, dem von Gott zu wunderbarem Handeln ermächtigten Messias aus Nazareth (vgl. zu 2,22), verliehene Vollmacht (vgl. 1,8). Von ihr macht Petrus nun Gebrauch, auf sie beruft er sich mit dem Aussprechen des Namens Jesu (vgl. 4,10.30; 5,40; 16,18; 19,13). Aus dieser Vollmacht erwächst das, was er dem Gelähmten gibt. Mit dem Aussprechen dieses Sachverhalts (*was ich habe, gebe ich dir*) fängt er an, zur neuen Lebenswirklichkeit des Mannes zu werden. Der Wortlaut der Aufforderung ist nicht sicher überliefert. Wahrscheinlich lautet sie nur: *Gehe umher!* Möglicherweise gehört aber die von einigen Handschriften überlieferte Aufforderung des *Aufstehens* hinzu. Im Endeffekt spielt das keine Rolle, denn für einen Sitzenden ist das Gehen nur nach vorherigem Aufstehen möglich (was vielleicht der Grund für die Erweiterung war).

7 Genau das passiert nun. Die Initiative liegt weiterhin bei Petrus. Zum heilenden Wort kommt die heilende Tat, die das Gesagte in die leibliche Realität überführt. Das Ergreifen der *rechten Hand* bezieht sich auf das Organ der Kraft und der Macht (vgl. Gen 48,17; 2Sam 20,9; Ps 89,14; 138,7; Jes 48,13; Mt 5,30; Offb 1,16; 10,5 u.ö.), das deshalb in besonderer Weise der Zuwendung Gottes bedarf (vgl. Ps 73,23; 121,5). Hier beginnen sich für den Mann völlig neue Lebensmöglichkeiten abzuzeichnen. Das kommt auch im *Aufrichten* zum Ausdruck: Das schwache Geschöpf, das da stets nur sitzen oder liegen konnte, wird plötzlich in die Höhe erhoben. Und das Unfassbare geschieht: *Sofort* – ein Vorzugswort des Lukas, mit dem er das unverzügliche Eintreten des von Gott Bewirkten hervorhebt (vgl. 5,10; 12,23; 13,11; 16,26) – wird er in die Lage versetzt, dies aus eigener (freilich von Gott verliehener) Kraft mit zu vollziehen. Seine *Füße und Knöchel werden stark und fest gemacht* (so wörtlich), sodass die Voraussetzungen gegeben sind, das zu tun, was ihm bisher unmöglich war.

8 In weiterer anschaulicher Schilderung beschreibt Lukas den Fortgang des Heilungsprozesses bis zu seiner Vollendung. Derart gekräftigt ist der Mann nun in der Lage *aufzuspringen* – das heißt, die von Petrus eingeleitete Bewegung nach oben selbständig und sie steigernd zu Ende zu bringen –, stehen zu bleiben (*er stellte sich hin*) und hin und her zu gehen. Mit dem *Umhergehen* hat sich das Vollmachtswort des Petrus (V. 6) vollständig erfüllt.

Es ist zur neuen Lebenswirklichkeit des Mannes geworden. Gleichsam wie zur Veranschaulichung dieses Umstands *geht er* mit Petrus und Johannes *in den Tempel hinein* – gemeint ist offenbar das gesamte Tempelareal, nicht ein bestimmter Ort (vgl. zu V. 11) –, und auch dort demonstriert sein Verhalten seine völlig neuen Möglichkeiten. Zum Umhergehen kommt das *Springen*, sodass hier die Verheißung von Jes 35,6 partiell verwirklicht ist (vgl. 14,10). Zu ihrem letzten Ziel gelangt die Heilung freilich erst im *Lob Gottes*. Im Zentrum des gottesdienstlichen Lebens Israels preist ein Mensch Gott für die außergewöhnliche Erfahrung seiner helfenden und heilenden Macht. Derartiges ruft vielfach solche oder ähnliche Reaktionen hervor (vgl. 2,47; 4,21; 11,18; 21,20). Der Mann gibt dem die Ehre, dem er nicht nur das Leben, sondern auch dessen Fülle verdankt. Freilich hat diese Wirklichkeit seit Ostern und Pfingsten einen ganz bestimmten Namen. Deshalb wird Petrus diesen von ihm nur angedeuteten Zusammenhang (V. 6) gleich näher ausführen (V. 16), um die Verwunderung des Volkes (V. 10) in die richtige Richtung zu leiten.

9–10 Die Außenwirkung des Ereignisses kann nicht ausbleiben. Alle Anwesenden (= *das ganze* im Tempel weilende *Volk*) *sehen* (und hören) den Mann lobpreisend durch das Tempelareal ziehen, und sie identifizieren ihn umgehend als den (bisher gelähmten) Bettler von der *Schönen Pforte*. Über das Wunder, das ihm augenscheinlich *widerfahren* (wörtlich: *zugestoßen*) ist, werden sie völlig in *Erstaunen* und *Außer-sich-Sein* (so wörtlich) versetzt. Auch wenn der antike Mensch, zumal als Jude, für das Geschehen des Außergewöhnlichen und Unerklärlichen in der Regel wesentlich offener war als der moderne, galten ihm derartige Ereignisse durchweg als Einbruch göttlicher (oder auch dämonischer; vgl. Lk 11,15 par; Mt 9,34; Joh 7,20) Macht, deren unmittelbares Nahekommen einen in Fassungslosigkeit versetzen konnte (vgl. Mk 5,42; 16,8; Lk 4,36; 5,26 u.ö.). Jedenfalls verlangt ein solches Geschehen nach einer Erklärung. Petrus wird sie sogleich geben. Das Wunder an sich ist also noch nicht das, worum es eigentlich geht. Im Kontext des Gesamtgeschehens bezeugt es aber sozusagen handgreiflich die endzeitliche Realisierung des Wunders der Rettung durch Gottes barmherzige Zuwendung zum Menschen (vgl. 2,17–21.40.47). Diese trägt freilich den Namen Jesus Christus, wie sich nun (erneut) zeigen wird.

Die Heilung des Gelähmten durch Petrus macht deutlich, dass die mit Jesus angebrochene Königsherrschaft Gottes (1,3) auch nach der Himmelfahrt Jesu weitergeht. Nicht von ungefähr verortet Lukas das Geschehen im unmittelbaren Anschluss an die Pfingstpredigt des Petrus. Denn das durch die Ausgießung des Heiligen Geistes in Gang gesetzte Jesuszeugnis (vgl. 1,8) umfasst nicht nur die Verkündigung von Jesus, sondern auch das Helfen und Heilen in seinem Namen. Dabei stellt die Berufung auf den *Namen Jesu Christi, des Nazoräers*, offenbar ganz bewusst den Bezug zur Pfingstpredigt her, nach der Gott durch eben jenen Nazoräer *Machttaten, Wunder und Zeichen* in der Mitte seines Volkes vollbrachte (2,22). Von daher lässt sich die Bedeutung der Heilungsgeschichte auf eine dreifache Weise zuspitzen: – erstens im Blick auf Jesus: Die sich in ihm erweisende heilende *Kraft* der Königsherrschaft Gottes (vgl. die Heilung des Gelähmten nach Lk 5,17ff) ist durch die Apostel weiterhin wirksam (vgl. 9,34; 14,8) – zweitens im Blick auf den Geheilten: Es geht um eine *Wohltat*, durch die ein *kranker Mensch geheilt* wird (vgl. 4,9f) und die ihn zum *Lob Gottes* befähigt (V. 8f) – drittens im Blick auf das Volk: Es wird Zeuge der heilenden und zum Lob Gottes bewegenden Kraft des Namens Jesu Christi und ist von daher herausgefordert, über bloßes *Staunen* hinauszukommen (V. 9f). Dem dient die unmittelbar anschließende zweite Predigt des Petrus.

Diese drastische Weise des In-Erscheinung-Tretens der Gottesherrschaft in Gestalt der wunderbaren Heilung von Menschen ist in unserem Kulturkreis weitgehend nicht mehr anzutreffen. Ganz anders sieht es in Kulturen aus, in denen derartige Geschehnisse in den Bereich des Vorstellbaren und »Realen« gehören (wie zum Beispiel in vielen afrikanischen Ländern). Das Wunder der Gottesherrschaft ist die Neuwerdung des ganzen Menschen an Geist, Seele und Leib. Die vollständige Realisierung dieses Heils- und Heilungsprozesses steht nach dem Zeugnis des Neuen Testamentes noch aus. Doch es könnte sein, dass in unserer rationalen, an den Naturwissenschaften als letztem Kriterium des Möglichen und Wirklichen orientierten Kultur mit der Offenheit für »Wunder« auch deren Sich-Ereignen in den Hintergrund gedrängt worden ist – bis hinein in die Kirche, die weitgehend auf die geistige Wirkung des Wortes allein setzt. Sie täte gut daran, sich für diese Dimension der Gottesherrschaft wieder mehr zu öffnen – um Gottes und der Menschen willen.

3,11–26
Die Predigt des Petrus im Tempel

[11]Während er Petrus und Johannes festhielt, lief das ganze Volk voll Verwunderung zu ihnen zusammen in der sogenannten Halle Salomos. [12]Als Petrus es sah, sprach er zu dem Volk: »Ihr israelitischen Männer, was staunt ihr darüber, oder was starrt ihr uns so an, als hätten wir aus eigenem Vermögen oder Frömmigkeit bewirkt, dass

er umhergeht? [13]Der Gott Abrahams, Isaaks und Jakobs, der Gott unserer Väter, hat seinen Knecht Jesus verherrlicht, den ihr ausgeliefert und vor Pilatus verleugnet habt, als er entschied, jenen freizugeben. [14]Ihr aber habt den Heiligen und Gerechten verleugnet und gebeten, dass euch ein Mörder geschenkt würde. [15]Den Fürsten des Lebens habt ihr getötet. Ihn hat Gott aus den Toten auferweckt, wovon wir Zeugen sind. [16]Und aufgrund des Glaubens an seinen Namen hat sein Name diesen (hier), den ihr seht und kennt, stark gemacht, und der durch ihn (bewirkte) Glaube hat ihm diese vollkommene Gesundheit vor euch allen gegeben.

[17]Und nun, Brüder: Ich weiß, dass ihr in Unkenntnis gehandelt habt wie auch eure Führer. [18]Aber Gott hat das, was er durch den Mund aller Propheten vorher verkündigt hatte, dass sein Messias leiden werde, auf diese Weise erfüllt. [19]So tut nun Buße und bekehrt euch, damit eure Sünden beseitigt werden, [20]auf dass vom Angesicht des Herrn her Zeiten der Erquickung kommen und er den euch vorherbestimmten Messias, Jesus, sendet. [21]Ihn muss der Himmel aufnehmen bis zu den Zeiten der Wiederherstellung von allem, wovon Gott durch den Mund seiner heiligen Propheten von Ewigkeit her geredet hat. [22]Mose hat gesagt: ›Einen Propheten wie mich wird der Herr, euer Gott, euch aus euren Brüdern erstehen lassen. Hört auf ihn in allem, was er zu euch reden wird. [23]Und es wird geschehen: Jede Seele, die nicht auf jenen Propheten hört, wird aus dem Volk ausgerottet werden.‹ [24]Und auch alle Propheten von Samuel und seinen Nachfolgern an, so viele geredet haben, haben auch diese Tage angekündigt. [25]Ihr seid die Söhne der Propheten und des Bundes, den Gott mit euren Vätern geschlossen hat, als er zu Abraham sprach: ›Durch deinen Nachkommen werden alle Geschlechter der Erde gesegnet werden.‹ [26]Euch zuerst hat Gott seinen Knecht erstehen lassen und ihn gesandt, um euch zu segnen, indem ihr euch, (und zwar) ein jeder, von euren Bosheiten abwendet.«

Die zweite Predigt des Petrus lässt sich wie folgt gliedern: Bezugnahme auf die vorangegangene Heilung (V. 12) – Gottes Handeln in der Auferweckung des von den Juden schuldhaft getöteten Jesus (V. 13–15) als Voraussetzung für die erfolgte Heilung (V. 16) – die Schuld der Juden am Tod Jesu im Licht des göttlichen Heilsplans (V. 17f) – Ruf zur Umkehr und Verheißung des zukünftigen Heils (V. 19–21) – Schriftbeweis für die geforderte Umkehr und für das drohende Gericht im Falle der Weigerung (V. 22f) – die Vorrangstellung Israels im Blick Gottes Heilsverheißungen und ihre Verwirklichung in Jesus als Untermauerung des Umkehrrufs (V. 24–26). Bereits die Gliederung lässt erkennen, dass das eigentliche Thema der Rede nicht die vorausgegangene

Heilung ist, sondern die Umkehr zu Jesus, in dessen Namen der Gelähmte gesund geworden ist. Wie in der Pfingstpredigt liegt das geprägte Schema von Jesu Tötung durch Israel, seiner Auferweckung durch Gott und der sich daraus ergebenden Umkehrforderung zugrunde (V. 13–15.19), nur dass dieses Mal der Umkehrruf weitaus größeres Gewicht erhält (V. 22–26). Neben diesem Schema hat Lukas weitere ältere Überlieferung aufgenommen und in die Gestaltung der Rede eingearbeitet. Zu ihr dürfte insbesondere die Begründung des Umkehrrufs durch die Heilsverheißung (V. 20f) und den Schriftbeweis (V. 22f) gehören.

11 Mit einer knappen Situationsschilderung leitet Lukas zur unmittelbar folgenden Petruspredigt über. Während der Geheilte seine »Heiler« *festhält* (auch Johannes, wohl gleichsam als den »Assistenten« des Petrus) und sich so an die klammert, denen er aus seiner Sicht das Wunder verdankt (vgl. 4,14), läuft die Volksmenge zu den Dreien zusammen – *voll Verwunderung* über das Geschehen, wie Lukas nochmals ausdrücklich betont. Als Ort nennt er die *Halle Salomos* (vgl. 5,12). Sie lag an der Ostseite des Tempelplatzes, konnte jedoch offenbar zum Tempelareal hinzugezählt werden (vgl. Joh 10,23).

12 Petrus spricht die zusammengekommene Menge sogleich an – nicht nur, um sie über die Hintergründe des Wunders aufzuklären, sondern auch, um erneut Jesus als das Heil Israels zu verkündigen. Die Anrede ist die gleiche wie in 2,22, zielt also auf die jüdische Identität der Hörer (vgl. V. 13). Von daher sind die folgenden Worte, die einen gewissen vorwurfsvollen Unterton enthalten, zu verstehen: Die Tatsache einer wunderbaren Heilung sollte ihnen als Israeliten nicht fremd sein, wohl aber der Gedanke an deren Herbeiführung durch menschliches Handeln. Die erste Frage kann unterschiedlich übersetzt werden: *Was staunt ihr darüber?* (d.h. über die erfolgte Heilung), oder auch: *Was staunt ihr über diesen?* (d.h. über den Geheilten). An der Sache ändert das nichts, wie die zweite Frage zeigt. Sie macht der Menge deutlich, dass ihr Staunen generell in die verkehrte Richtung zielt. Die Tatsache, dass der Gelähmte nun gehen kann, wird völlig falsch interpretiert, wenn sie auf menschliches *Vermögen* oder eine besondere *Frömmigkeit* der vermeintlichen Wunderheiler zurückgeführt wird.

13 Vielmehr haben die Beteiligten es hier mit *Gott* selbst und seinem *Knecht Jesus* zu tun. Es ist der Gott Israels – in biblischer Sprache näher bestimmt als der Gott der drei Erzväter *Abraham, Isaak und Jakob* (vgl. Ex 3,6.15f; Lk 20,37 par; Apg 7,32), und von daher *der Gott unserer Väter* (vgl. 1Chr 29,18; Dtn 26,7; 2Chr 20,6; Esr 7,27; Apg 5,30; 22,14). Indem Petrus so spricht, schließt er sich mit den Hörern als Gliedern des erwählten Gottesvolkes zusammen. Umso schwerer wiegen dann freilich die folgenden Aussagen, die ihr Schuldigwerden gegenüber dem messianischen Handeln Gottes thematisieren. Letzteres kommt zunächst einmal in den Worten von *seinem Knecht Jesus* zum Ausdruck. Sie greifen im Zusammenhang mit seiner *Verherrlichung* durch Gott und den folgenden Ausführungen über seine Passion (V. 13–15) wohl auf die Rede von der Erhöhung und dem Groß-Machen des leidenden und sterbenden Gottesknechtes in Jes 52,13 und 53,11f zurück (in 52,13 spricht der Septuaginta-Text ausdrücklich von der Verherrlichung des Gottesknechts.) Dann ist mit der Verherrlichung die Auferweckung gemeint (vgl. V. 15; Lk 24,26; Joh 13, 32; 17,1.5; vgl. auch Lk 9,26; 21,27) – und damit die Grundlage benannt, auf der der *Name* Jesu zur Heilung wirksam werden konnte (vgl. V. 16). Die Bezeichnung Jesu als Gottes Knecht zielt darüber hinaus aber wohl auch auf Jesus als den, durch dessen Wirken insgesamt Gott zum Heil seines Volkes gehandelt hat und dies immer noch tut (vgl. V. 26; 4,27.30). Dann wäre auch die Heilung selbst in diesem Zusammenhang zu sehen.

14 Umso schwerer wiegt die Anklage der Juden durch Petrus. Denn sie haben den Knecht Gottes an die Römer *ausgeliefert* und *vor Pilatus verleugnet*. Als der nämlich Jesus *freigeben* wollte, weil er ihn für unschuldig hielt, forderten sie seinen Tod. Mehr noch: Anstelle des Freispruchs des schuldlosen Jesus haben sie um die Freilassung eines inhaftierten *Mörders* (Barabbas) gebeten. Lukas setzt hier die Kenntnis der entsprechenden Passagen seiner Passionsgeschichte voraus (vgl. Lk 23,1–5.13–25). Die zweimalige Rede vom *Verleugnen* Jesu in Verbindung mit dem *Bitten* und das *Geschenk* eines *Mörders* unterstreicht die Schuld des Gottesvolkes in dieser Angelegenheit. Diesem Fehlverhalten wird Jesus gegenübergestellt in seinem vorbehaltlosen Dasein und Wirken vor Gott und für Gott (= *Heiliger*; vgl. 4,27–30; Lk 1,35; 4,34; Offb 3,7) und in seinem vollkommenen Gehorsam gegenüber Gott auf dem ihm vorgezeichneten Weg (= *Gerechter*; vgl. 7,52; 22,14; Lk 23,37; Mt 27,19; 1Petr 3,18).

15 Die Anklage kommt zum schwersten Punkt: dem Vorwurf der *Tötung* Jesu (vgl. 2,23.36; 4,10; 5,30; 7,52; 10,39; 13,27f). Hier ist der Gegensatz kaum stärker zu artikulieren: Den Führer zum Leben (= *Fürst des Lebens*) haben die Juden umgebracht. Dabei spielt offenbar keine Rolle, dass die Kreuzigung Jesu durch Römer vollstreckt wurde (vgl. Lk 23,1ff.36.47), sondern allein der Umstand, dass die Juden in diesem Geschehen die eigentlich Handelnden waren (vgl. Lk 23,25). Doch durch seine Antwort darauf, die *Auferweckung* Jesu *aus den Toten* (vgl. 2,24.32; 4,10;

5,30; 10,40; 13,30.37), hat Gott Jesus – als den ersten, der den Tod überwunden hat! – zum Anführer auf dem Weg zum Leben gemacht (vgl. 5,31). Das gilt auch und gerade für die, die ihn getötet haben – und ruft sie zur Umkehr (vgl. V. 19f). Hierzu ist freilich die Zeugenschaft der Apostel erforderlich. Denn durch ihre Verkündigung wird diese Botschaft nicht nur vermittelt, sondern auch in ihrer Glaubwürdigkeit verbürgt (vgl. 1,22; 2,32; 5,32, 10, 39.41; 13,31).

16 Petrus kehrt, nachdem er die heilsgeschichtliche Grundlage benannt hat, zum Anlass und Ausgangspunkt seiner Predigt zurück: der soeben erfolgten Heilung. Er betont dabei vor allem die Rolle des Glaubens – wohl um seine Hörer zu eben jener Haltung gegenüber Jesus zu ermutigen, die dem ehemals Gelähmten die *Gesundheit* einbrachte. Ihm ist Jesus zum Führer zum Leben geworden! *Sein Name*, auf den sich Petrus bei seinem Handeln berief(V. 6), hat diese Heilung bewirkt (*stark gemacht* greift auf die Formulierung in V. 7 zurück). Dabei steht der Name für die Identität Jesu als des Heilbringers Gottes, wie sie von Petrus zuvor umschrieben worden war (V. 13–15). Der Glaube ist die entscheidende Haltung aufseiten des Menschen in diesem ganzen Geschehen – und das in doppelter Weise. Er ist *zum einen* die Voraussetzung der Heilung. Sie erfolgte *aufgrund des Glaubens an seinen Namen* – das heißt: aufgrund dessen, dass der Gelähmte dem von Petrus ausgesprochenen Namen Jesu als der Grundlage seines Wirkens Vertrauen schenkte. Davon ist in der ganzen Heilungsgeschichte allerdings keine Rede. Lukas will auf diese Weise wohl zum Ausdruck bringen, dass bei dem Gelähmten eine innere Haltung des Vertrauens gegenüber den Worten des Petrus – und damit letztlich gegenüber Jesus – vorhanden war, die äußerlich nicht sichtbar geworden ist. Glaube ist im Kern eine Herzenssache, die für den Betrachter nicht an sich, sondern allenfalls an ihren Auswirkungen (hier: der Heilung) erkennbar wird.

Zum anderen geht Petrus auf die Frage nach dem Zustandekommen dieser Haltung ein. Es handelt sich um einen Glauben, der *durch ihn*, nämlich Jesus (bzw. seinen Namen), bewirkt worden ist (im griechischen Text fehlt in diesem Zusammenhang das Verb; demnach wäre gemeint: *der durch ihn* [Jesus] *gewordene* [= bewirkte] *Glaube*). Der auferstandene und erhöhte Führer zum Leben hat also selbst dafür gesorgt, dass im Innern des Mannes die Haltung erwachsen ist, die ihn für sich und das Wirken seiner Heilsmacht empfänglich gemacht hat. Glaube ist demnach keine Leistung, die der Mensch vorweg erbringen müsste, damit Gott handeln kann, sondern er wird von Gott selbst als Gabe in den Menschen hineingelegt, die dann freilich existenziell angeeignet werden soll (vgl. V. 8f; 14,9; 16,30f; Lk 7,50; 8,48.50; 17,19; 18, 42). Entsprechend lautet der Begriff, der abschließend das umfassende Heil-Werden des Mannes an Körper und Geist zum Ausdruck bringt, wörtlich: *Vollständigkeit, Ganzheit, Unversehrtheit*. Der in der Übersetzung gewählte Begriff *vollkommene Gesundheit* geht also weit über den medizinischen Aspekt hinaus (vgl. 4,9.12, wo Petrus im Rückblick auf die Gesundung von Heil, Heilung und Rettung spricht). Die doppelt vermerkte Augenzeugenschaft im Blick auf den äußerlich wahrnehmbaren Vorgang (*den ihr sehr und kennt, vor auch allen*) soll die Hörer nun in die Pflicht nehmen, sich auch für dessen innere Dimension zu öffnen, wie Petrus sie im Folgenden entfalten wird.

17 Dazu intensiviert er noch einmal die Anrede (*Brüder*) und bekundet, dass er jetzt (*und nun*) zum entscheidenden Punkt kommt. In ihm geht er zunächst auf die Schuld der Hörer ein und macht deutlich, dass er um deren Wesen und Hintergründe *weiß*. Die Schuld der Juden besteht in einem Handeln *in Unkenntnis*. Dieses Nicht-Wissen kann sich nur auf die zuvor beschriebene Verkennung der Identität Jesu im Kontext des Heilshandelns Gottes beziehen (vgl. V. 13–15). Der Verweis auf Unkenntnis ist aber keine »Ent-Schuldigung«, sondern es handelt sich um wirkliche Schuld, die auf Vergebung angewiesen ist (vgl. V. 19; vgl. auch Lk 23,34). Sie besteht darin, Jesus nicht als den von Gott gesandten und bevollmächtigten endzeitlichen Führer zum Leben erkannt und anerkannt, sondern ihn (in dieser Un-Kenntnis) zu Tode gebracht zu haben (vgl. 13,27; vgl. auch 1Tim 1,13). Ob den Juden etwas anderes möglich gewesen wäre, wenn sie sich um eine bessere Erkenntnis Gottes und seines Messias bemüht hätten, wird nicht thematisiert. Die Fortsetzung zeigt, dass es sich bei dem ganzen, im Blick auf das Handeln des Gottesvolkes rätselhaften Geschehen um die Erfüllung des endzeitlichen Heilsplanes Gottes handelt (V. 18). Jedenfalls ist mit der »Aufklärung«, die Petrus nun leistet, die Zeit der Unwissenheit vorbei – und somit die Stunde der Umkehr gekommen (V. 19). Das entspricht einem Schema, das noch in weiteren Missionspredigten der Apostelgeschichte begegnet (vgl. 13,27.38f; 17,30). Es gilt auch für die, die bei dem allen in besonderer Weise schuldig geworden sind (*wie auch eure Führer*).

18 Der erste Schritt zur Bewältigung der Schuld Israels besteht darin, sie in den größeren Kontext des nun offenbar gewordenen Heilswirkens Gottes einzuordnen. Das schuldhafte Handeln seines Volkes hat Gott so in Dienst genommen, dass er *auf diese Weise* seinen Heilsplan *erfüllt* hat (*Gott* steht als der eigentlich Handelnde betont am Anfang der Aussage). Hier begegnet der von Lukas wiederholt thematisierte Erfüllungsgedanke, der insbesondere den Zusammenhang von Tod und Auferstehung Jesu als gottgewirktes Erfüllungsgeschehen interpretiert (vgl. Lk 9,31.51; 22,37; 24,25f.44.46; Apg 1,16; 2,23; 13,27.33; 26,22f). Hier bezieht sich die Aussage auf das nach dem Willen Gottes unvermeidliche Leiden *seines Messias* (die Formulierung betont wiederum die absolute Priorität Gottes). Die Bemerkung, Gott habe dies *durch den Mund aller Propheten vorher verkündigt,* bezieht sich auf das übereinstimmende Christuszeugnis aller alttestamentlichen Autoren: Sie haben in prophetischer Weise angekündigt, was jetzt – freilich nur im glaubenden Rückblick vom Christusgeschehen her – erkannt werden kann (vgl. Lk 24,25–27.44–47; Apg 1,16; 7,52; 10,43; vgl. auch Röm 1,1–3). Durch dieses Paradoxon – menschliches Fehlverhalten im Dienst des göttlichen Heilshandelns – ist die Schuld Israels zwar noch nicht aufgehoben, aber doch in einen Zusammenhang gestellt, der auf ihre Vergebung und Überwindung zielt.

19 Dieser wird nun von Petrus angesprochen – zunächst mit einer doppelten Aufforderung: *Tut Buße und bekehrt euch!* Das griechische Wort für Buße-Tun (*metanoeo*) bedeutet eigentlich: seinen Sinn ändern. Das wird durch die zweite Aufforderung verstärkt, die wörtlich lautet: *Kehrt um!* Es geht also wiederum um das fundamentale Geschehen der absoluten Neuausrichtung der Existenz auf Gott und der damit verbundenen Einsicht in die eigene Schuld (vgl. zu 2,38). Damit ist die Zusage verknüpft: *damit* (bzw. *auf dass*) *eure Sünden beseitigt werden.* Hier geht es um das Wirksamwerden der Frucht dessen, was die Juden schuldhaft verursacht haben, Gott aber in seinem geheimnisvoll-gnädigen Wirken gerade auf diese Weise realisiert hat: die Vergebung der Sünden auf der Basis von Tod und Auferstehung Jesu (vgl. 2,38). Dabei meint die Rede von der *Beseitigung* der Sünden primär die Aufhebung der Sündenschuld (vor allem der Auslieferung, Verleugnung und Tötung Jesu; vgl. V. 13–15; vgl. generell Kol 2,14; Lk 1,77; 3,3; 24,47; Apg 2,38; 5,31; 10,43; 13,38; 26,18), aber auch die Ermöglichung einer Lebensführung in der Abwendung vom Bösen (vgl. V. 26). Der so zutage tretende Zusammenhang von Umkehr und Sündenvergebung ist für Lukas von zentraler Wichtigkeit (vgl. Lk 24,47; Apg 2,38; 5,31; 8,22; 26,18). Das eine ist ohne das andere nicht denkbar, wobei die Vergebung die von Gott gnädig geschenkte Frucht und Folge der Umkehr ist.

20 Bei diesem Geschenk alleine soll es aber nicht bleiben. Petrus eröffnet eine weitere, doppelte Perspektive als Auswirkung von Umkehr und Vergebung: Zeiten der Erquickung und die Sendung Christi zur Parusie (= sein zukünftiges Kommen zur

Heilsvollendung). *Zeiten der Erquickung* meint die in den alttestamentlichen Schriften verheißene Heilszeit, die von Gott selbst (*vom Angesicht des Herrn her*) ausgehen wird (vgl. Jes 28,12). Sie hat mit Jesus und dem Pfingstgeschehen schon begonnen (vgl. 2,17–36). Es geht jetzt darum, dass sie auch für Israel als ganzes »kommt« – dass das Volk Gottes auf dem Weg von Umkehr und Vergebung zur Teilhabe an ihr gelangt. Im Blick ist aber auch die Vollendung dieser Zeit durch den wiederkommenden Jesus. Indem Gott ihn *sendet*, wird er die alte jüdische Erwartung der messianischen Heilszeit endgültig erfüllen. Deshalb ist hier wiederum vom Messias und seiner Identität die Rede (vgl. V. 18). Er ist der von Gott designierte Heilsbringer für sein Volk (*der euch vorherbestimmte Messias*) – der freilich den Namen *Jesus* trägt (wie Petrus jetzt ausdrücklich erwähnt), sodass die geforderte Umkehr letztlich eine Hinwendung zu ihm ist.

21 Die Hinwendung zum Messias Jesus ist von entscheidender Bedeutung für die Zukunft des Volkes und des Einzelnen. Denn von der Stellung zu ihm hängt die Teilhabe an der verheißenen Heilsvollendung ab (vgl. zu V. 23). Diese wird Gott zu der von ihm bestimmten Zeit realisieren (vgl. 1,7). *Bis zu den* davon geprägten *Zeiten* (zum Plural vgl. V. 19; 14,17; 15,21; 17,26.30; Lk 21,24) *muss der Himmel* Jesus *aufnehmen* (vgl. 1,11; 2,33). Sein himmlischer »Zwischenaufenthalt« ist nach dem Heilsplan Gottes vorgesehen (es *muss* so geschehen), damit allen Menschen – und insbesondere dem Gottesvolk (vgl. V. 26) – das in Jesus eröffnete Heil verkündigt werden kann (vgl. Lk 24,47; Apg 1,8). Das von Gott gesetzte Ziel seiner gesamten Geschichte mit den Menschen und der Welt ist allerdings die *Wiederherstellung von allem*, wovon er durch die Propheten seit jeher gesprochen hat. Dabei geht es um das, was Gott *von Ewigkeit her* geredet hat, also um die vollkommene Realisierung alles dessen, was er sich in seinem ewigen Wesen und die Zeiten übergreifenden Ratschluss vorgenommen hat (vgl. 2,23.30f.47; V. 18) und was somit in verborgener Weise bei ihm schon vorhanden ist (vgl. Offb 21,1–6). *Durch den Mund seiner heiligen Propheten* hat er sein Volk darüber immer wieder in Kenntnis gesetzt (vgl. Lk 1,70). Dabei ist sowohl an bestimmte prophetische Worte gedacht (vgl. V. 22f) wie auch an die prophetische Verkündigung im Ganzen (vgl. V. 24 und zu V. 18).

22 Das prophetische Wort des *Mose* (als Vermittler der Tora), das Petrus nun heranzieht (eine freie Kombination aus Dtn 18,15.19 und Lev 23,29), bezieht sich freilich nur auf einen bestimmten Aspekt der künftigen Vollendung: das Gericht (V. 23). Zunächst handelt es von dessen Voraussetzungen. Deren erste ist das *Erstehen-Lassen* eines *Propheten wie mich … aus euren Brü-*

dern. Damit ist, wie der Kontext zeigt, das irdische Erscheinen Jesu gemeint. Er hat als ein Jude unter seinen Brüdern gelebt (vgl. 1,21f; 10,37–39) und durch ihn hat Gott in prophetischer Weise zu seinem Volk in der Endzeit gesprochen wie am Anfang seiner Geschichte mit Israel durch Mose (vgl. Lk 7,16; 24,19; Hebr 1,1f). Deshalb folgt unmittelbar die Aufforderung, *auf ihn zu hören in allem, was er zu euch reden wird.* Das meint in der vorgegebenen Situation das Hören auf die gesamte Jesusverkündigung, die durch das Zeugnis des Petrus (und der anderen Apostel) an das Gottesvolk ergeht. Durch sie spricht letztlich der erhöhte Herr selbst (vgl. 1,8), ebenso wie er bei der Heilung durch Petrus kurz zuvor gehandelt hat (vgl. zu V. 6.16).

23 Deshalb wäre eine Verweigerung des gehorsamen Hörens auf die prophetische Verkündigung Jesu (= *nicht auf jenen Propheten hören*) gleichbedeutend mit der Verweigerung der Anerkenntnis des endzeitlichen Heilshandelns Gottes in seinem Knecht und Messias Jesus (vgl. V. 13.18f.26). Von nun an gibt es also keine Unwissenheit mehr (vgl. V. 17). Alle (= *jede Seele*), die nicht in dieser Weise hören, schließen sich damit selbst aus dem (wahren) Gottesvolk aus (vgl. 28,25–28). Eine derartige Zurückweisung des Heils Gottes (vgl. 13,46) wird im Jüngsten Gericht die definitive *Ausrottung aus dem Volk* nach sich ziehen. Es kann für die Hörer also nur die eine Konsequenz geben, die Petrus schon aufgezeigt hat und die er hier noch verstärkt: die Umkehr zu Gott (vgl. V. 19) in Gestalt des gehorsamen Hörens auf Jesus und das apostolische Zeugnis von ihm. Anders ist eine Teilhabe an den *Zeiten der Erquickung* und ihrer Vollendung nicht möglich.

24 Das von Mose grundlegend Gesagte ist von allen anderen Propheten bestätigt worden. *Von Samuel an,* mit dem die prophetischen Bücher in der jüdischen Überlieferung beginnen, haben *alle Propheten,* die aufgetreten sind (*so viele geredet haben*), die gegenwärtige, durch das Christusgeschehen eröffnete und von seinem Zeugnis geprägte Heilszeit (= *auch diese Tage*) angekündigt (vgl. 1Petr 1,10). Das sollte die Hörer noch mehr zu einem wirklichen, glaubenden Hören bewegen (vgl. 4,4). Auch hier werden die Propheten des Alten Testaments wieder generell als Zeugen für Jesus und das von ihm ausgehende Heil in Anspruch genommen (vgl. V. 18.21; 10,43; Lk 24,27).

25 Abschließend hebt Petrus die heilsgeschichtliche Vorzugsstellung Israels hervor. Die Anwesenden werden als Vertreter des Gottesvolkes direkt darauf hin angesprochen: *Ihr seid die Söhne der Propheten und des Bundes.* Als Nachkommen (*Söhne*) der Propheten gilt ihnen in besonderer Weise das, was Gott durch sie verheißen (und jetzt verwirklicht) hat – und zwar deshalb, weil sie als Söhne in den *Bund* mit hineingenommen sind, den Gott *mit den Vätern geschlossen* (wörtlich: *für sie verfügt, ihnen verordnet*) hat. Gemeint ist der Bund mit Abraham (vgl. 7,8; Lk 1,72), dem Ur-Vater Israels und Repräsentanten der weiteren Erzväter. Lukas zitiert dabei die Zusage Gottes an Abraham aus Gen 22,18 und 26,4 (vgl. Gen 12,3; 18,18), wonach der Bund sich darin erweisen wird, dass durch den *Nachkommen* Abrahams alle Völker (*Geschlechter*) *der Erde* gesegnet werden. Waren mit Nachkommen ursprünglich alle Nachfahren Abrahams gemeint (vgl. Gen 22,17; 26,4; Ex 32,13), so bezieht sich die Formulierung *durch deinen Samen* (so wörtlich) hier auf Jesus als den einen endzeitlichen Abrahams-Nachkommen (vgl. Lk 3,23.34), durch den Gott seine universale Segensverheißung realisiert (vgl. Gal 3,14.16). Es geht dabei einerseits um Segen für Israel in Gestalt des prophetischen Jesus-Zeugnisses (vgl. V. 18.21–24) und seiner endzeitlichen Erfüllung, andererseits aber auch um Segen für die Völker in Gestalt des weltweiten apostolischen Jesus-Zeugnisses (vgl. 1,8).

26 Die Vorrangstellung Israels beim Segenshandeln Gottes wird nun noch im Blick auf Jesus konkretisiert. Für sein Volk *zuerst* hat Gott *seinen Knecht erstehen lassen* (die Formulierung greift bewusst auf das Mose-Zitat von V. 22 zurück; vgl. auch V. 13). Israel ist also das erste unter allen Völkern, dem das in Jesus eröffnete Heil gilt (vgl. 13,46; Röm 1,16). Von daher gilt ihm auch die *Sendung* Jesu und die damit verbundene Segenswirkung (*gesandt, um euch zu segnen*) in bevorzugter Weise. Sie ist allerdings an eine Bedingung gebunden: die *Abwendung* von den *Bosheiten*, das heißt: vom Tun des Bösen. Das kann nur als abschließender Appell aufgefasst werden, der die in V. 19 ergangene Aufforderung zu Buße und Bekehrung noch einmal an jeden Einzelnen (*ein jeder*) richtet und dabei das konkrete Handeln in den Blick nimmt. Die Aussage ist sprachlich so gestaltet, dass sowohl Jesus als auch die Juden als Subjekt(e) der Abwendung in Frage kommen. Lukas dürfte hier bewusst zweideutig formuliert haben, um zum Ausdruck zu bringen, dass der Segen Jesu für Israel darin besteht, dass *er* die Menschen vom Bösen abwendet (wie er auch den Glauben des Gelähmten zu dessen Heil bewirkt hat; vgl. V. 16). Das wird allerdings nicht anders real als im persönlichen Vollzug der Abkehr vom bösen Tun (vgl. Lk 3,10–14; 6,46–49; Apg 5,1–11; 13,10; 19,18f). So schließt die zweite Predigt des Petrus mit dem eindringlichen Appell, sich in Gestalt der Umkehr dem eschatologischen Segen Gottes für sein Volk zu öffnen.

Die Frage nach dem theologischen Ertrag und dem bleibenden Gehalt dieser zweiten Petruspredigt ist ungleich schwieriger zu beantworten als bei der ersten, hat sie doch in viel höherem Maß als jene die einzigartige Geschichte und Beziehung zwischen Gott und seinem erwählten Volk Israel zum Thema. Von daher könnte man sich damit begnügen, sie als bloße Darstellung des Inhalts der Judenmissionspredigt der Urgemeinde (bzw. der Ur-Apostel) zu verstehen. Oder man könnte sich auf die Frage begrenzen, was Lukas seinen Lesern mit der Darstellung dieser Predigt sagen wollte. In beiden Fällen wird man nicht über historische und theologiegeschichtliche Erwägungen hinauskommen. Gibt es aber einen Verkündigungsgehalt dieser Predigt, der auch für Christen bleibend relevant ist?

Angedeutet wird Letzteres zumindest durch die Rede vom *Segen* für *alle Geschlechter der Erde*, zu dem es durch den *Abrahamsnachkommen* Jesus kommen soll, und zwar nachdem dieser Segen zuvor dem Gottesvolk Israel selbst zuteil geworden ist (V. 25f). Dass der Segen der weltweiten Kirche (aus Juden und Heiden) aus dem Segen Israels erwächst, ist allerdings nicht das Thema dieser Predigt (wohl aber der Apostelgeschichte im Ganzen; vgl. z.B. zu 13,46f; 28,25–28). Dennoch lässt sich der Predigt einiges Relevante im Blick auf Art und Inhalt des Segens, der auch der Kirche gilt, entnehmen. Dazu im Folgenden einige Erwägungen:

Erstens: Der *Inhalt* des Segens sowohl für Israel als auch für die Kirche ist Jesus Christus. Als der für Israel *vorherbestimmte Messias* (V. 20) und ihm *zuerst gesandte Knecht Gottes* (V. 26) ist er der *eine* Heilsbringer Gottes für alle Menschen. Als solcher ist er *der Fürst des Lebens* schlechthin, da er der eine und einzige ist, den Gott *aus den Toten auferweckt* hat (V. 15). Seine Auferweckung beziehungsweise *Verherrlichung* (V. 13) ist nach der Predigt die entscheidende Heilstat Gottes (vgl. 4,2.10). Dabei deutet die Qualifizierung des Lebensfürsten als *Heiliger und Gerechter* (V. 14) die Eigenart des durch ihn eröffneten Heils an: Leben im Einklang mit Gott und seinem guten Willen.

Zweitens: Der *Ertrag* des in Jesus Christus erwiesenen Segens ist demnach das Leben. Das wird in der Predigt in mehrfacher Hinsicht deutlich. So wird dem Menschen durch Jesus *vollkommene Gesundheit*, also umfassendes Heil-Werden an Leib, Seele und Geist, zuteil (V. 16). Ein besonderer Aspekt ist in diesem Zusammenhang die *Beseitigung der Sünden*, das heißt die Wiederherstellung des schuldhaft gestörten Gottesverhältnisses des Menschen (V. 19). Wenn diese grundlegende Wiederherstellung menschlicher Existenz, wie sie von Gott gedacht und gewollt ist, in *Zeiten* der *Erquickung* und der *Wiederherstellung von allem* mündet, was Gott mit seiner Schöpfung *von Ewigkeit her* vorhat (V. 20f), so klingt darin die eschatologische Dimension des Segens an: die Vollendung des Lebens als Zustand völligen Einklangs mit Gott als dem Schöpfer und Geber des Lebens und endgültigen Überwinder des Todes (V. 15).

Drittens: Zur *Teilhabe* an dem in Jesus Christus eröffneten Segen gelangt der Mensch, sei er Jude oder Heide, durch *Umkehr* und *Glaube an seinen* (sc. Jesu) *Namen* (V. 16.19). Das erweist sich sowohl im Hören als auch im Tun: im *Hören* als Ausrichtung der ganzen Existenz auf Jesus und die Verkündigung von ihm (V. 22) – im Tun als *Abwendung von den Bosheiten* (V. 26), das heißt: vom bisherigen, gegen Gott und seinen guten Willen gerichteten Lebensstil mit allen seinen lebensschädigenden Auswirkungen. Dass die Androhung des Gerichts aufgrund ihrer Einbettung in das *Mose*-Zitat lediglich im Zusammenhang der Verweigerung des *Hörens* und nicht des geforderten Tuns ergeht (V. 23), sollte nicht überinterpretiert werden, aber es deutet im Kontext der gesamten Rede das Wesen der menschlichen Antwort auf das Evangelium an: Es geht um eine grundlegende Sinnesänderung (*Buße* und *Bekehrung*; V. 19). Wo diese innere Neuausrichtung auf Jesus Christus ausbleibt, kommt es zu keiner Zugehörigkeit zum endzeitlichen Gottesvolk aus Juden und Heiden.

4,1–22
Petrus und Johannes vor dem Hohen Rat

**[1]Während sie (noch) zu dem Volk redeten, traten die Priester und
der Tempelhauptmann und die Sadduzäer an sie heran, [2]aufge-
bracht darüber, dass sie das Volk lehrten und von Jesus her die Auferstehung aus den Toten verkündigten. [3]Und sie legten Hand an sie
und setzten sie in Gewahrsam bis zum Morgen, denn es war schon
Abend. [4]Viele aber von denen, die das Wort gehört hatten, kamen
zum Glauben; und die Zahl der Männer wuchs auf etwa fünftausend.**

**[5]Es geschah aber am nächsten Tag, dass ihre Führer und Ältesten
und Schriftgelehrten sich in Jerusalem versammelten, [6]auch Hannas, der Hohepriester, und Kaiphas und Johannes und Alexander
und alle, die aus hohepriesterlichem Geschlecht waren. [7]Und sie
stellten sie in die Mitte und befragten sie: »Durch welche Macht
oder in welchem Namen habt ihr dieses getan?« [8]Da sprach Petrus,
erfüllt mit Heiligem Geist, zu ihnen: »Ihr Führer des Volkes und ihr
Ältesten! [9]Wenn wir heute von euch verhört werden wegen der
Wohltat an diesem kranken Menschen (und ihr fragt,) durch wen
dieser geheilt worden ist, [10]so sei euch allen und dem ganzen Volk
Israel kund: Durch den Namen Jesu Christi, des Nazoräers, den ihr
gekreuzigt habt, den Gott aus den Toten auferweckt hat – durch
diesen steht dieser gesund vor euch. [11]Dieser ist der von euch, den
Baumeistern, verachtete Stein, der zum Eckstein geworden ist.
[12]Und es ist in keinem anderen das Heil, denn es ist auch kein**

**anderer Name unter dem Himmel, der den Menschen gegeben ist,
durch den wir gerettet werden müssen.«**

**13Als sie aber die Freimütigkeit von Petrus und Johannes sahen
und merkten, dass sie ungelehrte und nicht fachkundige Leute waren, wunderten sie sich; und sie erkannten sie wieder, dass sie mit Jesus zusammen waren. 14Und da sie den Menschen, der geheilt worden war, bei ihnen stehen sahen, konnten sie nichts dagegen sagen.
15Nachdem sie ihnen aber befohlen hatten, den Hohen Rat zu verlassen, berieten sie miteinander 16und sagten: »Was sollen wir mit
diesen Menschen tun? Denn dass ein unverkennbares Zeichen durch
sie geschehen ist, ist allen Bewohnern von Jerusalem offenkundig, und wir können es nicht bestreiten. 17Aber damit es nicht weiter unter dem Volk verbreitet wird, wollen wir ihnen drohen, dass
sie nicht länger aufgrund dieses Namens zu irgendeinem Menschen
reden.«**

**18Und sie riefen sie (zu sich) und geboten ihnen, keinesfalls mehr
unter Berufung auf den Namen Jesu zu verkündigen und zu lehren.
19Aber Petrus und Johannes antworteten und sprachen zu ihnen:
»Ob es vor Gott recht ist, auf euch mehr zu hören als auf Gott, (darüber) urteilt selbst. 20Wir aber können nicht schweigen von dem,
was wir gesehen und gehört haben.« 21Sie aber drohten ihnen noch
mehr und ließen sie (dann) frei, da sie nichts fanden, um sie bestrafen zu können – (auch) wegen des Volkes, denn alle priesen Gott
aufgrund dessen, was geschehen war. 22Denn der Mann war mehr als
vierzig Jahre alt, an dem dieses Zeichen der Heilung geschehen war.**

Mit der Erzählung von dem Verhör des Petrus und Johannes vor dem Hohen Rat setzt Lukas den mit der Heilung des Gelähmten (3,1–10) begonnenen Geschehensverlauf fort und bringt ihn zu einem vorläufigen Abschluss (das eigentliche Ende bildet das Gebet der Gemeinde; V. 23–31). Von daher erklären sich auch die vielfachen Bezugnahmen auf die unmittelbar vorausgegangene Petruspredigt (3,11–26). Zum ersten Mal regt sich Widerstand gegen die junge christliche Gemeinde – freilich nicht auf breiter Ebene, sondern als Konfrontation der jeweils leitenden Kreise: der Apostel (vertreten durch Petrus und Johannes) und des Hohen Rates. Am Ende steht das eindrucksvolle Ergebnis der durch keine menschliche Macht zu brechenden Macht des Jesuszeugnisses, das die vom Heiligen Geist erfüllten Apostel gegen allen Widerstand ausrichten. Ja, jeder Versuch des Einschreitens führt letztlich zur Erstarkung der Jesusbewegung und ihrer missionarischen Kraft, wie sich im weiteren Verlauf der Apostelgeschichte noch mehrfach zeigen wird.

Der Abschnitt gliedert sich in folgende Teile: Festnahme und nächtlicher Arrest der Apostel (V. 1–4) – erneutes Jesuszeugnis als Antwort auf die Hauptfrage des Verhörs (V. 5–12) – Verlegenheit und Beratung des Hohen Rats (V. 13–17) – Freilassung der Apostel auf ihren Widerspruch gegen das verhängte Predigtverbot hin (V. 18–22). Lukas hat die Erzählung wohl aus der ihm zuteilgewordenen Kenntnis der geschichtlichen Vorgänge gestaltet. Anzeichen für die Verwendung von Quellen gibt es kaum. Lediglich ein Teil des geprägten Verkündigungsschemas (Tötung und Auferweckung Jesu; vgl. zu 2,23f.36; 3,15) bildet wiederum den Ausgangspunkt der Jesusverkündigung.

1–2 Noch während Petrus und Johannes zum Volk sprechen, treten ihre Gegner auf den Plan. Freilich ist ihre Verkündigung inhaltlich abgeschlossen (vgl. zu 3,19–26). An einen vorzeitigen Abbruch der Predigt ist wohl nicht gedacht. Lukas will lediglich zeigen, dass die Gegenreaktion unmittelbar folgt. Die *herzutretenden* Priester und der Tempelhauptmann gehören zum Tempelpersonal, die Sadduzäer sind Angehörige einer religiös-politischen Partei, die dem Tempel und dem Priesteradel nahestanden. Dass die Genannten *aufgebracht* sind und die Initiative ergreifen, ist kein Zufall. Die *Priester* vertreten die offizielle Tempelaufsicht, der an der Einhaltung der traditionellen Ordnung liegt. Die *Sadduzäer* lehnen die Lehre von der Auferstehung der Toten ab (vgl. Lk 20,27–40; Apg 23,6–8). Der *Tempelhauptmann* ist für den ordnungsgemäßen Ablauf des Tempelbetriebs zuständig und hat die Befugnis zum »polizeilichen« Einschreiten (vgl. 5,26). Wenn Lukas den Inhalt der Predigt auf die *Auferstehung aus den Toten von Jesus her* zuspitzt, bringt er damit den zentralen Gesichtspunkt des Jesuszeugnisses und die Umsetzung des apostolischen Kernauftrags durch Petrus und Johannes auf den Punkt (vgl. 1,22; 4,33; 3,13.15). Weil die Predigt so zugleich bestimmte, damit verbundene theologische Inhalte thematisiert hat (vgl. 3,12–26), gehen *Lehre* und *Verkündigung* ineinander über (vgl. Lk 20,1; Apg 5,42; 15,35; 20,20).

3 Der Widerstand gegen die beiden Apostel äußert sich zunächst in Gestalt von Festnahme (*sie legten Hand an sie*; vgl. 12,1) und Inhaftierung (*und setzten sie in Gewahrsam*; vgl. 5,18; Lk 21,12). Der Arrest dauert bis zum nächsten Morgen, da es schon so spät am Abend ist, dass der Hohe Rat nicht mehr zusammentreten kann (vgl. Lk 22,66; Apg 23,20).

4 Bevor Lukas den weiteren Gang der Ereignisse berichtet, wirft er einen kurzen, aber bezeichnenden Blick auf das Volk. Im Gegensatz zur jüdischen Führung reagiert es nicht durchweg mit Ablehnung und Widerstand, sondern ein großer Teil (*viele*) der Hörer der Petruspredigt (= *das Wort*; eine für Lukas typische Bezeichnung der christlichen Verkündigung; vgl. 8,4; 10,44; 11,19; 14,25 u.ö.) *kommt zum Glauben*. Der Glaube ist nach Lukas die Haltung des Menschen, die der Jesus-Verkündigung einzig angemessen ist und deren existenzielle Auswirkung zum Ausdruck bringt (vgl. 8,13; 11,21; 13,12.48; 14,1; 16,31; 17,12; 18,8). Der »Erfolg« ist, numerisch gesehen, wieder überwältigend: Es haben sich so viele Menschen im Glauben für Jesus geöffnet, dass die *Zahl der Männer* (in der Urgemeinde) auf *etwa fünftausend* anwuchs (die Beschränkung auf die Männer entspricht der durchweg dominierenden Rolle des Mannes in der damaligen Kultur; vgl. auch zu 1,15). Ob die Angabe historisch zutrifft (was nicht ausgeschlossen werden kann) oder nicht, spielt für die Verkündigungsabsicht des Lukas keine Rolle. Er will sagen: Auch durch die zweite Petruspredigt hat eine beeindruckend große Zahl von Menschen zum Heil in Jesus gefunden (vgl. 2,41).

5–6 Am nächsten Tag versammelt sich die jüdische Führung *in Jerusalem*, um die beiden Apostel zu verhören. Die ausdrückliche Nennung der Stadt hebt deren heilsgeschichtliche Rolle, auch im Blick auf die negativen Aspekte, hervor (vgl. 1,8; 4,27). Der Hohe Rat als die oberste jüdische Behörde in Rechts- und Religionsfragen setzte sich aus drei Gruppen zusammen: dem priesterlichen Hochadel mit dem Hohenpriester an der Spitze (von Lukas wohl unter dem Stichwort *Führer* [bzw. Oberste, Fürsten] subsummiert), dem Laienadel (*Älteste*, vorwiegend der Partei der Sadduzäer zugehörig) und den *Schriftgelehrten* (meistens aus der weithin dominierenden Partei der Pharisäer). Um seine Darstellung zu präzisieren, nennt Lukas noch einige Namen: *Hannas, den Hohenpriester*, und *Kaiphas* sowie *Johannes* und *Alexander* (über die wir nichts weiter wissen). Dabei ist ihm offenkundig ein Irrtum unterlaufen, denn nicht Hannas, sondern Kaiphas war zu jener Zeit Hoherpriester (vgl. Mt 26,3.57; Joh 11,49; 18,13.24; vgl. auch Lk 3,2). Auch sind wohl alle einflussreichen Familienmitglieder aus dem *hohenpriesterlichen Geschlecht* zugegen.

7 Das Verhör beginnt, indem die Angeklagten wie üblich *in die Mitte gestellt* werden. Die ihnen vorgelegte Frage richtet sich auf die Vollmacht (*durch welche Macht*; vgl. 3,12) beziehungsweise Legitimation (*in welchem Namen*; vgl. 3,6.16), mit der sie im Tempel den Gelähmten geheilt sowie das Volk gelehrt und (aus der Sicht der jüdischen Führung) eine solch unerhörte Predigt gehalten haben (vgl. Lk 20,2).

8 Die Antwort des Petrus ergeht im *Erfüllt*-Sein *mit Heiligem Geist*. Hier bewahrheitet sich die Verheißung Jesu von Lk 12,11f, wonach der Heilige Geist die Jünger das lehren wird, was sie in der Situation des Verhörs vor Machthabern sagen sollen (vgl. auch

Lk 21,12–15). Petrus spricht hier also wiederum nicht aus eigenem Vermögen (vgl. 3,12), sondern in der Vollmacht des Geistes Gottes (vgl. 2,4.14). Die Rede von der Erfüllung mit Heiligem Geist begegnet im Neuen Testament nur bei Lukas. Sie bezeichnet vor allem die göttliche Bevollmächtigung zu geistlicher beziehungsweise prophetischer Rede (Lk 1,41.67; Apg 2,4; 4,31; 13,9) sowie zum Dienst für Gott (Lk 1,15; Apg 9,17). Damit zeigt Lukas an, dass der Heilige Geist kein Besitz ist, über den der Mensch verfügen könnte (vgl. 8,18f), sondern das Wirksamwerden der Kraft Gottes, auf die er immer wieder neu angewiesen ist. Das erweist sich im sogleich folgenden Jesuszeugnis, das Petrus in beeindruckender Weise vor dem Hohen Rat ablegt (V. 9–13). Zuvor spricht er die »Ratsherren« gebührend an, indem er ihre hoheitliche Stellung zum Ausdruck bringt. Dabei unterscheidet er offenbar die religiösen *Führer des Volkes* von den nicht-religiösen (*Älteste*).

9 Trotz aller formalen Hochachtung, die Petrus den Ratsherren zollt, beginnt er seine Ausführungen mit einem indirekten Vorwurf: Das Verhör erfolgt *wegen der Wohltat* an einem *kranken Menschen*. Dabei steht freilich nicht die Gesundung an sich zur Debatte, sondern die Frage nach der Macht, die sich in ihr manifestiert hat. So geht es im Kern um die Frage, *durch wen* (bzw. *durch was*; beides ist vom Griechischen her möglich) der Kranke *geheilt worden ist* (vgl. V. 7). Das mit *heilen* übersetzte griechische Verb (*sōzein*) kann auch *retten* bedeuten (vgl. 2,21.40.47). Demnach geht es um mehr als die bloße leibliche Gesundung. Dem Gelähmten ist eine umfassende Heilung zuteilgeworden, die auch die geistliche Dimension seiner Existenz einschließt (vgl. 3, 16). Dass letztere die entscheidende ist, macht Lukas im weiteren Verlauf der Apostelgeschichte immer wieder deutlich (vgl. bes. V. 12 [!]; 11,14; 15,1.11; 16,30f).

10 Petrus nutzt die Gelegenheit wiederum zu einem Zeugnis für Jesus. Ausdrücklich wendet er sich an alle Ratsherren. Doch was er zu verkündigen hat, gilt *dem ganzen Volk Israel* (vgl. 2, 22.36; 3,12; 5,35; 10,36; 13,16 u.ö.). Die Formulierung *durch den* (bzw. in dem) *Namen Jesu Christi, des Nazoräers,* greift die Worte auf, die er zu Beginn der Heilung an den Gelähmten gerichtet hatte (vgl. zu 3,6). Es ist also klar, *durch wen* (V. 9) das Wunder geschehen ist. Der Abschluss des Satzes spricht es unmissverständlich aus: *Durch diesen* (Namen oder Menschen) steht der ehemals Gelähmte *gesund vor euch.* Demnach ist der Geheilte bei der Verhandlung zugegen; er weicht immer noch nicht von der Seite seiner Wohltäter (vgl. 3,11). Mit der bereits mehrfach erfolgten Rede von der Kreuzigung beziehungsweise Tötung Jesu durch die Juden und seine Auferweckung durch Gott (vgl. 2,23f.

32.36; 3,14f.17f) leitet Petrus zur missionarischen Verkündigung über, die sein eigentliches Ziel ist.

11 Mit der Metapher vom *verachteten Stein* interpretiert er das Kreuzigungshandeln der Juden erneut im Licht der Schrift (vgl. 2,25–36). Die Wortwahl lehnt sich eng an Ps 118,22 an und stellt so das Passions- und Ostergeschehen als Handeln Gottes dar, das seinem prophetischen Wort entspricht. Wie es bei dem missachteten Stein zu einer völlig unerwarteten Wendung des »Geschicks« gekommen ist (er ist *zum Eckstein geworden*), so verhält es sich auch mit dem gekreuzigten Jesus: Er ist durch Gottes wunderbares Eingreifen in Gestalt seiner Auferweckung zur alleinigen Grundlage des Heils geworden – in Analogie zur Grundstein-Funktion des Ecksteins (vgl. Hi 38,6; Lk 20,17 par; 1Petr 2,6f; Eph 2,20). Mit den *Baumeistern* sind die angesprochenen Ratsherren gemeint. Es wäre eigentlich ihre Aufgabe als Führer Israels, die Errichtung des »Heilsgebäudes« auf dem Grund des Christusgeschehens für das Gottesvolk zu leiten. Statt dessen versagen sie in ihrer Verantwortung auf eklatante Weise, indem sie den Eckstein verworfen haben und das Zeugnis von ihm zu unterbinden suchen.

12 So wie es bei einem Gebäude nur *einen* Eckstein gibt, ohne den es nicht errichtet werden kann, gibt es *keinen anderen*, in dem *das Heil* zu finden ist. Mit Heil ist die Rettung aus tödlicher Bedrohung gemeint (vgl. 7,25; 27,34), die im Jüngsten Gericht noch einmal eine ganz andere Dimension bekommt (vgl. 2,21.40; 3,23). Entsprechend besteht die Rettung in der Vergebung der Sünden und der Befreiung zu einem Leben im Einklang mit Gott in der Kraft des Heiligen Geistes (vgl. 2,37.40.47; 3,19. 22.26). Analoges gilt für die Rede vom Namen. Es gibt *unter dem Himmel* (d.h. auf der ganzen Erde) *keinen anderen Namen … bei den Menschen* (so wörtlich; vgl. Lk 2,14), durch den diese Rettung möglich ist. Wenn Lukas hier formuliert: *… durch den wir gerettet werden müssen*, so verbirgt sich darin wieder der Hinweis auf den Ratschluss Gottes, demzufolge das Heil des Menschen allein durch die Person und Geschichte Jesu zustande kommen *muss* (vgl. 1,21f; 3,21; 9,16; Lk 24,7.44 u.ö.).

13 Der Hohe Rat ist zunächst einmal ratlos. Die Herren nehmen die Freiheit und Unerschrockenheit (= *Freimütigkeit*) wahr, mit der Petrus und Johannes vor ihnen auftreten und reden (vgl. 2,29; 4,29.31; 9,28; 14,3; 18,26; 26,26; 28,31). Zudem *merken* sie im weiteren Verlauf der Auseinandersetzung, dass sie es nicht mit hochgebildeten und fachkundigen Menschen (wörtlich: *ungelehrte Menschen und Laien* [auf einem bestimmten Gebiet]) zu tun haben. Ihr Erstaunen (vgl. 2,7; 3,12) über diese merkwürdige

Mischung aus souveränem Auftreten und fachlicher Ungelehrtheit mündet in die Erkenntnis, dass Petrus und Johannes zu den einfachen Leuten gehören, *die mit Jesus zusammen waren* (d.h. ihm nachgefolgt sind). Um ein eindrückliches Zeugnis für Jesus abzulegen, bedarf es also keiner besonderen Ausbildung (auch keiner theologischen), sondern es kommt entscheidend auf die persönliche Nähe zu Jesus und die Begabung durch den Geist Gottes an.

14 Erschwerend kommt für den Hohen Rat die Faktizität der Heilung hinzu. Die Anwesenheit des ehemals Gelähmten, der bei Petrus und Johannes *steht* (vgl. 3,8; 4,10), ist ein handfestes Indiz für die außergewöhnliche Vollmacht des Petrus. So können die Ratsherren *nichts* gegen die ganze Angelegenheit *sagen*. Es gibt kein schlagkräftiges Gegenargument (vgl. Lk 20,26.40).

15–16 So weisen sie die Apostel zunächst einmal aus dem Saal, um Freiraum für interne Beratung zu schaffen. Die missliche Lage, in der sich die Ratsherren befinden (*Was sollen wir mit diesen Menschen tun?*), besteht in dem Zwiespalt zwischen Wirklichkeit – ein *unverkennbares Zeichen* ist durch die beiden Apostel geschehen und *alle Bewohner von Jerusalem* wissen darum – und Wunsch: Die Räte würden die Sache gerne *bestreiten*, aber sie *können es nicht*. Dabei verweist der Ausdruck *Zeichen* auf den Hinweis-Charakter des Wunders: In der Heilung offenbart sich die rettende Macht Jesu beziehungsweise seines Namens (vgl. V. 22.30 in Verbindung mit 3,6.16; 4,10–12). Gerade das ist ja der Grund für den Widerstand des Hohen Rates! Denn die Anerkennung dieses Sachverhalts würde ja die Anerkennung Jesu als des göttlichen Heilbringers für Israel bedeuten (vgl. V. 11f; 3,13–15.20–26). Dazu ist die jüdische Führung aber nicht bereit, und so wendet sie sich gegen diejenigen, in denen die Heilsmacht Jesu am nachdrücklichsten in Erscheinung tritt (vgl. V. 10f; 3,13–15.17.23).

17 So wie die Lage sich für sie darstellt, kann die Obrigkeit nur ihre formale Macht ausspielen, um ihr Ziel zu erreichen. Sie tut das in sehr zweifelhafter Weise. Da es kein stichhaltiges Argument gegen die Apostel gibt, sollen sie einfach mundtot gemacht werden: Damit die Sache *nicht weiter unter dem Volk verbreitet wird*, werden sie *bedroht, nicht länger* von ihr zu reden. Der neuralgische Punkt dieses Entschlusses kommt in der Bezugnahme auf den Namen Jesu zur Sprache: *Aufgrund dieses Namens* sollen die Apostel zu keinem Menschen mehr sprechen. Es soll also durch weltliche Macht verhindert werden, dass Jesus und seine göttliche Macht zum Zuge kommen. Wie sich herausstellen wird, haben die Ratsherren hier freilich »die Rechnung ohne den Wirt gemacht«.

18 Der Entschluss wird zunächst in die Tat umgesetzt. Den wieder hereingerufenen Aposteln wird strengstens geboten, fortan *überhaupt nicht mehr* (so wörtlich) *unter Berufung auf den Namen Jesu* zu reden. Dabei werden mit *verkündigen* und *lehren* die beiden Hauptaspekte der apostolischen Predigt angesprochen. Jesusverkündigung hat es immer auch mit lehrhaften Inhalten zu tun. Beides gehört untrennbar zusammen (vgl. V. 2; 5,42).

19 Die beiden Apostel machen dem Hohen Rat unmissverständlich klar, dass sie sich nicht an das Redeverbot halten werden. Sie würden damit auf Menschen *mehr hören als auf Gott*. Ein derartiger Grundsatz war in der Antike nicht unbekannt. Schon Sokrates hatte ihn sinngemäß gegenüber seinen Richtern ausgesprochen (Plato, Apologie, 29d), und auch im Judentum begegnet er im Blick auf die Treue zum Gesetz, die über allem anderen steht (vgl. 2Makk 7,2; 4Makk 5,16–21; JosAnt XVII 158f). Petrus wird diese Maxime später in aller Deutlichkeit aussprechen (5,29). Hier bringt er sie hier mit Blick auf die Situation als indirekte Frage vor, um die Ratsherren zum Nachdenken über ihr Verhalten zu bewegen. Sie sollen selbst beurteilen, ob Ungehorsam gegen Gott mit einer gerechten Lebensführung vereinbar ist (so wörtlich: *ob es vor Gott gerecht ist*).

20 Obwohl die Antwort auf die gestellte Frage klar ist, begründet Petrus die Gehorsamsverweigerung der Apostel nicht mit ihr, sondern mit einem anderen Argument: Es ist ihnen nämlich unmöglich, von dem, was sie *gesehen und gehört* haben, *nicht* zu *reden* (so wörtlich). Es ist also statt eines generellen Rechtssatzes die Augen- und Ohrenzeugenschaft der Worte und Taten Jesu (vgl. 1,21f; 10,38f; Lk 1,1f), die es kategorisch ausschließt, das Zeugnis von Jesus nicht (mehr) auszurichten. Insbesondere das überwältigende Geschehen seiner Auferweckung lässt ein Schweigen nicht zu (vgl. 1,22; 2,32; 3,15; 4,2; 5,31f; 10,40f). Es sind also letztlich nicht theologische Gründe (wie sie in der Frage von V. 19 angesprochen werden), die die Apostel zum Zeugnis beflügeln – und zwar über alle Widerstände hinweg –, sondern der Reichtum der persönlichen Erfahrung mit Jesus! Gleichwohl wird dies von Petrus später in den Gehorsam gegenüber dem göttlichen Dienstauftrag eingeordnet, dem die Apostel unterstehen (vgl. 1, 24f; 5,29).

21–22 Den ohnmächtigen Ratsherren bleibt nichts anderes übrig, als die Apostel unter nochmaligem Drohen (wörtlich: *sie fügten noch eine Drohung hinzu*) freizulassen. Der Verlauf des Verhörs und das ihm vorausgegangene Geschehen lassen objektiv keine Bestrafung zu. Aber der Rat fürchtet auch das Volk, denn dieses reagiert durchweg positiv auf das Wunder und sein Umfeld. Dabei hebt Lukas noch einmal die geschichtliche Wirklichkeit als Raum des Heilshandelns Gottes hervor. Dass alles Volk *Gott preist,* rührt von dem her, *was geschehen war* – wobei der Aspekt des Wunderbaren durch die Altersangabe des Geheilten noch verstärkt wird: Was *mehr als vierzig Jahre* lang nicht möglich war (vgl. 3,2), ist jetzt geschehen. Gleichwohl relativiert Lukas diesen Gesichtspunkt abschließend: Es geht nicht um das Wunder an sich – so außergewöhnlich es auch sein mag –, sondern um seine Hinweisfunktion (*Zeichen*) auf denjenigen, in dessen Namen es geschehen ist. Letztlich geht es um die Stellung des Menschen zu Jesus selbst – und nicht zu den Wundern, die aus seiner Macht erwachsen (vgl. 3,13–26; 4,2.10–12.17f).

Der christliche Glaube lebt von der inneren Kraft seines Redens und Handelns. So ist es der *Name Jesu Christi*, der Petrus zur Heilung befähigt (V. 10), und der *Heilige Geist*, der ihn zum freimütigen Jesuszeugnis ermächtigt (V. 8ff). Dabei handelt es sich nicht um dingliche oder gar magische Kräfte, die hier am Werk wären, sondern um die Auswirkungen eines fundamentalen Beziehungsgeschehens. Denn alledem liegt das *Zusammen-gewesen-Sein mit Jesus* zugrunde (V. 13), sodass die Apostel gar *nicht von dem schweigen können, was* sie *gesehen und gehört* haben (V. 20). Christlicher Glaube ist nicht die Zustimmung zu einer Lehre oder einem religiösen Gedankengebäude, sondern er lebt aus der Begegnung *mit Jesus*.

War diese Erfahrung den Aposteln in der Weise des unmittelbaren Zusammenseins mit Jesus als Mensch (= *Nazoräer*; V. 10) möglich, so begegnet Jesus seit Pfingsten im Zeugnis von ihm. Die Weise, in der es auf Seiten des Menschen zu dieser Begegnung kommt, ist seitdem der *Glaube*, wie Lukas im Blick auf die wachsende Zahl der Christen notiert (V. 4). Dabei vermerkt er ausdrücklich, dass das Glauben weckende – und damit die Beziehung zu Jesus ermöglichende – Jesuszeugnis in Gestalt des *Wortes* ergeht (V. 4). Dem entspricht die Vielzahl der Verben, die ein Wortgeschehen zum Ausdruck bringen: *reden* (V. 1.17), *lehren* (V. 2.18), *verkündigen* (V. 2.18), *sprechen* (V. 8.19), *nicht schweigen* (V. 20). Dem entspricht ebenso die Charakterisierung der Heilung als *Zeichen* (V. 16.22), das über sich hinausweist auf den, von dem im Wort der Apostel die Rede ist.

Das scheint auch die jüdische Führung zu wissen, denn sie fragt nach der *Macht* (bzw. dem *Namen*), die hinter dem Wunder steht (V. 7) – und erhält die Antwort durch die Verkündigung des Petrus. Eindeutigkeit hat die Tat der Apostel erst von ihrem Wort her – oder anders herum: Zu einem »Kennen« Jesu kommt es über alle Erfahrungen mit dem Wirksamwerden seiner Macht hinaus erst durch das *glaubende Hören* auf das *Wort*, in dem er als der begegnet, der er ist.

Von daher zielt der Hohe Rat darauf, das weitere *Reden* von Jesus zu unterbinden und so eine *Ausbreitung* der Jesusbewegung zu verhindern (V. 17).

In diesem Zusammenhang ist der Inhalt der Verkündigung des Petrus von höchster Bedeutung, denn sie erhebt einen Absolutheitsanspruch – und zwar im Blick auf den, der in ihr begegnet: Jesus. Wenn Petrus sagt: *In keinem anderen* als Jesus *ist das Heil*, und er diesen Anspruch noch präzisiert durch die »globalisierende« Rede von *den Menschen unter dem Himmel* (V. 12), so sagt er damit in der Tat: Heil gibt es für alle Menschen nur in Jesus, in keinem anderen! Das hat eine politische und soziale Dimension, denn es ist eine entschiedene Absage an alle Heilserwartungen oder -ansprüche im Blick auf Menschen und menschliches Zusammenleben. Und es hat eine religiöse Dimension, denn das Petruswort besagt ebenso, dass keine anderen »Götter« (bzw. Religionen) das Heil des Menschen und der Welt vermitteln können. Sosehr Kirche und Christen sich heutzutage sozial engagieren und sich um Verständigung mit den Religionen bemühen, sosehr stehen sie vor der Aufgabe, die bleibende Gebundenheit des Heils an Jesus Christus zu bezeugen – und auf das *Zum-Glauben-Kommen* an Jesus als den Weg dorthin (V. 4) zu zielen. So hat die Verkündigung beziehungsweise das Wort von Jesus nach wie vor die oberste Priorität – auch angesichts der vielen bedrängenden Fragen der Gegenwart. Was aus dieser Verkündigung wird, darf man getrost dem *Namen Jesu* und seiner *Macht* (V. 7) überlassen.

Auch im Blick auf die Identität des Heils ist der Abschnitt von höchster Bedeutung. Die *Rettung*, die Gott an Jesus Christus gebunden hat (V. 12), ist letztlich die Überwindung des Todes. Denn sein Heils- beziehungsweise Rettungshandeln an und in Jesus Christus ist dessen *Auferweckung aus den Toten* (V. 2.10). Diese Zuspitzung erklärt auch, warum *das Heil* Gottes für die Menschen *in keinem anderen* zu finden ist: Es gibt eben keinen anderen, an dem Gott so gehandelt hätte. Dieses Handeln *in Jesus* zielt auf die künftige *Auferstehung aus den Toten* (V. 2) – und damit auf das ewige Leben in der vollendeten Königsherrschaft Gottes (vgl. 14,22; 3,20f). Damit ist nicht der Gegenwartsaspekt des Heils für das menschliche Leben und Zusammenleben in Abrede gestellt – das wäre mit dem Wesen Königsherrschaft Gottes unvereinbar –, aber es zeigt auf, worum es eigentlich und letztlich geht – und worauf die Menschheit bis heute noch keine Antwort hat außer der, die Gott in Jesus Christus gegeben hat. Was die Apostel damals gepredigt haben, ist auch heute noch zu verkündigen: der eine *Name unter dem Himmel, der den Menschen gegeben ist, durch den wir gerettet werden müssen*.

4,23–31
Gebet der Gemeinde

**[23]Nachdem sie aber freigelassen waren, gingen sie zu den Ihren und
berichteten alles, was die Hohenpriester und Ältesten zu ihnen gesagt hatten. [24]Als sie es hörten, erhoben sie einmütig die Stimme zu
Gott und sprachen: »Herrscher, du (bist es), der den Himmel und
die Erde und das Meer und alles in ihnen gemacht hat [25]und der
durch den Mund unseres Vaters David, deines Knechtes, durch den
Heiligen Geist gesagt hat: ›Warum tobten die Heiden und führten
die Völker Nichtiges im Sinn? [26]Die Könige der Erde traten herzu,
und die Fürsten versammelten sich gegen den Herrn und gegen seinen Gesalbten.‹ [27]Denn in Wahrheit versammelten sich in dieser
Stadt gegen deinen heiligen Knecht Jesus, den du gesalbt hast, Herodes und Pontius Pilatus mit den Heiden und den Völkern Israels,
[28]um alles zu tun, was deine Hand und dein Ratschluss vorherbestimmt hatten, dass es geschehen sollte. [29]Und nun, Herr, sieh auf
ihre Drohungen und gib deinen Knechten, dein Wort mit allem
Freimut zu reden, [30]indem du deine Hand ausstreckst zur Heilung
und Zeichen und Wunder geschehen durch den Namen deines heiligen Knechtes Jesus.« [31]Und als sie gebetet hatten, bebte der Ort, an
dem sie versammelt waren, und sie wurden alle mit dem Heiligen
Geist erfüllt und redeten das Wort Gottes mit Freimut.**

Lukas schließt den mit 3,1 begonnenen Erzählzusammenhang mit einem Gebet der Gemeinde ab. Hierbei wird deutlich, dass der sich erhebende Widerstand der jüdischen Führung gegen das Jesuszeugnis dem Heilsratschluss Gottes entspricht und darum die Gemeinde in ihrer missionarischen Kraft nicht schwächen kann, sondern letztlich fördern muss – was dann auch im unmittelbaren Anschluss an das Gebet geschieht. Dieses umfasst zwei Teile: eine heilsgeschichtliche Deutung der eingetretenen Lage (V. 24b–28) und die daraus resultierende Bitte um Kraft zu freimütiger Verkündigung (V. 29f). Gerahmt ist es von einer kurzen Überleitung von 4,1–22 her (V. 23.24a) und der Darstellung seiner augenblicklichen Erhörung (V. 31). Dem ersten Teil des Gebets dürfte eine alte Überlieferung zugrunde liegen, an der Lukas nicht viel verändert hat. Von daher erklärt sich auch die Spannung zu seiner Passionsgeschichte, nach der Herodes und Pilatus nicht die Anführer der gegen Jesus gerichteten Verschwörung waren (so V. 27f), sondern Zeugen seiner Unschuld (Lk 23,1–16).

23–24a Nach ihrer Freilassung (vgl. V. 21) gehen Petrus und Johannes sofort zu ihren Glaubensgenossen (*zu den Ihren*), um über das Geschehene zu berichten. Dabei steht im Mittelpunkt, *was die Oberpriester und Ältesten* (als die entscheidenden Vertreter der jüdischen Führung; vgl. 22,5; 23,14; 24,1; 25,15; vgl. auch 4,5f.8) *zu ihnen gesagt hatten.* Das bezieht sich vor allem auf das Predigtverbot (vgl. V. 18), aber auch auf die Frage nach dem in der Heilung wirksamen Namen (vgl. V. 7), deren Beantwortung durch Petrus ja erst zu dem Verbot geführt hatte (vgl. V. 10ff). Es geht bei alledem also nicht um das persönliche Ergehen der beiden Apostel, sondern um die freimütige Verkündigung des Wortes Gottes, auf die in der gegebenen Situation alles ankommt (vgl. V. 29.31). Deshalb reagiert die Gemeinde auf das Gehörte, indem sie sich im Gebet an Gott wendet. *Die Stimme erheben* ist verbreitete biblische Redeweise (vgl. Gen 21,16; 2Kön 19,22; 1Chr 15,16; Hi 34,1; Jes 3,7 u.ö.), die im Neuen Testament vor allem von Lukas aufgegriffen wird (vgl. Lk 11,27; 17,13; Apg 2,14; 14,11; 19,34; 22,22). Sie erbittet von Gott, dass das Jesuszeugnis trotz der Bedrohung durch die jüdische Führung weitergehen möge. Dabei betont Lukas erneut die *Einmütigkeit* der Gemeinde: Alle sind gemeinsam auf ein Ziel ausgerichtet (vgl. 2,46; 5,12; 15,25) – was sich nun im einhelligen Beten Ausdruck verschafft (vgl. 1,14). Man darf sich das nicht so vorstellen, als hätten alle Versammelten wie im Chor miteinander dieselben Worte gesprochen, sondern der im folgenden wiedergegebene Wortlaut des Gebets umschreibt in theologisch reflektierter Sprache jene Punkte, um die es im Gebet der Gemeinde in erster Linie ging.

24b Das Gebet beginnt betont mit der Anrede Gottes als *Herrscher* (vgl. Gen 15,2.8; Jer 1,6; Dan 9,8; Lk 2,29; Offb 6,10). So wird gleich zu Anfang ausgesprochen, wer der eigentliche Machthaber in dem ganzen Geschehen ist: nicht der Hohe Rat, sondern der allmächtige Gott. Dieser wird zunächst als Schöpfer gepriesen, der alles ins Dasein gesetzt hat. Die Aufteilung der Schöpfungswirklichkeit in die drei alles umfassenden Bereiche *Himmel, Erde* und *Meer* entspricht geprägter biblischer Vorstellung und Sprache (vgl. Ps 96,11; Hag 2,6; Offb 5,13; 10,5f; 12,12; 14,7; 21,1), ebenso die ausdrückliche Einbeziehung aller einzelnen Schöpfungswerke in ihnen (vgl. Ex 20,11; Ps 146,6; Apg 14,15; 17,24). Indem die Gemeinde den Schöpfer auf diese Weise anbetet (vgl. 2Kön 19,15; Jes 37,6; Neh 9,6), bringt sie zum Ausdruck, dass sie sich an den wendet, dem alle Wirklichkeit untersteht – und von dem sie nun einen erneuten Erweis seiner schöpferischen Macht erbittet.

25–26 Da dieser Erweis auf das Weitergehen der freimütigen Verkündigung des Wortes Gottes zielt (V. 29f), spricht der zweite Teil der preisenden Anrede Gottes die Ausrichtung seines Wortes an – und zwar so, dass sie zeigt, wie sich in der gegenwärtigen Situation Gottes Reden aus früherer Zeit erfüllt (vgl. V. 28). Im Blick sind die Worte Davids in Psalm 2,1f, die wiederum als geistgewirktes Reden Gottes *durch den Mund* des Verfassers der Psalmen eingeführt werden (vgl. zu 1,16; 2,25.30). Dabei wird die Position und Funktion Davids in zweifacher Weise präzisiert: Er ist nicht nur einer der *Väter* Israels (vgl. 2,29; Mk 11,10), sondern auch ein *Knecht* Gottes, durch den der Allmächtige sein Heilswerk in besonderer Weise voranbringt (vgl. Lk 1,69). Als einer, der das göttliche Verheißungswort im Blick auf das Jesus-Geschehen und dessen Auswirkungen immer wieder ausgerichtet hat, wird David mit der Bezeichnung *Knecht* in die Nähe Jesu gerückt (vgl. V. 27.30; 3,13.26; 10,38; Lk 4,18). Zugleich wird er aber deutlich von ihm unterschieden; so ist in V. 27.30 von Jesus, im Unterschied zu David, als dem *heiligen Knecht* Gottes die Rede. Der Anfang des Psalmzitats bezieht sich auf das gemeinsame Vorgehen von *Herodes* Antipas und *Pontius Pilatus* mit den Völkerschaften Israels gegen Jesus bei dessen Kreuzigung (vgl. V. 27; Lk 23,1–25). Mit den Worten des Psalms wird dies als *Toben* der *Heiden* (repräsentiert durch Herodes und Pilatus) und *Sinnen* auf *Nichtiges* der *Völker* (= Juden; vgl. V. 27; 2,5.8–11.14) bezeichnet. Es geht also um ein Aufbegehren der Heiden gegen den *Herrscher* des Universums (vgl. V. 24) und das Zunichtemachen seines Heilserweises in Jesus durch sein eigenes Volk. Dies wird mit den Worten des Psalms noch weiter ausgeführt (V. 26): Die *Könige der Erde,* vertreten durch Herodes (vgl. Mk 6,14), und *die Fürsten,* vertreten durch Pilatus und die Mitglieder des Hohen Rats (vgl. V. 5.8: das dort mit *Führer* wiedergegebene Wort ist im griechischen Text dasselbe wie das hier mit *Fürsten* übersetzte), traten gemeinsam auf, um sich gegen Gott (*den Herrn*) und *seinen Gesalbten* (Jesus; vgl. V. 27; 10,38; Lk 4,18) zu erheben.

27–28 Nun wird das Psalmzitat in der bereits angesprochenen Weise auf die Gegenwart und jüngste Vergangenheit bezogen. Dabei nimmt die Gemeinde für sich in Anspruch, den wahren Sinn und die Bedeutung des prophetischen Wortes Davids erfasst zu haben: Es geht *in Wahrheit* um das Eintreffen eines Geschehens, das dem göttlichen Heilsratschluss entspricht und in der Passion Jesu seinen Kulminationspunkt erreicht hat. Das Psalmwort wird also als diesbezügliche Weissagung verstanden (vgl. 2,24–31; 3,18). Sie hat sich im Zentrum des Gottesvolks (*in dieser Stadt;* vgl. zu V. 5) erfüllt, indem Herodes und Pilatus zusammen *mit den Heiden und den Völkern Israels* (vgl. zu V. 25f) Jesus ans Kreuz gebracht haben. Dabei wird Jesus in doppelter Weise an

Gott und sein Heilswerk gebunden: einmal durch die Bezeichnung *dein heiliger Knecht,* die seine unmittelbare Zugehörigkeit zu Gott und einzigartige Funktion als Diener Gottes zum Ausdruck bringt (vgl. V. 25; 3,13.26) – und zum anderen durch den Zusatz *den du gesalbt hast,* der seine göttliche Beauftragung und Befähigung zum Vollzug des endzeitlichen Heilswerks artikuliert (vgl. Lk 4,18; Apg 10,38). Die Tötung Jesu und *alles* mit ihr zusammenhängende *Tun* der Beteiligten wird erneut als heilsgeschichtliches Erfüllungsgeschehen interpretiert (vgl. zu 1,16.20; 2,23; 3,18). Obwohl es vordergründig gegen Gott und sein Handeln in Jesus gerichtet war (vgl. V. 26), *sollte* es nicht nur so *geschehen,* sondern musste es darüber hinaus auch dem Zustandekommen des Heils dienen (vgl. Lk 24,44–47; Apg 2,22–36; 3,13–26; 4,10–12), weil es durch die *Hand* (vgl. Lk 1,66; Apg 11,21) und den *Ratschluss* Gottes (vgl. Apg 2,23; 20,27) so *vorherbestimmt* war (vgl. Lk 22,22; Apg 10,42; 17,31). Beides miteinander meint wohl die tatkräftige Umsetzung des von Gott in weiser Voraussicht und souveräner Willensfreiheit gefassten Heilsbeschlusses.

29 Im Anschluss an diese heilsgeschichtliche Deutung der Situation folgt nun die eigentliche Gebetsbitte, eingeleitet mit der biblischen Wendung *und nun, Herr* (vgl. 1Sam 25,26; 2Kön 19,19; 1Chr 17,23.26; Jes 64,7; Jer 44,20). Die Bitte beginnt mit der Aufforderung Gottes, *sein Augenmerk auf die Drohungen* des Hohen Rates *zu richten* (so wörtlich). Dieser Sprung in die Gegenwart – es war zuvor nur von der Gegnerschaft der Mächtigen gegen Jesus bei dessen Passion die Rede – setzt voraus, dass der Widerstand der Ratsherren gegen die Apostel (vgl. V. 17.21) die Fortsetzung und gegenwärtige Erscheinungsform des eigentlich gegen Gott und sein Handeln in Jesus gerichteten Aufbegehrens ist (vgl. V. 2.7.17f; vgl. auch 9,1–4). Angesichts dessen kann es nur eine Konsequenz geben. Sie ist der Inhalt des zweiten Teils der Bitte: Gott möge *seinen Knechten* (d.h. hier: der ganzen Gemeinde; vgl. V. 31) die Fähigkeit verleihen, *sein Wort mit allem Freimut zu reden* (vgl. 2,29; 28,31). Die Christen bitten damit Gott um etwas, was sie in sich selbst nicht haben, sondern ihnen nur *gegeben* werden kann: die *Frei*heit und den *Mut* (= Freimut), genau das zu tun, worauf es in der gegenwärtigen Situation ankommt: sein Wort zu verkündigen. Hier zeigt sich erneut eine charakteristische Besonderheit der Theologie des Lukas. Das *Wort Gottes* ist für ihn die entscheidende Größe, durch die das göttliche Heil unter den Menschen wirksam wird (vgl. V. 31; Lk 3,2; 5,1; 8,11.21; 11,28; Apg 6,2.7; 8,14; 11,1; 12,24; 13,5.7.44.46; 17,13; 18,11 u.ö.). Alle Verkündigung und alles Zeugnis der Apostel von Jesus ist darum diesem Oberbegriff untergeordnet. Es geht

Lukas dezidiert darum, dass die Menschen diese Botschaft hören und sie als rettendes, zum ewigen Leben führendes göttliches *Reden* annehmen, auch wenn es *durch den Mund* (V. 25) von Menschen ergeht (vgl. 2,40f; 3,19f und 4,4; 10,22.33.44ff; 13,44.46).

30 Die Bitte um freimütige Wortverkündigung wird noch präzisiert durch das Erbitten von begleitenden Wundern. Dabei sind primär *Heilungen* im Blick, die Gott durch das *Ausstrecken* seiner *Hand* bewirken möge – ein Bild für seine in der Geschichte wirksame Macht (vgl. Ex 3,20; Ps 138,7; Spr 1,24; Jer 15,6; Ez 6,14 u.ö.; vgl. auch V. 28; Lk 1,66; Apg 11,21). Die Gemeinde bittet also um das Weitergehen dessen, was sich gerade ereignet hat: wunderbare Heilung und daran anknüpfende vollmächtige Wortverkündigung (3,1 – 4,22). Es geht ihr somit um die ganze Wirklichkeit des göttlichen Heils, die auch den leiblichen Bereich mit umfasst (vgl. 3,16). Die erbetenen Wunderheilungen sollen freilich nicht um ihrer selbst willen geschehen, sondern als wunderbare *Zeichen* (vgl. 2,43; 5,12; 6,8; 8,13; 14,3; 15,12) auf den hinweisen, um den es letztlich geht: Gottes *heiligen Knecht Jesus* (vgl. zu V. 27), *durch* dessen *Namen* den Menschen allein Heilung und Rettung zuteil werden (vgl. 3,6.16; 4,12). Das Gebet der Gemeinde ist also ganz auf die weitere evangelistisch-missionarische Wirksamkeit Gottes durch sie als seine *Knechte* ausgerichtet. Was durch die Apostel, insbesondere durch Petrus, an »vorderster Front« geschieht (und von Lukas exemplarisch dargestellt wird), ist demnach das Anliegen der ganzen Gemeinde. Sie ist bei seiner Umsetzung von dem Bewusstsein der völligen Abhängigkeit von Gott und seiner Wirksamkeit getragen und bringt dies in einmütigem Beten zu Gott zum Ausdruck.

31 Die Erhörung des Gebets folgt auf den Fuß: Ein *Zeichen und Wunder* tritt ein – in Gestalt eines lokalen Erdbebens (wörtlich: *der Ort, an dem sie versammelt waren, wurde erschüttert*). In Analogie zu alttestamentlichen Theophanieschilderungen, bei denen das Erscheinen Gottes (= Theophanie) von Erdbeben begleitet sein kann (vgl. Ex 19,18; Ri 5,4f; 1Kön 19,11f; Ps 68,8f), handelt es sich hier um ein äußerlich wahrnehmbares *Zeichen* der Macht Gottes, von der die Gemeinde nun ergriffen wird. Es bestätigt ihr, dass sie mit ihrem Bitten »auf der richtigen Linie« liegt. So tritt auch sogleich das ein, worum sie letztlich und eigentlich gebeten hat: das *Wort* Gottes *mit allem Freimut zu reden* (so V. 29). Indem Lukas mit nahezu identischem Wortlaut von der Erfüllung dieser Bitte spricht (sie *redeten das Wort Gottes mit Freimut*), deutet er an: Das ist das eigentliche Wunder! Und es geht weiter (die hier im Griechischen gewählte Zeitform des Imperfekts fasst den Abschluss nicht ins Auge). Dieses Wunder ist äußerlich nicht wahrnehmbar, sondern es spielt sich im Inneren der Menschen ab: Sie werden *alle mit dem Heiligen Geist erfüllt* – und so zu freimütiger Verkündigung bevollmächtigt. Es ereignet sich hier eine Art zweites Pfingsten (vgl. 2,4). Das Erfülltwerden mit dem Geist Gottes ist demnach nicht etwas, was ein für alle Mal geschieht und als bleibender Besitz mitgeteilt wird, sondern die Glaubenden sind darauf angewiesen, dass Gott dies immer wieder neu zu einer heilvollen Wirklichkeit werden lässt (vgl. 4,8; 9,17; 13,9). Die einzig angemessene Weise, in der der Mensch zu diesem Geschehen »beitragen« kann, ist nach Lukas das Gebet: die Zuwendung zu dem, der den Geist gibt (vgl. 2,33; Lk 11,13). So werden diejenigen, die *die Gabe des Heiligen Geistes* bereits *empfangen* haben (2,38), aufs neue mit dem vollmächtigen Wirken dieser Gabe *erfüllt* – und so zu unerschrockener Wortverkündigung gegen allen äußeren Widerstand befähigt.

Der große Trost der Gemeinde in der Bedrängnis-Situation ist von doppelter Natur. Zum einen können die Glaubenden sich an den wenden, der größer ist als alle Kräfte und Mächte, die sich gegen sie stellen: den Schöpfer der Welt, der als solcher der *Herrscher* über alle(s) ist (V. 24f). Zum anderen dürfen sie in allem, was geschieht – und damit auch im Widerstand, der ihnen entgegenschlägt – Gott »im Regiment« wissen (V. 25–28). Das schärft der Gemeinde den Blick für das, worum es in alledem eigentlich geht: nicht um sie selbst und um ihr Wohlergehen – darum bittet die Gemeinde mit keiner Silbe –, sondern um das Geschehen dessen, was dem Heils*ratschluss* Gottes entspricht. So kommt sie zu der Erkenntnis, dass es *in Wahrheit* um Jesus, den *heiligen Knecht* geht, durch den Gott sein Werk verrichtet. Dann aber kann der jüdische Widerstand dieses Werk nicht verhindern, ja nicht einmal behindern, sondern es muss dieses alles geschehen, um das Zeugnis von Jesus voranzubringen. Darauf zielt denn auch die Bitte der Gemeinde: das Weitergehen der vollmächtigen Verkündigung des Wortes Gottes (V. 30). Als Endergebnis steht das völlige Gegenteil dessen da, was die jüdische Führung mit ihrer Intervention erreichen wollte: Statt die Apostel zum Schweigen zu bringen (vgl. 4,17f), sind es nunmehr *alle* Christen, die *das Wort Gottes mit Freimut reden* (V. 31). Man wird aus diesem Vorgang freilich keine »Ansprüche« im Blick auf das Jesuszeugnis in der Gegenwart ableiten dürfen. Lukas will zeigen: Es hat Gott gefallen, in der Anfangszeit die Verkündigung seines Wortes auf diese »wunderbare«, seine Macht nachdrücklich manifestierende Weise voranzubringen und keine Rückschläge zuzulassen. Andererseits ermutigt dieses Beispiel, Jesus stets unerschrocken zu bezeugen, auch gegen allen Widerstand, der damit verbunden sein kann – im Vertrauen auf

Gottes »wunderbares« Wirken, das sich freilich auch anders: in menschlicher Schwachheit und nicht selten im Leiden, als real erweisen kann.

4,32–37
Das Gemeinschaftsleben der Gemeinde

[32]Die Menge derer, die zum Glauben gekommen waren, war ein Herz und eine Seele; und kein einziger sagte von dem, was ihm gehörte, es sei sein Eigentum, sondern sie hatten alles gemeinsam.
[33]Und mit großer Kraft legten die Apostel das Zeugnis von der Auferstehung des Herrn Jesus ab, und große Gnade war auf ihnen allen.
[34]Und keiner unter ihnen litt Not. Denn alle, die Besitzer von Grundstücken oder Häusern waren, verkauften sie und brachten
den Erlös des Verkauften [35]und legten ihn zu den Füßen der Apostel
nieder; es wurde aber jedem zugeteilt, wie er es nötig hatte. [36]Joseph
aber, der von den Aposteln Barnabas genannt wurde – das heißt übersetzt: Sohn des Trostes –, ein Levit, ein Zyprer von Herkunft,
[37]besaß einen Acker, verkaufte ihn, brachte das Geld und legte es zu den Füßen der Apostel nieder.

Auf die Momentaufnahme des geistlichen Lebens der Gemeinde (V. 23–31) lässt Lukas einen Überblick über ihr Gemeinschaftsleben folgen. Diese zweite summarische Darstellung des Gemeindelebens unterscheidet sich von der ersten (2,42–47; eine dritte folgt in 5,12–16) darin, dass sie das Hauptaugenmerk auf die sogenannte Gütergemeinschaft legt. Lukas beschreibt sie in einem ersten Teil als soziale Wirklichkeit der Gemeinde, die auf einer veränderten geistig-geistlichen Grundlage beruht (V. 32–35). Sodann verdeutlicht er das neue Sozialverhalten an einem exemplarischen Beispiel (V. 36f).

32 Die Gütergemeinschaft der ersten Christen, die in 2,44f nur kurz angeklungen war, wird nun näher entfaltet. Zunächst benennt Lukas die innere Voraussetzung dieser höchst außergewöhnlichen Realität: Alle, die durch das apostolische Zeugnis *zum Glauben gekommen waren,* präsentierten sich als *ein Herz und eine Seele.* Herz und Seele bezeichnen in biblischer Sprache das auf Gott ausgerichtete Innere des Menschen, das seine Lebensführung bestimmt (vgl. Dtn 6,5; 10,12; 11,13 u.ö.; Mk 12,30.33 par). Lukas will mit der Wendung sagen: Alle Gläubigen der ersten Gemeinde waren im Innersten ihres Wesens so auf Jesus und sein Heil ausgerichtet und davon geprägt, dass dies nicht ohne

Auswirkungen auf ihr gemeinsames Leben bleiben konnte (vgl. die Rede von ihrem *einmütigen* Beten in V. 24). Die gravierendste Änderung in ihrem Sozialverhalten besteht dabei in der Überwindung der Grenzen, die gewöhnlich mit dem privaten Eigentum zwischen Menschen gesetzt sind oder aufgerichtet werden. Nach Lukas hat *kein einziger* (wörtlich: *auch nicht einer*) in der Gemeinde seinen Besitz als sein exklusives Privateigentum angesehen, sondern ihn für das Wohl aller zur Verfügung gestellt, sodass sie *alles gemeinsam hatten*. Die von Lukas in diesem Zusammenhang gewählten Formulierungen lassen erkennen, dass er hier das griechische Ideal der Gütergemeinschaft aufgreift – so ist etwa die Wendung *alles gemeinsam haben* seit Plato geläufig – und dessen Realisierung im Leben der ersten christlichen Gemeinde anzeigt, allerdings vor einem völlig anderen geistigen Hintergrund.

33 Bevor Lukas die Gütergemeinschaft näher beschreibt, führt er diesen Hintergrund vor Augen. So wie die Gemeinde durch das Zeugnis der Apostel von der *Auferstehung Jesu* entstanden war (vgl. 2,22–36) und zu beachtlicher Größe angewachsen ist (vgl. 3,13–26; 4,2.4), so ist dieses Zeugnis auch weiterhin ihr tragender Grund. Indem *die Apostel* es *mit großer Kraft ablegen*, geht die Realisierung der Verheißung des Auferstandenen (1,8) weiter und bleiben die Apostel ihrem Kernauftrag treu (vgl. 1,21f). Der großen Kraft ihres Zeugnisses entspricht die *große Gnade*, die Gott in diesem ganzen Geschehen erweist. Sie ruht bleibend *auf allen*, die zur Gemeinde gehören (vgl. Lk 2,40 im Blick auf Jesus). Ihre Größe zeigt sich vor allem darin, dass die Glaubenden durch die Kraft des Jesuszeugnisses im tiefsten Inneren ihres Wesens verändert werden (vgl. V 32). So ist die Gütergemeinschaft Frucht und Folge der in Jesus erfolgten endzeitlichen Gnadenzuwendung Gottes und damit ein Teil dieser selbst.

34–35 Diese Gnade wird von Lukas nun in ihrer sozialen Dimension näher beschrieben. Dabei ist die Wendung *keiner unter ihnen litt Not* (wörtlich: *auch nicht einer unter ihnen war bedürftig* bzw. *arm*) nicht nur die Konstatierung eines (höchst erfreulichen) Sachverhalts, sondern bewusste Aufnahme von Dtn 15,4, wonach es im Gottesvolk keine armen oder notleidenden Menschen geben soll. Nach Lukas ist dieses Ideal in der christlichen Gemeinde als dem endzeitlichen Gottesvolk erfüllt. Konkret geschah dies so, dass alle Eigentümer von Immobilien (Gebäude und/oder Grundstücke) diese verkauften und den Erlös der Gemeinde zur Verfügung stellten. Damit realisieren sie zugleich den Auftrag Jesu von Lk 12,33 und 18,22. Man darf sich das nicht so vorstellen, dass mit einem Mal aller Immobilienbesitz veräußert wurde – nach 5,42 dienen Häuser von Gemeindegliedern nach wie vor als Versammlungsorte. Der Verkauf erfolgte nach und nach (wie es auch der vorherrschenden Zeitform des Imperfekt entspricht). Indem die Betreffenden den Erlös *zu den Füßen der Apostel niederlegen,* bekunden sie mit dieser Geste der Unterordnung die Übertragung der Verfügungsrechte an die Leiter der Gemeinde (vgl. 5,2–4; vgl. auch Lk 20,43 par; Apg 2,35). Diese verwalteten offenbar das Vermögen und sorgten dafür, dass jeder Bedürftige so viel Geld bekam, wie er/sie zum Leben brauchte (vgl. 2,45). Auch wenn sich das auf Dauer nicht durchhalten ließ (vgl. 11,28–30; 24,17; Röm 15,26; Gal 2,10), ist es durchaus glaubwürdig, was Lukas hier beschreibt: Die Teilhabe am endzeitlichen Heil Gottes bewegt die Glaubenden zu einem völlig neuen Verhalten, das bisherige Grenzen sprengt und das Heil im Sorgen für alle zu einer umfassenden sozialen Realität werden lässt.

36–37 Das bisher generell Dargestellte wird von Lukas an einem kurzen Beispiel veranschaulicht – nicht nur, um das Allgemeine konkret werden zu lassen, sondern auch, um einen positiven Kontrast zur gleich folgenden Begebenheit des Betrugs durch Hananias und Saphira (5,1–11) zu setzen. Dabei werden der Name und die Identität der nun exemplarisch handelnden Person auffallend detailliert eingeführt. Das überrascht freilich nicht, wenn man bedenkt, dass jener *Barnabas* im weiteren Verlauf der Apostelgeschichte eine herausragende Rolle spielt: als Delegat der Gemeinden von Jerusalem und Antiochien sowie (zeitweiliger) Mitarbeiter des Saulus beziehungsweise Paulus (vgl. 9,27; 11,22. 30; 12,25; Kap. 13–15; 1Kor 9,6; vgl. auch Gal 2,1.9.13; Kol 4, 10). Sein eigentlicher Name *Joseph* wird nur hier genannt, ebenso seine Zugehörigkeit zum Stamm *Levi* und die Herkunft aus *Zypern.* Wesentlich größeres Gewicht legt Lukas auf den ihm von den Aposteln beigelegten aramäischen Namen *Barnabas,* den er mit *Sohn des Trostes* übersetzt. Barnabas ist – so will Lukas wohl andeuten – von ihnen offenbar als Vermittler von Trost und Zuspruch (so das zugrundeliegende griechische Wort *paraklesis*) geschätzt worden. Die wirkliche Bedeutung dieses Namens ist jedoch nicht eindeutig zu klären. *Sohn des Trostes* ist jedenfalls nur der Anklang an einen möglichen Sinngehalt neben anderen. Wenn Barnabas als Diasporajude in Jerusalem *einen Acker besitzt,* ist das nichts ungewöhnliches (vgl. zu 2,5) – ganz im Gegensatz zu der Art und Weise, wie er mit ihm umgeht: Er *verkauft* ihn und bringt den Erlös in die Gemeinde ein, indem er die Geldsumme *den Aposteln zu Füßen legt.* Was nach gängigen Maßstäben ein absolut außergewöhnlicher Vorgang ist, erweist sich im Kontext der ersten Gemeinde als Handeln, das das Normale – nämlich das durch die Gnade Gottes völlig veränderte Sozialverhalten – exemplarisch repräsentiert.

Die Wirklichkeit, die dem zugrunde liegt, was Lukas in seinem zweiten Sammelbericht über das Leben der Urgemeinde schreibt, fasst er in die knappen Worte: *große Gnade war auf ihnen allen* (V. 33b). Das gilt zum einen für die Apostel, die nach wie vor *das Zeugnis von der Auferstehung Jesu mit großer Kraft ablegen* (V. 33a). Und es gilt zum anderen – und hierauf legt Lukas das Hauptgewicht – für das, was aus diesem Zeugnis bisher geworden ist: eine große Zahl von Menschen, die *zum Glauben gekommen* sind und auf diese Weise zu einer neuen Gemeinschaft zusammengefügt worden sind, in der alle an einem Strang ziehen und sich einer für den anderen einsetzt, sodass *keiner unter ihnen Not leidet* (V. 32.34). Wo das Evangelium von Jesus Christus Fuß fasst, bedeutet das nicht unbedingt, dass es den betreffenden Menschen auch äußerlich gut geht – auch für die Urgemeinde sind später in dieser Hinsicht andere Zeiten angebrochen (vgl. 11, 28–30; Gal 1,10). Aber es wirkt sich dahingehend aus, dass einer für den anderen einsteht und man mit einander teilt, was man hat. So gilt es, nicht die Gütergemeinschaft der ersten Christen als solche nachzuahmen, wohl aber sich anhand ihres Beispiels durch die Gnade Gottes zu einem bereitwilligen (Mit-)Teilen ermutigen zu lassen. Das schließt auch – wie Lukas in V. 36 andeutet – Trost und Zuspruch ein.

5,1–11
Der Betrug von Hananias und Saphira und seine Folgen

1Ein Mann mit Namen Hananias verkaufte zusammen mit seiner
Frau Saphira ein Grundstück 2und behielt etwas von dem Erlös zu-
rück, wovon auch seine Frau wusste, und er brachte einen Teil und
legte ihn zu den Füßen der Apostel nieder. 3Petrus aber sagte: »Ha-
nanias, warum hat der Satan dein Herz erfüllt, sodass du den Hei-
ligen Geist belogen und etwas von dem Erlös des Grundstücks zu-
rückbehalten hast? 4Blieb es nicht dein (Eigentum), wenn es (unver-
kauft) blieb, und befand es sich nicht, nachdem es verkauft war, in
deiner Verfügung? Warum hast du dir diese Tat in deinem Herzen
vorgenommen? Nicht Menschen hast du belogen, sondern Gott!«
5Als Hananias diese Worte hörte, fiel er hin und starb. Und große
Furcht kam über alle, die es hörten. 6Die jungen Männer aber stan-
den auf, hüllten ihn ein, trugen ihn hinaus und begruben ihn.

7Nachdem etwa drei Stunden vergangen waren, kam auch seine
Frau herein – nichts ahnend von dem, was geschehen war. 8Da re-

dete Petrus sie an: »Sage mir: Habt ihr das Grundstück für so viel verkauft?« Sie sagte: »Ja, für so viel.« [9]Petrus aber sprach zu ihr: »Warum seid ihr übereingekommen, den Geist des Herrn zu versuchen? Siehe, die Füße derer, die deinen Mann begraben haben, sind vor der Tür und werden auch dich hinaustragen.« [10]Und sofort fiel sie zu seinen Füßen nieder und starb. Als aber die jungen Männer hereinkamen, fanden sie sie tot vor, und sie trugen sie hinaus und begruben sie bei ihrem Mann. [11]Und große Furcht kam über die ganze Gemeinde und über alle, die dies hörten.

Nachdem Lukas das neue Miteinander der Gemeinde, insbesondere im Blick auf die Gütergemeinschaft, skizziert und es an einem Beispiel konkretisiert hat (4,32–37), schildert er nun in drastischer Ausführlichkeit einen gegenteiligen Vorgang. Doch die Erzählung dient letztlich demselben Zweck: das neue Miteinander zu würdigen – und zwar als eine von Gott gewollte und gegebene Ordnung, die keine groben Übertretungen duldet. So hat sie einen geradezu warnenden Charakter angesichts der Straf- und Gerichtsmacht Gottes, von deren »Zuschlagen« sie unverblümt berichtet. Die Drastik des Vorgangs wird durch die Parallelität seiner Abläufe bis hin zum bitteren Ende noch gesteigert. Es handelt sich um zwei analog strukturierte Szenen (V. 3–6/8–11) im Anschluss an eine kurze Darlegung des jeweils zugrundeliegenden beziehungsweise vorausgegangenen Geschehens (V. 1f/7). In beiden Szenen steht ein Gerichtswort des Petrus (V. 3f/8f) sowie dessen unmittelbare Auswirkung in Gestalt von Tod und Begräbnis der Betroffenen (V. 5a–6/10) im Mittelpunkt. Die Darstellung zielt jeweils auf das ehrfürchtige Erschrecken des »Publikums« (V. 5b/11). Die Überlieferung dürfte ursprünglich in Jerusalem beheimatet gewesen sein. Von den sonstigen Petrus-Geschichten unterscheidet sie sich dadurch, dass nicht der Apostel selbst, sondern die Gemeinde und ihr Leben im Mittelpunkt des Interesses steht.

1–2 Lukas liefert zunächst die nötigen Grundinformationen. Ein nicht näher bezeichneter, nur namentlich genannter zur Gemeinde gehöriger *Mann verkauft ein Grundstück*, um einen Teil des Erlöses dem von Lukas zuvor beschriebenen Versorgungswesen zur Verfügung zu stellen (vgl. 4,34f.37). *Hananias* ist dabei der eigentlich Handelnde, aber seine Ehefrau *Saphira* ist am Verkauf mitbeteiligt, und sie weiß auch um die *Zurückbehaltung* eines Teiles des *Erlöses* durch ihren Mann (wörtlich: Hananias *schaffte etwas vom dem Kaufpreis für sich beiseite*). So trägt auch sie Mitverantwortung für den ganzen Vorgang (vgl. V. 8f), der als Betrug Gottes und des Heiligen Geistes gewertet wird (V. 3f.9) und schreckliche Folgen für die beiden mit sich bringt (vgl. V. 5.10). Ihr Vergehen besteht darin, dass sie lediglich einen Teil des Erlöses den Aposteln anvertrauen, dabei aber so tun, als handle es sich um den kompletten Betrag. Der Vorgang wird also offensichtlich als versuchte Täuschung interpretiert.

3 Als führender Apostel – und in dieser Funktion offenbar auch als Gemeindeleiter (vgl. 1,15ff) – stellt Petrus den Betrüger sofort zur Rede. Woher er sein Wissen um den Vorgang bezieht, wird nicht gesagt. Durch die folgenden Worte vom *Belügen des Heiligen Geistes* deutet Lukas aber an, dass Petrus diese prophetische Erkenntnis dem offenbarenden Wirken des Geistes Gottes verdankt (vgl. 11,27f; 21,10f; 2,17f; 28,25). Doch es wirkt nicht nur Gott durch seinen Geist auf den Menschen ein, sondern auch dessen Widersacher (so die eigentliche Bedeutung von *Satan*; vgl. Lk 10,18f, wo Jesus ihn als *den Feind* bezeichnet). Sein Bestreben ist es, das heilvolle Werk Gottes zu zerstören (vgl. Lk 22,3f.31f; Apg 26,18) und dem Menschen überhaupt zu schaden (vgl. Lk 13,16). Er wird von Petrus als der eigentliche Urheber des schuldhaften Handelns des Hananias herausgestellt: Es ist ihm gelungen, dessen *Herz* zu *erfüllen*. Das Herz spielt in der lukanischen Anthropologie eine herausragende Rolle, denn es bezeichnet das Innerste des Menschen, durch welches er in seinem Denken, Wollen und Tun bestimmt wird. Es kann positiv (vgl. Lk 6,45; 8,15) oder negativ (vgl. Lk 24,25.37f) gefüllt sein und ist das »Organ«, das den Menschen im tiefsten seines Wesens empfänglich macht für Gott und sein Heil (vgl. Lk 8,12; Apg 2,37f; 11,23; 15,8f; 16,14f), aber eben auch für die Bestrebungen des Widersachers beziehungsweise die Macht des Bösen (vgl. Lk 8,12; 22,3; Apg 7,54.58; 8,21f; vgl. auch Joh 13,2.27). Je nach dem, wovon das Herz *erfüllt* ist, gestaltet sich das menschliche Handeln und Verhalten. Gleichwohl ist der Mensch nie nur bloßes Objekt der äußeren Einwirkung, sondern selbst auch aktiv an ihr beteiligt (vgl. V. 4). Wahrscheinlich ist es das undurchdringliche Geheimnis von Selbst- und Fremdbestimmung, das Petrus seine Intervention mit der nicht zu beantwortenden Frage nach dem *Warum* des Handelns des Hananias eröffnen lässt. Der Apostel deutet es als Belügen des Heiligen Geistes. Eine *Lüge* ist es insofern, als Hananias ganz bewusst die gängige Praxis, nämlich die »Spende« des *gesamten* Erlöses (vgl. 4,34–37), vortäuscht. Gegen den *Heiligen Geist* ist sie gerichtet, weil sie dessen heilvolles Wirken durch die Apostel und in der Gemeinde torpediert (vgl. 1,8; 2,4.33.38; 4,8.31; 9,31).

4 Mit zwei rhetorischen Fragen expliziert Petrus die verwerfliche Tat. Da beide Fragen nur mit »ja« beantwortet werden können, bringen sie offenkundige Sachverhalte zum Ausdruck: Erstens hätte Hananias das Grundstück gar nicht verkaufen müssen – es hätte sein Eigentum bleiben können (Lukas formuliert hier verkürzend, da die Worte *Eigentum* und *unverkauft* ergänzt werden müssen). Und zweitens war Hananias auch nach dem Verkauf frei im Umgang mit dem Erlös, der völlig zu seiner Verfügung stand. Er hätte alles für sich behalten können. Sein Vergehen bestand folglich einzig im Erwecken des unzutreffenden Eindrucks, *alles* gegeben zu haben. Wiederum folgt die letztlich nicht zu beantwortende Frage nach dem *Warum* seines Handelns – dieses Mal mit der Betonung seiner eigenen Aktivität, die dem Innersten seines Wesens entsprang (*Warum hast **du** dir diese Tat **in deinem Herzen** vorgenommen?*). Die vorausgegangene Rede von der Erfüllung des Herzens durch Satan hat also nicht die Funktion, Hananias zu entschuldigen, sondern sie zeigt den dämonischen Untergrund an, aus dem menschliches Handeln und Verhalten erwachsen kann. Der Mensch ist immer auch der Macht des Bösen ausgesetzt, die ihn zu beherrschen sucht. Wo ihr das gelingt, ist es immer zugleich seine Verantwortung, dieses zugelassen oder gar gewollt zu haben. Deshalb ist die Tat des Hananias auch nicht gegen *Menschen* gerichtet, sondern gegen *Gott*, dem letztlich alle Angriffe des Widersachers und der in seinem Sinne agierenden Menschen gelten. Dabei weist die Parallelität von *Gott* und dem *Heiligen Geist* (vgl. V. 3) auf die jenseitige Dimension des Vorgangs hin: Das Wirken Gottes durch seinen Geist im menschlichen Herzen geschieht nie unangefochten, sondern ist immer (wieder) dem zerstörerischen Einfluss Satans beziehungsweise des Bösen ausgesetzt (vgl. Gal 5,16–25).

5–6 Hananias fällt auf der Stelle tot um (wörtlich: *er fiel um und hauchte das Leben aus*). Der Angeklagte erhält keine Gelegenheit zur Verteidigung oder zu einer Erklärung, auch nicht zur Einsicht in seine Schuld und der Bitte um Vergebung (ganz anders etwa 8,20–22). Das Urteil Gottes trifft ihn augenblicklich und vernichtend. So werden alle, die davon hören, von *großer Furcht* erfüllt. Es ist das ehrfürchtige Erschrecken vor der richterlichen Macht und Heiligkeit Gottes (vgl. Lk 2,9; 8,37; Apg 2,43). Das Ganze hat sich offenbar vor der Öffentlichkeit der Gemeinde abgespielt.

Von den Anwesenden erheben sich nun *junge Männer*, um den Toten aus der Versammlung zu schaffen und zu *begraben* (vgl. Lev 10,4f). Die Übersetzung des mit *einhüllen* wiedergegebenen Wortes ist unsicher. Es bedeutet eigentlich *zusammendrängen, verkleinern* (im vorliegenden Kontext etwa: *zusammenpacken*). In jedem Fall geht es um eine Tätigkeit, die den Transport der Leiche vorbereitet. Für *einhüllen* spricht Lk 23,53.

7–8 Etwa drei Stunden später betritt die ahnungslose Ehefrau des Verstorbenen den Versammlungsraum. Offenbar ist die Nachricht vom Tode ihres Mannes noch nicht zu ihr durchgedrungen. Vielleicht kommt sie, um zu sehen, was aus der Sache geworden ist. Für Lukas sind derartige Erwägungen aber unwichtig – er lässt Petrus gleich zur Sache kommen. Saphira soll ihm sagen, ob der von Hananias zur Verfügung gestellte Betrag, der offenbar noch unberührt an Ort und Stelle liegt (vgl. V. 2), mit dem Erlös des Grundstücks übereinstimmt (*Habt ihr das Grundstück* ***für so viel*** *verkauft?*). Mit ihrem ausdrücklichen: *Ja, für so viel* bestätigt sie – wiederum nichts ahnend – ihre Mitschuld an dem vorgefallenen Betrug, um deren Erweis es einzig und allein geht.

9 Wiederum stellt Petrus die rhetorische Frage nach dem *Warum* des sündigen Handelns. Es besteht im Blick auf beide Eheleute darin, dass sie *übereingekommen* sind (wörtlich: *im Einklang mit einander gestanden haben*), *den Geist des Herrn zu versuchen*. Saphira wird also aufgrund ihrer vorausgegangenen Lüge der Mitwisserschaft und Mittäterschaft bezichtigt. Mit *Geist des Herrn* ist in Anlehnung an biblische Sprache der Geist Gottes gemeint (vgl. Lk 4,18; Apg 8,39; vgl. auch die Parallelisierung von Heiligem Geist und Gott in V. 3f). Das *Versuchen* ist also letztlich ein Auf-die-Probe-Stellen Gottes selbst (vgl. V. 4), ob er das unlautere Handeln bemerken und bestrafen werde (vgl. 15,10; 1Kor 10,9; Hebr 3,8f; Ex 17,7; Num 14,22). Die Antwort folgt auf den Fuß durch den Hinweis auf die *Füße* der Männer, die Hananias *begraben haben*: Sie stehen *vor der Tür* und werden gleich auch seine Frau (tot) *hinaustragen*.

10 Die Parallelität des Geschehens nimmt so ihren verhängnisvollen Verlauf: Ebenso wie ihr Mann fällt Saphira auf der Stelle um und *stirbt* – wobei die Rede vom Hinfallen *zu seinen* (d.h. des Petrus) *Füßen* eine makabre Anspielung auf den Beginn der Geschichte enthält: Der den Aposteln gleichsam *zu Füßen gelegte* Betrug (V. 2) endet mit dem Tod, der auf eben diese Weise eintritt. Die *jungen Männer*, die offenbar gerade vom Begräbnis des Hananias zurückkommen, finden Saphira jedenfalls nur noch *tot* vor – und sorgen dafür, dass sie neben ihrem Gatten *begraben* wird. So vollzieht sich an beiden das Gericht Gottes in gleicher Weise: durch den unmittelbar eintretenden Tod und das sofortige *Hinaus*geschafft-Werden aus der Gemeinde. Wer so wie sie mit Gott und seinem Heil verfährt, hat nach dieser Geschichte sein Leben verwirkt und keinen Platz mehr in dem Raum, der einzig von Gott und seinem Geist bestimmt sein soll.

11 Der mit V. 5b zum großen Teil identische Abschluss (*und große Furcht kam ... über alle, die dies hörten*) bestätigt durch seine Erweiterung die ekklesiologische (= auf die Gemeinde bzw. Kirche bezogene) Zielrichtung der Erzählung. Mit dem Zusatz, dass die Furcht zuerst *über die ganze Gemeinde* kam, will Lukas wohl verdeutlichen: Die Gemeinde – das betreffende, später häufig verwendete griechische Wort *ekklesia* erscheint hier zum ersten Mal – ist der Lebensraum von geretteten Menschen (vgl. 2, 47), deren Handeln und Verhalten *in allem* dem ihnen widerfahrenen Heil entsprechen soll (vgl. 8,22; 19,18f). Die ihr zugehörigen Menschen sollen sich warnen lassen, den in der Gemeinde wirkenden Geist Gottes nicht ebenso zu versuchen, wie es Hananias und Saphira taten.

Die meisten Ausleger/innen stoßen sich an der Gnadenlosigkeit des Gottesgerichts, das hier ergeht. Das ist nicht nur vom menschlichen Empfinden her verständlich. Der Vorgang ist auch theologisch schwierig – fragt man sich doch, warum hier keine Möglichkeit zur Umkehr eingeräumt wird, wo sie doch in der Verkündigung des Petrus sonst so großzügig intendiert ist, und das angesichts einer offensichtlich viel größeren Schuld (der Tötung Jesu; vgl. 2,21.38.40; 3,19; 5,31f; 10,43). Wenn Jesus gestorben und auferstanden ist, damit den Menschen *in seinem Namen Umkehr zur Vergebung der Sünden verkündigt* werden kann – wie Lukas am Ende seines Evangeliums den »Ertrag« des Leidens und Sterbens Jesu ausdrücklich zusammenfasst (Lk 24,46f) –, warum geschieht dies dann nicht auch, und gerade, hier? Was ist mit der *großen Gnade*, von der es kurz zuvor hieß, sie sei *auf allen* Gemeindegliedern (4,33) – was mit dem erneuten *Erfülltwerden aller mit dem Heiligen Geist* (4,31), das nach der Darstellung des Lukas auch noch nicht lange zurückliegt? Hat die Gnade Gottes doch ein Verfallsdatum? Und stößt die Kraft des Heiligen Geistes (1,8) doch irgendwann an ihre Grenzen?

Andererseits: Die Kehrseite der Gnade ist in der biblischen Tradition immer das Gericht. Und hat Jesus selbst nicht auch nach Lukas für *eine* Art von Sünde die Unmöglichkeit der Vergebung behauptet – nämlich das *Lästern gegen den Heiligen Geist* (Lk 12,10; vgl. Mk 3,29; Mt 12,32)? Gilt das nicht auch vom *Belügen* und *Versuchen* des *Heiligen Geistes*, wie es hier geschehen ist (V. 3.9)?

Doch wie kann es dazu kommen, dass Menschen sich gegen die erneuernde und heiligende Kraft Gottes wenden, die ihr Leben von Grund auf verändert hat? Man könnte vermuten, dass genau dies bei Hananias und Saphira eben doch nicht geschehen ist und sie gleichsam nur Mitläufer sind, bei denen diese Erneuerung im Tiefsten ihres Wesens noch nicht stattgefunden hat. Doch bietet der Text zu derartigen Spekulationen keinerlei Anlass. Nach Lukas sind alle, die zur Gemeinde gehören, auf dem Weg von Umkehr und Glaube dorthin gekommen (2,41; 4,4; 5,14 u.ö.). Das gilt auch für Hananias und Saphira.

Oder soll man die Schuld auf den *Satan* schieben? Nach Lk 8,12 vermag der Teufel das Wort Gottes aus dem *Herzen* der Menschen zu rauben. Und nach Joh 8,44 ist er der »Vater der *Lüge*«. Sollte er in unserer Geschichte wieder einmal sein Unwesen getrieben haben? Immerhin berichtet sie von einem Schaden des *Herzens* und von *Lüge* (V. 3f). Doch wenn die davon betroffenen Menschen dem Widersacher ausgeliefert sind und das auch noch mit ihrem Leben bezahlen müssen – sind sie dann nicht seine Opfer, die die Ohnmacht oder der Unwille Gottes ihm überlassen haben? Was für ein Gott wäre das dann?

Oder ist es letztlich doch der Mensch selbst, der in seinem *Herzen* eben dem Satan Raum gibt – und nicht Gott und dem Heiligen Geist (V. 3f)? Aber auch dann kommen wir aus dem Problem nicht heraus. Denn dann ist der Mensch die entscheidende Instanz, und Gott würde nur noch abschließend besiegeln, was sich im Menschen schon längst unwiderruflich abgespielt hat. Wie verträgt sich das mit der Überzeugung, dass letztlich *Gott* es ist, der den Menschen *rettet* (2,47) und ihm die Befreiung *von der Macht Satans* verheißt (26,18)?

Fragen über Fragen. Eines will die vorliegende Erzählung sicherlich nicht: auf sie Antwort(en) geben. Denn dazu ist sie nicht geschrieben. Aber die Fragen stellen sich nun einmal angesichts dessen, wovon in ihr die Rede ist. Schlussendlich wird man sich mit Folgendem begnügen müssen: Jeder Versuch einer (theo)logischen Erklärung muss hier unbefriedigend bleiben. Am nächsten kommt man einer Lösung, wenn man fragt, was Lukas mit der Geschichte in ihrem Kontext wohl sagen will.

Und das scheint die Botschaft zu sein, dass es sich mit der Heiligkeit Gottes und seines Wirkens in seiner Gemeinde nicht verträgt, wenn die davon betroffenen Menschen in ihrem Innersten (= *Herz*) dem nicht entsprechen, sondern dem Gegenteil (bzw. dem Widersacher) Raum geben (vgl. das Gegenbild in 19,18f) – und dass ein solches Handeln und Verhalten dem Gericht Gottes anheimfällt (vgl. 1Kor 5,1–5). Die Erzählung will offensichtlich eine *große Furcht* wecken, wie Lukas gleich zweimal die Wirkung des Geschehens auf die Augen- und Ohrenzeugen des Geschehens umschreibt (V. 5.11). Wir Heutigen täten gut daran, das einmal an uns herankommen zu lassen – nicht im Sinne von Angst, wohl aber als ein ehrfürchtiges Ernstnehmen der Heiligkeit Gottes und seiner Gemeinde, mit der bestimmte Handlungs- und Verhaltensweisen nicht zu vereinbaren sind.

5,12–16
Das Wunderwirken der Apostel und seine Resonanz beim Volk

[12]Durch die Hände der Apostel geschahen viele Zeichen und Wunder unter dem Volk. Und sie waren alle einmütig beisammen in der Halle Salomos. [13]Von den übrigen aber wagte niemand, persönlichen Kontakt mit ihnen zu suchen, obwohl sie im Volk großes Ansehen hatten. [14]Aber (immer) mehr wurden (solche Menschen) hinzugefügt, die an den Herrn glaubten – eine große Anzahl von Männern und Frauen, [15]sodass man die Kranken sogar auf die Straßen hinaustrug und auf Betten und Bahren legte, damit, wenn Petrus käme, wenigstens sein Schatten auf (den) einen (oder anderen) von ihnen fiele. [16]Es kam aber auch die Menge aus den Städten rings um Jerusalem zusammen, und sie brachten Kranke und von unreinen Geistern Geplagte, die alle geheilt wurden.

Mit dem dritten Sammelbericht (nach 2,42–47; 4,32–37) lenkt Lukas nach dem warnenden Zwischenfall mit dem Betrug von Hananias und Saphira (V. 1–11) den Blick noch einmal auf das blühende Leben der Gemeinde im Ganzen. Diesmal steht das Wunderwirken der Apostel und seine Resonanz beim Volk im Zentrum. So besagt es gleich der erste Satz, der stark an eine entsprechende Notiz aus dem ersten Sammelbericht (2,43) anklingt und diese konkretisiert. So entsteht durch die drei Sammelberichte inmitten der einzelnen Episoden insgesamt der Eindruck einer großen Stabilität und wachstümlichen Kontinuität der ersten christlichen Gemeinde.

12 Im Unterschied zu der sehr allgemein gehaltenen Notiz von 2,43 spricht Lukas hier präzisierend davon, dass die zahlreichen *Zeichen und Wunder* ***durch die Hände der Apostel*** *geschehen* (vgl. 14,3). Möglicherweise will er damit das aktive »Zupacken« der Apostel in diesem Zusammenhang andeuten und sich so von der Volksfrömmigkeit abgrenzen, die sich Heilung von einem bloßen Überschattetwerden durch den Wundertäter erhofft (vgl. zu V. 15). In jedem Fall verfügen nach Lukas nicht die Apostel selbst über wunderwirkende Kräfte (vgl. 4,8.10), sondern Gott ist es, der sie entsprechend seiner Verheißung (vgl. 2,19) damit ausstattet. So ist Gott der eigentliche »Wundertäter«: Er setzt durch die Apostel sein endzeitliches heilendes Wirken fort, das er in Jesus unter seinem Volk begonnen hat (vgl. 2,22). Die Schilderung der im Einzelnen durch Petrus vollbrachten Zeichen und Wunder (vgl. 3,1–11; 5,1–11; 9,32–35.36–43) sind demnach lediglich Illustrationen dessen, was durch alle Apostel geschieht (vgl. auch 6,8).

Der Hinweis auf das *einmütige* Beieinandersein der ganzen Gemeinde soll deren innere, geistige Einheit unterstreichen (vgl. 1, 14; 2,46; 4,24). Die Rede von der *Halle Salomos* verweist auf den Tempel als zentralen Ort der dieser Einheit zugrunde liegenden Verkündigungs- und Lehrtätigkeit der Apostel (vgl. 3,11; 5, 20f.25.42), deren Vollzug ihr eigentlicher Auftrag ist (vgl. 2,42; 6,2).

13–14 Die *übrigen* sind wohl die nicht an Jesus glaubenden und demzufolge nicht zur Gemeinde gehörenden Menschen (vgl. Lk 8,10; Mk 4,11). Aus heiliger Scheu angesichts der wunderbaren Vorkommnisse (vgl. 5,5.11; 2,43) wagen sie es nicht, *persönlichen Kontakt* mit den Aposteln *zu suchen* (wörtlich: *sich ihnen eng anzuschließen*; vgl. 9,26; 10,28; 17,34). Das hat mit Feindschaft nichts zu tun, denn die Apostel – und mit ihnen die Gemeinde (vgl. 2,46f) – genießen *im Volk* generell ein *hohes Ansehen* (wörtlich: das Volk machte sie groß). Es scheint Lukas darum zu gehen, eine sympathisierend-distanzierte Haltung der Umgebung zu umschreiben. Wenn daraus bei *immer mehr* Menschen Nähe und Verbindlichkeit erwächst, so ist das dem Wirken Gottes zu verdanken, durch das sie zur Gemeinde *hinzugefügt werden* (vgl. 2,41.47; die Formulierung im Passiv weist auf Gott als den Handelnden hin, das im Griechischen gewählte Imperfekt auf ein dauerhaftes Geschehen). So ist es insgesamt eine *große Anzahl* von Menschen, die zum *Glauben* an Jesus (= *den Herrn*) kommen (vgl. 16,15.31; 18,8). Gegenüber 4,4, wo diesbezüglich nur von *Männern* die Rede war, stellt Lukas klar, dass *Frauen* in gleicher Weise in das Heilswirken Gottes hineingenommen sind und ebenso zahlreich zur Gemeinde hinzukommen.

15–16 Das Ansehen der Apostel im Volk aufgrund ihrer Wundertätigkeit (V. 12f) und vielleicht auch das der Gemeinde als einer rasant wachsenden Bewegung (V. 14; hieran schließt V. 15 mit *sodass* unmittelbar an) ist so groß, dass die Menschen Petrus als dem vollmächtigen Leiter der ganzen Bewegung offenbar unbegrenzte Heil- und Wunderkräfte zutrauen. So werden die Kranken *sogar auf die Straßen* gebracht (*auf Betten und Bahren* liegend), um gegebenenfalls *wenigstens* etwas von dem *Schatten* des großen Apostels abzubekommen – in der (unausgesprochenen) Hoffnung, auf diese Weise geheilt zu werden. Dahinter steht die in der Antike verbreitete Anschauung von sogenannten Gottesmännern, die dermaßen von übernatürlichen Kräften erfüllt sind, dass diese schon durch bloße Berührung übertragen werden (vgl. 19,12; Lk 8,44.46; Mk 5,28–30; 6,56). Hier ist dieser Glaube dahingehend gesteigert, dass bereits das Erhaschen des *Schattens* (als Abbild der betreffenden Person) die erhoffte Wirkung bringt. Lukas lässt offen, ob sich diese Erwartung erfüllte. Die abschließende Rede von der *Heilung aller* bezieht sich lediglich auf die zuvor herbeigebrachten Kranken *aus den Städten rings um Jerusalem*. Die Heilungs- und Wundertätigkeit der Apostel hat sich offenbar herumgesprochen, sodass erstmals auch die nähere Umgebung der heiligen Stadt in das Geschehen einbezogen wird. Die Unterscheidung von *Kranken* und *von unreinen Geistern Geplagten* geht auf das damalige Verständnis zurück, wonach manche Krankheiten unmittelbar mit dem lebensfeindlichen Wirken von Dämonen zusammenhängen (vgl. Lk 4,33–36; 6,18; 8,27–30; 9,42; Apg 8,7).

Mehr als bei den beiden anderen Sammelberichten wird hier das differenzierte Verhältnis der jüdischen Mitwelt zur Gemeinde deutlich. Einerseits wagen die Menschen es nicht, persönlichen Kontakt mit den Christen zu suchen. Das mag daran liegen, dass ihnen die Sache nicht ganz geheuer ist, sodass sie dazu tendieren, eine allzu große Nähe zu vermeiden. Andererseits strömen sie in Scharen hinzu, wenn es darum geht, von Krankheiten geheilt zu werden – bis hin zu Zügen, die an Aberglauben grenzen. Gott reagiert positiv auf beides. Von den herzugebrachten Kranken werden *alle geheilt*, und von den freundlich Distanzierten wird eine *große Anzahl* durch den *Glauben* an Jesus zur Heilsgemeinde *hinzugefügt*. So wird exemplarisch deutlich: Leib-Sorge und Seel-Sorge gehören zusammen und bilden die beiden Seiten des Auftrags der Kirche an der Mitwelt. Dabei darf sie dessen gewiss sein, dass Gott es ist, der ihr Handeln bei den Menschen zum Ziel führt.

5,17–42
Erneuter Konflikt mit der jüdischen Führung

17Es erhob sich aber der Hohepriester und sein ganzer Anhang, nämlich die Partei der Sadduzäer, und sie wurden mit Eifersucht erfüllt 18und legten Hand an die Apostel und setzten sie in öffentlichen Gewahrsam. 19Ein Engel des Herrn aber öffnete während der Nacht die Türen des Gefängnisses und führte sie hinaus und sprach: 20»Geht und stellt euch hin und redet im Tempel zu dem Volk alle Worte dieses Lebens!« 21So wie sie es gehört hatten, gingen sie früh am Morgen in den Tempel und lehrten. Währenddessen kam der Hohepriester mit seinem Anhang, und sie riefen den Hohen Rat und die ganze Ältestenschaft der Söhne Israel zusammen und sandten in das Gefängnis, um sie vorführen zu lassen. 22Als aber die Diener hinkamen, fanden sie sie nicht im Gefängnis. Da kehrten sie zurück

und berichteten: [23]»Wir fanden das Gefängnis mit aller Sorgfalt verschlossen und die Wächter an den Türen stehend; aber als wir es geöffnet hatten, fanden wir niemand darin.« [24]Als der Tempelhauptmann und die Hohenpriester diese Worte hörten, waren sie ihretwegen in großer Verlegenheit, was wohl daraus werden sollte. [25]Da kam einer und berichtete ihnen: »Siehe, die Männer, die ihr ins Gefängnis gesetzt habt, stehen im Tempel und lehren das Volk!« [26]Da ging der Hauptmann mit den Dienern hin und brachte sie herbei – nicht mit Gewalt, denn sie fürchteten das Volk, dass sie gesteinigt werden könnten.

[27]Sie führten sie aber herbei und stellten sie vor den Hohen Rat. Und der Hohepriester verhörte sie [28]und sagte: »Wir haben euch streng verboten, aufgrund dieses Namens zu lehren, und doch habt ihr Jerusalem mit eurer Lehre erfüllt und wollt das Blut dieses Menschen über uns bringen.« [29]Aber Petrus und die (anderen) Apostel antworteten und sprachen: »Man muss Gott mehr gehorchen als den Menschen. [30]Der Gott unserer Väter hat Jesus auferweckt, den ihr umgebracht habt, indem ihr ihn an das Kreuz hängtet. [31]Diesen hat Gott zum Führer und Retter zu seiner Rechten erhöht, um Israel Umkehr und Vergebung der Sünden zu gewähren. [32]Und wir sind Zeugen dieser Begebenheiten – und der Heilige Geist, den Gott denen gibt, die ihm gehorchen.«

[33]Als sie dies hörten, ging es ihnen durch und durch und sie überlegten, wie sie sie beseitigen könnten. [34]Da stand ein Pharisäer mit Namen Gamaliel in der Ratsversammlung auf, ein bei dem ganzen Volk angesehener Gesetzeslehrer, und befahl, die Menschen für kurze Zeit hinauszubringen. [35]Und er sagte zu ihnen: »Männer von Israel, seht euch bei diesen Menschen vor, was ihr tun wollt! [36]Denn vor einiger Zeit trat Theudas auf und behauptete, jemand (Besonderes) zu sein; ihm schloss sich eine Zahl von etwa vierhundert Männern an. Dieser wurde getötet, und alle, die ihm folgten, wurden zerstreut und sind zunichte geworden. [37]Danach trat Judas der Galiläer auf, zur Zeit der Volkszählung, und machte eine Menge (Leute) abtrünnig (und brachte sie) hinter sich. Auch er kam um, und alle, die ihm folgten, sind zerstreut worden. [38]Und nun sage ich euch: Nehmt Abstand von diesen Menschen und lasst sie (gewähren)! Denn wenn diese Absicht oder dieses Werk von Menschen herkommt, wird es zugrunde gehen. [39]Wenn es aber aus Gott ist, werdet ihr sie nicht zugrunde richten können – auf dass ihr nicht gar als Kämpfer gegen Gott dasteht.« Und sie hörten auf ihn.

[40]Und nachdem sie die Apostel herbeigerufen hatten, verprügelten sie sie und geboten ihnen, nicht (mehr) aufgrund des Namens Jesu zu reden; und sie ließen sie gehen. [41]Diese nun gingen aus dem Hohen Rat weg, voller Freude darüber, dass sie für würdig erachtet

worden waren, um des Namens willen verächtlich behandelt zu werden. [42]Und sie hörten nicht auf, jeden Tag im Tempel und in den einzelnen Häusern zu lehren und die gute Botschaft von Jesus als dem Christus zu verkündigen.

Nach dem Ruhepunkt des Sammelberichts (5,12–16) kommt erneut Bewegung in die Geschichte des Jesuszeugnisses. Das sich nunmehr abspielende Geschehen ähnelt in vielem dem Verhör des Petrus und Johannes vor dem Hohen Rat (4,1–22) – so die nächtliche Inhaftierung der Apostel (V. 18f; vgl. 4,1–3), ihre erneute Vorführung vor den Hohen Rat mit anschließender Kurzverkündigung (V. 27–32; vgl. 4,5–12), ihre abermals erfolgende Freilassung in Verbindung mit einem Redeverbot und dessen Missachtung (V. 40–42; vgl. 4,18–21). Doch handelt es sich bei der neuen Episode keinesfalls um eine bloße Variation der alten, sondern um ein eigenständiges Geschehen mit neuen Schwerpunkten. Deren erster ist die wunderbare Befreiung der Apostel aus dem Gefängnis, die die Darstellung in ihrem ersten Drittel bestimmt und ihr ein eigenes Gepräge verleiht (V. 17–26). Den zweiten Schwerpunkt bildet das Eingreifen Gamaliels (V. 34–39), dessen Rede sich aufgrund ihrer einzigartigen Bedeutung nicht nur für die Situation, sondern auch für die grundsätzliche Stellung der jüdischen Führung gegenüber den Christen zugleich als Mitte der Darstellung erweist. Somit lässt sich die Erzählung wie folgt gliedern: Inhaftierung und wunderbare Befreiung der Apostel (V. 17–21a) – Verlegenheit des Hohen Rates angesichts des Wunders (V. 21b–24) – erneute Festnahme und Vorführung der Apostel (V. 25–28) – Verkündigung des Petrus (V. 29–32) – Eingreifen und Rede Gamaliels (V. 33–39) – Freilassung der Apostel, ihre Freude und weitergehende Verkündigung (V. 40–42). Lukas dürfte wiederum auf Überlieferung(en) zurückgegriffen haben – in welchem Maße, lässt sich nicht mit Sicherheit eruieren.

17–18 Erneut regt sich der Widerstand der jüdischen Führung gegen die Apostel. Der Grund ist *Eifersucht* auf ihre unmittelbar zuvor erwähnten »Erfolge« und das hohe Ansehen beim Volk (5, 12–16; vgl. auch 13,45; 17,5). Die Initiative geht jetzt vom *Hohenpriester* selbst aus (nach 4,6 Hannas), der sich *erhebt*, um der aus seiner Sicht höchst bedenklichen Entwicklung einen Riegel vorzuschieben. Mit von der Partie ist *sein ganzer Anhang* (wörtlich: *alle, die mit ihm waren*), insbesondere die religiös-politische *Partei der Sadduzäer* (vgl. 4,1), die zusammen mit der hohenpriesterlichen Familie das Land regierte (soweit es die Römer zuließen). Im Gegensatz zum heilenden und befreienden Wirken der Hände der Apostel (vgl. 5,12) wollen die *an die Apostel angelegten Hände* (so wörtlich) der jüdischen Führung weiteres Heil verhindern: Man setzt offenbar alle Apostel – im Unterschied zu 4,3, wo nur Petrus und Johannes inhaftiert werden – in das staatliche Gefängnis (= *öffentlicher Gewahrsam*).

19–20 Doch Gott verhindert seinerseits die Realisierung dieses – letztlich gegen ihn selbst gerichteten – Ansinnens, indem er die Apostel auf wunderbare Weise befreit. Der *Engel des Herrn* (vgl. Lk 1,11; 2,9; Apg 8,26; 12,7.23) ist dabei als göttlicher *Bote* (so das griechische *aggelos* wörtlich; vgl. 10,3) nicht an die Bedingungen von Raum und Zeit gebunden. Im Laufe der Nacht *öffnet* er die sorgfältig verschlossenen (vgl. V. 23) doppelten (vgl. 12, 10) *Türen des Gefängnisses* und *führt* die Apostel – trotz strenger Bewachung (vgl. V. 23; 12,10) – ins Freie. Doch geht es nicht lediglich um die Wiedergewinnung der individuellen Bewegungsfreiheit, sondern im Zentrum der göttlichen Aktion steht die Beauftragung der Apostel zur erneuten Verkündigung im Tempel. Dabei sollen sie unerschrocken auftreten – so die tiefere Bedeutung der Aufforderung: *stellt euch hin* (vgl. zu 2,14). Denn sie wissen, dass sie im Auftrag und in der Vollmacht Gottes beziehungsweise seines Geistes reden (vgl. 1,8; 4,8.31; 6,10 u.ö.). Wenn sie dies *im Tempel* tun sollen, ist das ein erneuter Hinweis darauf, dass der Tempel zum Ort des neuen Gottesdienstes geworden ist (vgl. 2,46; 3,1; 5,12; Lk 21,37f), in dessen Zentrum die Verkündigung beziehungsweise Lehre des Evangeliums von Jesus Christus steht (vgl. V. 21.25.42). Wer sie daran hindern will, wendet sich damit letztlich gegen Gott selbst, der seinem Volk in ganz neuer Weise das Heil schenken will. Deshalb sollen die Apostel *alle Worte dieses Lebens zu dem Volk reden,* denn durch Jesus, den *Fürsten des Lebens* (3,15), hat Gott den Menschen in seinem Volk und darüber hinaus die Möglichkeit der Umkehr zum wahren, ewigen Leben eröffnet (vgl. 11,18; 13,46.48).

21–23 Die Apostel setzen den Auftrag des Engels schnellstmöglich in die Tat um. *Früh am Morgen,* nach dem Öffnen der Tempeltore, gehen sie in das Heiligtum und *lehren.* Das Lehren entspricht dabei durchaus dem aufgetragenen *Reden der Worte dieses Lebens,* denn nach Lukas berührt sich die Verkündigung des Evangeliums auf das engste mit der Lehre seiner spezifischen Inhalte (vgl. 4,2; 5,42; 15,35; 20,20; 28,31; vgl. auch zu 2,42). Zeitgleich versammelt sich auf Geheiß des *Hohenpriesters* und seiner Gefolgschaft die jüdische Führung (vgl. 4,5f), wobei Lukas zwischen dem *Hohen Rat* und der *Ältestenschaft* unterscheidet, die an sich identisch sind (die Wendung *Ältestenschaft der Söhne Israel* begegnet im griechischen Text von Ex 3,16; 4,29 sowie in

Jdt 15,8). Vielleicht will er damit zum Ausdruck bringen, dass die »Regierung« mit allen Instanzen vollständig präsent ist. Nichts ahnend will man die Gefangenen holen und zum Verhör *vorführen lassen* (vgl. 4,7), doch die entsandten Diener kehren unverrichteter Dinge zurück und haben Erstaunliches zu berichten: Obwohl die Gefängnistüren *sorgfältig verschlossen* waren und zudem permanent bewacht wurden, fand man nach dem Öffnen die Gefangenen nicht vor.

24–26 Diese Nachricht versetzt die Versammelten *in große Verlegenheit*, wobei der *Tempelhauptmann* als Hauptverantwortlicher für die Verwahrung der Gefangenen (vgl. 4,1.3) und die Mitglieder der hohenpriesterlichen Familie (= *die Hohenpriester*; vgl. 4,6) als die hauptsächlichen Betreiber des angestrebten Prozesses besonders erwähnt werden. Die Ratlosigkeit mündet in die Frage nach der Bedeutung beziehungsweise weiteren Entwicklung dieser Angelegenheit. Die betreffende griechische Wendung ist nicht eindeutig zu übersetzen: *was wohl daraus werden sollte* kommt dem eigentlichen Wortlaut *was dieses wohl werden möchte* am nächsten. Mitten in die ratlose Versammlung platzt jemand herein, der die Sache zwar nicht aufklärt – die wunderbare Befreiung durch den Engel Gottes bleibt ein Geheimnis, an dem nicht gerührt wird (vielleicht aus Angst vor der Wahrheit) –, aber die Oberen auf den neuesten Stand der Dinge bringt: Die von ihnen Inhaftierten *stehen im Tempel und lehren das Volk*. Wer der Mann ist und woher er seine Information hat, spielt für Lukas keine Rolle. Wichtig ist ihm allein, die prekäre Situation der jüdischen Führung darzustellen, die an Peinlichkeit und Hilflosigkeit kaum zu überbieten ist. Das zeigt sich auch darin, dass man darauf bedacht ist, die Apostel ohne Gewaltanwendung herbeizuholen (der *Hauptmann* übernimmt jetzt persönlich die Angelegenheit), um der drohenden Gefahr einer *Steinigung* durch das *Volk* zu entgehen, das inzwischen ganz auf der Seite der Apostel steht (vgl. 4,21; 5,12–16). Die Führung des Gottesvolkes hat somit sowohl das Volk als auch Gott selbst gegen sich – und so bleibt ihr letztlich nichts anderes als das (indirekte) Eingeständnis der totalen Machtlosigkeit übrig, wie der Fortgang der Erzählung zeigt.

27–28 Im Unterschied zum ersten Verhör, das durch den gesamten Hohen Rat erfolgte (vgl. 4,7), nimmt sich nun der *Hohepriester* selbst der Sache an. Dabei verweist er auf das am Ende der ersten Vernehmung erteilte Verkündigungs- und Lehrverbot (vgl. 4,17f). Ebenso wie damals wird auch jetzt das Aussprechen des Namens Jesu seitens der jüdischen Führung konsequent vermieden (vgl. 4,17; die dortige Wendung *in diesem Namen*, d.h. aufgrund dieses Namens bzw. unter Berufung auf ihn, wird hier wörtlich wiederholt). Um die Schwere des Vergehens der Apostel aufzuzeigen, betont der Hohepriester die absolute Verbindlichkeit des ergangenen Verbots (*wir haben euch streng verboten*). Gleichwohl muss er konstatieren, dass das glatte Gegenteil eingetreten ist und die Apostel somit äußerst erfolgreich gewirkt haben. Jerusalem ist *mit ihrer Lehre erfüllt*. Die heilige Stadt ist also ganz und gar von der Christusbotschaft durchdrungen. In den Augen des Hohenpriesters ist damit freilich das Gottesvolk in seinem Zentrum vom Bazillus einer Lehre infiziert, die es in seinen Grundfesten zu erschüttern vermag. Ist schon allein das für ihn Grund genug für ein erneutes Einschreiten, so steigert er die Anklage gegen die Apostel noch durch den Vorwurf, sie wollten mit ihrem Treiben die göttliche Vergeltung für die Tötung Jesu herbeiführen. Dessen Kreuzigung war den Juden und dem Hohen Rat von Petrus bereits mehrfach angekreidet worden (vgl. 2,23.36; 3,15; 4,10; vgl. auch V. 30). Die Wendung: *ihr wollt das Blut dieses Menschen über uns bringen,* nimmt biblische Sprache auf (vgl. Lev 20,9; Jos 2,19; 2Sam 1,16; Ez 18,13) und bringt die Unausweichlichkeit des tödlichen Gerichts Gottes angesichts besonders schwerer Vergehen zum Ausdruck (vgl. auch Gen 9,6; Mt 27, 25). Auch wenn der Hohepriester diese Unterstellung vorrangig aus strategischen Gründen ausspricht – um die Gefährlichkeit der Apostel für das jüdische Volk hervorzuheben –, stellt sie doch ein indirektes Schuldeingeständnis dar. Doch anstatt die entsprechenden Konsequenzen daraus zu ziehen, steigert der Hohe Rat im Folgenden noch seine Auflehnung gegen das endzeitliche Heilshandeln Gottes im Christusgeschehen und der Wirksamkeit der Apostel (vgl. V. 30–33).

29 Die Antwort, die *Petrus* als Sprecher des Apostelkreises gibt, benennt ohne Umschweife das Problem, um das es geht: den Gehorsam gegen Gott. Hatte Petrus dies in seiner ersten Verteidigungsrede noch zurückhaltend in die Form einer rhetorischen Frage gekleidet (4,19), so formuliert er hier in aller Deutlichkeit den Grundsatz, der für die Apostel gilt – und natürlich auch für die Ratsherren, die hier indirekt aufgefordert werden, sich ihn ebenfalls zu eigen zu machen (vgl. zu 4,19): *Man muss Gott mehr gehorchen als Menschen* (das *hören auf* von 4,19 wird hier deutlich verschärft)! Damit ist ein Doppeltes klargestellt: Die Apostel werden sich auf keinen Fall von ihrem Kurs abbringen lassen – und die Ratsversammlung besteht aus *Menschen,* die sich gegen *Gott* auflehnen und denen man von daher keinen Gehorsam leisten kann.

30 In aller Kürze spricht Petrus nun erneut die wesentlichen Inhalte der apostolischen Verkündigung gegenüber Israel aus (vgl.

2,23f.32f.36.38; 3,13–15.19; 4,10), wobei er sie an manchen Punkten präzisiert. Betont wird Gott als der herausgestellt, der zum Heil seines Volkes handelt, sodass an dem zuvor ausgesprochenen Grundsatz des zwingenden Gehorsams ihm gegenüber kein Zweifel bestehen kann. Durch die Wendung *der Gott unserer Väter* (vgl. zu 3,13) werden die Ratsherren zunächst indirekt auf ihr besonderes Verhältnis zu Gott angesprochen, durch das sie unmittelbar von seinem Handeln an und in Jesus betroffen sind. Dabei erscheint die *Auferweckung* als die entscheidende Heilstat (vgl. 2, 24.32; 3,15; 4,10), denn sie hebt das von den Juden durch die Tötung Jesu angerichtete Unheil nicht nur auf, sondern integriert es in das Gesamtgeschehen des endzeitlichen Heilserweises Gottes gegenüber seinem Volk. An dieser Stelle ist das Unheil durch die ausdrückliche Rede von der Kreuzigung besonders betont (wörtlich: *indem ihr ihn an das Holz hängtet*; vgl. Dtn 21,22f; Gal 3,13).

31 Die zweite, aus der ersten resultierende Heilstat Gottes ist die *Erhöhung* Jesu. Sie wird in doppelter Weise in ihrer Heilsbedeutung herausgestellt. Zum einen ist die Positionierung Jesu *zur Rechten* Gottes gleichbedeutend mit seiner Erhebung zum göttlichen Heilsmittler (vgl. 2,33), wofür die Attribute *Führer und Retter* stehen. Als der Auferstandene und zu Gott Erhöhte ist Jesus der Anführer auf dem Weg des Lebens (vgl. 3,15), den er als Retter aus der Verlorenheit in Sünde und Gottwidrigkeit (vgl. 2, 38.40; 3,23) vorausgeht. Zum anderen ist dieses Geschehen die Voraussetzung für die *Gewährung* von *Umkehr und Vergebung der Sünden* durch Gott. Die durch die Erhöhung in Kraft gesetzte Heilsbedeutung Jesu kommt dem Volk Gottes – Israel ist hier ausdrücklich als Adressat des göttlichen Handelns genannt – also in einem zweifachen Heilsangebot zugute: als Ermöglichung von *Umkehr* (vgl. 3,19.26) und der darauf folgenden *Sündenvergebung* (vgl. 2,38; Lk 24,47). Dieses Angebot gilt also gerade denen, die durch die Tötung Jesu vor Gott mit schwerer Schuld belastet sind. Ihnen wird der von ihnen verworfene Jesus durch das gnädige Handeln Gottes zur bleibenden Ermöglichung von Leben, Heil und Rettung. Allerdings ist dazu eine entsprechende innere Einstellung erforderlich, wie Petrus sogleich deutlich macht.

32 Dazu verweist er zunächst auf die Rolle der Apostel in diesem ganzen Geschehen. Denn ohne sie, die die Wahrheit und Wirklichkeit des Heilshandelns Gottes in Jesus verbürgen, ist eine entsprechende Reaktion darauf gar nicht möglich. Dafür stehen die Begriffe *Zeugen* und *Begebenheiten*. Was Gott in Jesus getan hat, entspringt nicht frommem Wunschdenken, sondern es sind Tatsachen, die die Apostel selbst erfahren und erlebt haben. Sie können deshalb nicht nur die Auferstehung und die Erhöhung Jesu authentisch bezeugen (vgl. Lk 24,36–51; Apg 1,1–11), sondern auch die Heilsbedeutung dieser Geschehnisse, die ihnen vom Auferstandenen selbst vermittelt worden ist (vgl. Lk 24,44–49). Zu einer positiven Einstellung dazu ist neben dem äußeren Zeugnis der Apostel freilich auch eine innere Bewegung erforderlich: das Zeugnis des *Heiligen Geistes*, der die Jesus-Begebenheiten zur Grundlage einer neuen Existenz in den Herzen der Menschen werden lässt (zum Nebeneinander des Zeugnisses der Apostel und des Heiligen Geistes vgl. Lk 24,48f; Apg 2,32–38; 10,44–48; 15,8f). Wenn Petrus abschließend betont, dass Gott den Heiligen Geist nur *denen gibt, die ihm gehorchen*, stellt er damit die Ratsherren indirekt als solche bloß, die – im Gegensatz zu den Aposteln – gegenüber Gott und seinen Heilserweisen ungehorsam sind. Sie bekämpfen das Jesuszeugnis, anstatt es zu befördern.

33–34 Ihr Widerstand nimmt nun eine für die Apostel höchst bedrohliche Form an. Denn der Hohe Rat reagiert auf die provokanten Worte des Petrus mit höchster Erregung, sodass es zu einem spontanen Akt von Lynchjustiz zu kommen droht. Für die *durch und durch* von zorniger Entrüstung ergriffenen Ratsherren – wörtlich: *sie wurden* (in ihrem Inneren) *zersägt* (vgl. 7,54) – kommt nur eines in Frage: die Apostel zu *beseitigen*, das heißt zu töten. Alle Vorsicht, die die Führung zuvor noch walten ließ (vgl. V. 26), ist dahin. Damit droht den Jesuszeugen das gleiche Schicksal wie Jesus selbst (vgl. Lk 22,2; Apg 2,23; 10,39; 13,28, wo ebenfalls vom *Beseitigen* [Jesu] die Rede ist). Doch die Besonnenheit eines Ratsmitglieds vermag das Unheil abzuwenden. Ein Schriftgelehrter aus der Partei der *Pharisäer* (vgl. 23,6.9) erhebt sich, und sein hohes öffentliches *Ansehen* genügt, um Ruhe in die aufgewühlte Versammlung zu bringen. Mit der Nennung seines Namens, *Gamaliel*, würdigt Lukas den Lehrer des Paulus – wie sich später herausstellen wird (vgl. 22,3). Das Licht, das so auf Gamaliel fällt, leuchtet bereits jetzt auf. Denn er übernimmt in seriöser Besonnenheit die dem entrüsteten Hohenpriester offenbar entglittene Regie, indem er anordnet, die Apostel – die er neutral als *Menschen* bezeichnet – *hinauszubringen*, um so die Gelegenheit zu einer kurzen internen Beratung zu schaffen (vgl. 4,15–17).

35 Indem Gamaliel die Ratsversammlung mit denselben Worten anredet wie zuvor Petrus das versammelte Volk (2,22; 3, 12), betont er einleitend ihre Identität als Mitglieder des Gottesvolkes – und damit die Verantwortung, aber auch die Würde, die ihnen zukommt (vgl. V. 39). So mahnt er seine Kollegen zu einem besonnenen Vorgehen. Es ist offenbar in der Außergewöhnlichkeit *dieser Menschen* und ihres bisherigen Erfolges begründet, denn es kann – so der Schriftgelehrte – nicht grundsätzlich ausgeschlossen werden, dass in ihrem Wirken Gott selbst am Werk ist. So ist nicht kurzsichtige Gewaltanwendung, sondern aufmerksame Vorsicht geboten (vgl. V. 38f).

36–37 Weitere Argumente für eine abwartende Haltung liefert Gamaliel mit zwei Beispielen aus der Geschichte. Beiden ist gemeinsam, dass es sich um Volksbewegungen handelt, die nach dem Tod ihrer Anführer in sich zusammenfielen – also keine wirklichen Bedrohungen darstellten, gegen die man schließlich hätte vorgehen müssen. Im Einzelnen nennt Gamaliel *Theudas,* der mit seinem messianischen Anspruch rund *vierhundert Männer* gewann, und *Judas* Galiläus, den Begründer der zelotischen Bewegung. Freilich merkt man hier sehr deutlich, dass Lukas der eigentliche Autor dieser Rede ist, die er offenbar aus größerem zeitlichen Abstand zu den Ereignissen und mit einer gewissen Unkenntnis verfasste. So trat Theudas nach Angaben des jüdischen Historikers Josephus erst rund zehn Jahre nach dem vorausgesetzten Zeitpunkt der Gamalielrede auf, und die zelotische Bewegung, deren Anfänge Lukas zutreffend in die Zeit des Zensus datiert (vgl. Lk 2,2), war zu dieser Zeit noch keineswegs untergegangen.

38–39 Wichtig sind für Lukas jedoch nicht die historischen Daten und Details, sondern die Überzeugung, dass beide Bewegungen menschliche Aktionen waren, die sich auf Dauer nicht behaupten konnten, sondern zugrunde gingen. Dem entspricht die Schlussfolgerung Gamaliels, der die Ratsversammlung in aller Deutlichkeit (*und nun sage ich euch*) dazu auffordert, von den Aposteln *Abstand zu nehmen* und sie gewähren zu lassen. Das ist der einzige Weg, der den beiden zur Debatte stehenden Möglichkeiten gerecht wird. Entweder ist die Sache ein reines Menschenwerk (wörtlich: *wenn dieses Werk aus Menschen ist,* d.h. menschlichem Denken und Wollen entspringt) – dann wird sie auch keinen Bestand haben, sondern sich nach und nach völlig auflösen (so die eigentliche Bedeutung des mit *zugrunde gehen* übersetzten griechischen Verbs), sodass ein Eingreifen unnötig ist. Dahinter steht der (unausgesprochene) Grundsatz, dass menschliches Handeln, das sich zu Unrecht als Sache Gottes ausgibt, auf Dauer dem Untergang geweiht ist (vgl. Ps 127,1). Oder die Sache kommt ihrem Wesen und Ursprung nach *von Gott* – dann kann sie durch menschliches Handeln (und sei es mit Gewalt) nicht verhindert oder gar aus der Welt geschafft werden. Die jüdische Führung wird in diesem Fall die Apostel und die Christen – sie alle sind wohl mit dem auffallenden *sie* (Plural!) gemeint – als Träger der Sache Gottes nicht eliminieren können. Ihr Kampf wäre dann nicht nur aussichtslos, sondern auch noch frevelhaft, denn die Ratsmitglieder würden als *Kämpfer gegen Gott* dastehen. Von dieser Argumentation lassen sie sich denn auch überzeugen, sodass sie von ihrem ursprünglichen Vorhaben absehen (vgl. V. 33).

40–42 Stattdessen sorgen sie dafür, dass die herbeigerufenen Apostel *verprügelt* werden (vgl. Lk 20,10f; 22,63; Apg 16,22f; 22,19), und sie wiederholen das bereits im ersten Verhör erteilte Verkündigungsverbot (vgl. 4,18). Dieses Vorgehen offenbart vollends die Hilflosigkeit der jüdischen Führung. Es bleibt ihr nichts anderes übrig als zu versuchen, die Apostel durch Schläge und eine erneute Untersagung einzuschüchtern, sie im Übrigen aber freizulassen. Was sie damit im Endeffekt erreicht, ist das glatte Gegenteil ihrer ursprünglichen Absicht. Die Apostel gehen nämlich gestärkt und ihrer Sache aufs neue vergewissert aus der Situation hervor (vgl. 4,23–31). Ja, mehr noch: Sie sind mit *Freude* über das ertragene Leid erfüllt (vgl. Phil 1,29; Kol 1,24; Hebr 10,34; Jak 1,2; 1Petr 4,13f), da sie es als von Gott erwiesene Ehre ansehen, um Jesu willen (= *um des Namens willen*) *verächtlich behandelt* worden zu sein (vgl. 2Thess 1,4; als Subjekt der passivischen Formulierung: *dass sie für würdigt erachtet worden waren,* muss Gott gedacht werden). Damit beginnt sich die entsprechende Seligpreisung Jesu (Lk 6,22f) an ihnen zu erfüllen, und sie erweisen sich so als wirkliche Jünger ihres Herrn. Deshalb missachten sie auch das erneute Redeverbot und *hören nicht auf, zu lehren und die gute Botschaft zu verkündigen.* Ihr entscheidender Inhalt, dass *Jesus* der *Christus,* also der verheißene Messias und Heilsbringer ist (vgl. 2,36; 3,20; 8,12; 9,22; 17,3; 18,5.28), wird nicht nur *täglich in den Häusern* der Christen laut, sondern auch im geistigen Mittelpunkt des Gottesvolks, dem *Tempel.* So erweist sich auch die zweite Aktion der jüdischen Führung gegen die Christen als Fehlschlag – beziehungsweise für die Gemeinde als Segen, insofern sie erfährt: Der Siegeszug des Evangeliums von Jesus ist nicht aufzuhalten, und wo feindliche Gewalten dies versuchen, ist es zwar mit Leid verbunden, das aber letztlich der Stärkung des Glaubens und der Zeugniskraft der Christen dient.

Gott lässt sich an der Verkündigung seines Wortes nicht hindern – auch nicht durch Sanktionen, die aus menschlicher Sicht höchst wirkungsvoll sind (V. 23). Die inhaftierten Apostel müssen wieder frei kommen, denn es geht bei ihrer Verkündigung um *Worte des Lebens* (V. 20). Da Gott die Ausrichtung dieser Worte an sie als die berufenen Zeugen Jesu gebunden hat, sorgt er für die *Öffnung* des Gefängnisses und die *Hinausführung* seiner Boten. Wie sich diese wunderbare Befreiung durch seinen *Engel* abgespielt hat (V. 19), ist nicht nachvollziehbar. Es sollte deshalb aber nicht vorschnell an der geschichtlichen Realität des Vorgangs gezweifelt werden. Andererseits sollte man den Bogen in Richtung einer unmittelbaren Aneignung des Textes nicht überspannen. So gibt es keinen daraus abzuleitenden Anspruch für heutige Zeugen und Zeuginnen Jesu, auf ähnlich wunderbare Weise aus scheinbar hoffnungslosen Notlagen herausgeführt zu werden. Worum es bei alledem einzig geht, zeigt Lukas in aller Klarheit auf: die Verkündigung des Evangeliums von Jesus Christus. Gleich viermal ist davon die Rede: im Auftragswort des Engels (V. 20), in der Umsetzung des Auftrags durch die Apostel (V. 21), in der Meldung des Unbekannten an den Hohen Rat (V. 25) und im Fazit aus der ganzen Begebenheit (V. 42). Selbst auf das vom Hohenpriester ausdrücklich in Erinnerung gerufene *Lehrverbot* hin hat Petrus nichts anderes zu tun, als es vor der Ratsversammlung demonstrativ zu missachten – in Gestalt der erneuten Ausrichtung des geprägten Verkündigungsschemas mit seiner Zuspitzung auf die Israel von Gott in der Auferweckung Jesu gewährte Umkehr (V. 28–32; vgl. 4,10–12).

Dabei stechen zwei Sachverhalte ins Auge: einmal die Thematisierung des *Gehorsams* gegenüber *Gott* (V. 29). Was die Apostel tun – und mit ihnen die christliche Gemeinde (vgl. 4,31) –, ist die gehorsame Befolgung des ihnen von Gott erteilten Auftrags (von Lukas anschaulich dargestellt in V. 21: *Wie sie es* von dem Engel *gehört hatten*, so handelten sie). Deshalb ist ihnen auch *der Heilige Geist gegeben* (V. 32), in dessen Kraft sie diesen Auftrag erfüllen können (vgl. 1,8; 4,31). Dazu steht das Vorgehen der jüdischen Führung in schroffem Gegensatz. Die damit angezeigte Problematik wird durch den zweiten auffallenden Sachverhalt noch verschärft: die Überzeugung jedes der beiden »Lager«, mit seinem Agieren dem Gott Israels (= *der Gott unserer Väter*; V. 30) zu dienen. Entscheiden lässt sich die damit gestellt Frage, wer von beiden Seiten in Wahrheit diesem Gott dient beziehungsweise ihm gehorsam ist, nur anhand des Kriteriums des Handelns Gottes in der Person und Geschichte Jesu. Hier hat der Gott Israels die Beziehung zwischen sich und seinem Volk neu definiert: als Erweis endzeitlichen Heils, an dem Israel auf dem Weg von Umkehr und Sündenvergebung teilhat (V. 30f). Von daher steht der von der jüdischen Führung geforderte Gehorsam gegenüber dem von ihr ausgesprochenen Verkündigungsverbot im unvereinbaren Widerspruch zum Gehorsam gegen Gott, wie er *aufgrund des Namens Jesu* angesagt ist (V. 28f.40; vgl. 6,7). Nicht mehr das, was man bisher über Gott wusste und von ihm dachte, ist nunmehr entscheidend, sondern die Offenheit für das Neue und Andere Gottes, das in Jesus zutage getreten ist.

Die sich in alledem äußernde Krise Israels wird in diesem Abschnitt der Apostelgeschichte besonders anschaulich. So spricht Lukas gleich fünfmal vom *Tempel* beziehungsweise *Jerusalem* als Ort der

Christusverkündigung (V. 20.21.25.28.42), um zu zeigen: Die heilige Stadt mit ihrem Heiligtum ist in neuer Weise zum Zentrum des Gottesdienstes Israels geworden. Dem entspricht die auffallend häufige Rede von *Israel* beziehungsweise dem *Volk* (V. 20.21.25.26.31.34.35). Was hier geschieht und in Jesus Christus geschehen ist, gilt dem Gottesvolk im Ganzen und wird von großen Teilen auch wohlwollend aufgenommen (vgl. V. 26; 5,13). Vor diesem Hintergrund ist die an den Hohen Rat gerichtete Warnung Gamaliels zu verstehen: Wenn es tatsächlich stimmen sollte, dass *dieses Werk aus Gott ist*, dann wird die jüdische Führung es nicht nur *nicht zugrunde richten können*, sondern auch in ihrem Widerstand letztlich *als Kämpfer gegen Gott dastehen* (V. 38f). Alles hängt also davon ab, ob sie im Jesuszeugnis der Apostel Gott zum *Leben* seines Volkes am Werk sieht und ob sie angesichts dessen zur Umkehr bereit ist. Auch wenn Israel Gottes erwähltes Volk bleibt – völlig unabhängig von seiner Stellung zum Evangelium von Jesus Christus –, ist es gerade als dieses Volk gerufen, sich dem neuen Heilserweis seines Gottes, der den *Namen Jesu* trägt (V. 28.40–42), in glaubendem Gehorsam zu öffnen.

6,1–7
Wahl und Einsetzung der »Sieben«

1In diesen Tagen, als die Jünger sich mehrten, entstand ein Murren der Hellenisten gegen die Hebräer, weil ihre Witwen bei der täglichen Versorgung übersehen wurden. 2Da riefen die Zwölf die Menge der Jünger herbei und sprachen: »Es ist nicht angebracht, dass wir das Wort Gottes vernachlässigen und den Tischdienst übernehmen. 3So seht euch (nun), Brüder, nach sieben Männern unter euch um, die einen guten Ruf haben und voll Geist und Weisheit sind; sie wollen wir in diese Aufgabe einsetzen. 4Wir aber werden uns auf das Gebet und den Dienst des Wortes konzentrieren.« 5Die Rede gefiel der ganzen Menge, und sie wählten Stephanus aus, einen Mann voll Glaubens und Heiligen Geistes, sowie Philippus, Prochorus, Nikanor, Timon, Parmenas und Nikolaus, einen Proselyten aus Antiochia. 6Diese stellten sie vor die Apostel, und mit Beten legten sie ihnen die Hände auf. 7Und das Wort Gottes wuchs, und die Zahl der Jünger in Jerusalem mehrte sich sehr; auch eine große Menge von Priestern wurde dem Glauben gehorsam.

Nachdem die Gemeinde und insbesondere die Apostel bislang nur von außen her in Schwierigkeiten geraten sind, kommt es nunmehr zum ersten gravierenden innergemeindlichen Problem. Das hängt formal mit dem immensen Wachstum der Gemeinde zusammen: Wo immer mehr Menschen ein Gemeinschaftswesen bilden, kann es nicht ohne Differenzen abgehen. Doch liegt dem Ganzen auch eine gravierende theologische Entwicklung innerhalb der Gemeinde zugrunde. Sie zeigt sich in der Existenz von zwei Gruppen: den *Hellenisten* und den *Hebräern*. Wie Lukas im unmittelbaren Fortgang der vorliegenden Erzählung berichtet, vertreten die *Hellenisten* (zur Bedeutung der Bezeichnung vgl. V. 1) mit ihrer Kritik an Tempel und Gesetz eine gegenüber den Hebräern veränderte Haltung zu Israel und den Grundlagen der jüdischen Religion (6,8 – 7,53) – was zu einer umfassenden Verfolgung führt (7,54 – 8,3). Mit ihrer Theologie ist zugleich eine größere Offenheit für nichtjüdische Menschen verbunden, sodass die Verfolgung zu einer ersten Ausbreitung des Jesuszeugnisses über Jerusalem und Judäa hinaus führt (8,4–40). Auch hier gilt, was sich zuvor bereits bei der äußeren Bedrängnis der Gemeinde zeigte: Die Schwierigkeiten wirken sich in der Förderung des Jesuszeugnisses aus.

Die Erzählung beginnt mit einer knappen Darlegung des aufgetretenen Problems (V. 1). Es folgen die Einberufung einer Gemeindeversammlung mit der Unterbreitung eines Lösungsvorschlags durch die Apostel (V. 2–4) und die Umsetzung des Vorschlags (V. 5f). Den Abschluss bildet ein Fazit im Blick auf die positive Auswirkung der gefundenen Lösung (V. 7). Auch hier hat Lukas wieder Überlieferungsmaterial mit eigener Darstellung zu einer geschlossenen Erzählung verbunden.

1 Der Widerstand der jüdischen Führung (5,17–42) führt nicht zu einer Schwächung der Gemeinde, sondern zu ihrer Stärkung und zu weiterem Wachstum. *In diesen Tagen* geht die nach wie vor ungebrochene Christusverkündigung der Apostel (vgl. 5,42) mit der zahlenmäßigen Zunahme der *Jünger* einher (vgl. 1,15; 2,41.47; 4,4; 5,14). Doch mit dem Anwachsen der Gemeinde ergeben sich auch Probleme. Die Witwen der *Hellenisten* werden bei der täglichen Versorgung – wohl vor allem mit Nahrungsmitteln (vgl. V. 2) – *übersehen* (oder zumindest *vernachlässigt*; das betreffende griechische Verb kann beides bedeuten). Dahinter scheint aber eine Problematik größeren Ausmaßes zu stecken, die hier lediglich symptomatisch zutage tritt. Das ergibt sich aus dem Gegenüber der Hellenisten zu den *Hebräern*, gegen die das *Murren* gerichtet ist. In diesem Gegenüber zeigt sich das Nebeneinander von zwei Gruppen der Jerusalemer Urgemeinde: einerseits aramäisch sprechende Judenchristen palästinischer Herkunft oder Beheimatung (= Hebräer), andererseits griechisch sprechende Judenchristen aus der Diaspora (= Hellenisten; vgl. zu 2,5). Da für diese Konstellation nicht nur ernsthafte Sprachprobleme sowie kulturelle Unterschiede vorauszusetzen sind, sondern die Hellenisten im Folgenden auch theologisch ein eigenständiges Profil entwickeln (vgl. zu 6,11.13f), ist davon auszugehen, dass sich in der Urgemeinde mit der Zeit zwei Gemeindegruppen entwickelten, deren Miteinander sich durchaus auch problematisch gestalten konnte. Denn wie sonst sollte erklärt werden, dass *bei der täglichen Versorgung* ausgerechnet die *Witwen* (als besonders bedürftige Personen) der einen, nicht aber ebenso der anderen Gruppe vernachlässigt wurden? Offenbar lag das Versorgungswesen (vgl. dazu 2,45; 4,35) in den Händen von *Hebräern*, die von den Aposteln damit beauftragt worden waren und sich zunächst einmal um ihre eigenen Leute kümmerten. Das muss den Widerspruch der anderen Gruppe herausfordern. So beschweren sich denn auch bezeichnenderweise nicht (nur) die unmittelbar betroffenen Witwen der Hellenisten, sondern dieser Personenkreis im Ganzen (es *entstand ein Murren der Hellenisten*).

2 Nach der Darstellung des Lukas ist das aufgetretene Problem organisatorisch zu lösen: durch die Schaffung einer entsprechenden Dienstgruppe, die sich zur Zufriedenheit aller um die Belange kümmert (was bislang offenbar nicht der Fall war). So berufen die Apostel – hier mit dem traditionellen Begriff der *Zwölf* bezeichnet (vgl. Lk 8,1; 9,1.12; 18,31; 22,3.47 u.ö.) – eine Gemeindeversammlung ein und unterbreiten ihr einen entsprechenden Lösungsvorschlag. Dieser geht von einem unhinterfragbaren Grundsatz aus: Die Apostel sind als Zeugen Jesu in erster Linie mit der Verkündigung des *Wortes Gottes* beauftragt – der Begriff steht hier generalisierend für die Heilsbotschaft vom Handeln Gottes in Jesus Christus (vgl. 6,7; 8,14; 11,1; 13,5.7.44.46; 17,13; 18,11). Deshalb wäre es vor Gott nicht *wohlgefällig*, die Wortverkündigung zu *verlassen* (so beide Male wörtlich), um die erforderliche Speiseversorgung (= *Tischdienst*) zu übernehmen. Es geht also nicht um Entlastung der möglicherweise mit der Übernahme der Versorgung überforderten Apostel, sondern um ein klares Befolgen ihres zentralen Auftrags, was eine weitere, dem nachgeordnete Tätigkeit nicht zulässt.

3 Diesem Erfordernis kann nur durch eine Aufteilung der Zuständigkeiten entsprochen werden. Deshalb soll sich die Gemeinde nach geeigneten *Männern* in ihrer Mitte *umsehen*. Die Zahl *sieben* (vgl. 21,8, wo *die Sieben* eine etablierte Gruppe markieren) verdankt sich entweder ihrer damaligen Bedeutung als Ausdruck von Fülle und Geschlossenheit oder dem Vorbild jüdischer Gemeinden, deren Vorstände jeweils aus sieben Personen bestanden. Wichtiger sind die Kriterien für die Auswahl. Neben einem *guten*

Ruf kommt es vor allem auf das Erfülltsein mit *Geist und Weisheit* an. Die betreffenden Männer müssen also nicht nur bei anderen in hohem Ansehen stehen (vgl. 1Tim 3,7f), sondern dem auch mit einer »inneren Qualifikation« entsprechen. Weil die neue *Aufgabe* als Dienst an und in der Gemeinde eine geistliche Dimension hat, ist ein Erfülltsein vom Heiligen Geist – *voll Geist* meint den göttlichen, nicht den menschlichen Geist (vgl. V. 5; 7,55; 11,24; Lk 4,1) – ebenso unerlässlich wie das Begabtsein mit *Weisheit,* die zur qualifizierten Ausübung praktischer Tätigkeiten befähigt (vgl. Ex 31,3.35). Die *Einsetzung in diese Aufgabe* (wörtlich: *Bedürfnis, Notwendigkeit*) soll selbstverständlich durch die Apostel als Leitungsgremium der Gemeinde (vgl. 4,35; 5,42) vorgenommen werden (dazu V. 6).

4 Abschließend bekräftigen die Zwölf noch einmal ihren ureigenen Auftrag: die Wortverkündigung (vgl. 2,14ff; 3,12ff; 4, 8ff; 5,29ff.42). Darauf wollen sie sich weiterhin *konzentrieren* (wörtlich: *beharren, beständig blei*ben; vgl. 1,14; 2,42). Dabei betont Lukas den gemeinsamen Charakter beider Aufgabenfelder: Der *Dienst des Wortes* ist ebenso wie der *Tischdienst* (V. 2) ein Dienen an der Gemeinde im Namen und Auftrag Gottes. Da es sich bei der Verkündigung des Wortes Gottes – im Unterschied zur Versorgung mit Nahrungsmitteln – um ein zutiefst geistliches Geschehen handelt, wird dieser Dienst auf das engste mit dem *Gebet* zusammengebunden. Die Apostel bringen damit zum Ausdruck, dass die heilschaffende Wirkung der Wortverkündigung nicht aus menschlichem Vermögen zu erreichen ist (vgl. 2,37.41; 4,4), sondern nur von Gott erbeten werden kann (zum Zusammenhang von Gebet und Verkündigung vgl. 4,31; 13,3–5; vgl. auch 1,14; 3,1; 6,6).

5 Der Vorschlag der Apostel findet in der ganzen Versammlung Zustimmung und wird sogleich in die Tat umgesetzt, indem sieben geeignete Männer *ausgewählt* werden (vgl. 15,22.25). Wie dies bei der vorauszusetzenden Anwesenheit von mehreren tausend Menschen vonstatten gehen konnte, liegt nicht in der Aussageabsicht des Lukas. Als erster wird *Stephanus* erwähnt, der im Folgenden eine herausragende Rolle spielt (6,8 – 8,3; vgl. auch 11,19; 22,20). Das ist auch der Grund für seine Hervorhebung als *Mann voll Glaubens und Heiligen Geistes* (vgl. 11,24, wo Barnabas im Blick auf sein »erfolgreiches« Wirken ebenso gewürdigt wird). Obwohl Lukas in seiner weiteren Darstellung diesbezüglich nur von der Geistesfülle des Stephanus (6,10; 7,55), nicht aber von seinem Glauben spricht, kommt in 7,55–60 beides zum Tragen, insofern das Martyrium als letzter und höchster Ausdruck des Glaubens gelten kann (Offb 2,13; vgl. Hebr 11,39; Apg 22,20).

Die weiteren Kandidaten werden ebenso namentlich genannt, jedoch ohne jegliche näheren Angaben – bis auf *Nikolaus*: Er wird als ehemaliger Heide, der zum Judentum übergetreten ist (= *Proselyt*; vgl. 2,11; 13,43), vorgestellt. Seine Nominierung setzt freilich seine Christwerdung voraus, sodass wir es hier mit dem ersten ausdrücklich erwähnten Christen heidnischer Herkunft in der Apostelgeschichte zu tun haben. Für eine Verbindung mit der Sekte der »Nikolaiten« (Offb 2,6.15) gibt es keine konkreten Anhaltspunkte. Von den genannten Personen, die alle griechische Namen tragen und also zu den *Hellenisten* (V. 1) gehören, begegnet im weiteren Verlauf außer Stephanus nur noch *Philippus* (8,5–13. 26–40; 21,8).

6 Die Auserwählten werden den Aposteln *vorgestellt*, um dann von ihnen in ihr Amt eingesetzt zu werden. Dass dies durch *Gebet* und *Handauflegung* geschieht, entspricht dem Vorbild Jesu (vgl. Mt 19,13; dort freilich in einem anderen Zusammenhang) und bringt die geistliche Dimension des Vorgangs zum Ausdruck (vgl. 1,23f). Auch wenn es sich »nur« um einen Dienst der täglichen Grundversorgung mit dem Lebensnotwendigen handelt – im Unterschied zur missionarischen Wortverkündigung, die auf Glaube und Rettung zielt (vgl. zu V. 2.4) –, kommt hier doch das für alle Dienste in Gemeinde und Kirche Wesentliche zum Tragen: die Förderung des Heils an Seele und Leib – und von daher die Ermächtigung und Begabung der damit Beauftragten durch Gott selbst. Dies kann einerseits nur erbeten werden, wird andererseits aber auch durch das Auflegen der Hände als Wirklichkeit zuteil, die den Betreffenden von Gott her zukommt (vgl. Num 27,18; Dtn 34,9; 1Tim 4,14; 2Tim 1,6; vgl. auch Apg 8,17f; 9,17; 13,3; 14,23; Mk 6,5; 8,23; 16,18).

7 Den Abschluss der Geschichte bildet eine kurze Notiz über die positiven Auswirkungen der getroffenen Entscheidung: Sie dient der weiteren Ausbreitung des *Wortes Gottes* mit der Folge, dass die Gemeinde sich zahlenmäßig stark *vermehrt* (vgl. 2,41.47; 4,4; 5,14). Nach Lukas hängt dies zutiefst mit der Einsetzung der Sieben zusammen, denn dadurch ist nicht nur gewährleistet, dass sich die Apostel weiterhin der Wortverkündigung als ihrem eigentlichen Auftrag widmen können (V. 2.4), sondern auch, dass die Wirklichkeit tätiger Liebe in der Gemeinde ihrer Verkündigung entspricht. Mit dem *Wachsen des Wortes Gottes* (vgl. 12,24) ist nicht nur das Erreichen von immer mehr Menschen mit dem Evangelium gemeint, sondern auch das darin ergehende machtvolle Wirken Gottes zum Heil der Angesprochenen (vgl. 19,20; 20,38). Äußerlich sichtbar wird dies vor allem in der stark zunehmenden *Zahl der Jünger* – also von Menschen, die sich in die Nachfolge Jesu rufen lassen und sich der Gemeinde anschließen (vgl. V. 1f; Lk 5,30; 6,1 u.ö.). Die ausdrückliche Bemerkung, dass dies auch für *eine große Menge von Priestern* gilt, soll klarstellen: Auch von der bedeutenden Gruppe der Tempelpriester, die als »Funktionäre« des Tempelkults der neuen Bewegung bislang ablehnend gegenüberstand und sie zu bekämpfen suchte (vgl. 4,1.6; 5,17ff), gehört nun ein großer Teil zur christlichen Gemeinde. Wenn Lukas schreibt, dass diese Menschen *dem Glauben gehorsam* wurden, will er damit wohl sagen, dass ihr Zum-Glauben-Kommen ein Akt der Überwindung ihres Widerstands gegen das Evangelium im Gehorsam gegenüber dem machtvoll-autoritativen *Wort Gottes* ist, das durch die Verkündigung der Apostel an sie ergeht (vgl. 26,19; Röm 1,5; 16,26; vgl. auch Apg 5,29.32; 7,39; 19,9).

Lukas will die Begebenheit zweifellos als Beitrag zum Wachstum der christlichen Gemeinde verstanden wissen. Dafür spricht die Rahmung durch die beiden »Wachstumsnotizen«. Sie führen einerseits das entstandene Problem auf die Zunahme der Zahl der Gemeindeglieder zurück (V. 1) und deuten andererseits seine Lösung als Impuls für einen neuerlichen Wachstumsschub, der sogar viele der bisherigen Gegner der Gemeinde erfasst (V. 7). Dabei sticht sowohl das Miteinander als auch die klare Unterscheidung von Verkündigung und Diakonie ins Auge. Lukas lässt keinen Zweifel daran: Die Gemeinde wächst dadurch, dass Menschen zum Glauben an Jesus kommen – ja, dass es geradezu darum geht, *dem Glauben gehorsam zu werden* (V. 7). Das geschieht primär auf dem Weg der Verkündigung des *Wortes Gottes*, in dem Jesus als der Bezugspunkt des Glaubens begegnet, sodass es keine Frage ist, ob die damit beauftragten Apostel ihren Tätigkeitsschwerpunkt in Richtung Diakonie verlagern oder ausweiten (V. 2.4). Das Wort Gottes muss mit ganzer Hingabe an den Verkündigungs*dienst* gepredigt werden, damit es seine Wachstumskräfte entfalten kann (V. 7). Das wird Lukas auch im weiteren Verlauf seiner Darstellung der urchristlichen Mission veranschaulichen. Die großen Missionare – allen voran Paulus, aber auch Philippus, Barnabas und andere – sind sozusagen »Vollblutevangelisten«, die nur ein Anliegen haben: durch die Verkündigung des Evangeliums Menschen zum Glauben zu führen und damit für das Heil Gottes zu retten. Für die heutige Kirche besteht die Herausforderung nicht primär darin, es »genauso zu machen« wie in der Anfangszeit, wohl aber in der entscheidenden Frage: Wie hältst du es mit der evangelistischen Verkündigung, die das eine Ziel hat: Menschen für Gottes Heil zu gewinnen – sosehr Gott allein es letztlich ist, der hier zu gewinnen vermag.

Daneben darf die Diakonie als Auftrag der Kirche nicht vernachlässigt werden. Aber die Priorität muss klar sein: Der Kirche ist in erster Linie die Verkündigung des Wortes Gottes aufgetragen. Aber Verkündigung ohne tätige Liebe ist unglaubwürdig und hohl, da ihr in diesem Fall auf Seiten des Menschen beziehungsweise der Gemeinde keine Wirklichkeit entspricht. Deshalb ist die Behebung des Missstandes in der Armenversorgung eine unerlässliche Voraussetzung für das weitere Wachsen des Wortes Gottes (V. 6f). Lukas verdeutlicht den hohen Stellenwert einer funktionierenden Diakonie, indem er sie als einen eigenen Tätigkeitsbereich der Gemeinde neben die Verkündigung stellt (V. 3f). Dass die mit dem *Tischdienst* beauftragten Menschen in gleicher Weise mit dem *Heiligen Geist* begabt sein und darüber hinaus noch weitere »Qualifikationen« aufweisen müssen (V. 3.5) sowie unter *Gebet* und *Handauflegung* in ihr Amt eingesetzt werden (V. 6), macht den geistlichen Charakter ihrer Tätigkeit deutlich. Es geht um mehr als die bloße Versorgung mit Nahrungsmitteln. Insofern muss man Wortverkündigung und Diakonie unterscheiden ohne sie von einander zu scheiden. Lukas deutet diesen unaufgebbaren Zusammenhang an, indem er im nächsten Abschnitt Stephanus als Verkündiger auftreten lässt.

6,8–15
Anklage gegen Stephanus

8Stephanus, voll Gnade und Kraft, tat große Wunder und Zeichen
unter dem Volk. 9Es traten aber einige aus der sogenannten Syn-
agoge der Libertiner, der Zyrener und Alexandriner und von denen
aus Zilizien und Asien auf, um mit Stephanus zu streiten. 10Doch sie
vermochten der Weisheit und dem Geist, mit dem er redete, nicht
zu widerstehen. 11Da stifteten sie heimlich Männer an, die sagten:
»Wir haben gehört, wie er lästerliche Worte gegen Mose und Gott
geredet hat.« 12Und sie wiegelten das Volk und die Ältesten und
Schriftgelehrten auf; sie traten herzu, rissen ihn mit sich fort und
führten ihn vor den Hohen Rat. 13Und sie stellten falsche Zeugen
auf, die sagten: »Dieser Mensch hört nicht auf, gegen die heilige
Stätte und das Gesetz zu reden. 14Denn wir haben gehört, wie er
sagte, dass dieser Jesus, der Nazoräer, diese Stätte vernichten und
die Gesetze ändern wird, die uns Mose überliefert hat.« 15Und alle,
die im Hohen Rat saßen, blickten gespannt auf ihn und sahen sein
Gesicht wie das Gesicht eines Engels.

Entsprechend seiner besonderen Würdigung im vorangegangenen Abschnitt 6,1–7 tritt Stephanus nun in der Darstellung des Lukas hervor – zunächst als vollmächtiger Wundertäter (V. 8), sodann als unüberwindbarer Disputant (V. 9f). Das Ganze mündet in verleumderische Anklage und seine Festnahme (V. 11–14) und endet sozusagen mit einem Doppelpunkt: den gespannten Blicken des Hohen Rates auf ihn und sein verklärtes Gesicht (V. 15). Die dann einsetzende Rede des Stephanus (7,2–53) ist die unmittelbare Weiterführung der mit unserem Abschnitt begonnenen Erzähleinheit. Sie endet mit dem Martyrium des Stephanus und der Verfolgung der Gemeinde (7,54 – 8,3). Über Art und Umfang der von Lukas verwendeten Überlieferung(en) gibt es in der Forschung keine Einigkeit. Die einzelnen Theorien können hier nicht vorgestellt werden. Die Spannung zu 6,2–6, wonach Stephanus (mit anderen) zum Tischdiener eingesetzt worden ist, hier aber als Wundertäter und Verkündiger öffentlich in Erscheinung tritt und sein eigentliches (innergemeindliches) Amt keine Rolle spielt, spricht für eine ausgeprägte Traditionsgrundlage der vorliegenden Erzählung. Zu ihr gehört in jedem Fall auch das sogenannte Tempelwort Jesu, das in mehreren Fassungen überliefert ist (Mt 26,61; 27,40; Mk 14,58; 15,29; Joh 2,19) und in V. 14 in verkürzter Form verarbeitet ist.

8 Gemäß seiner Herausstellung in der Gruppe der Sieben tritt Stephanus nun in den Vordergrund. Seine Charakterisierung als Mensch *voll Gnade und Kraft* knüpft an 6,5 an, setzt aber einen anderen Akzent, insofern es zunächst um seine *Wunder*wirksamkeit geht – also etwas völlig anderes als die Tätigkeit, zu der er eigentlich eingesetzt worden ist. So ist es überhaupt verwunderlich, dass Stephanus im Folgenden nie als *Tischdiener* (6,2f) in Erscheinung tritt, sondern als vollmächtiger Wundertäter und – vor allem – Verkündiger (V. 10ff; 7,2–53). Ob er über die ihm aufgetragene Versorgungstätigkeit beziehungsweise deren Koordination hinaus Zeit gehabt hat, auch öffentlich *unter dem Volk* zu wirken, ist eine Frage, die nicht wirklich beantwortet werden kann, da wir über die konkreten Umstände nicht genug wissen. Allerdings deutet Lukas in 6,5 im Blick auf Stephanus eine charismatische Leiterfunktion beziehungsweise Kompetenz an (*voll Glaubens und Heiligen Geistes*), die weit über den ihm zugewiesenen Aufgabenbereich hinausgeht. Das ist das Eigentliche, an dem Lukas interessiert ist und was er veranschaulichen will. So beginnt er seine Stephanusgeschichte mit einer (erneuten) geistlichen Qualifikation ihres Protagonisten: Er ist von der machtvoll wirkenden Heils*gnade* Gottes (vgl. 4,33; 20,32) derart erfüllt, dass er – wie Jesus, die Apostel und Mose! – *große Wunder und Zeichen* vollbringt (vgl. 2,22; 2,43; 5,12; 7,36): außergewöhnliche Taten, die ein Hinweis (*Zeichen*) auf die sich in ihnen manifestierende *Kraft* Gottes sind.

9–10 Wie bei den Aposteln lässt der Widerstand nicht lange auf sich warten (vgl. 4,1ff; 5,17ff). Doch dieses Mal kommt er nicht vonseiten der mit dem Tempel verbundenen jüdischen Führung, sondern von ehemaligen Diasporajuden (vgl. 2,9–11), die gegen Stephanus *auftreten* (vgl. 5,17). Es handelt sich zum einen um Angehörige der *sogenannten Synagoge der Libertiner* (= »Freigelassene«; wahrscheinlich freigelassene Nachkommen jüdischer Sklaven bzw. Kriegsgefangener), *der Zyrener* (Juden aus der nordafrikanischen Stadt Kyrene) *und Alexandriner* (aus Alexandria). Sie hatten entweder je für sich oder gemeinsam eine *Synagoge*. Zum anderen sind es Juden aus *Zilizien* und der römischen Provinz *Asia*. Woran diese Menschen Anstoß nehmen, lässt Lukas erst in den V. 11.13f erkennen: Es sind bestimmte Inhalte der Verkündigung des Stephanus. Er muss also, wie die Apostel beziehungsweise Petrus, als Verkündiger und Wundertäter aufgetreten sein (vgl. 2,43; 3,1–26; 5,12–16.29–32) und sich – als Hellenist (vgl. zu 6,1) – dabei gezielt an Diasporajuden gewandt haben. Diese sind jedoch alles andere als begeistert und beginnen ein *Streit*gespräch mit ihm. Doch sie können ihm in der Auseinandersetzung *nicht standhalten*, weil er vom Heiligen *Geist* inspiriert ist (vgl. 6,5) und seine Rede in göttlicher *Weisheit* ergeht (vgl. 6,3; vgl. auch 7,10; Lk 21,15).

11 Der Misserfolg in der Disputation lässt die Gegner zu anderen, unlauteren Mitteln greifen. Was hier als *heimliche Anstiftung* zur Denunziation beginnt, führt schließlich zu einem tödlichen Ende in aller Öffentlichkeit (7,54–60; vgl. Mt 26,59–66). Dabei ist die Anschuldigung, die die gewonnenen *Männer* auftragsgemäß erheben, subjektiv zunächst durchaus zutreffend: Aus ihrer Sicht sind die von Stephanus geäußerten Worte *Lästerungen gegen Mose und Gott*. Stephanus muss sich demnach kritisch gegenüber dem Gesetz (des Mose; vgl. 13,38; 15,5; 28,23) geäußert haben – und das wird ihm letztlich als Gotteslästerung angekreidet (vgl. Mt 26,65; Lk 5,21).

12 Wohl mit Hilfe des Vorwurfs der Lästerung *wiegeln* die Gegner des Stephanus das *Volk* samt dessen führenden Repräsentanten (*Älteste und Schriftgelehrte*) gegen ihn auf (wörtlich: *sie setzten* sie *in Bewegung*). Damit ist der Boden für ein gewaltsames Vorgehen bereitet: Stephanus wird ergriffen, fortgezerrt und *vor den Hohen Rat geführt*. Dass dieser in aller Schnelle zum Verhör bereitsitzt (V. 15), ist durchaus möglich, da seine Mitglieder in Jerusalem lebten und sich (nach jüdischen Quellen) ohnehin täglich versammelten.

13 Von den Gegnern werden *falsche Zeugen* aufgeboten (vgl. Mk 14,56f; Mt 26,60), die vor dem Hohen Rat aussagen und auf diese Weise offiziell Anklage erheben. Sie lautet auf permanente öffentliche Diffamierung des Tempels und des *Gesetzes.* Despektierlich wird Stephanus *dieser Mensch* genannt. Er ist in den Augen seiner Widersacher irgendeiner aus der großen Menge der Jesusgläubigen. Bisher genossen sie im Volk hohes Ansehen (2,47; 5,12f). Doch nun ist es zu einer Wende gekommen, weil seine Reden einen direkten Angriff auf die Fundamente jüdischer Identität (Tempel und Gesetz) darstellen und von daher unbedingt *aufhören* müssen. Dass Stephanus dieser Erwartung *nicht* entspricht, sondern in unwiderstehlicher Weisheit seine Position behauptet (vgl. V. 10), lässt ihn aus Sicht seiner Gegner zu einem wirklichen Feind des Volkes (Gottes) werden, der mit allen Mitteln beseitigt werden muss. Die Aussage der *falschen Zeugen* unterscheidet sich denn auch von dem zuerst erhobenen Vorwurf gegen ihn. Stand dort die *Gesetzes*kritik an erster Stelle (V. 11), so hier die des Tempels (= *die heilige Stätte*), von der zuvor überhaupt keine Rede war.

14 Ob in diesem Vorgang die Falschheit der Zeugen besteht oder in ihrer (unzutreffenden) Behauptung, sie hätten derartige Aussagen von Stephanus *gehört,* ist nicht eindeutig auszumachen. Die Darstellung des Lukas spricht für Letzteres. Denn es ist durchaus wahrscheinlich, dass es der Sache nach zutrifft, womit im Folgenden die Vorwürfe gegen Stephanus erhärtet werden. Die Falschheit der Anklage bestünde dann darin, dass die ursprünglichen Aggressoren ihre Angelegenheit nicht selbst vertreten, sondern Männer als »Zeugen« vorschieben (vgl. V. 11), die die Sache gar nicht unmittelbar mitbekommen haben – aber offensichtlich sofort Gehör finden. So wird denn auf diese Weise die Anklage präzisiert – und zwar mit dem Vorwurf, Stephanus habe unter Berufung auf *Jesus* die *Vernichtung* des Tempels (= *diese Stätte*) und die *Änderung der Gesetze* (wörtlich: *Gebräuche*) angekündigt. Wieder steht der Tempel an erster Stelle. Er, und mit ihm sein Kult, werden demnach durch Jesus *aufgelöst* (so wörtlich), das heißt abgeschafft beziehungsweise *vernichtet* werden. Im Hintergrund dieses Fundamentalangriffs gegen das jüdische Heiligtum steht Jesu Tempelkritik (vgl. Lk 19,45f), die nun freilich zu einer radikalen Ablehnung gesteigert wird (vgl. Mk 14,57f; dort ebenso eine Aussage falscher Zeugen, auf deren Wiedergabe Lukas in seinem Evangelium aber verzichtet; vgl. Lk 22,54ff). Stephanus selbst wird diese grundsätzliche Ablehnung in seiner folgenden Verteidigungsrede bestätigen (7,48). Im Unterschied zum Tempel werden die *Gesetze* (wörtlich: *Bräuche*; vgl. 16,21;

21,21; 28,17) durch Jesus jedoch nicht außer Kraft gesetzt, sondern lediglich *verändert* (vgl. Mt 5,21ff; Mk 2,27f; 7,15.18ff). Jesus erscheint somit als der neue, endzeitliche Gesetzgeber – im Gegensatz zu *Mose*, von dem alle Gesetze herkommen und an dem sich alle Gesetzesauslegung messen lassen muss. Dieser Anspruch Jesu – und die Berufung auf ihn – ist für die Gegner ebenso inakzeptabel wie die Ablehnung des Tempels. So wird Jesus denn auch nicht mit einem Hoheitstitel bedacht, sondern lediglich als *dieser Jesus, der Nazoräer* (= Nazarener) bezeichnet (vgl. zu 2,22).

15 Der bereits versammelte Hohe Rat *blickt* nun auf Stephanus in der *gespannten* Erwartung, was dieser wohl zu den Vorwürfen sagen werde – und wird zunächst auf unerwartete Weise Zeuge seiner besonderen Stellung zu Gott: Die Ratsmitglieder *sehen sein Gesicht* verklärt leuchten *wie das Gesicht eines Engels* (vgl. Lk 9,29; 24,4). Damit stellt Lukas klar: Was Stephanus im Folgenden sagt, erwächst nicht nur aus seiner besonderen geistlichen Vollmacht (vgl. V. 10; 6,5), sondern auch und vor allem aus der unmittelbaren Nähe zur himmlischen Welt (vgl. 7,55f).

Der Konflikt mit den Juden spitzt sich zu. Erstmals sind es über die jüdische Führung hinaus größere Kreise aus dem Volk, die sich gegen die Christen wenden. Hervorgerufen ist dies durch die neue Stoßrichtung, die die christliche Verkündigung durch die Hellenisten erhalten hat. Lebte die Gemeinde bisher im Einklang mit Tempel und Gesetz, so werden diese Fundamente der jüdischen Religion nun erstmalig zum Gegenstand christlicher Kritik. Aus jüdischer Sicht ist der Widerstand gegen Stephanus also völlig berechtigt. Und aus christlicher Sicht ist die Kritik des Stephanus ebenso verständlich: kann sie sich doch auf die Kritik Jesu an Tempel und Gesetz berufen (V. 14) – und macht sie erstmals Ernst mit dem Gedanken, dass seit dem Handeln Gottes in Jesus nicht mehr dem Tempelkult und der Befolgung des Gesetzes die höchste Heilsrelevanz zukommt, sondern dem Glauben an den gekreuzigten und auferstandenen Jesus Christus (vgl. 6,7). Von daher ist die Radikalität der jüdischen Vorgehensweise gegen Stephanus verständlich, denn es geht hier sozusagen um das Eingemachte des jüdischen Glaubens. Wir stehen spätestens hier am Beginn der Entwicklung von Judentum und Christentum als zwei verschiedenen Religionen, die auf Dauer keinen gemeinsamen Weg gehen können. Lukas wird diesen Prozess im weiteren Gang seines Werkes darstellen. Er ist geradezu das Hauptthema der Apostelgeschichte.

Durch ihr unlauteres und gewaltsames Vorgehen gegen Stephanus haben die Juden in diesem »Spiel« freilich »schlechte Karten«. Doch nicht das diskreditiert sie letztlich, sondern die von nun an sich permanent steigernde Weigerung, *dem Glauben* an Jesus *gehorsam zu werden* (6,7) – und das, obwohl sie eigentlich erkennen müssten, dass Gott in Jesus etwas Neues begonnen hat, das auch und gerade ihnen gilt. Vorerst sind es lediglich *Zeichen*, an denen sich dies bei Stephanus zeigt: vollmächtige *Wundertaten* (V. 8), *geist*-erfülltes Reden (V. 10) sowie die sichtbare Nähe zur himmlischen Welt (V. 15). Seine nun folgende Rede wird die damit verbundene Provokation auf die Spitze treiben – und den jüdischen Widerstand zum Ergreifen des letzten Mittels, um den Gegner mundtot zu machen. Aus heutiger Sicht ist Ersteres dringend zu vermeiden und Letzteres unbedingt zu unterlassen. Dennoch führt kein Weg an der Erkenntnis vorbei, dass Judentum und Christentum zwei Religionen sind, die zwar an denselben Gott glauben – doch von unterschiedlichen Heilserweisen dieses Gottes ausgehen. Trotz dieses Unterschieds haben sie im Glauben an diesen Gott eines gemeinsam: Gewalt gegen die andere Seite darf es nicht geben! Gerade die Christen haben im weiteren Verlauf der Geschichte hier viel Schuld auf sich geladen.

7,1–53
Die Rede des Stephanus vor dem Hohen Rat

**[1]Da sagte der Hohepriester: »Verhält es sich so?« [2]Er aber sprach:
»Ihr Brüder und Väter, hört: Der Gott der Herrlichkeit erschien unserem Vater Abraham, als er in Mesopotamien war, bevor er sich in
Haran niederließ, [3]und sprach zu ihm: ›Ziehe aus deinem Land hinaus und aus deiner Verwandtschaft und komm her in das Land, das
ich dir zeigen werde.‹ [4]Da zog er aus dem Land der Chaldäer hinaus
und ließ sich in Haran nieder. Von dort siedelte er ihn, nachdem sein Vater gestorben war, in dieses Land um, in dem ihr jetzt wohnt.
[5]Und er gab ihm kein Erbteil in ihm, nicht einmal einen Fußbreit, und er verhieß ihm, es ihm zum Besitz zu geben und seiner Nachkommenschaft nach ihm, obwohl er kein Kind hatte. [6]Gott aber
sprach so: ›Deine Nachkommen werden Fremde sein in einem fremden Land, und sie werden sie zu Sklaven machen und vierhundert
Jahre lang schlecht behandeln. [7]Und das Volk, dem sie dienen werden, werde ich richten‹, sprach Gott, ›und danach werden sie hinausziehen und mir an diesem Ort dienen.‹ [8]Und er gab ihm den
Bund der Beschneidung. Und so zeugte er den Isaak, und beschnitt ihm am achten Tag, und Isaak (zeugte) den Jakob und Jakob die zwölf Patriarchen.**

[9]Die Patriarchen aber wurden neidisch auf Joseph und verkauften ihn nach Ägypten. Doch Gott war mit ihm [10]und rettete ihn aus al-

len seinen Bedrängnissen und gab ihm Gnade und Weisheit vor dem Pharao, dem König Ägyptens, und setzte ihn als Herrscher über Ägypten und sein ganzes Haus ein. [11]Es kam aber eine Hungersnot über ganz Ägypten und Kanaan und (es war) eine große Bedrängnis, und unsere Väter fanden keine Nahrung (mehr). [12]Als aber Jakob hörte, dass es in Ägypten Getreide gab, sandte er unsere Väter zum ersten Mal aus. [13]Und beim zweiten Mal gab sich Joseph seinen Brüdern zu erkennen, und es wurde dem Pharao die Herkunft Josephs bekannt. [14]Joseph aber sandte hin und ließ seinen Vater Jakob herbeirufen und die ganze Verwandtschaft von fünfundsiebzig Personen. [15]Und so zog Jakob nach Ägypten hinab, und er starb (dort) wie auch unsere Väter. [16]Und sie wurden nach Sichem gebracht und in dem Grab beigesetzt, das Abraham für eine Summe Silber(geld) von den Söhnen Hamors in Sichem gekauft hatte.

[17]Als aber die Zeit der Verheißung, die Gott dem Abraham zugesagt hatte, nahe gekommen war, wuchs das Volk und vermehrte sich in Ägypten, [18]bis ein anderer König über Ägypten auftrat, der Joseph nicht (mehr) kannte. [19]Dieser ging mit Arglist gegen unser Geschlecht vor und fügte den Vätern Böses zu, sodass sie ihre Säuglinge aussetzten mussten, damit sie nicht am Leben blieben. [20]In dieser Zeit wurde Mose geboren, und er war Gott wohlgefällig. Er wurde drei Monate im Vaterhaus aufgezogen; [21]nachdem er aber ausgesetzt worden war, nahm ihn die Tochter des Pharao zu sich und zog ihn sich zum Sohn auf. [22]Und Mose wurde in aller Weisheit der Ägypter unterrichtet, und er war mächtig in seinen Worten und Taten.

[23]Als er das Alter von vierzig Jahren erreicht hatte, kam in seinem Herzen (der Gedanke) auf, nach seinen Brüdern, den Söhnen Israel, zu sehen. [24]Und als er sah, wie einem (von ihnen) Unrecht zugefügt wurde, stand er ihm bei und verschaffte dem Unterdrückten Rache, indem er den Ägypter erschlug. [25]Er war überzeugt, die Brüder würden verstehen, dass Gott ihnen durch seine Hand Rettung geben wollte; doch sie verstanden es nicht. [26]Am folgenden Tag erschien er bei ihnen, als sie sich stritten, und er wollte sie zum Frieden versöhnen und sprach: ›Männer, ihr seid (doch) Brüder! Warum tut ihr einander Unrecht?‹ [27]Derjenige aber, der dem Nächsten Unrecht getan hatte, stieß ihn weg und sagte: ›Wer hat dich zum Herrscher und Richter über uns eingesetzt? [28]Willst du mich etwa töten, so wie du gestern den Ägypter getötet hast?‹ [29]Mose aber floh bei diesem Wort und wurde ein Fremdling im Lande Midian, wo er zwei Söhne zeugte.

[30]Als vierzig Jahre vergangen waren, erschien ihm in der Wüste des Berges Sinai ein Engel in der Flamme eines brennenden Dornbusches. [31]Als Mose ihn sah, wunderte er sich über die Erscheinung;

und als er herzutrat, um sie (genauer) zu betrachten, erging die
Stimme des Herrn: [32]›Ich bin der Gott deiner Väter, der Gott Abrahams, Isaaks und Jakobs.‹ Da begann Mose zu zittern und wagte
nicht hinzusehen. [33]Der Herr aber sprach zu ihm: ›Löse die Sandalen
von deinen Füßen, denn der Ort, auf dem du stehst, ist heiliges
Land. [34]Sehr wohl habe ich die Misshandlung meines Volkes in
Ägypten gesehen, und ihr Seufzen habe ich gehört, und ich bin herniedergefahren, um sie zu befreien. Und nun komm, ich will dich
nach Ägypten senden.‹ [35]Diesen Mose, den sie ablehnten, indem sie
sagten: ›Wer hat dich zum Herrscher und Richter eingesetzt?‹, den
hat Gott als Herrscher und Erlöser gesandt durch die Hand des Engels, der ihm in dem Dornbusch erschienen war. [36]Der führte sie
hinaus, indem er Wunder und Zeichen tat im Land Ägypten und am
Roten Meer und in der Wüste, vierzig Jahre lang. [37]Dieser ist der
Mose, der zu den Söhnen Israel sprach: ›Einen Propheten wie mich
wird euch Gott aus euren Brüdern erstehen lassen.‹ [38]Dieser ist es,
der bei der Versammlung in der Wüste war – mit dem Engel, der zu
ihm auf dem Berg Sinai redete, und (mit) unseren Vätern –, der lebendige Worte empfing, um sie uns zu geben, [39]dem unsere Väter
aber nicht gehorsam sein wollten, sondern ihn von sich stießen und
sich in ihren Herzen nach Ägypten hinwandten [40]und zu Aaron sagten: ›Mache uns Götter, die vor uns herziehen sollen! Denn dieser
Mose, der uns aus dem Land Ägypten geführt hat: wir wissen nicht,
was ihm widerfahren ist.‹ [41]Und sie machten in jenen Tagen ein Kalb
und brachten dem Götterbild ein Opfer und erfreuten sich an den
Werken ihrer Hände. [42]Gott aber wandte sich ab und gab sie dahin,
dem Heer des Himmels zu dienen, wie im Buch der Propheten geschrieben steht: ›Habt ihr etwa mir vierzig Jahre lang in der Wüste
Schlachtopfer und (andere) Opfer dargebracht, Haus Israel? [43]Ihr
habt das Zelt des Moloch herumgetragen und das Sternbildnis des
Gottes Raiphan – Bilder, die ihr gemacht habt, um sie anzubeten;
ich werde euch (deshalb) umsiedeln über Babylon hinaus.‹

[44]Unsere Väter hatten das Zelt des Zeugnisses in der Wüste, wie es
der, der mit Mose redete, angeordnet hatte, es nach dem Urbild an-
zufertigen, das er gesehen hatte. [45]Dieses übernahmen unsere Väter
und führten es mit Josua bei der Besitzergreifung (des Landes) der
Völker hinein, die Gott vor dem Angesicht unserer Väter vertrieb
bis zu den Tagen Davids. [46]Der fand Gnade vor Gott und bat, eine
Behausung für den Gott Jakobs zu finden. [47]Salomo aber baute ihm
ein Haus. [48]Doch der Höchste wohnt nicht in etwas, das von Menschenhand gemacht ist, wie der Prophet sagt: [49]›Der Himmel ist
mein Thron, die Erde aber der Schemel meiner Füße. Was für ein
Haus wollt ihr mir bauen, spricht der Herr, oder was wäre der Ort
meiner Ruhe? [50]Hat nicht meine Hand dies alles gemacht?‹

**51 Ihr Halsstarrigen und Unbeschnittenen an Herzen und Ohren,
ihr widersetzt euch allezeit dem Heiligen Geist, wie eure Väter, so
auch ihr! 52 Welchen der Propheten haben eure Väter nicht verfolgt?
Und sie haben die getötet, die die Ankunft des Gerechten zuvor
verkündigten, dessen Verräter und Mörder ihr jetzt geworden seid –
53 ihr, die ihr das Gesetz durch Anordnung von Engeln empfangen
und es doch nicht befolgt habt.«**

Die Rede des Stephanus ist in zweifacher Hinsicht außergewöhnlich – einmal aufgrund ihres Umfangs: Sie ist die bei weitem längste aller Reden in der Apostelgeschichte und überbietet in dieser Hinsicht die beiden Hauptverkündiger Petrus und Paulus – und zum andern aufgrund ihres Inhalts: Es findet sich in ihr so gut wie keine Christusverkündigung (bis auf die kurze Anspielung in V. 52), sodass sie unter diesem Gesichtspunkt deutlich hinter den beiden großen Jesus-Zeugen der Apostelgeschichte zurückbleibt. Was mag Lukas veranlasst haben, ihr trotzdem ein solches Gewicht beizumessen? Die Antwort ergibt sich, wenn man ihre Funktion im Kontext seiner Darstellung bedenkt. Mit dem Auftreten der Hellenisten, insbesondere des Stephanus, beginnen die unvereinbaren Differenzen zwischen dem christlichen und dem herkömmlichen jüdischen Glauben zutage zu treten (vgl. zu 6,8–15), die sich schließlich in der Steinigung des Stephanus einen ersten, gewaltsamen Ausdruck verschaffen (7,54ff). Das Anliegen des Lukas dabei ist offenbar, Stephanus als Jesus-Zeugen in besonderer Funktion herauszustellen – einmal durch sein Martyrium (vgl. 22,20), und zum anderen durch den Aufweis der geschichtlichen Hintergründe der Unvereinbarkeit des Jesus-Glaubens und der überkommenen Haltung Israels gegenüber seinem Gott.

Diese zweite Funktion erfüllt die außergewöhnliche Rede des Stephanus, indem sie in einem großen Rückblick auf die Geschichte Israels aufzeigt, dass und wie sich das Gottesvolk immer wieder den Heilserweisen seines Gottes widersetzt hat, indem es die ihm von Gott gesandten Propheten und Retter abgewiesen und sogar getötet hat – gipfelnd in der Ermordung Jesu (V. 52) als dem letzten und größten Erweis der Treue Gottes zu seinem erwählten Volk. Wenn von nun an der Weg des Evangeliums zu den Heiden führt – dieser Weg wird im unmittelbaren Anschluss an das Martyrium des Stephanus unwiderruflich eingeschlagen (vgl. 8,4ff) –, so markiert seine Rede einen heilsgeschichtlichen Wendepunkt in der Ausbreitung des Jesuszeugnisses, indem es den Grund für diese Wendung darlegt: Das Evangelium findet in Israel auf das Ganze gesehen kein Gehör – daran ändern auch die Tausende jesusgläubiger Juden nichts (vgl. 2,41; 4,4; 5,14; 6,7) –, da das Gottesvolk allezeit dem Wirken Gottes durch den Heiligen Geist widersteht (V. 51) und mehrheitlich in seiner Ablehnung der Heilswege seines Gottes verharrt. Was zu einem späteren Zeitpunkt sowie am Ende der Apostelgeschichte von Paulus in aller Deutlichkeit artikuliert wird: Der Weg des Evangeliums von Israel zu den Heiden als Konsequenz des Unglaubens des Gottesvolkes (13,46f; 28, 25–28), wird bereits hier geschichtstheologisch in eindrücklicher Weise begründet.

Mit der Länge und Ausführlichkeit der Rede zeigt Lukas an, wie wichtig ihm gerade dieser Aspekt ist. Ihr Inhalt lässt sich in die folgenden Abschnitte gliedern: Eröffnung der Geschichte Gottes mit Israel in der Erwählung Abrahams und den damit verbunden Verheißungen (V. 2–8) – Verlagerung dieser Geschichte nach Ägypten durch Joseph und die Patriarchen (V. 9–16) – Sendung des Mose als Retter aus der ägyptischen Knechtschaft und seine stetige Abweisung durch das Volk, gipfelnd im Götzendienst (V. 17–43) – Manifestierung der Auflehnung gegen Gott durch den Tempelbau als Ausdruck des Versuchs, den Schöpfer an etwas vom Menschen Geschaffenes zu binden (V. 44–50) – provozierendes Fazit: Das gegenwärtige Israel setzt diese Linie des Ungehorsams gegen seinen Gott nicht nur fort, sondern hat sie im Verrat und der Ermordung Jesu bis aufs höchste gesteigert (V. 51–53).

Lukas dürfte die Rede weitgehend der ihm vorliegenden Überlieferung entnommen haben, da ihre Sprache für ihn im Ganzen wenig typisch ist. Dennoch wird man nicht davon ausgehen können, dass Stephanus sie im Einzelnen und in dieser Länge so gehalten hat. Schon allein der Umstand, dass der Hohe Rat in aller Geduld und ohne Unterbrechung diesen für ihn höchst unbequemen Worten zuhört – die zudem keinen Bezug auf die zur Debatte stehende Frage nimmt (vgl. zu V. 1) –, spricht dagegen. Dennoch dürfte die Rede im Kern historisch sein, vor allem in ihrer provokanten Zuspitzung, die anschließend zur Steinigung des Redners geführt hat.

1–3 Auf die Frage des *Hohenpriesters,* der wiederum die Verhandlung leitet (vgl. 5,27) – und sich im übrigen von dem Anblick des engelgleichen Gesichts des Stephanus (6,15) unbeeindruckt zeigt –, ob die gegen ihn vorgebrachten Anschuldigungen der Wahrheit entsprechen, antwortet dieser mit einer weit ausgreifenden Rede. Sie bietet eine Darstellung der Geschichte Gottes mit seinem Volk von den Anfängen bis zur damaligen Gegenwart. Deshalb spricht Stephanus die Versammlung feierlich und ehrerbietig an – mit denselben Worten, die Paulus bei seiner Verteidigungsrede nach seiner Festnahme wählt (22,1; vgl. 1,16; 2,29. 37) – und bittet um Gehör. Er beginnt seine Ausführungen programmatisch mit der Rede von der Größe und Macht Gottes (= seine *Herrlichkeit*; Ps 29,3), unter deren Vorzeichen alles Folgende steht (vgl. auch V. 55). Als solcher eröffnet Gott die Geschichte mit seinem Volk, indem er *Abraham* erscheint und ihm den Auftrag gibt, sein *Land* zu verlassen. *Unser Vater* ist Abraham als Stammvater des jüdischen Volkes (Lk 1,73; 3,8; 16,24.30 u.ö.). In der alttestamentlichen Darstellung *erscheint* Gott Abraham erst, nachdem dieser in Kanaan angekommen ist (Gen 12,7); auch erfolgt der Auftrag zum Auszug, als Abraham bereits in Haran wohnt (Gen 11,31; 12,1). Die Änderungen sollen wohl zum Ausdruck bringen, dass Gott in dieser ganzen Geschichte der von den allerersten Anfängen an Handelnde ist und sich Abraham bereits in diesem Stadium in seiner *Herrlichkeit* gezeigt hat. Der Auszugsbefehl ist eng an Gen 12,1 angelehnt. Weggelassen ist die Nachkommens- und Segensverheißung (Gen 12,2f), wodurch auf der *Land*verheißung das ganze Gewicht liegt. Um sie geht es denn auch in den nächsten beiden Versen.

4–5 Abraham setzt den göttlichen Befehl ohne Umschweife in die Tat um. Er verlässt seine Heimat in *Chaldäa* (Gen 11,28.31; 15,7) und *lässt sich in Haran nieder* (Gen 11,31f; 12,4f). Doch Haran ist nur eine Zwischenstation – und als solche vielleicht Ausdruck der Tatsache, dass Abraham zu diesem Zeitpunkt noch nicht weiß, wohin die Reise geht. Das ändert sich, *nachdem sein Vater gestorben* ist (Gen 11,32) und somit die letzte Bindung an seine Herkunft nicht mehr besteht (vgl. V. 3). Gott löst nun sein Versprechen ein, ihm das Land zu *zeigen* (V. 3), indem er Abraham in Kanaan einen *neuen Wohnsitz anweist* (so wörtlich für *umsiedeln*). *Dieses Land* ist das Land – so ruft Stephanus seinen Hörern mit Nachdruck in Erinnerung –, *in dem ihr* (im Griechischen betont) *jetzt wohnt*. Die Angeredeten sind also Besitzer des von Gott zugewiesenen Landes – ganz im Gegensatz zu Abraham, dem der *Besitz* des Landes zunächst nur *verheißen* wurde. Sie wissen also aus eigener Erfahrung, dass Gott seine Verheißung erfüllt hat. Bei Abraham war das anders: Er erhielt *nicht einmal einen Fußbreit* des Landes zum *Erbteil* – das heißt: als von Gott, dem eigentlichen Eigentümer, vererbter Besitz –, sondern empfing nur die göttliche Zusage, es einmal *zum Besitz* zu erhalten (vgl. Gen 13,15; 17,8). Mit in diese Verheißung eingeschlossen sind seine *Nachkommen*, und das zu einem Zeitpunkt, als er noch überhaupt *kein Kind hatte* (vgl. Gen 16,1). Die einzige Sicherheit, die Abraham somit hat, ist die Zusage Gottes – und das Vertrauen darauf, dass Gott beides (Landbesitz und Nachkommenschaft) wahr machen wird. Hier zeigt sich, was sich wie ein roter Faden durch die ganze Stephanusrede zieht: Gott ist in der Geschichte mit seinem Volk der eigentlich Handelnde, der an keine menschlichen Voraussetzungen gebunden ist und sich seinem Volk immer wieder gnädig zuwendet; und Israels Aufgabe wäre es eigentlich, so wie Abraham im vertrauenden Gehorsam gegenüber Gott zu leben – was aber nicht der Fall war und ist.

6 Die Verheißung an Abraham wird noch weiter ausgeführt. Gott wird sie erst erfüllen, nachdem alles äußere Geschehen gegen ihre umfassende Verwirklichung gesprochen hat. Zwar wird es Nachkommen Abrahams geben, aber sie werden erst einmal *vierhundert Jahre lang in einem fremden Land versklavt* und misshandelt werden (vgl. Gen 15,13; Ex 2,22; wie es dazu gekommen ist, wird in V. 9–18 breit geschildert).

7 Doch dann wird Gott zur endgültigen Realisierung seiner Zusage schreiten, indem er das *Volk* der Unterdrücker *richten* und sein inzwischen herangewachsenes Volk (vgl. V. 17) befreien wird. An diesem Punkt wird das eigentliche Ziel der Abrahamsverheißung deutlich: Es geht Gott in alledem um ein Volk, das ihm im zugewiesenen Land in rechter Weise *dient* – nachdem es zuvor in einem fremden Land einem fremden Volk Sklavendienste leisten musste. Das griechische Wort für *dienen* bezieht sich auf den Gottes*dienst* (Lk 1,74; 2,37; 4,8; Apg 7,42; 24,14). Im Blick ist also die rechte Weise der Gottesverehrung. Sie soll *an diesem Ort* geschehen. Damit ist – wie in der alttestamentlichen Bezugsstelle Ex 3,12 – der Berg Sinai gemeint (vgl. Ex 19,1–6), an dem sich im weiteren Verlauf der Stephanusrede die entscheidende Frage nach dem rechten Gottesdienst des Gottesvolks stellt (V. 30–44). Da sie damals schon in der falschen Weise beantwortet wurde (V. 39ff) und auch der Tempel in diese Kritik einbezogen wird (V. 47ff), ist es durchaus möglich, dass hier auch schon an *diese Stätte* (d.h. den Tempel; vgl. 6,13f; im Griechischen dasselbe Wort wie *Ort*) gedacht ist. Dann wäre bereits zu Anfang angedeutet: Israel hat das eigentliche Ziel seines Daseins bislang verfehlt (dem entspricht auch der Abschluss der Rede: V. 51–53).

8 Dabei hatte Gott Abraham doch ein Zeichen für die Ernsthaftigkeit und Vertrauenswürdigkeit seiner Zusage gegeben: den *Bund der Beschneidung* (vgl. Gen 17,9–13), der die Zugehörigkeit aller Nachkommen Abrahams zum Volk der Verheißung symbolisiert. Entsprechend hatte Abraham an *Isaak* gehandelt (Gen 21,4), ebenso auch dieser und seine Nachkommen *Jakob* und die *zwölf Patriarchen,* sodass dieser Bund von Anfang an die Gültigkeit der Verbundenheit Gottes mit seinem Volk durch die Generationen hindurch sichtbar macht.

9–10 Mit den *Patriarchen* (= die Brüder Josephs) ist der Übergang zur Josephsgeschichte und damit ein neuer Abschnitt der Rede erreicht (V. 9–16). Ihr Schwergewicht liegt auf dem Mit-Sein Gottes mit Joseph als weiteres exemplarisches Beispiel für seine bleibende heilvolle Zuwendung zu seinem Volk und die Lenkung von dessen Geschick zum Guten. Ausgangspunkt ist der *Neid* der Brüder Josephs (Gen 37,4.11]) und der daraus resultierende *Verkauf nach Ägypten* (Gen 37,28; 45,4). Doch Gott erweist gerade in dieser Not, in der sich bereits anfänglicher Widerstand gegen seine Wege regt, seine Treue zu seiner Verheißung und ihren Trägern, indem *er mit Joseph ist* (Gen 39,2f.21.23) und *ihn aus allen seinen Bedrängnissen rettet.* Und nicht nur das: *Er setzt* den Verratenen und Verkauften zum *Herrscher über Ägypten* (= ranghöchster Regierungsbeamter des Landes; Gen 41,41.43) und das ägyptische *Königshaus* ein (Gen 41,10; 45,8; Ps 105,21), nachdem er ihn gegenüber dem Pharao mit *Gnade und Weisheit* ausgestattet hat (vgl. 6,3.8.10), sodass sich dieser von seinen Fähigkeiten höchst beeindruckt zeigt (Gen 41,38f). Auch hier kommt deutlich zum Tragen, was dem Duktus der ganzen Rede entspricht: Obwohl der Pharao Joseph in seine herausragende Stellung einsetzt, ist es Gott, der hier eigentlich am Werk ist.

11–16 Das gilt auch für die folgenden Begebenheiten, ohne dass dies ausdrücklich gesagt würde. Hier werden in aller Knappheit die Umstände genannt, die zur Übersiedlung Jakobs und der *Patriarchen* nach Ägypten geführt haben. Dabei ist vorausgesetzt, dass die Hörer die Geschichte kennen, sodass vieles übergangen wird. (**11**) Eine *Hungersnot* kommt über *ganz Ägypten und Kanaan,* sodass *unsere Väter* – Stephanus schließt sich hier mit den Angeredeten im Blick auf die gemeinsame Herkunft zusammen (vgl. V. 2.15.19 u.ö.) – in *große Bedrängnis* gerieten (vgl. Gen 41,53–57). Dies veranlasst *Jakob* (**12**), seine Söhne *zum ersten Mal* nach *Ägypten* zu schicken, um dort *Getreide* zu kaufen (vgl. Gen 42,1–5). (**13**) Doch erst bei der *zweiten* Begegnung – vorausgesetzt ist die Kenntnis von Gen 42,6–38 – *gibt sich Joseph seinen Brüdern zu erkennen* (vgl. Gen 43,1 – 45,8), was mit sich bringt, dass *dem Pharao* die israelitische *Herkunft Josephs bekannt wird* (Gen 45,2.16). (**14**) Das bleibende Wohlwollen des Pharao Joseph gegenüber ist die (unausgesprochene) Voraussetzung dafür, dass dieser *seinen Vater Jakob und die ganze Verwandtschaft,* einen Kreis von fünfundsiebzig *Personen,* (**15**) *nach Ägypten* holen lässt (vgl. Gen 45,16 – 46,7; die Zahlenangabe folgt der griechischen Übersetzung von Gen 46,27; im hebräischen Text ist von siebzig Personen die Rede). Einen relativ breiten Raum nimmt die Rede vom *Tod Jakobs und der Väter,* (**16**) ihrer Überführung *nach Si-*

chem und der *Beisetzung* in dem dort von *Abraham* zuvor *erworbenen Grab* ein – was nach Gen 33,19; Jos 24,32 nicht den Tatsachen entspricht; die dortigen Angaben sind offenbar mit Gen 23,17–20 kombiniert worden (vgl. auch Gen 49,29f; 50,13). Die scheinbar nebensächlichen Details (Kaufpreis: *eine Summe Silbergeld;* Verkäufer: *Söhne Hamors*) sollen untermauern, was hiermit abschließend ausgesagt werden soll: Die dem Abraham von Gott gegebene Verheißung von Landbesitz (V. 5) ist inzwischen zu einem Teil Wirklichkeit geworden.

17–19 Nun beginnt der längste Abschnitt der Rede (bis V. 43). Er handelt von Mose und beschreibt ihn als die Gestalt, durch die Gott nicht nur seine Verheißung erfüllt hat, sondern darüber hinaus seinem Volk in entscheidender Weise begegnet ist. Mit dem *Nahekommen* der *Zeit der Verheißung* ist der Beginn der umfassenden Erfüllung der *Zusage* gemeint, die Gott *Abraham* gegeben hatte (V. 5–7). Das zeigt sich zunächst im *Anwachsen* der Nachkommenschaft zu einem *Volk,* das sich weiterhin *vermehrt* (vgl. V. 5; Ex 1,7). Doch auch der zweite Teil der Verheißung (V. 6) realisiert sich, indem ein *anderer König* in Ägypten an die Macht kommt, *der Joseph nicht mehr kennt* (Ex 1,8). So kehrt sich das ursprüngliche Wohlwollen in *Arglist* und *Bosheit* gegenüber dem Volk (= *unser Geschlecht* und die *Väter*) um (vgl. Ex 1,9–14) – gipfelnd in der Maßnahme der *Säuglingsaussetzung,* um durch die auf diese Weise herbeigeführte Tötung ein weiteres Anwachsen des Volkes zu verhindern (vgl. Ex 1,18.22, wo aber nur von männlichen Neugeborenen die Rede ist).

20–22 Mitten in dieser Not und Bedrängnis lässt Gott mit der *Geburt des Mose* die Rettung erwachsen (V. 25). Dies ist zunächst nur in der Bemerkung angedeutet, dass Mose *Gott wohlgefällig* ist, das heißt in eine besondere Stellung zu Gott gesetzt ist (nach Ex 2,2 [vgl. Hebr 11,23] war Moses äußeres Aussehen *schön* – was hier auf sein Ansehen bei Gott ausgeweitet wird). Nachdem er die ersten *drei Lebensmonate* im Elternhaus *aufgezogen* worden ist, muss er *ausgesetzt* werden (Ex 2,2f). Doch Gott – sein Handeln ist auch hier unausgesprochen vorausgesetzt – sorgt auf wunderbare Weise dafür, dass die feindliche, auf Vernichtung zielende Maßnahme des Pharao bei Mose nicht nur nicht greift, sondern geradezu in ihr Gegenteil verkehrt wird: Anstatt zu ertrinken, wird Mose ausgerechnet am Hof des Pharao *großgezogen* – als (Adoptiv-)*Sohn* der *Tochter des Pharao* (Ex 2,10), die ihn aus dem Nil heraus *zu sich genommen* hat (Ex 2,5.10). Die höfische Bildung bringt es mit sich, dass Mose *in aller Weisheit der Ägypter unterrichtet* wird – davon ist im ursprünglichen Text nicht die Rede. So reift er zu einem Mann heran, der *in Wort und*

Tat machtvoll auftreten kann. Die Parallele zu Jesus (vgl. Lk 24,19) ist offenbar gewollt. Ihr entspricht auch die Retterfunktion Moses (V. 25). Diese Sicht des Mose deckt sich nicht mit dem ursprünglichen Text (vgl. Ex 4,10–16), sondern verdankt sich späterer, vor allem christologischer Interpretation.

23 Nach dem Blick auf Moses Kindheit und Jugendzeit beginnt ein neuer Abschnitt, in dem es um das erste Auftreten des inzwischen *vierzigjährigen* Mannes geht (zur Zeitspanne der vierzig Jahre als Gliederungsmerkmal vgl. V. 30.36). Wenn es wörtlich heißt: *Als sich für ihn die Zeit von vierzig Jahren erfüllte* (vgl. V. 30), kommt darin der Aspekt heilsgeschichtlicher Erfüllung zum Ausdruck (vgl. Lk 21,24; Apg 9,23; 24,27). Dem entspricht die ganze Art der Darstellung, die zum Teil weit über das im ursprünglichen Text (Ex 2,11–15) Gesagte hinausgeht und es im Sinne von Heilserweisen Gottes deutet. So erwächst Mose *in seinem Herzen* – als dem Gott unmittelbar zugänglichen Inneren des Menschen (vgl. Lk 5,22; 9,47; Apg 1,24; 2,37) – der Gedanke, sich fürsorglich um seine Volksgenossen zu kümmern (= *nach seinen Brüdern zu sehen*), die Frondienste leisten müssen.

24 Dass er ein Mann der Tat geworden ist (vgl. V. 22), beweist er ohne Zögern, indem er einem seiner *unterdrückten* und *Unrecht* leidenden Brüder *beisteht* und den Bedränger in einem Akt der *Rache erschlägt*.

25 Wenn Mose dabei *überzeugt* ist, seine *Brüder würden verstehen*, dass seine Tat ein Zeichen für die Absicht Gottes ist, seinem Volk durch ihn *Rettung* aus dieser Not zu verschaffen, so ist dies nicht Ausdruck einer maßlosen Selbstüberschätzung, sondern die logische Folge des bisherigen Weges Gottes mit ihm (V. 20–22). Doch statt zu erkennen, dass Gott selbst mit Mose ist (vgl. V. 20) und *durch seine Hand* zu ihrem Heil (so die andere Übersetzungsmöglichkeit von *Rettung*) wirkt, verschließen sich die *Söhne Israel* (V. 23), das heißt die Glieder des von Gott ins Leben gerufenen Volkes (vgl. V. 17), dieser Erkenntnis des rettenden Handelns Gottes: *Sie verstehen nicht*, was die Tat Moses eigentlich zu bedeuten hat. Dies ist – so der Tenor der Stephanusrede – symptomatisch für das Verhalten Israels gegenüber den immer wieder neu gewährten Heilserweisen Gottes (vgl. V. 35. 39ff.47ff). Genau darin besteht seine Schuld, die in der Gegenwart ihren Höhepunkt erreicht hat (V. 51–53).

26–29 Die Verweigerung der Einsicht in das Rettungshandeln Gottes durch Mose wird in den nächsten Versen konkretisiert. (**26**) Wiederum *erscheint* Mose in heilvoller Absicht: Er will zwei sich *streitende* Israeliten zu *Frieden* und *Versöhnung* verhelfen, indem er sie auf ihre Verwandtschaft als Volksgenossen anspricht

(*Ihr seid Brüder!*), was ein gegenseitiges *Unrecht-Tun* ausschließt (Ex 2,13). (**27**) Doch statt auf Verständnis *stößt* er auf radikale Ablehnung (vgl. V. 39; 13,46). Sie gipfelt in der rhetorischen Frage, wer ihn *zum Herrscher und Richter* über sein Volk *eingesetzt* habe (Ex 2,14). Das Handeln und Verhalten des Mose wird also durchweg negativ interpretiert. Von einer Offenheit für das sich darin zeigende Wirken Gottes kann keine Rede sein. (**28**) So wundert es nicht, wenn Mose einzig eine böse Absicht unterstellt wird (*Willst du mich etwa töten …?*). (**29**) Und so bleiben dem Mann Gottes, der vom Volk Gottes verworfen wird, einzig die *Flucht* (Ex 2,14f) und die *Fremdlingschaft* in einem anderen *Land* (Ex 2,22). Doch der Aufenthalt in *Midian* (Ex 2,15) soll ihm und seinem Volk – entgegen allem äußeren Anschein – zum Segen werden, wofür zeichenhaft die *beiden dort gezeugten Söhne* stehen (Ex 2,22; 18,3).

30–31 Nach dem erneuten Verlauf von *vierzig Jahren* (vgl. zu V. 23) greift Gott deutlich wahrnehmbar in das Geschehen ein, nachdem er die Dinge, die durch die Erscheinung vor Abraham (V. 2) in Gang gekommen sind, bislang im Verborgenen gelenkt hatte. Wiederum ist es eine *Erscheinung*, durch die ein ganz neuer Abschnitt in der Geschichte mit seinem Volk eingeleitet wird: diesmal vor Mose. Die Darstellung ist eng an Ex 3,1–4 angelehnt und fasst die wesentlichen Dinge zusammen (*Wüste, Berg, Erscheinung eines Engels in der Flamme eines brennenden Dornbusches, Sehen und Herzutreten Moses*). Geändert ist der Name des Berges (*Sinai* statt Horeb). Dahinter steht die Absicht, den Berg der Gotteserscheinung mit dem Berg der Gesetzgebung zu identifizieren: Die *lebendigen Worte*, die Mose am Sinai empfing (V. 38), sind die Willenskundgabe desselben Gottes, der ihm zuvor am selben Ort als der Lebendige begegnet ist und ihn dort zum Befreier seines Volkes eingesetzt hat (V. 35). Entsprechend wird das Reden Gottes zu Mose von Lukas als Offenbarungsereignis erster Güte dargestellt: als machtvolles *Geschehen* (so wörtlich) der *Stimme des Herrn* – in Analogie zum Ergehen der Stimme Gottes bei der Verklärung Jesu (Lk 9,35f).

32–34 Gott stellt sich Mose in seiner Identität (*ich bin*) vor, und zwar als *Gott seiner Väter*, die namentlich genannt werden, beginnend mit *Abraham* (Ex 3,6a). Mose ist angesichts des ganzen Geschehens offenbar so von Scheu und Ehrfurcht ergriffen, dass er *anfängt zu zittern* und *nicht hinzusehen wagt* (Ex 3,6b). Entsprechend der göttlichen Würde des Vorgangs, die sich in der *Heiligkeit* des Bodens artikuliert, *auf dem er steht*, wird er aufgefordert, als Ausdruck der Ehrerbietung seine *Sandalen ausziehen* (Ex 3,5; dort noch vor der Selbstkundgabe Gottes). Beteuernd lässt Gott ihn wissen, dass er *die Misshandlung seines Volkes in Ägypten sehr wohl gesehen* hat. Hier wird die dem Abraham verheißene Nachkommenschaft (V. 5f) ausdrücklich *mein Volk* genannt – nicht nur, um die Entstehung dieses Volkes auf Gott zurückzuführen (vgl. V. 17), sondern auch und vor allem, um die bleibende Zugehörigkeit zu Gott zum Ausdruck zu bringen. Dem entspricht auf der Seite Gottes zunächst das *Sehen* (*der Misshandlung*) und das *Hören* (*des Seufzens*), sodann aber das Handeln: *Ich bin herniedergefahren, um sie zu befreien* (Ex 3,7f). Auffallenderweise werden nun alle Aussagen aus dem Ursprungstext, die die Befreiung als Herausführung aus Ägypten konkretisieren (Ex 3,8b.10b), weggelassen. Das Schwergewicht der Berufung des Mose (*nun komm, ich will dich nach Ägypten senden*) liegt hier nicht auf der Herausführung – sie wird in V. 36 freilich erwähnt –, sondern auf der *Sendung* zu den Seinen als von Gott eingesetzter Herrscher und Retter, der aber auf Widerstand und Ablehnung stößt (V. 35.39f). Deshalb wird Mose auch nicht zum Pharao gesandt (im Gegensatz zu Ex 3,10), sondern *nach Ägypten* zu seinem Volk.

35–36 Doch dieses *lehnt* den ihm *von Gott gesandten* Retter ab. Was einer von ihnen vor vierzig Jahren gesagt hat (V. 27), ist charakteristisch für alle. Dabei ist zu beachten, dass Israel negativ wertet (Herrscher und *Richter*), was von Gott positiv gedacht ist (Herrscher und *Erlöser*). Aber selbst angesichts der offenkundigen *Einsetzung* beziehungsweise *Sendung* Moses durch *Gott* – vermittelt *durch die Hand des erschienenen Engels im Dornbusch* – bleibt das Gottesvolk bei der Haltung, die es schon von Anbeginn seiner Existenz in Ägypten an eingenommen hat. Vom Duktus der Stephanusrede her ist das symptomatisch für die Haltung Israels gegenüber der Sendung Jesu als dem endzeitlichen *Führer und Retter* seines Volkes, der ebenso auf Ablehnung, ja sogar Tötung stößt (V. 52; vgl. 5,30f). Dabei hätte Israel klar erkennen können, dass Mose wirklich der von Gott gesandte *Retter* ist (V. 25). Denn er *führt das Volk* aus der ägyptischen Knechtschaft *hinaus* in die Freiheit und erweist dabei göttliche Vollmacht in Gestalt von *Wundern und Zeichen* (Ex 7,3; vgl. Apg 2,22 mit Bezug auf Jesus), die er *vierzig Jahre lang* in diesem Zusammenhang vollbringt: die Plagen *im Land Ägypten* (Ex 7–12), den Durchzug durch das *Rote Meer* (Ex 14) und diverse Wunder während der Wanderung *in der Wüste* (z.B. Ex 15,22 – 17,16).

37–38 Die nächsten beiden Verse konkretisieren die herausragende Bedeutung Moses für Israel (beide Male beginnend mit den Worten: *Dieser ist ..., der ...*). Sie besteht zum einen in der Ankündigung eines endzeitlichen *Propheten*, den *Gott* seinem Volk aus seiner Mitte (*aus euren Brüdern*) *erstehen lassen* wird (Dtn 18,15). Da er in Analogie zu Mose (*wie mich*) auftreten und handeln wird, liegt hier eine Anspielung auf Jesus und seine einzigartige Heilsbedeutung für Israel vor (vgl. zu V. 25.35.36; vgl. auch 3,22.26). Das gilt auch für die zweite Konkretion, denn Mose erscheint hier als Mittler, der zwischen den *Vätern* auf der einen Seite und dem *Engel* Gottes auf der anderen Seite steht, um das Gesetz zu *empfangen* und es an das Gottesvolk *weiterzugeben*. Israel wird hier als das *in der Wüste* am *Sinai*, dem Berg der Offenbarung (vgl. zu V. 30), *versammelte* Gottesvolk charakterisiert (Ex 19,1–6), in dessen Mitte Mose (er ist *bei der Versammlung*) seine Mittlerfunktion ausübt. Sie besteht zum einen im Empfang *lebendiger Worte* durch den Engel, *der auf dem Berg zu ihm redet*. Das Gesetz wird hier also als Sammlung von *Worten* Gottes gesehen, die *Leben* in sich tragen und es denen zuteil werden lassen, die sie befolgen (vgl. V. 39.53; vgl. Lev 18,5; Dtn 32,47). Dieser Hochschätzung des Gesetzes entspricht seine Übermittlung durch einen *Engel*, in dem Gott wahrnehmbar begegnet (vgl. V. 30.53; ganz anders Paulus in Gal 3,19; im ursprünglichen Text Ex 20ff ist von einem Engel in dieser Funktion nicht die Rede). Die Würdigung des Gesetzes steht in gewisser Spannung zu 6,11.13f, doch ist in der dortigen Gesetzeskritik des Stephanus impliziert, dass Jesus derjenige ist, der das Gesetz als endzeitlicher Prophet seiner wahren Bestimmung zuführt. Dem entspricht auch die andere Seite der Mittlerfunktion Moses, die darin besteht, die empfangenen Lebensworte *uns zu geben*. Im Blick ist also nicht nur das Israel der Geschichte, sondern auch der Gegenwart. Es ist herausgefordert, die Lebensworte Gottes von Jesus her ganz neu zu hören und zu befolgen.

39–40 Doch es steht in der Kontinuität zu dem damaligen Israel (*unsere Väter*), das dem durch Mose ergehenden göttlichen Lebensangebot *nicht gehorsam sein wollte*. Das meint die bewusste, willentliche Verweigerung gegenüber der in der Person des Mose ergehenden Zuwendung Gottes. Sie findet einen doppelten Ausdruck: einmal äußerlich in dem *Von-sich-Stoßen* Moses (das selbe Wort wie in V. 27) und zum anderen in der inneren Abkehr von ihm in Form der *Herzensumwendung nach Ägypten* (vgl. Num 14,3). Hatte sich das Volk dort schon anfangs gegen das rettende Handeln Gottes durch Mose aufgelehnt (V. 25.35), so vollzieht es jetzt diese Verweigerung in grundlegender Weise. Denn durch die Aufforderung an *Aaron*: *Mache uns Götter, die vor uns herziehen sollen*, entzieht sich Israel dem, was das Ziel der ursprünglichen Verheißung Gottes darstellt: dem rechten Gottesdienst am Ort der Offenbarung (V. 7). Dabei zeigt sich deutlich das Wesen des Versagens Israels gegenüber der Zuwendung Gottes: Die (vorausgesetzte längere) Abwesenheit Moses (auf dem Sinai; Ex 32,1) lässt das Volk daran zweifeln, ob die Sache mit Mose und Gott überhaupt noch läuft (*wir wissen nicht, was ihm widerfahren ist*). So schlägt es den vermeintlich sichereren Weg ein, indem es sich *Götter* macht, die sichtbar *vor ihm herziehen.*

41–43 Umgesetzt wird dieses Ansinnen in der *Anfertigung* eines (goldenen) *Kalbes* beziehungsweise jungen Stieres – das betreffende griechische Wort umfasst beide Bedeutungen – und dem *Darbringen von Opfern* vor dem *Götterbild* (Ex 32,1–6). In Aufnahme einer verbreiteten alttestamentlichen Kritik am Götzendienst wird der Stierkult in der Wüste als Ergötzung *am Werk der eigenen Hände* verurteilt (vgl. Dtn 4,28; Ps 115,4; Jer 1,16). Die Folge bleibt nicht aus: Nachdem das Gottesvolk seinen wahren Gott auf diese Weise abgeschrieben hat, *wendet* sich dieser nun seinerseits ab und *gibt das Volk hin* an den Götzenkult – also an den Weg des falschen Gottesdienstes, den es selbst für sich erwählt hat (vgl. Röm 1,24.26.28). Dabei wirkt sich diese Preisgabe in einer Verschlimmerung des Götzendienstes aus: Israel verfällt dem Gestirnskult (= *dem Heer des Himmels dienen*; vgl. Jer 8,2; 19,13; 7,18). Dass dies von Anfang an der Fall war, wird mit dem Verweis auf Am 5,25–27 begründet, wonach Israel bereits in der Wüste Gestirngottheiten verehrte. Die griechische Übersetzung der Amos-Stelle, die hier zitiert wird, hat diesen Aspekt verstärkt. Dabei geht es zunächst um die Feststellung, dass Israel mit seinem gesamten *Opferkult in der Wüste vierzig Jahre lang* nicht seinem Gott (*mir*), gedient hat, sondern fremden Göttern: dem kanaanitisch-phönizischen Himmels- und Sonnengott *Moloch,* dessen Kultstätte (*Zelt*) sie mit sich herumtrugen – ebenso wie das *Sternbildnis des Raiphan,* einer nicht näher identifizierbaren weiteren Gestirngottheit. Auch dies wird als *Anbetung selbst gemachter Götterbilder* gebrandmarkt – mit erneuter Gerichtsfolge in Gestalt der Wegführung (*Umsiedlung;* das selbe Wort wie V. 4) nach *Babylon* und darüber hinaus. Das babylonische Exil wird also von Stephanus als die gerechte Strafe für den Götzendienst Israels angesehen, dessen Urgestalt und Ausgangspunkt sich bereits in der Wüste herausgebildet hat. Israel hat sich so schuldhaft dem göttlichen Ziel des rechten Gottesdienstes (V. 7) von Anfang an verweigert und es in eine falsche Götterverehrung pervertiert, die nicht ungestraft geblieben ist.

44–46 Mit der Bezugnahme auf das *Zelt des Zeugnisses* (= Bezeichnung des Zeltheiligtums in der Septuaginta; z.B. Ex 27,21) wechselt die Rede zur Thematik des Tempels über (V. 44–50). Zunächst geht es darum, das Heiligtum *in der Wüste* als die dem

Willen Gottes gemäße Urform des Kultortes herauszustellen. Die *Väter* besitzen es in der *Anfertigung nach dem* himmlischen *Urbild,* das Mose zu *sehen* bekommen hatte (Ex 25,9.40). Es entspricht somit der *Anordnung* Gottes. Die Generation der Landnahme *übernimmt dieses* – und kein anderes oder verändertes – Heiligtum und *führt es* unter der Leitung des Mose-Nachfolgers *Josua* in das Land ein, aus dem *Gott* die heidnischen *Völker* vor ihren Augen (*Angesicht*) vertreibt. Dieser Prozess währt *bis zu den Tagen Davids.* Mit ihm, dem *Gott* in besonderer Weise *gnädig zugewandt* ist, kommt es zur Anbahnung eines neuen Abschnitts in der Geschichte des Heiligtums. Sie beginnt mit der *Bitte* Davids, für Gott inmitten seines Volkes, das nun sesshaft geworden ist, *eine Behausung zu finden.* Damit ist – entgegen der ursprünglichen Darstellung (2Sam 7,13; 1Kön 8,17f; 2Chr 6,7f u.a.) – nicht der Tempel gemeint (der erst durch Salomo errichtet wird; V. 47), sondern eine Zeltwohnung (so der griechische Begriff), die der Urgestalt des Heiligtums entspricht. Statt *für den Gott Jakobs* heißt es in vielen alten Handschriften: für das *Haus* Jakobs (vgl. LÜ; EÜ). Da Letzteres jedoch keinen Sinn ergibt – höchstens den, dass es um eine Behausung im Zusammenhang mit dem Gottesvolk geht –, verdient wohl die Überlieferung, die von *Gott* spricht (in Anlehnung an Ps 132,5), den Vorzug (so auch ZB).

47–50 Der verhängnisvolle Umschwung wird erst mit *Salomo* eingeleitet, der Gott ein festes *Haus baut* (1Kön 6,1ff; 8,20). Die Kritik daran bezieht sich auf den Versuch, Gott einen *Wohn*ort in einem *von Menschenhand errichteten Gebilde* zuzuweisen, die Präsenz des *Höchsten* also in etwas vom Menschen Geschaffenes einzufangen – ganz im Gegensatz zum Zelt, das nach dem himmlischen Urbild errichtet wurde (V. 44) – und damit verfügbar zu machen (ähnlich 17,24; vgl. aber 1Kön 8,27, wonach Salomo sich dieser Gefahr durchaus bewusst war und ihr nicht erlag). Die Stoßrichtung der Kritik zielt also in dieselbe Richtung wie die an den Götterbildern (vgl. V. 41), meint vielleicht aber gar nicht Salomo selbst (V. 47 wertet den Tempelbau nicht), sondern das durch sein Handeln ermöglichte generelle jüdische Missverständnis des Tempels im genannten Sinn.

Dass eine derartige Kritik berechtigt ist, wird mit einem Prophetenzitat (Jes 66,1f) untermauert. Demnach ist *der Himmel Gottes Thron* und damit seine »Wohnung«; und nicht einmal die *Erde* kann ihn in seiner Größe fassen, sie dient lediglich als *Schemel seiner Füße. Was für ein Haus* – als Stätte seiner *Bleibe* (= *Ort meiner Ruhe*) – sollte *ihm* also *gebaut* werden? Ein solches Unterfangen wäre gleichbedeutend mit dem Versuch, den Schöpfer (*dessen Hand dies alles gemacht hat*) in einen Teilbereich seiner Schöpfung einzufangen und ihn damit seines Wesens zu berauben.

51–53 Im Schlussteil seiner Rede geht Stephanus zum Frontalangriff über. In Anlehnung an alttestamentliche Redeweise werden die jüdischen Hörer direkt attackiert: Sie sind widerspenstig (*halsstarrig*; Ex 33,3.5; 34,9; Dtn 9,6.13) und nur äußerlich, aber nicht ihrer inneren Einstellung nach Juden (die Wendung *unbeschnitten an Herzen und Ohren* [Lev 26,41; Jer 6,10; 9,25] umschreibt das Brechen des Bundes der Beschneidung; vgl. V. 8). Das zeigt sich vor allem in ihrem ständigen *Widerstand* (wörtlich: *sich entgegenwerfen*) gegen den *Heiligen Geist* (vgl. Jes 63,10), wie er in der von Stephanus dargelegten Geschichte des Gottesvolks – vor allem im Moseteil – in vielfacher Weise zutage getreten ist (V. 25.27f.35.39–43.47f). Dabei ist impliziert, dass Gott sein Handeln in der Geschichte durch seinen Geist ausübt. Der durch die Generationen hindurch ergehende Widerspruch (*wie eure Väter, so auch ihr*) konkretisiert sich in einer sich steigernden Ablehnung und Bekämpfung der Gesandten Gottes. Hatten die *Väter* ausnahmslos alle *Propheten verfolgt* – so die eigentliche Aussage der rhetorischen Frage – und sogar diejenigen *getötet*, die das Kommen Jesu (= *des Gerechten*; vgl. zu 3,14) *im Voraus verkündigten* (vgl. V. 37), so hat dieser Widerstand im *Verrat* und der *Ermordung* Jesu durch die *jetzige* Generation seinen unrühmlichen Höhepunkt erreicht (vgl. 2,23.36; 3,14f; 4,10f; 5,30). Doch damit nicht genug: Dieses ganze Verhalten stellt eine Übertretung des *Gesetzes* dar, weil es nichts anderes als Widerspruch gegen den im Gesetz geoffenbarten Willen Gottes ist (vgl. Lk 24,44). Das wiegt umso schwerer, als die göttliche Würde des Gesetzes offenkundig ist, denn Israel hat es *durch Anordnung von Engeln empfangen* (vgl. V. 38). So sind in Wahrheit die Ankläger des Stephanus diejenigen, die das Gesetz *nicht befolgen*. Ihre gegen ihn erhobene Anschuldigung (6,11.13f) trifft daher sie selbst.

Die Stephanusrede muss vom Ende her verstanden werden – nicht nur von ihrem eigenen, sondern auch von dem der Apostelgeschichte im Ganzen. Lukas geht es mit dem zweiten Teil seines Gesamtwerkes (auch) um die Beantwortung der Frage, wie es gekommen und zu erklären ist, dass sich Israel, das erwählte Volk Gottes, dem endzeitlichen Heilserweis seines Gottes in Jesus Christus mehrheitlich widersetzt. Dass dem so ist, konstatiert der Abschluss der Stephanusrede in aller Deutlichkeit (V. 51–53). Warum es so gekommen ist, beantwortet Paulus am Schluss der Apostelgeschichte in der gleichen Eindeutigkeit: Es liegt am Verstockungshandeln Gottes selbst (vgl. zu 28,25–28). Das aber ist keine rein jenseitige Größe, sondern es realisiert sich in der Geschichte als konkretes, schuldhaftes Handeln und Verhalten von Menschen. Dieses geschichtliche Geschehen darzustellen, ist eine der Hauptabsichten des Lukas bei der Abfassung der Apostel*geschichte.* Die Stephanusrede erfüllt vor diesem Hintergrund den Zweck, das ablehnende Verhalten Israels gegenüber dem Jesuszeugnis mit der bisherigen Geschichte Gottes mit seinem Volk zu erklären. Was Stephanus am Ende zu sagen hat – und was ihn zum ersten Märtyrer werden lässt –, ist die logische Konsequenz aus dieser Geschichte. In ihrer Schilderung ist von Verstockung zwar nicht explizit die Rede, wohl aber von ihren menschlich-geschichtlichen Symptomen. Sie ist sozusagen die äußere Darstellung einer grundlegenden inneren Problematik: der Unfähigkeit des Menschen, Gott und seinem Handeln zu entsprechen.

So lässt die Rede von Anbeginn an keinen Zweifel daran, wer der eigentlich Handelnde in der Geschichte ist: *der Gott der Herrlichkeit* (V. 2). Auf ihn geht der Anfang der Geschichte des Gottesvolkes zurück: Er *erscheint* dem *Abraham* (V. 2) und *siedelt ihn* in ein anderes *Land* um (V. 4). Und auch alles Weitere ist dem Handeln und Wirken Gottes zu verdanken: die *Nachkommen* des kinderlosen *Vaters* (V. 2. 5.8), der *Bund der Beschneidung* (V. 8), die *Rettung Josephs* und seine *Einsetzung zum Herrscher über Ägypten* (V. 9f), die Vermehrung und das Leiden seines *Volkes* in *Ägypten* (V. 6.17–19), sein *Wohlgefallen* an *Mose* und dessen Rettung vor dem sicheren Tod (V. 20–22), das *Erscheinen* vor Mose und seine *Sendung* als *Herrscher und Erlöser* des Volkes (V. 30–35), realisiert in der wunderbaren *Herausführung* aus Ägypten und der Bestellung Moses zum Mittler *lebendiger Worte* an das Volk (V. 36–38), die *Vertreibung* der *Völker* bei der Landnahme (V. 45), das *Gnade-Finden Davids*, insbesondere im Blick auf die *erbetene Behausung Gottes* (V. 46) – um nur das wichtigste zu nennen. Das siebente Kapitel stellt im Rahmen der gesamten Apostelgeschichte anschaulich vor Augen: Die Geschichte Israels – und in ihrem Gefolge die Geschichte des weltweiten Jesuszeugnisses – ist der Kern- und Ausgangspunkt der Geschichte Gottes mit der Welt und den Menschen überhaupt.

Doch diese Geschichte wird für den Menschen auch zu einem Problem (ebenso wie für Gott). Dieses Problem besteht darin, dass Gott zwar in der Geschichte handelt, aber als solcher jenseits der Geschichte steht – und somit trotz aller Zuwendung zum Menschen und zur Welt der Jenseitige, Nicht-Fassbare ist und bleibt (vgl. V. 48f). So ist die Grundkategorie dieser Zuwendung die Verheißung: die freie, souveräne Zusage Gottes, dass und wie er in der Geschichte handeln wird (V. 3.5.6f.17.34). Erst auf die göttliche Verheißung hin wird geschichtliches Geschehen überhaupt als Handeln Gottes beziehungsweise als dessen Auswirkung erkennbar und deutbar. Das gilt vor allem für die Menschen, durch die Gott in besonderer Weise Geschichte »macht« – in unserem Text: Abraham, Joseph, Mose, die Propheten, Jesus. Um in diesen (und anderen) Personen Gott am Werk zu sehen, bedarf es eines tieferen Verstehens – und das ist dem Menschen nicht ohne weiteres zugänglich (vgl. V. 25: ... doch sie verstanden es nicht). So werden auch und gerade diejenigen, durch deren Hand Gott Rettung geben will (V. 25), als selbst ernannte Herrscher und Richter weggestoßen und abgelehnt (V. 27.35). Was sich insbesondere bei Mose zeigt, wiederholt sich später in eklatanter Weise bei den Propheten und bei Jesus (V. 51f).

Der Mensch steht somit vor der Herausforderung, das erwählende und bevollmächtigende Handeln Gottes an einzelnen Menschen zum Heil aller (V. 34: ... ich bin herniedergefahren, um sie zu befreien und ... will dich nach Ägypten senden) nicht nur zu erkennen, sondern auch zu akzeptieren. Doch genau das scheint sein (und Gottes) Problem zu sein. Nicht einmal lebendige Worte, in denen sich Gott als derjenige mitteilt, der in all seinem Handeln das Leben der Menschen will (V. 38), vermögen hier zu überzeugen. Im Gegenteil: Jetzt, wo der Mensch anfängt zu begreifen, mit wem er es zu tun hat – mit einem Gott, der in der Geschichte, insbesondere durch Menschen, redet und handelt – kommt es zum offenen Widerspruch (V. 39) und der entsprechenden Gegenreaktion: dem Machen von Göttern, die den menschlichen Vorstellungen beziehungsweise Bildern vom Göttlichen entsprechen (V. 40–43) – bis hin zur Veränderung des Gottesdienstes (V. 42) als dem Versuch, dessen unverfügbares, der jenseitigen Verborgenheit Gottes entsprechendes Urbild (V. 44) in eine von Menschenhand gemachte Form zu gießen (V. 47f).

Das ist denn auch der Tenor der Kritik am Umgang mit Gottes Heilserweisen: Der Mensch ist nicht bereit, in und hinter alledem den wahren Gott zu sehen und zu suchen, sondern er schafft (wörtlich: macht; so V. 40.41.43.47) sich sowohl Gott als auch den Gottesdienst nach seinen eigenen Idealen. So verfehlt er den Zweck seines Daseins: die Befreiung zum rechten Gottes-Dienst am Ort der Begegnung mit Gott (V. 7). Für das alte Israel war dieser Ort der Sinai (V. 30.38), und der rechte Gottes-Dienst war die Befolgung des dort empfangenen Gesetzes (V. 53). Seit Jesus ist dieser selbst zum Ort der Gottesbegegnung geworden und das Leben im Glauben an ihn zur entsprechenden Gestalt des Gottesdienstes. Die Antwort auf die Frage, warum Israel – das man hier paradigmatisch für die Menschheit im Ganzen sehen kann – sowohl zur offenen Begegnung mit Gott als auch zum rechten Gottesdienst weder willens noch fähig ist, wird in V. 42 angedeutet: Gott aber wandte sich von ihnen ab und gab sie dahin – in ihren verfehlten Gottesdienst mit seinen Auswirkungen (ähnlich Paulus in Röm 1,18–32 im Blick auf die »Heiden«). Damit ist der Mensch auch in seiner Gottesverfehlung unausweichlich an Gott gewiesen und gebunden: Auch wo Gott sich von ihm zurückzieht – und ihn gar verstockt –, bleibt nur die Hoffnung auf Gott selbst und das Angewiesensein auf seine rettende Gnade (vgl. V. 10.25.34f.38). Ob und wann Gott seinem Volk diese Gnade erweisen wird, ist nach Lukas eine offene Frage. Die primären Adressaten des Gnadenwirkens Gottes sind zunächst einmal die Heiden (vgl. zu 25,25–28).

7,54 – 8,3
Die Steinigung des Stephanus und ihre Folgen

[54]Als sie dieses hörten, wurden ihre Herzen durchbohrt, und sie knirschten mit den Zähnen über ihn. [55]Er aber war mit Heiligem Geist erfüllt, sodass er gebannt zum Himmel blickte, und er sah die Herrlichkeit Gottes und Jesus zur Rechten Gottes stehen [56]und sagte: »Siehe, ich sehe die Himmel geöffnet und den Sohn des Menschen zur Rechten Gottes stehen.« [57]Sie aber schrien mit lauter Stimme, hielten sich die Ohren zu und stürzten miteinander auf ihn los; [58]und nachdem sie ihn aus der Stadt hinausgestoßen hatten, steinigten sie ihn. Und die Zeugen legten ihre Kleider zu den Füßen eines jungen Mannes ab, der Saulus hieß. [59]Und sie steinigten den Stephanus, der (Jesus) anrief und sprach: »Herr Jesus, nimm meinen Geist auf!« [60]Dann fiel er auf die Knie und rief mit lauter Stimme: »Herr, rechne ihnen diese Sünde nicht zu!« Und nachdem er dies gesagt hatte, entschlief er. [8,1]Saulus aber war mit seiner Ermordung einverstanden. An jenem Tag kam eine große Verfolgung über die Gemeinde in Jerusalem; alle wurden in die Gebiete von Judäa und Samaria zerstreut, mit Ausnahme der Apostel. [2]Gottesfürchtige Männer aber bestatteten den Stephanus und hielten eine große Totenklage über ihn. [3]Saulus aber suchte die Gemeinde zu vernichten, indem er in die einzelnen Häuser eindrang, Männer und Frauen fortschleppte und sie ins Gefängnis einlieferte.

Den Abschluss der Stephanusgeschichte bildet der Bericht über seine Steinigung. Er beginnt mit einer kurzen Darlegung der empörenden Wirkung der vorausgegangenen Rede (V. 2–53) auf den Hohen Rat (V. 54). Im Gegensatz dazu steht die Schilderung der innigen Verbundenheit des Stephanus mit dem *Himmel* (V. 55f), in den er nach der erfolgten Steinigung (V. 57–59a) *aufgenommen* wird (V. 59b.60). Den zweiten Teil der Erzählung bildet die Präzisierung der Verknüpfung des Geschehens mit Saulus (V. 58b; später: Paulus), der der Ermordung des Stephanus innerlich zustimmt (8,1a) und seine Gegnerschaft gegen das Jesuszeugnis durch die aktive Beteiligung an der nun ausbrechenden Verfolgung der Gemeinde (8,1b) in die Tat umsetzt (8,3). Auch hier markiert Lukas wieder einen Kontrast, indem er eine Notiz von der Bestattung des Stephanus durch gottesfürchtige Männer dazwischenschaltet (8,2). Das Martyrium des Stephanus dürfte sich noch in der ersten Hälfte der dreißiger Jahre (vor 35 n.Chr.) ereignet haben. Lukas hat die ihm davon vorliegende Überlieferung wiederum in den Gang seiner Darstellung integriert und entsprechend bearbeitet. Insbesondere dürfte dies in der Rede von Saulus und der Zerstreuung der Gemeinde nach Judäa und Samaria der Fall sein, wodurch er Verknüpfungen nach hinten (vgl. 9,1f; 22,20; 26,10f) sowie ganz an den Anfang seiner Darstellung (1,8) herstellt beziehungsweise ermöglicht.

54–55 Hatte der Hohe Rat bisher offenbar geduldig zugehört – was historisch allerdings wenig wahrscheinlich ist –, so schildert Lukas nun seine Reaktion. Sie fällt heftig aus, was nach den Angriffen des Stephanus insbesondere am Schluss seiner Rede (vgl. V. 51–53) nicht verwunderlich ist. Die Ratsherren sind zutiefst empört (wörtlich: *ihre Herzen wurden zersägt;* vgl. 5,33). Ihr innerer Aufruhr verschafft sich sogleich auch äußerlich Ausdruck, indem sie *mit den Zähnen über ihn knirschen.* Wie anders war doch die Reaktion auf die Pfingstpredigt des Petrus (2,37). Doch die Verhältnisse haben sich inzwischen grundlegend verändert. In den sich nun anbahnenden letzten Lebensminuten des Stephanus zeigt sich noch einmal sein völliges Ergriffen- und Bestimmtsein vom Heiligen Geist (vgl. 6,5.10) – dieses Mal in einer letzten Steigerung, wodurch der Kontrast zu den von ihm angesprochenen Juden noch verschärft wird (vgl. 7,51). *Mit Heiligem Geist erfüllt blickt er gebannt zum Himmel empor* – spielt sich die Szene nun draußen ab (vgl. V. 58)? – und *sieht* in einer Vision den Lichtglanz der *Herrlichkeit Gottes* (vgl. V. 2; 2Kor 4,4.6; Offb 21,11.23) *und Jesus,* wie er *zur Rechten Gottes steht.*

56 Mit wenigen Worten beschreibt Stephanus den Inhalt seiner Vision. Dabei liegt der Akzent auf zwei Punkten. Zum einen ist von den *geöffneten Himmeln* die Rede. Ihm wird also ein Einblick in die himmlischen »Räume« gewährt, in denen Gott in seiner Herrlichkeit sichtbar wird (vgl. 10,11; 2Kor 12,2–4; Offb 5+6). Vielleicht soll damit angedeutet werden, dass die göttliche Welt geöffnet ist, um den sogleich als Märtyrer sterbenden Stephanus aufzunehmen. Zum anderen, und darauf liegt das Hauptgewicht, wird der *zur Rechten Gottes stehende* Jesus als *der Sohn des Menschen* näher qualifiziert. Der *Menschensohn* (= Sohn des Menschen) ist in Anlehnung an Dan 7 und weitere jüdische Texte (z.B. äthHen 46–48; 4Esr 13) eine endzeitliche Richter- und Rettergestalt, die vom Himmel her die Vollendung der Geschichte Gottes mit der Welt und den Menschen herbeiführt. Nach dem Zeugnis der Evangelien hat Jesus diese Bezeichnung für sich in Anspruch genommen und damit seine einzigartige endzeitliche Funktion zum Ausdruck gebracht. Konkret dürfte hier auf Lk 22, 69 angespielt sein, wonach Jesus vom Zeitpunkt seiner Auferstehung an als der Menschensohn *zur Rechten der Macht Gottes,* also auf dem an Gottes Größe und Herrlichkeit Anteil gebenden Ehrenplatz, *sitzt* (vgl. Ps 110,1). Auffallenderweise wird hier vom *Stehen* des Menschensohns gesprochen. Das könnte bedeuten, dass Jesus sich erhoben hat, um den Märtyrer zu empfangen – oder um sich gemäß Lk 12,8 vor dem himmlischen Hofstaat *zu dem zu bekennen,* der ihn *vor den Menschen bekannt hat.*

57–58 Auf diese Worte des Stephanus hin geraten die Zuhörer in tobende Wut. Der Grund dafür dürfte aus ihrer Sicht sein in ihnen sich artikulierender elitärer Anspruch sein, einen unmittelbaren Zugang zur himmlischen Welt und dem Menschensohn zu haben – was letztlich bedeuten würde, dass er mit seiner vorausgegangenen Rede und Anklage im Recht wäre. Das ist für die Ratsherren zu viel. Sie brechen in *lautes Schreien* aus und *halten sich die Ohren zu,* um sich nicht noch mehr von ihm anhören zu müssen. Die Wut steigert sich schnell zu einem spontanen Akt der Lynchjustiz: Gemeinsam *stürzen sie auf* Stephanus *los* (vgl. 6,12), um ihn – ohne jegliches Gerichtsverfahren! – zu *steinigen.* Da eine Steinigung nach jüdischem Recht außerhalb der *Stadt* geschehen muss (Lev 24,14; Num 15,35; Dtn 17,5), *stoßen sie ihn* immerhin zuvor aus ihr *hinaus.* Die Bemerkung, dass *die Zeugen ihre Kleider zu den Füßen eines jungen Mannes ablegen,* beruht auf Dtn 17,6f, wonach bei einer Steinigung mehrere Zeugen nicht nur zugegen, sondern auch aktiv beteiligt sein müssen – deshalb das Ablegen der Gewänder, um besser agieren zu können (vgl. 22,20). Die hier handelnden Juden achten also formal das Gesetz – ohne zu wissen, dass sie damit eine gravierende *Sünde* begehen (so V. 60). Der eigentliche Grund für die Bemerkung ist jedoch die Einführung des Mannes, der im weiteren Fortgang der Apostelgeschichte bald die Hauptrolle spielen wird: *Saulus* (= griechisch für Saul; zur Namensänderung in Paulus vgl. 13,9). Er erscheint zunächst völlig passiv und wie zufällig auf der Bildfläche – als *junger Mann,* der die abgelegten Kleider bewacht –, wird von Lukas jedoch schon sehr bald in seiner ersten Rolle, als Verfolger der Christen, näher beschrieben (8,1.3; 9,1ff).

59–60 Nach dieser Zwischenbemerkung wendet sich Lukas wieder dem sterbenden Stephanus zu. Die Beschreibung seines Verhaltens klingt in einzelnen Zügen an das Sterben Jesu an, sodass Stephanus sich auch und gerade in der Situation des Martyriums als wahrer Zeuge Jesu erweist, der nicht nur das Geschick seines Herrn teilt, sondern auch dessen Art und Weise, es anzunehmen und damit umzugehen. So ruft der Sterbende in Anlehnung an Jesu letztes Wort am Kreuz (Lk 23,46) zunächst seinen *Herrn* mit der Bitte an, seinen *Geist aufzunehmen* – das heißt: das (geistige) Verbundensein mit Jesus über den Tod hinaus zu bewähren und zu vollenden. *Auf die Knie* gehend – hier wird das *Niederfallen* des Gesteinigten zur Einnahme der Gebetshaltung – bittet er sodann wie der gekreuzigte Jesus (Lk 23,34) um Vergebung für seine Mörder: Ihre Tat möge ihnen vom Herrn im Gericht *nicht als Sünde angerechnet* werden. Nicht nur die Worte, sondern auch die äußeren Umstände seines Todes werden von Lukas in Angleichung an das Sterben Jesu geschildert (vgl. Lk 23,46): Wie dieser *ruft* Stephanus sein letztes Wort *mit lauter Stimme* aus, um zu sterben, *nachdem er dies gesagt hat*. Die Rede vom *Entschlafen* bringt dabei die christliche Gewissheit zum Ausdruck, dass der Tod zwar das Ende des irdischen Lebens ist, jedoch als solches nur das Durchgangsstadium zu einem neuen Leben in der vollendeten Gemeinschaft mit Gott beziehungsweise Jesus darstellt (vgl. Mt 27,52; Joh 11,11; 1Kor 15,20; 1Thess 4,14).

8,1 Nun verleiht Lukas der Gestalt des *Saulus* erste Konturen: Er ist *mit der Ermordung* des Stephanus *einverstanden*. Der spätere Christusbote ist also ursprünglich jemand, der der gewaltsamen Bekämpfung und Beseitigung des Christuszeugen Stephanus, und damit dem Kampf gegen das Jesuszeugnis, innerlich zustimmt. Er ist an dem Verbrechen zwar nicht aktiv beteiligt (vgl. 7,58), begrüßt es aber von seiner Einstellung her. So wie er denken inzwischen offenbar die meisten Juden, denn durch den Vorgang wird augenblicklich (*an jenem Tag*) eine *Verfolgung* der *Gemeinde in Jerusalem* ausgelöst. Nach Lukas sind *alle* Gemeindeglieder davon betroffen, *mit Ausnahme der Apostel*. Historisch dürfte es sich jedoch so verhalten haben, dass nur der hellenistische Teil der Gemeinde – also der Kreis um Stephanus (vgl. 6,5) – vertrieben wurde, denn die später erwähnten *Zerstreuten* (= Vertriebene) sind allesamt Hellenisten (8,4f; 11,19ff). Außerdem wird der Fortbestand der Gemeinde in Jerusalem von Lukas im Folgenden vorausgesetzt (V. 3; 9,26; 11,1ff.22; 12,1ff). Zudem ist es historisch höchst unwahrscheinlich, dass ausgerechnet die Apostel, auf die sich bisherige »Verfolgung« konzentrierte (4,1ff; 5,17ff), dieses Mal die einzigen sind, die ungeschoren bleiben. Lukas dürfte seine geschichtliche Darstellung vielmehr einem theologischen Zweck dienstbar machen – nämlich zu zeigen, dass von der Verfolgung in der Tat die ganze Gemeinde betroffen ist, insofern sie ihren hellenistischen, den Völkern zugewandten (vgl. 11,20) Teil verliert und sich infolge dessen zu einer Gemeinde entwickelt, die im Verband des von Stephanus kritisierten Judentums um Tempel und Gesetz verbleibt (vgl. 6,11.13f; 15,1.5; 21, 20ff), wofür *die Apostel* stehen (vgl. 2,42–46; 5,12.40–42; 15, 6ff.23ff). Dafür spricht auch die ausdrückliche Nennung von *Judäa und Samaria,* denn diese *Gebiete* entsprechen nach dem programmatischen Wort von 1,8 dem Weg der Ausbreitung des Jesuszeugnisses über Jerusalem hinaus zu den Völkern. Auf diese Weise deutet Lukas an, dass die Absicht der Verfolgung, die Gemeinde zu zerstören, durch das Walten Gottes in das glatte Gegenteil umgekehrt wird: Sie erweist sich nämlich als Startschuss für die weltweite Ausbreitung des Evangeliums (die ab 8,4 im Mittelpunkt der Darstellung steht).

2–3 Mit der Erwähnung der feierlichen *Bestattung* des Stephanus (*große Totenklage*) schließt Lukas mitten im Umbruch der Verhältnisse die Geschichte des ersten Märtyrers ab. Es gibt noch Sympathisanten für ihn unter den Juden (*gottesfürchtige Männer*), die ihm die letzte Ehre erweisen – die vertriebenen Christen können es ja nicht mehr. Das Gegenbild dazu stellt Saulus dar. In einer erneuten Steigerung wird aus dem passiven Zuschauer (7,58) über den geistigen Gegner (8,1) nun der handgreifliche Hauptakteur der Verfolgung. Sein Ziel es ist, *die Gemeinde zu vernichten.* Dazu *dringt er in die Häuser* der Christen *ein* und wirft alle, die er zu fassen bekommt (*Männer und Frauen*), *ins Gefängnis.* Über seine Ermächtigung zu diesem Handeln gibt Lukas an späterer Stelle Auskunft (9,1f). Die dort berichtete Bekehrung wirkt vor dem hier gezeichneten Hintergrund umso gewaltiger (9,3ff).

Lukas spitzt den Abschluss seiner Darstellung der anfänglichen Ausbreitung des Jesuszeugnisses in Jerusalem auf das Äußerste zu. Menschlich gesehen ist das, was hier passiert, eine Katastrophe: nicht nur für die Christen, die – im völligen Kontrast zu den »Erfolgen« des Anfangs – nun plötzlich massiv verfolgt werden und aus deren Reihen das erste Todesopfer zu beklagen ist, sondern auch für die Juden, deren Feindschaft gegen das Jesuszeugnis und seine Anhänger sich zur Anwendung brutaler Gewalt steigert – was hier denn auch klar als *Sünde* bezeichnet wird. Aber auch der theologische Gegensatz zwischen Juden und Christen wird von Lukas scharf gezeichnet. Der Gott der Herrlichkeit, der der Gott Israels ist (vgl. 7,2), lässt sich in seiner Herrlichkeit nicht mehr von den Juden und ihrer Führung *sehen*, sondern von dem Christen Stephanus (V. 55). Ist es ein Zufall, dass Lukas in diesem Zusammenhang zwar nicht explizit, aber doch sehr deutlich implizit in trinitarischer Weise von der himmlischen Wirklichkeit Gottes spricht, die mit dem jüdischen Verständnis von Gott nicht mehr übereinstimmt (in V. 55 ist unmittelbar nacheinander vom *Heiligen Geist*, der Herrlichkeit *Gottes* und dem zur Rechten Gottes stehenden *Jesus* – in V. 56 präzisiert als der mit dem irdischen Jesus identische *Menschensohn* – die Rede)?

Was hier also völlig auseinander zu geraten droht und zumindest äußerlich auch schon teilweise zerstört ist – das Miteinander von Juden und (Juden-)Christen im Glauben an den einen Gott der Herrlichkeit –, erweist sich als Impuls zur nächsten Etappe in der Geschichte des Jesuszeugnisses: seine Ausbreitung über Jerusalem hinaus nach Judäa und Samaria (8,1 ist die einzige Stelle in der Apostelgeschichte, wo die programmatische Nennung dieser drei Orte bzw. Regionen von 1,8 noch einmal begegnet). So wird das vermeintliche Ende nicht nur des christlich-jüdischen Miteinanders, sondern auch der christlichen Gemeinde überhaupt, zur öffnenden Tür für das Weitergehen in beiden Bereichen. Es ist in dem begründet, worum der sterbende Stephanus bittet: dass nämlich sowohl den Juden (vgl. 2,38; 3,19; 5,31) als auch den Heiden (vgl. Lk 24,47) aufgrund des Todes Jesu die Sünden nicht zugerechnet werden. Zu einem Zusammengehen beider Religionen wird es nach Lukas nicht mehr kommen, wohl aber zu einer immer stärkeren Profilierung des dreieinigen Gottes, an dem sich die Geister scheiden – wobei ausgerechnet die Person des Saulus/Paulus zur entscheidenden Gestalt wird (vgl. den Schluss der Apg: 28,25–28). Ob man in alledem das geschichtsmächtige Walten Gottes sieht oder nicht: Keinesfalls dürfen die sich darin zeigenden Gegensätze zu einer Bekämpfung der jeweils anderen Seite führen.

8,4 – 12,25
Das Jesuszeugnis zwischen Jerusalem und Antiochia

Der zweite Teil der Apostelgeschichte gilt der Geschichte des Jesuszeugnisses im Umbruch von der exklusiven Judenmission zur Heidenmission. In ihrem Zentrum steht die Erzählung, die von dieser epochalen Wende berichtet: die Bekehrung des Hauses des Cornelius und ihre wunderbare Vorgeschichte (10,1–48). Zusammen mit ihrer unmittelbaren Fortsetzung, der Zustimmung der Judenchristen zur Heidenmission (11,1–18), bildet sie die bei weitem längste Einzelerzählung der Apostelgeschichte. Schon allein daran wird das Gewicht deutlich, das Lukas zu Recht diesem Wandel in der Heilsgeschichte beimisst, der in der Einbeziehung der (gläubigen) Heiden in das Gottesvolk der Endzeit besteht.

Dass der Zug des Jesuszeugnisses in diese Richtung weiterfährt, ist jedoch nicht von vornherein klar, sondern ergibt sich erst nach und nach aus dem Gang des Geschehens. Einzelne Ereignisse beziehungsweise Episoden sind es, in denen Gott selbst machtvoll am Werk ist und die Dinge in die von ihm intendierte Richtung lenkt. Die beteiligten Menschen können dem nur (im wahrsten Sinne des Wortes) nach-denken und Gottes souveränes Wirken in alledem erkennen und anerkennen (vgl. 8,14; 10,34f; 11,18; 12,11).

Die Wende beginnt mit einer unmittelbaren Auswirkung der Verfolgung der Jerusalemer Urgemeinde (8,1.3). Entgegen der Absicht der jüdischen Führung und des Saulus, das Jesuszeugnis auf diese Weise zunichte zu machen, entpuppt sich ihr Vorgehen als Impuls zur Ausweitung des Aktionsradius der Mission über Israel hinaus. Denn durch Philippus, einen der Vertriebenen, kommt es zur erfolgreichen Missionierung der im Grenzbereich von Judentum und Heidentum lebenden Bevölkerung Samarias (8,4–25). Auch die unmittelbar folgende Erzählung ist mit der Person des Philippus verknüpft. Dabei wird die durch ihn vollzogene Taufe des heidnischen äthiopischen Hofbeamten (8,26–40) mit Nachdruck auf das initiierende Handeln Gottes zurückgeführt (V. 26.29.39).

Nachdem sie bereits kurz aufgetaucht war (7,58; 8,1.3.), betritt sodann mit Saulus die Gestalt die Bühne, die wenig später zum alleinigen Träger des Jesuszeugnisses auf seinem Weg durch Kleinasien und Griechenland bis nach Rom wird. Die Erzählung von der Bekehrung und Berufung des Saulus (9,1–19a) veranschaulicht nicht nur das völlig unerwartete, souveräne Eingreifen des göttlichen Herrn in die Geschichte und das Leben ihrer Protagonisten, sondern gibt auch unmissverständlich die Richtung vor, in die es fortan gehen wird: zu den Völkern und den Söhnen Israels (V. 15). Saulus setzt das aber noch nicht sofort in die Tat um, denn der »Startschuss« zur Heidenmission ist noch nicht gefallen. So richtet er vorerst das Jesuszeugnis an die (hellenistischen) Juden in Damaskus und Jerusalem aus (9,19b–31).

Danach verlässt Saulus die Bühne, und Petrus wird erneut zum Hauptdarsteller – allerdings nur noch bedingt als der große Akteur, der er im ersten Teil der Apostelgeschichte war. Seine Wiedereinführung zeigt ihn zwar zunächst als vollmächtigen Wundertäter (bis hin zur Totenauferweckung) im judäischen Küstengebiet (Lydda und Joppe; 9,32–43). Doch danach wird er selbst zum Objekt wunderbaren Geschehens – zunächst in dem entscheidenden Ereignis des Durchbruchs zur Heidenmission mit der Bekehrung des römischen Offiziers Cornelius (10,1 – 11,18), sodann in seiner unglaublichen Rettung aus dem Gefängnis (12,1–23).

Unterbrochen ist die Petrusdarstellung durch die Entstehung der ersten großen heidenchristlichen Gemeinde in Antiochia (11, 19–26) – sozusagen als unmittelbare Auswirkung der In-Gang-Setzung der Heidenmission durch Gott in der Corneliusgeschichte. In diesem Zusammenhang taucht auch der zwischenzeitlich in der »Versenkung« (Tarsus; 9,30) verschwundene Saulus wieder auf (11,25f). Sein Wirken – zusammen mit Barnabas –, von dem die abschließende Petrusgeschichte (12,1–23) umrahmt ist (11,27–30; 12,25: Überbringung der antiochenischen Unterstützung nach Jerusalem und Rückkehr von dort nach Antiochia), zeigt den sich anbahnenden Wandel zu einer neuen Phase des Jesuszeugnisses an. Sie ist nicht mehr von Jerusalem und Petrus dominiert, sondern von Antiochia und Saulus (Kap. 13ff).

Wenn man von 1,8 als Gliederungsmerkmal der Apostelgeschichte ausgeht, so lässt sich das in Bezug auf die Kap. 8– 12 nur bedingt umsetzen. Klar ist: Lukas schildert die Geschichte des Jesuszeugnisses in Jerusalem in den Kap. 2–7 (genauer: bis 8,3) sowie seinen Weg bis an das Ende der Erde in den Kap. 13–28. Demnach müssten sich die Kap. 8–12 (genauer: ab 8,4) auf Judäa und Samaria (so aber schon 8,1!) beziehen. Geographisch trifft das nur bedingt zu, denn das Jesuszeugnis geht ja hier schon deutlich über diesen Bereich – der gleichwohl einen großen erzählerischen Raum einnimmt (8,4–40; 9,31–43; 11,1.29) – hinaus (9,1–25; 10,1–48; 11,19–30). Bedenkt man jedoch, dass auch Jerusalem in diesem Teil nach wie vor eine wichtige Rolle spielt (8,14.25; 9,26–30; 11, 1–18.22.27–30; 12,1–25), so legt sich die Vermutung nahe, dass

Lukas Judäa und Samaria in 1,8 nicht in erster Linie als geographische Begriffe versteht, sondern als Symbole der Ausbreitung des Jesuszeugnisses über Jerusalem hinaus – zu den Juden Palästinas (Stichwort Judäa, womit Lukas Galiläa eng verbindet; 9,31) sowie in ersten Vorstößen bis zum Durchbruch auch zu den Heiden, jedoch in steter Rückkopplung an Jerusalem (Stichwort Samaria als Grenzbereich zwischen Judentum und Heidentum).

8,4–25
Die Missionierung Samarias

[4]Die Zerstreuten nun zogen umher und verkündigten das Wort. [5]Philippus aber ging hinab in die Stadt Samariens und predigte ihnen den Christus. [6]Die Menge aber achtete einmütig auf das, was Philippus sagte, als sie (seine Worte) hörte und die Zeichen sah, die er tat. [7]Denn aus vielen, die von unreinen Geistern besessen waren, fuhren sie aus, mit lauter Stimme schreiend, und viele Gelähmte und Verkrüppelte wurden geheilt. [8]Da herrschte große Freude in jener Stadt.

[9]Es war aber ein Mann mit Namen Simon (schon) vorher in der Stadt, der trieb Zauberei und brachte das Volk von Samarien aus der Fassung, indem er behauptete, ein Großer zu sein. [10]Auf ihn achteten alle, vom Kleinsten bis zum Größten, und sie sagten: »Dieser ist die Kraft Gottes, die man die große nennt.« [11]Sie hingen an ihm, weil er sie lange Zeit mit seinen Zauberkünsten in höchstes Erstaunen versetzt hatte. [12]Als sie jedoch dem Philippus glaubten, der das Evangelium von der Königsherrschaft Gottes und dem Namen Jesu Christi verkündigte, ließen sie sich taufen, Männer und auch Frauen. [13]Auch Simon selbst kam zum Glauben, und nachdem er getauft war, blieb er ständig bei Philippus; und als er große Zeichen und Krafterweise geschehen sah, geriet er außer sich vor Staunen.

[14]Als die Apostel in Jerusalem hörten, dass Samarien das Wort Gottes angenommen habe, sandten sie Petrus und Johannes zu ihnen. [15]Diese gingen hinab, und sie beteten für sie, damit sie den Heiligen Geist empfingen. [16]Denn er war noch über keinen von ihnen gekommen, sondern sie waren lediglich auf den Namen des Herrn Jesus getauft. [17]Dann legten sie die Hände auf sie, und sie empfingen den Heiligen Geist. [18]Als aber Simon sah, dass durch das Auflegen der Hände der Apostel der Geist verliehen wurde, bot er ihnen Geld an [19]und sagte: »Gebt auch mir diese Vollmacht, damit jeder, dem ich die Hände auflege, den Heiligen Geist empfängt.« [20]Petrus aber sprach zu ihm: »Dein Geld fahre mit dir ins Verderben, denn du hast geglaubt, die Gabe Gottes mit Geld erwerben zu können. [21]Du hast weder Anteil noch Anrecht an dieser Sache, denn dein Herz ist nicht

aufrichtig vor Gott. [22]Kehre nun um von dieser deiner Boshaftigkeit und bitte den Herrn, ob dir vielleicht das Ansinnen deines Herzens vergeben werden kann, [23]denn ich sehe, dass du voll bitterer Galle und in Fesseln der Ungerechtigkeit bist.« [24]Da antwortete Simon und sagte: »Bittet ihr den Herrn für mich, damit nichts von dem über mich komme, wovon ihr gesprochen habt!«

[25]Nachdem sie nun das Wort des Herrn bezeugt und geredet hatten, kehrten sie nach Jerusalem zurück und verkündigten das Evangelium (in) vielen Dörfern der Samaritaner.

Lukas eröffnet den zweiten Hauptteil der Apostelgeschichte mit einer Darstellung des Missionserfolgs in Samaria. Die Erzählung gliedert sich in fünf Abschnitte: erfolgreiches Wirken des Philippus in der Stadt (V. 4–8) – Konfrontation mit dem Magier Simon und dessen Bekehrung (V. 9–13) – Übermittlung des Heiligen Geistes an die Neubekehrten durch die Apostel Petrus und Johannes (V. 14–17) – Zurechtweisung Simons wegen seines magischen Missverständnisses durch Petrus (V. 18–24) – Verkündigungstätigkeit der beiden Apostel auf dem Rückweg nach Jerusalem (V. 25). Lukas hat vermutlich eine Überlieferung, die von Konfrontationen des samaritanischen Magiers Simon mit Philippus sowie Petrus handelte, in den Duktus seiner Gesamtdarstellung eingearbeitet.

4–5 Die Vertreibung der (hellenistischen) Angehörigen der Urgemeinde erweist sich als Auslöser der Ausbreitung des Evangeliums über Jerusalem hinaus. Die *Zerstreuten ziehen* zunächst in der Umgebung der Stadt *umher*. Dabei hat Lukas neben dem namentlich genannten *Samarien* vor allem Judäa im Blick, sodass es nun – nach Jerusalem – zum zweiten Stadium der Erfüllung des vom Auferstandenen angekündigten Missionsprogramms (1,8) kommt. Dies geschieht vorrangig in Gestalt von Wortverkündigung (wörtlich: Die Zerstreuten ... *verkündigten das Wort als gute Botschaft*). Da Lukas an Konkretion gelegen ist, lässt er aber sogleich eine Episode aus der allerersten Missionierung Samariens folgen. Der im Stephanuskreis an zweiter Stelle genannte Philippus (6,5), eine weitere herausragende Persönlichkeit der Urgemeinde, wird so zum ersten Handlungsträger der von der heiligen Stadt ausgehenden christlichen Mission (vgl. 8,26–40). Dass er *in die Stadt Samariens hinabgeht*, ist aus der Perspektive des höher gelegenen Jerusalem formuliert. An welche samaritanische Stadt Lukas denkt, bleibt unklar – vermutlich hat er die Hauptstadt Samaria (bzw. Sebaste) im Blick. Die dortige Tätigkeit des Philippus wird zunächst hinsichtlich ihrer wesentlichen Dimension umschrieben: Es geht um die öffentliche *Christus-Predigt*, das heißt die Verkündigung Jesu als des von Gott verheißenen Messias und Heilbringers (vgl. 5,42; 18,5.28).

6–8 Die Wirksamkeit des Philippus erweckt großen Eindruck. Die herbeigeströmte Volksmenge richtet ihre Aufmerksamkeit ungeteilt auf die Verkündigung des Evangelisten (vgl. 21,8). Dieses *einmütige Achten* auf seine Botschaft ist freilich begünstigt durch begleitende Wunder, *die er tut*. Da sie letztlich Hinweise auf die mit der Person Jesu verbundene Gottesherrschaft sind (vgl. V. 12), nennt Lukas sie *Zeichen* (vgl. 4,16; 5,12; 6,8; 7,36). Sie umfassen Dämonenaustreibungen und Heilungen, sind also mit den beiden Haupttypen der Wunderwirksamkeit Jesu sowie der Apostel identisch (vgl. Lk 6,18; Apg 5,16). Mit der Bemerkung, dass die *unreinen Geister mit lauter Stimme schreiend* ausfahren (vgl. Lk 4,33ff), will Lukas offenbar die bedrohliche Realität des dämonischen Wesens hervorheben. Dadurch gewinnt die im Folgenden als (unterlegener!) Widersacher gegen das Evangelium gezeichnete Gestalt des Zauberers Simon an Profil (vgl. V. 9–11.21f). Bei der Bevölkerung der Stadt ruft die Wirksamkeit des Philippus zunächst einmal *große Freude* hervor (vgl. 13,48; 15,31) – und nicht nur fassungsloses Staunen wie bei Simon (V. 9.11.13). Dass die Menschen zum Glauben kommen, berichtet Lukas freilich erst, nachdem er ihr geistiges Umfeld beschrieben und es mit dem Evangelium von Jesus und dem Reich Gottes konfrontiert hat (V. 12).

9–11 Im Anschluss an die recht überblicksartige Darstellung des Beginns der Mission des Philippus fügt Lukas nun ein Detail hinzu, das dem Ganzen erst seine wirkliche Kontur verleiht. Denn durch die Gestalt Simons wird klar, dass der Missionserfolg des Philippus in der Auseinandersetzung mit einem mächtigen Konkurrenten erst errungen – und später auch verteidigt – werden muss. Simon wird eingeführt als ein Mann, der schon lange vor Philippus *in der Stadt* für großes Aufsehen gesorgt hatte – und zwar durch *Zauberkünste*, die *das Volk aus der Fassung brachten* beziehungsweise *in höchstes Erstaunen versetzten* (so V. 11; das zugrundeliegende griechische Wort kann so oder so übersetzt werden). Verbunden damit war der Anspruch, ein von göttlichen Kräften durchdrungener Mensch (= *ein Großer*) zu sein. Solche »göttlichen Männer« waren in der heidnischen Antike bekannt und beliebt. Von daher ist zu vermuten, dass sich in der Person Simons jüdische und heidnische Einflüsse miteinander verbunden hatten. Das junge Christentum kommt hier, in der jüdisch-heidnischen Mischbevölkerung Samariens, also erstmals mit heidnischer beziehungsweise synkretistischer Religiosität in Berührung. Ihre Anziehungskraft liegt in diesem Fall in der Befriedigung tiefer religiöser Bedürfnisse der damaligen Zeit: der Sehnsucht nach unmittelbarer Erfahrung göttlicher Kraft im menschlichen Leben. So ist es kein Wunder, wenn *alle, vom Kleinsten bis zum Größten,* auf Simon *achten* und *an ihm hängen* (V. 10.11; auch hier kann das griechische Wort beide Bedeutungen haben, ebenso in V. 6 in Bezug auf Philippus). Man war überzeugt, in ihm die Verkörperung der weithin bekannten und verehrten *großen Kraft Gottes* vor sich und bei sich zu haben. Für Lukas ist jedoch klar: Der Erfolg Simons liegt lediglich darin, dass die Menschen seinen magischen *Künsten* (griechisch: *mageia*), mit denen er sie seit langem verzaubert hatte, auf den Leim gegangen waren. Das sollte sich nun durch die Erkenntnis des wahren Gottes und seiner Kraft ändern!

12–13 Nach diesem Einschub blendet die Erzählung wieder zurück zu Philippus. Wie in V. 5 berichtet, besteht seine Hauptttätigkeit in der *Verkündigung* des *Evangeliums*. Dessen Inhalt wird hier in typisch lukanischer Weise formelhaft präzisiert. Es handelt von der *Königsherrschaft Gottes* (vgl. Lk 4,43; Apg 1,3; 19,8; 20,25; 28,23.31) und ist an den *Namen,* das heißt: an die Person, *Jesu Christi* (vgl. 4,17f; 5,28.40; 9,27f) gebunden. So ist es denn auch folgerichtig, wenn Lukas die Reaktion der Menschen auf dieses Geschehen nicht wie bei Simon mit Außer-sich-Geraten oder In-Erstaunen-versetzt-Werden, sondern mit *Glauben* und *Zum-Glauben-Kommen* umschreibt. Es geht um die innere Zustimmung und das existenzielle Vertrauen zur Botschaft vom Heil Gottes und nicht um das bloße Ergriffensein von spektakulären Vorgängen. Entsprechend folgt dem Glauben die *Taufe,* durch die die neue, persönliche Beziehung zu Jesus und seinem Heil besiegelt wird (vgl. 2,38.41; 10,47f). Damit entsteht eine neue Bewegung in der Stadt, die *Männer und Frauen* einschließt, also umfassenden Charakter hat. Selbst *Simon* schließt sich ihr an, sodass der Sieg der Botschaft von Jesus Christus über das Heidentum schon perfekt zu sein scheint. Doch so einfach ist die Sache nicht. Denn an der Person Simons wird deutlich, wie schwer es für Menschen mit einer starken Bindung an letztlich widergöttliche religiöse Kräfte (vgl. V. 9f) ist, dem Neuen des Evangeliums wirklich uneingeschränkt Raum zu geben (vgl. V. 18–24). Der *Glaube* und die *Taufe* Simons dürfen nicht als bloße Scheinbekehrung diskreditiert werden. Aber es spielt hierbei offenbar von Anfang an das Ansinnen mit, durch die *ständige* Verbindung mit *Philippus* das Geheimnis von dessen Wunderkraft zu ergründen (vgl. V. 18f). Sie bewirkt bei Simon jedenfalls das, was er selbst zuvor bei den Menschen ausgelöst hatte: höchstes *Erstaunen* und Entzückung. Freilich stellt Lukas durch die Wortwahl unmissverständlich klar, worum es dabei geht: um *großartige Zeichen* für das Heil der Gottesherrschaft und *Krafterweise* des wahren Gottes, der sich in Jesus Christus geoffenbart hat.

14 Völlig unvermittelt blendet Lukas nun nach *Jerusalem* zur »Kirchenleitung« über. Was in *Samarien* passiert ist, war ja weder im Auftrag noch mit Einwilligung der *Apostel* als der vom Auferstandenen autorisierten Zeugen (vgl. 1,8.21–26) geschehen, sondern hatte sich als Folge der Vertreibung ergeben. Dass in dem ganzen Geschehen letztlich Gott selbst am Werk war, lässt Lukas mit der Rede vom *Annehmen des Wortes Gottes* anklingen, mit der er das Zum-Glauben-Kommen auf die Verkündigung des Evangeliums hin zusammenfasst (V. 12f; vgl. 2,41; 11,1; 17,11; Lk 8,13). Als das in Jerusalem versammelte Leitungsgremium der Urgemeinde davon *hört, sendet* man die beiden prominentesten Vertreter, *Petrus und Johannes* (vgl. 3,1.3.11; 4,19), nach Samarien. Der Grund dafür ist nach der Darstellung des Lukas ein doppelter: Einmal geht es darum, die Bekehrung der samaritanischen Christen durch den Empfang des Heiligen Geistes zu vervollständigen. Und zum anderen wird die neu entstandene Gemeinde durch dieses Vorgehen mit der Jerusalemer Muttergemeinde verbunden, sodass die Einheit und Kontinuität der sich nunmehr über Israel hinaus ausbreitenden Kirche gewährleistet ist. Durch beides wird die Mission des Philippus unmittelbar in die von Jesus selbst ausgehende, an die Apostel gebundene Wachstumsbewegung des Evangeliums (vgl. 1,2.4.8; 2,33) integriert – allerdings um den Preis, dass von Philippus in dieser Erzählung fortan nicht mehr die Rede ist.

15–17 Die erste Handlung der Delegaten nach ihrer Ankunft ist das *Gebet* um den *Heiligen Geist* für die samaritanischen Christen. Lukas fügt sofort die Erklärung für dieses überraschende Vorgehen hinzu: Die dortigen Neubekehrten hatten den Geist noch nicht empfangen – und das, obwohl sie *auf den Namen des Herrn Jesus getauft* waren (vgl. 2,38!). Nach Lukas ist die Begabung mit dem Heiligen Geist – sein *Kommen über* den Menschen (vgl. 10,44; 11,15) – zwar nicht an die Taufe als unerlässliche Voraussetzung gebunden (vgl. 2,1–4; 18,25), aber doch auf das engste mit ihr verknüpft, wobei die Reihenfolge unterschiedlich sein kann (vgl. 2,38; 9,17f; 10,44–48; 19,5f). Wenn hier der offenbar durch Philippus erfolgten Taufe die unmittelbare Geistbegabung fehlt (vgl. auch 8,38f), soll das nicht eine Minderwertigkeit dieser nicht durch einen Apostel gespendeten Taufe besagen. Wohl aber soll das *Empfangen des Heiligen Geistes* auf das geistliche Verbundenwerden mit den Aposteln zurückgeführt werden, wie es im Gebet und der folgenden *Handauflegung* durch Petrus und Johannes zum Ausdruck kommt. Was in Samarien geschehen ist, ist gerade nicht die

Entstehung einer christlichen Sekte, die neben die Jerusalemer Urgemeinde tritt oder gar gegen sie agiert, sondern einer »vollwertigen« christlichen Gemeinde, die durch eben dieses Geschehen mit der Muttergemeinde verbunden und in die Kontinuität der von Jesus und den Aposteln herkommenden Kirche integriert wird.

18–19 Nun kommt Simon wieder ins Spiel. Er *sieht* die unmittelbaren Auswirkungen der *Handauflegung der Apostel* und interpretiert sie – seinem überkommenen Denkmuster gemäß, das noch nicht überwunden ist – als eine erstrebenswerte Form von Zauberkunst. An welche Phänomene Lukas denkt, bleibt offen. Vorausgesetzt sind jedenfalls außergewöhnliche, Eindruck erweckende Vorgänge (vgl. V. 13; 19,6; 10,44–46; 2,4). So ist Simon auch gar nicht am *Heiligen Geist* als solchem interessiert, sondern nur, insofern dieser als Kraft zum Hervorrufen derartiger Phänomene in Frage kommt (vgl. V. 9f). Was der Geist Gottes seinem Wesen nach ist, hat er noch nicht verstanden. Deshalb ist es für ihn auch keine Frage, dass diese *Vollmacht* käuflich zu erwerben ist. Sein Ansinnen besteht darin, es den (ihm aus seiner Sicht überlegenen) Aposteln gleich zu tun und durch *Handauflegung* übernatürlich-ekstatische Wirkungen bei Menschen hervorrufen zu können.

20–21 Die Entgegnung des *Petrus* ist an Deutlichkeit kaum zu überbieten. Sie beginnt mit einer Verwünschung, die die Person und das Handeln Simons betrifft: Sein *Geld*, mit dem er *geglaubt* hat, die *Gabe Gottes* käuflich *erwerben zu können*, möge samt seiner selbst *ins Verderben fahren*. Simon wird hier an den Bereich der Gottlosigkeit preisgegeben, in den er sich zuvor selbst hineinmanövriert hat. Sein Ansinnen, die unverfügbare, dem Menschen einzig als freies Geschenk zuteil werdende Gabe des Heiligen Geistes (vgl. 2,38; 10,45; 11,17) zu einem käuflichen Gegenstand des magisch-religiösen Marktes zu machen, kann nur als teuflisch angesehen werden (vgl. Lk 4,6; Apg 5,3). Als Vertreter der Macht des Widergöttlichen wird ihm deshalb jede Teilhabe (*Anteil, Anrecht*; vgl. Dtn 12,12; 14,27.29) an der *Gabe Gottes* (= *diese Sache*) abgesprochen. Weil er in seinem Innersten (*Herz*) nicht ungeteilt auf der Seite Gottes steht (vgl. Ps 78,37), sondern seine eigenen Interessen verfolgt und die *Sache* Gottes dafür zu missbrauchen gedenkt, hat er sich selbst von dem Heil des Evangeliums und der Wirksamkeit des Heiligen Geistes ausgeschlossen.

22–24 Doch weil Simon zuvor durch Glaube und Taufe zu einem Teilhaber an der Königsherrschaft Gottes und dem Heil des Evangeliums geworden ist (V. 12f), gibt es für ihn noch eine Möglichkeit, das drohende Unheil abzuwenden. Petrus fordert ihn unmissverständlich auf, diesen Weg zu beschreiten. Es gilt, sich von der in alledem zutage tretenden *Boshaftigkeit* abzuwenden und *den Herrn* um *Vergebung* zu *bitten*. Die Formulierung (*ob ... vielleicht*) lässt die Erhörung der Bitte bewusst offen. Simon soll offenbar deutlich vor Augen geführt werden, dass er in dieser Sache ganz von der Gnade Gottes abhängig ist und nichts durch weitere Anstrengungen erwirken kann. Es kommt in dieser Situation einzig auf die Reinigung und Erneuerung des *Herzens* an, von dem alles *Ansinnen* des Menschen ausgeht. Ist sein Innerstes verdorben (*voll bitterer Galle*; vgl. Dtn 29,17) und von Gottwidrigkeit in Beschlag genommen (*Fesseln der Ungerechtigkeit*; vgl. Jes 58,6), so kann Gott allein Heilung bewirken. Das scheint Simon offenbar zu begreifen. Denn seine Antwort überrascht: Nicht er selbst, wie es der Aufforderung des Petrus entspräche, will die *Bitte* um Vergebung aussprechen, sondern die Apostel sollen es *für ihn* tun. Er begibt sich damit ganz in die Abhängigkeit von Jesus und seinen Gesandten. Ob es die Angst vor dem drohenden Verderben ist, die ihn dazu bewegt (*damit nichts von dem über mich komme, wovon ihr gesprochen habt*; vgl. V. 20f), oder der Wille zu einem Leben im wirklichen Einklang mit dem Evangelium, lässt Lukas offen.

25 Den Abschluss der Geschichte bildet eine summarische Bemerkung über das weitere Wirken der beiden Apostel. Sie bleiben offenbar noch eine Zeitlang in der Stadt, um ihrem generellen Auftrag zur *Bezeugung* und *Verkündigung* des *Evangeliums* auch dort gerecht zu werden. Dadurch – und durch die erstmalige Missionierung weiterer *samaritanischer Dörfer* auf dem Rückweg – wird die von Philippus begonnene Mission vollends in die von Jerusalem ausgehende Wachstumsbewegung der Kirche integriert. Lukas will mit der ganzen Erzählung also nicht nur die Entstehung des samaritanischen Christentums, sondern auch dessen Eingliederung in die Kontinuität der sich von Jerusalem ausbreitenden Kirche schildern.

Der kritische Punkt in dem berichteten Geschehen ist die Deutung außergewöhnlicher Handlungen von Menschen und der Umgang mit ihnen. So weit es »lediglich« um die Verkündigung des Evangeliums geht, verläuft sozusagen alles »planmäßig«: Die Menschen, einschließlich Simon, kommen zum Glauben an Jesus Christus und lassen sich taufen (V. 12f). Dabei sorgt das Miteinander von Wortverkündigung (V. 5f) und Wundertaten (= *Zeichen*; V. 6) zunächst einmal schlicht für *große Freude* bei allen Beteiligten (V. 6–8). Kritisch wird es jedoch bei der Frage nach der Wirkursache der wunderbaren Geschehnisse. Sahen die Menschen bislang eine göttliche Zauberkraft am Werk, die sie immer wieder in fassungsloses Erstaunen versetzte (V. 9–11), so stellt sich nun die Frage nach einer neuen Deutung vom *Evangelium* her (V. 12). Dabei scheint die Diskrepanz von äußerer Erscheinungsweise und innerem Wesen der *großen Zeichen und Krafterweise* (V. 13) das eigentliche Problem zu sein. Es wird am Umgang Simons mit den sichtbaren Phänomenen des Geistempfangs der Neubekehrten exemplarisch deutlich. Der bisherige Magier kommt über die äußere Wahrnehmung (= *Sehen*; V. 13.18) der außergewöhnlichen Vorgänge und ihre Deutung in seinem überkommenen Muster zunächst nicht hinaus. Sein Ansinnen, die *Vollmacht* der *Geist*verleihung kaufen zu können (V. 18–20), zeigt, dass er in seinem Inneren (= *Herz*; V. 21f) das Wesen des äußerlich zutage Tretenden noch nicht erkannt hat. Sein *Glaube* an Jesus Christus (V. 12) erweist sich als *verderblicher* Irrglaube (V. 20–23), solange er nicht zu einem grundlegenden Umdenken gelangt, das in alledem die unverfügbare *Gabe Gottes* (V. 20) erkennt. Zwar fängt Simon an, die Kurve der hier erforderlichen *Umkehr* (V. 22) zu nehmen - doch ob sie zum Ziel führt, liegt nicht in seiner, sondern letztlich in Gottes Hand (V. 24). So wird deutlich: Glaube ist ein Wachstumsprozess, in dem es um die nachhaltige Überwindung von gottwidrigen Einstellungen und Handlungsweisen geht. Hier ist der Mensch bis zum Letzten, der Preisgabe seiner vermeintlichen *Größe* (V. 9f), gefordert. Aber er darf darum *bitten* (V. 24) und darauf vertrauen, dass Gott *vergibt* (V. 23) und die *unreinen Geister* (V. 7) des Herzens vertreibt.

8,26–40
Die Taufe des äthiopischen Hofbeamten

**26Der Engel des Herrn redete zu Philippus und sprach: »Mache dich
auf und gehe nach Süden auf die Straße, die von Jerusalem nach
Gaza hinabführt; diese ist einsam.« 27Und er machte sich auf und
ging. Und siehe, da war ein Äthiopier, ein Eunuch und Hofbeamter
der Kandake, der Königin der Äthiopier, der ihren ganzen Schatz
verwaltete. Er war nach Jerusalem gekommen um anzubeten 28und
befand sich nun auf der Rückreise; er saß auf seinem Wagen und las
den Propheten Jesaja. 29Da sprach der Geist zu Philippus: »Tritt herzu und halte dich eng an diesen Wagen.« 30Als Philippus hinzulief,
hörte er ihn den Propheten Jesaja lesen und sagte: »Verstehst du
denn, was du (da) liest?« 31Er aber sprach: »Wie sollte ich das können, wenn mich niemand anleitet?« Und er bat Philippus, hinaufzu-
steigen und sich zu ihm zu setzen. 32Der Wortlaut der Schrift(stelle), die er las, war dieser: »Er wurde wie ein Schaf zur Schlachtung
geführt; und wie ein Schaf vor seinem Scherer stumm ist, so öffnet
er seinen Mund nicht. 33In der Erniedrigung wurde sein Gericht auf-**

gehoben. Wer kann sein Geschlecht beschreiben? Denn sein Leben wird von der Erde weggenommen.« 34Der Eunuch aber antwortete Philippus und sprach: »Ich bitte dich, von wem sagt der Prophet dieses? Von sich selbst oder von einem anderen?« 35Philippus aber tat seinen Mund auf, und von dieser Schrift(stelle) ausgehend verkündigte er ihm (das Evangelium von) Jesus. 36Als sie (so) auf der Straße dahinzogen, kamen sie an ein Wasser, und der Eunuch sagte: »Siehe, (da ist) Wasser! Was hindert (uns), dass ich getauft werde?« 38Und er befahl, den Wagen anzuhalten, und sie stiegen beide in das Wasser hinab, Philippus und der Eunuch, und er taufte ihn. 39Als sie aber aus dem Wasser hinaufstiegen, entrückte der Geist des Herrn den Philippus, und der Eunuch sah ihn nicht mehr; er zog aber seinen Weg freudig weiter. 40Philippus aber wurde in Aschdod angetroffen. Und er durchzog alle Städte und verkündigte das Evangelium, bis er nach Cäsarea kam.

Mit der zweiten Philippus-Erzählung wird die Hinwendung der Mission zu Nichtjuden einen weiteren Schritt vorangebracht – ist der Adressat der Verkündigung doch ein Heide, der an den Gott Israels glaubt. Erheblich deutlicher als bei der Samarien-Mission ist hier Gott selbst der Initiator dieser neuerlichen, die erste übertreffenden Grenzüberschreitung. Die Erzählung gliedert sich in vier Abschnitte: Vorgeschichte und Zusammentreffen des Philippus mit dem äthiopischen Beamten (V. 26–29) – Jesus-Verkündigung des Philippus anhand der Schrift (V. 30–35) – Taufe des Äthiopiers (V. 36.38) – Entrückung und weitere Verkündigungstätigkeit des Philippus (V. 39f). Lukas dürfte die ihm vorliegende Überlieferung ohne größere Veränderungen übernommen haben.

26–28 Im Unterschied zur vorausgegangenen Episode erteilt nun Gott selbst Philippus den Auftrag zu missionarischem Handeln. Das wird jedoch erst im weiteren Fortgang ersichtlich. Denn zunächst befiehlt der *Engel,* durch den Gott zu Philippus *redet* (vgl. 5,19f), ihm lediglich, sich (von Samaria aus; vgl. 8,5) *nach Süden auf die Straße von Jerusalem nach Gaza* (ca. 80 Kilometer südwestlich von Jerusalem am Meer gelegen) zu begeben – was Philippus unverzüglich in die Tat umsetzt. Die Bemerkung, dass diese Straße *einsam ist,* soll offenbar andeuten, dass dort im Moment nichts los ist. Umso überraschender (*und siehe!*) ist das dortige Zusammentreffen mit einem Menschen. Dessen Identität wird von Lukas detailliert geschildert, um das Außergewöhnliche des Vorgangs herauszustellen. Es handelt sich um einen äthiopischen *Hofbeamten,* der von weit her – das damalige Volk der *Äthiopier* lebte in der Gegend des heutigen Sudan – *nach Jerusalem gekommen* war, um dort im Tempel *anzubeten*. Der Mann ist *Schatz*meister – heute würde man sagen: Finanzminister – der äthiopischen *Königin* (die den Titel *Kandake* trug). Philippus hat es also mit einer hochgestellten Persönlichkeit zu tun, die sich die weite Reise leisten konnte. Die Bemerkung, dass der Äthiopier ein *Eunuch* ist, entspricht nicht nur dem damals gängigen Brauch bei Hofbeamten von Königinnen, sondern gibt auch Auskunft über seinen religiösen Status. Da Kastraten nicht Juden werden konnten (Dtn 23,2), handelt es sich offenbar um einen der sogenannten »Gottesfürchtigen«: Heiden, die an den Gott Israels glaubten und bestimmte Gebote des Gesetzes beachteten. Dieser »Sympathisant« des jüdischen Glaubens befindet sich *auf der Rückreise* von seiner Wallfahrt. Als Philippus auf ihn trifft, *sitzt er auf seinem Wagen* und *liest* das *Jesaja*buch – wahrscheinlich in Form einer Schriftrolle, die er in Jerusalem erworben hat.

29–31 Eine erneute Anweisung Gottes führt zur unmittelbaren Begegnung der beiden Männer. Wenn es dieses Mal der *Geist* ist, durch den Gott spricht (vgl. 10,19), darf das als Hinweis darauf gesehen werden, dass es von nun an primär um die geistliche Dimension des Geschehens geht: das rechte Verständnis der Schrift als Grundlage des Evangeliums von Jesus Christus und die daraus resultierende Bekehrung (V. 32–38). Lukas lässt dabei deutlich werden, dass Philippus in alledem »nur« als »Werkzeug« des souveränen Waltens Gottes fungiert. Gott selbst ist es, der die Hinwendung des ersten Heiden zum Glauben an Jesus herbeiführt – ebenso wie er wenig später den programmatischen Beginn der Heidenmission setzen wird (10,1 – 11,18). Alles, was hier geschieht, entspricht seinem Willen und Plan, auch und gerade in den allerersten Anfängen. Darüber hinaus bekennt Gott sich durch die Indienstnahme des Philippus auch zu dessen vorausgegangener Missionstätigkeit in Samarien. Philippus erhält nun den Auftrag, in nächster Nähe neben dem *Wagen* herzulaufen. So kommt es, dass er aus dem Munde des nach damaliger Sitte laut *lesenden* Eunuchen Worte aus dem *Jesaja*buch vernimmt. Seine unmittelbar folgende Frage: »*Verstehst du denn, was du da liest?*« setzt nicht nur das generell erforderliche Bemühen um ein angemessenes Verständnis biblischer (hier: alttestamentlicher) Texte voraus, sondern vor allem die christliche Überzeugung, dass sich deren wahrer Inhalt nur von Jesus Christus her erschließt (V. 35; vgl. Lk 24,26f.44–46; 2Kor 3,14–16). Mit seiner rhetorischen Gegenfrage bringt der Eunuch seine Unfähigkeit zum Ausdruck, ohne *Anleitung* zum rechten Verständnis der (prophetischen) Schrift gelangen zu können – verbunden mit der indirekt formulierten *Bitte* an Philippus, ihm diese dringend benötigte Hilfe (vgl. Lk 24,25–27.45) zu gewähren.

32–33 Da die Erzählung ihren ersten Zielpunkt in der Verkündigung des *Evangeliums von Jesus* hat (V. 35), lässt sie den Eunuchen gerade einen Abschnitt lesen, dessen *Wortlaut* sich hervorragend für eine christologische Deutung eignet: Jes 53,7f. Die Stelle ist Teil des Liedes vom leidenden Gottesknecht (Jes 52,13 – 53,12), der im Gehorsam gegen Gott den Weg des Leidens und des Todes geht und auf diese Weise Heil für die Sünder erwirkt. Der Abschnitt ist nach der Septuaginta zitiert, die gegenüber dem hebräischen Text an zwei Stellen völlig anders lautet. Statt »Aus Drangsal und Gericht wurde er hinweggenommen« heißt es: *In der Erniedrigung wurde sein Gericht aufgehoben*, und für »Denn er wurde abgeschnitten vom Land der Lebendigen« steht: *Denn sein Leben wird von der Erde weggenommen*. Beide Änderungen begünstigen ein christologisches Verständnis. Dass der Text so verstanden werden soll, wird im Folgenden vorausgesetzt. Demnach handelt er vom Leiden, Sterben und Auferstehen Jesu – also jenen Themen, die nach Lukas die zentralen Inhalte der christologisch verstandenen Schrift bilden (vgl. Lk 24,46). Dass *er wie ein Schaf zur Schlachtung geführt wurde*, bezieht sich auf das Sterben Jesu, und dass er *wie ein Schaf vor seinem Scherer stumm ist* auf das geduldige Ertragen des ihm zugefügten Leides (*er öffnete seinen Mund nicht*). Die *Aufhebung seines Gerichts in der Erniedrigung* meint wohl die Wende des Schicksals Jesu an seinem tiefsten Punkt, dem Auf-sich-Nehmen des göttlichen Gerichts im Tod. Entsprechend wäre das *Wegnehmen seines Lebens von der Erde* auf die Auferweckung und Erhöhung in den Himmel zu deuten (vgl. Lk 24,51; Apg 1,2.11; 2,33–35). Die Frage: *Wer kann sein Geschlecht beschreiben?*, würde sich dann auf die geistige *Nachkommenschaft (= Geschlecht)* Jesu beziehen, also auf die Glaubenden und die Unmöglichkeit, ihre Vielzahl in der wachsenden, die Heiden nunmehr mit einschließenden Kirche zu erfassen. Kurzum: In den beiden Jesaja-Versen ist nach Lukas in prophetischer Weise vom Zentrum des Handelns Gottes in Jesus zum Heil der Menschen die Rede.

34–35 Davon kann der *Eunuch* freilich noch nichts wissen – er soll es aber nun erfahren. Mit seiner höflichen Frage (*ich bitte dich*) bezieht er sich auf zwei mögliche Interpretationsweisen des Gottesknechtsliedes. Die Deutung auf den Propheten *selbst* könnte sich von Jes 50,4–9 her nahelegen; Jes 53 lässt jedoch eher an eine *andere* Gestalt denken. Im Judentum der damaligen Zeit war über diese (und weitere damit verbundene) Fragen eine breite Diskussion im Gange. Doch Lukas geht es nicht um die grundsätzliche Auslegungsproblematik von Jes 53. Für ihn ist die Frage des Eunuchen vielmehr die willkommene Gelegenheit für Philippus, nun endlich seines Amtes als Evangelist (vgl. 21,8) walten zu können. So *tut er seinen Mund auf* zu einer ausführlichen Darlegung des *Evangeliums.* Mit dem Namen seines zentralen Inhalts wird die Rede schlagwortartig als *Jesus-Verkündigung* bezeichnet. Sie geht von der gelesenen *Schriftstelle* aus und bezieht offenbar weitere alttestamentliche Texte in die christologische Deutung ein (vgl. Lk 24,27).

36–38 Auf dem weiteren Weg kommen die beiden an einer *Wasser*stelle vorbei – was in dieser trockenen Gegend eine Seltenheit ist. Der Eunuch begreift diese überraschende Fügung (*Siehe, da ist Wasser!*) sofort als Gelegenheit, sich *taufen* zu lassen. Vorausgesetzt ist, dass Philippus in seiner Verkündigung auch von der Taufe gesprochen hat und der Eunuch inzwischen zum Glauben an Jesus gekommen ist. Diese implizite Voraussetzung wurde später offenbar als unzureichend empfunden, sodass hier nachträglich mit V. 37 ein kurzes Taufgespräch mit Glaubensbekenntnis eingefügt wurde (*Philippus aber sprach zu ihm: »Wenn du aus deinem ganzen Herzen glaubst, ist es erlaubt.« Er aber antwortete und sprach: »Ich glaube, dass Jesus Christus der Sohn Gottes ist.«*). Zwar geht der Eunuch mit seiner rhetorischen Frage auf ein mögliches *Hindernis* seiner Taufe ein (vgl. 10,47; 11,17), aber der weitere Fortgang macht klar, dass dem nichts im Wege steht. Im Gegenteil: Die Selbstverständlichkeit, mit der er den *Wagen anhalten* lässt und *beide* zusammen *in das Wasser hinabsteigen,* veranschaulicht, dass Philippus mit dem Wunsch des Äthiopiers einverstanden ist. Ohne weitere Umschweife berichtet Lukas denn auch, dass Philippus *ihn tauft.* Dieser Vorgang ist charakteristisch für die Frühzeit des Christentums, in der die Taufe mit dem Zum-Glauben-Kommen beziehungsweise der Bekehrung zeitlich in der Regel zusammenfiel (vgl. 2,41; 8,12; 10,44–48; 16,14f; 16,31–33; 18,8), ohne dass dem ein förmliches Taufbekenntnis oder gar eine Taufunterweisung vorausgehen musste (derartiges konnte aber danach erfolgen; vgl. 2,42; 8,15f.25; 16,15). Hier war die Taufe noch das, was sie vom Neuen Testament her ihrem Wesen nach ist: zeichenhafte Zueignung des Heils im unmittelbaren Zusammenhang des Zum-Glauben-Kommens (vgl. Joh 3,5; Röm 6,6; 1Kor 12,13; Gal 3,24–27; Kol 2,11–13; Tit 3,5).

39–40 Philippus hat seinen Auftrag erfüllt. Mit der Taufe ist die Christwerdung des Eunuchen, auf die alles hinzielte, abgeschlossen. So wird er umgehend – schon beim *Hinaufsteigen aus dem Wasser* – vom Heiligen *Geist,* der ihn mit dem Äthiopier zusammengebracht hat (V. 29), in ein neues Aufgabengebiet befördert. Nach der Darstellung des Lukas bedeutet diese *Entrückung* die augenblickliche, für menschliche Wahrnehmung nicht nachvollziehbare leibliche Wegnahme des Philippus, sodass zunächst nur das unmittelbare Ergebnis zu konstatieren ist (*der Eunuch sah ihn nicht mehr* – im Unterschied zu 2Kön 2,11f; Apg 1,9–11, wo der wunderbare Vorgang als solcher mit den Augen verfolgt werden kann). Es kommt Lukas hier offenbar darauf an, den geistlich-übernatürlichen Charakter des Geschehens zu veranschaulichen: Zwar haben sich Verkündigung, Bekehrung und Taufe in Raum und Zeit abgespielt, doch was hier eigentlich geschehen ist, sprengt diese Dimensionen. Es geht um mehr: die radikale Veränderung eines menschlichen Lebens als Prozess, in dem Gott durch seinen Geist schöpferisch am Werk ist und Neues schafft (vgl. 2Kor 5,17). So bemerkt Lukas abschließend, dass der Eunuch – trotz des plötzlichen Verschwindens »seines« Evangelisten – *seinen Weg freudig weiterzieht*. Es ist die *Freude* desjenigen, dessen »Name im Himmel angeschrieben« ist (vgl. Lk 10,20) – und die Freude des ersten Heiden, der in das Heil des Gottes Israels integriert worden ist (vgl. 13,47f). Bevor die Heidenmission mit der Bekehrung des Cornelius programmatisch eingeleitet wird (10,1 – 11,18), sorgt der *Geist des Herrn* zunächst einmal (gleichsam vorbereitend) für die weitere Missionierung der überwiegend heidnischen Gebiete der Küstenebene zwischen *Aschdod* und *Cäsarea* durch Philippus. Seine *Evangeliumsverkündigung* in *allen Städten* der Region ist offenbar auf fruchtbaren Boden gefallen, denn Lukas setzt wenig später die Existenz von christlichen Gemeinden in Lydda und Joppe – zwei Städten in diesen Gebieten – voraus (vgl. 9,32.36).

Ein charakteristischer Zug der Erzählung ist die göttliche Initiative, die diesen weiteren Schritt des Jesuszeugnisses über die Grenzen Israels hinaus auslöst und anfänglich steuert. Doch zugleich fällt auf, dass sich das unmittelbare Einwirken Gottes auf das Zustandekommen der missionarischen Kommunikation an bestimmten Orten beziehungsweise mit bestimmten Menschen beschränkt. So fordert der *Engel* Philippus lediglich auf, sich auf die *Straße von Jerusalem nach Gaza* zu begeben (V. 26). Der *Geist* weist ihn sodann *an den Wagen* des *Hofbeamten* (V. 29), und am Schluss entrückt er ihn nach *Aschdod* zur Verkündigung im heidnisch dominierten Küstengebiet (V. 39f). Einen ganz anderen Charakter hat das eigentliche Geschehen: die Verkündigung der Heilsbotschaft (V. 35.40). Sie ergeht mit der größten Selbstverständlichkeit und ohne jedes weitere explizite Eingreifen »von oben«, nachdem die genannten Vorgänge die räumlichen und personellen Voraussetzungen dafür geschaffen haben. Somit will die Erzählung verdeutlichen: Die Ausrichtung des Jesuszeugnisses ist an ganz »normale« zwischenmenschliche Kommunikation gebunden.

Sie besteht in der vernünftigen Entfaltung des Evangeliums von Jesus auf der Grundlage des prophetischen Zeugnisses der Heiligen Schrift (V. 32–35; vgl. Lk 24,25–27.44–47; Apg 2,16–36 u.ö.). Dass in alledem Gott durch seinen Geist am Werk ist, setzt Lukas unausgesprochen voraus (vgl. 1,8; 2,4; 4,8.31; 6,3.5 u.ö.). Hier geht es ihm vor allem darum zu zeigen, dass und wie Gott durch sein Eingreifen in die Geschichte neue Wege eröffnet, damit Menschen(gruppen), die bislang nicht im Blick waren, vom Evangelium erreicht werden und ihre *Wege* fortan *freudig ziehen* können (V. 39). So kann diese Erzählung zu einer Ermutigung werden, auch heute mit der Initiative Gottes zur vorbehaltlosen Ausrichtung des Jesuszeugnisses zu rechnen und dafür offen zu sein.

9,1–19a
Die Bekehrung und Berufung des Saulus

[1]Saulus aber schnaubte noch immer Drohung und Mord gegen die Jünger des Herrn. Er ging zum Hohenpriester [2]und erbat sich von ihm Briefe nach Damaskus an die Synagogen, um – wenn er einige fände, die (Anhänger) des Weges sind, Männer und auch Frauen – sie gebunden nach Jerusalem abzuführen. [3]Während er dahinzog, geschah es, als er sich Damaskus näherte: Da umstrahlte ihn plötzlich ein Licht aus dem Himmel, [4]und zu Boden stürzend hörte er eine Stimme, die zu ihm sprach: »Saul, Saul, was verfolgst du mich?« [5]Er aber sagte: »Wer bist du, Herr?« Der aber (sprach): »Ich bin Jesus, den du verfolgst. [6]Doch stehe auf und gehe in die Stadt, und es wird dir gesagt werden, was du tun sollst.« [7]Die Männer, die mit ihm gingen, standen sprachlos da, weil sie zwar die Stimme hörten, aber niemanden sahen. [8]Saulus aber erhob sich vom Erdboden, und als er seine Augen öffnete, sah er nichts. Da nahmen sie ihn bei der Hand und führten ihn nach Damaskus. [9]Und er konnte drei Tage lang nicht sehen und aß nicht und trank auch nicht.

[10]Es war ein Jünger in Damaskus mit Namen Hananias, und der Herr sprach zu ihm in einer Erscheinung: »Hananias!« Er aber sagte: »Siehe, (hier bin) ich, Herr!« [11]Der Herr (sprach) zu ihm: »Stehe auf und gehe in die Gasse, die ›die Gerade‹ genannt wird, und frage im Haus Judas nach einem Saulus von Tarsus. Denn siehe, er betet [12]und hat in einer Erscheinung einen Mann mit Namen Hananias gesehen, der hineinkommt und ihm die Hände auflegt, damit er wieder sehen kann.« [13]Hananias aber antwortete: »Herr, ich habe von vielen über diesen Mann gehört, wie viel Böses er deinen Heiligen in Jerusalem angetan hat. [14]Und hier hat er Vollmacht von den Hohenpriestern, alle gefangen zu nehmen, die deinen Namen anrufen.«

15Da sprach der Herr zu ihm: »Gehe, denn dieser ist mein auserwähltes Werkzeug, um meinen Namen vor Völker, Könige und Söhne Israels zu tragen. 16Denn ich werde ihm zeigen, wie viel er für meinen Namen leiden muss.« 17Da ging Hananias hin und trat in das Haus ein; er legte ihm die Hände auf und sprach: »Saulus, Bruder, der Herr hat mich gesandt – Jesus, der dir auf dem Weg erschienen ist, den du kamst –, damit du wieder sehend und mit Heiligem Geist erfüllt wirst.« 18Und sogleich fiel es wie Schuppen von seinen Augen, und er wurde sehend und er stand auf und ließ sich taufen. 19Nachdem er Nahrung zu sich genommen hatte, kam er (wieder) zu Kräften.

Im Anschluss an die Darstellung der ersten Missionserfolge über Jerusalem und das Gottesvolk Israel hinaus – die Bekehrung der ersten Samaritaner (8,4–25) und des ersten Heiden (8,26–40) – schildert Lukas nun die Bekehrung und Berufung des Mannes, durch den das Evangelium im weiteren Verlauf seines Werkes *bis an das Ende der Erde* (1,8) gelangen soll. Größer könnte der Kontrast nicht sein: Der die Christen brutal verfolgende *Saulus* ist am Ende des Geschehens, von dem Lukas nun berichtet, das *auserwählte Werkzeug* des erhöhten Christus, durch das *sein Name* in alle Welt getragen werden wird (V. 15). Wir haben es hier also mit einer Schlüsselszene in der Apostelgeschichte zu tun, deren Bedeutung Lukas durch eine zweimalige weitere Darstellung des Geschehens aus dem Mund des Paulus selbst unterstreicht (vgl. 22,4–16; 26,9–18). Die Erzählung lässt sich in vier Abschnitte gliedern: 1. Verfolgertätigkeit des Saulus mit dem Ziel Damaskus (V. 1f) – 2. die Christuserscheinung und ihre unmittelbaren Folgen (V. 3–9) – 3. Christuserscheinung vor Hananias und dessen Beauftragung im Blick auf Saulus (V. 10–16) – 4. Vollzug des Auftrags: Heilung und Taufe des Saulus (V. 17–19a). Lukas hat offenbar eine erzählerisch ausgestaltete Variante der Berufungs- und Bekehrungsgeschichte des Paulus übernommen, die sich an einigen Punkten von der Darstellung des Apostels selbst unterscheidet (vgl. 1Kor 15,8ff; 2Kor 4,6; Gal 1,11–16; Phil 3,6–10). Gleichwohl dürfte sie das historische Geschehen in den wesentlichen Punkten sowie einigen Details (Damaskus; Erscheinung des Auferstandenen, die das Leben des Paulus grundstürzend veränderte; Begleiter des Verfolgers; Rolle des Hananias; Haus des Juda u.a.) zutreffend wiedergeben.

1–2 Lukas stellt zunächst die Verfolgertätigkeit des Saulus dar. Vor Hass *schnaubend* geht der künftige Weltmissionar *noch immer* mit *Drohung und Mord* gegen die Christen vor (vgl. die Konkretion in 26,10f), um sein Ziel, die Vernichtung der Gemeinde (vgl. 8,3), zu erreichen. Deren Angehörige werden hier *Jünger des Herrn* genannt (vgl. 6,1f.7; 9,10.19.25f), also Menschen, die Jesus nachfolgen (vgl. Lk 5,27f; 9,23). Der auf diese Weise beschrittene neue Weg des Heils klingt in der weiteren Bezeichnung *die des Weges sind* an (vgl. 19,9.23; 22,4; 24,14.22). Saulus ist dabei, seinen Aktionsradius nach Syrien mit der Hauptstadt *Damaskus* auszudehnen, wo es – als Auswirkung der Verfolgung der Jerusalemer Urgemeinde (vgl. 8,4) – inzwischen auch Christen gibt. Er hat vor, in den dortigen *Synagogen* ausnahmslos alle Jesusnachfolger aufzuspüren, *Männer* sowie *Frauen* (vgl. 8,3), um sie gefesselt *nach Jerusalem* zur Verurteilung durch den Hohen Rat *abzuführen* (vgl. 22,5). Ob der Hohe Rat dazu befugt war, ist historisch allerdings fragwürdig. Die zu diesem Zweck benötigten Empfehlungs*briefe* für die Synagogenvorstände hat er sich vom *Hohenpriester* ausstellen lassen (vgl. V. 14; 22,5; 26,12).

3–4 Kurz vor dem Ziel (*als er sich Damaskus näherte*) geschieht das Unerwartete (*plötzlich*): Ein *aus dem Himmel*, der Welt Gottes, hervorkommender *Licht*glanz *umstrahlt ihn* (vgl. Ex 24, 17; 34,29ff; Ps 97,3f; Ez 1,4; Mt 17,2; 2Kor 4,6; Offb 1,14ff) – und zwar mit derartiger Intensität, dass er *zu Boden stürzt* (vgl. Offb 1,16f; Dan 10,9; Mt 17,6). Was hier geschieht, ist im wahrsten Sinne des Wortes umwerfend: Der bisher so stark auftrumpfende Verfolger liegt am Boden, und ohnmächtig muss er sich von einer *Stimme*, die offenbar ebenso vom Himmel her erschallt, mit seinem verfehlten Tun konfrontieren lassen. Die doppelte namentliche Anrede (*Saul, Saul*) ist höchst persönlich und eindringlich (vgl. Gen 46,2; Ex 3,4; 1Sam 3,10). Die an ihn gerichtete Frage zielt wohl nicht primär auf den Grund für seine Verfolgertätigkeit (*was = warum ...*), sondern konfrontiert ihn damit, gegen wen sein Wüten eigentlich gerichtet war (*... verfolgst du **mich***): Jesus selbst (V. 5). In Gestalt seiner Jünger hat Saulus den Herrn selbst verfolgt und sich an ihm vergangen (vgl. Lk 10,16). Doch der setzt diesem Treiben nun mit der Macht, die ihm als dem zur Rechten Gottes erhöhten Herrn und Messias zu Eigen ist (vgl. 2,33–36), ein Ende. Saulus wird von nun an ein »Werkzeug« in seiner Hand sein (vgl. V. 15).

5–6 Dem völlig Überraschten und Überwältigten bleibt nur die Frage nach der Identität dessen, der ihm hier so »überirdisch« in den Weg getreten ist (*wer bist du?*). Mit der Anrede *Herr* soll die Anerkennung der Überlegenheit und Hoheit des himmlischen Wesens zum Ausdruck gebracht werden (vgl. 10,4). Mit der Antwort: *Ich bin Jesus, den du verfolgst,* intendiert Lukas ein dreifaches Anliegen: – erstens: Derjenige, der hier vom Himmel her mit

Saulus spricht, ist kein anderer als *Jesus,* der zuvor auf Erden gelebt und gewirkt hat (vgl. 1,1) – zweitens: Durch die feierliche Selbstvorstellungsformel *ich bin* gibt Jesus sich als der *zur Rechten der Macht Gottes* erhöhte *Sohn Gottes* (vgl. Lk 22,69f) zu erkennen, durch den Gott sein Heilswerk aufgerichtet hat (vgl. Lk 1,35; 4,41; Apg 9,20; 13,33; 20,28) – drittens: Mit der erneuten Konfrontation mit der Verfolgertätigkeit (*den du verfolgst*) wird vor diesem Hintergrund klar, gegen wen Saulus bislang agiert hat, wessen Macht er bekämpft und wessen Anspruch er geleugnet hat.

Doch es folgen nicht Gericht und Verdammung, sondern dem Unterworfenen wird eine neue Perspektive aufgezeigt. Die Aufforderung *aufzustehen* besagt: Es geht weiter – jedoch unter völlig neuen Bedingungen und in eine völlig andere Richtung (vgl. Lk 5,23f; 7,14; 8,54; 17,19; Apg 10,13.20). Dabei stellt Lukas das grundlegende Strukturmerkmal der neuen Beziehung, in die Saulus von nun an gestellt ist, in aller Deutlichkeit heraus: die völlige Abhängigkeit von seinem *Herrn.* Der »blinde« Auftrag, *in die Stadt* (gemeint ist Damaskus; V. 10f) zu *gehen,* um dort *gesagt* zu bekommen, was er *tun soll,* bringt die totale Bindung an Jesus und das Angewiesensein auf seine Leitung zum Ausdruck. Schritt für Schritt wird Saulus von nun an in seine neue Rolle hineingeführt.

7–9 Was hier geschieht, ist nicht nur ein subjektives Widerfahrnis des Saulus, sondern ein objektiver Vorgang, der auch von anderen wahrgenommen wird, allerdings in eingeschränkter Weise. So erhalten seine Reisebegleiter – er war demnach nicht alleine nach Damaskus unterwegs – eine gewisse Zeugenfunktion. Dass sie *sprachlos dastehen,* ist Ausdruck ihrer höchsten Verwunderung, denn sie *hören zwar die Stimme, sehen aber niemanden* – im Unterschied zu 22,9, wo dasselbe Geschehen anders akzentuiert wird: Die Begleiter sehen das Licht, hören aber keine Stimme. Die dortige Änderung soll offenbar die Lichthaftigkeit des gesamten Vorgangs und seiner Folgen unterstreichen (vgl. 22,6.11; 26,13. 18.23). Hier geht es Lukas lediglich darum, die Begleiter aktiv in das Geschehen einzubinden: Indem sie den infolge der – offenbar die Grenzen der menschlichen Aufnahmefähigkeit sprengenden – Lichterscheinung erblindeten Saulus *bei der Hand nehmen und nach Damaskus führen,* sorgen sie dafür, dass der »blinde« Auftrag (V. 6) trotz der physischen Unfähigkeit seines Empfängers zumindest anfänglich in die Tat umgesetzt werden kann. Doch die weitere Realisierung lässt noch auf sich warten. Zunächst einmal wird der ehedem so mächtige Saulus (vgl. V. 1f; 8,3) in seiner ganzen äußeren Ohnmacht präsentiert (*er konnte drei Tage lang nicht sehen*). Aber auch sein inneres Ergehen wird von Lukas angedeutet: Die Bemerkung, dass er in dieser Zeit weder *aß* noch *trank*, soll wohl veranschaulichen, dass Saulus bis in die tiefsten Regungen seiner Existenz getroffen worden ist und sich durch Fasten (und Gebet; V. 11) innerlich für die neue Aufgabe öffnet (vgl. Lk 4,2), die ihm von Jesus angekündigt worden ist.

10–12 Mit der Erwähnung des *Hananias* wechselt die Darstellung unvermittelt zur zweiten Szene über (bis V. 19). Sie wird nach und nach mit dem bisherigen Geschehen verbunden. Die erste Verknüpfung liegt mit der Ortsangabe *Damaskus* vor (vgl. V. 2f.8), die zweite in der Aktivität des *Herrn* (= Jesus; vgl. V. 1.5), der seinem dort lebenden *Jünger* in einer Vision *erscheint*. Dabei handelt es sich, im Unterschied zur Erscheinung vor Saulus, um einen subjektiven Vorgang, der von anderen nicht wahrgenommen wird, dem Betreffenden aber in übernatürlicher Weise die Sinne öffnet für die Wahrnehmung von *Erscheinungen* aus der himmlischen Welt (vgl. 10,3.17.19; 11,5; 16,9f; 18,9). Die Wiedergabe des Geschehens durch Lukas – mit der namentlichen Anrede (*Hananias*) und der ergebenen Antwort des Angerufenen (*hier bin ich*) – folgt einem geprägten Darstellungsmuster (vgl. Gen 22,1f.11f; 1Sam 3,4). Der Auftrag, den Hananias auf diese Weise erhält, stellt die dritte Verknüpfung her: Er soll nach einem *Saulus von Tarsus* fragen. Neben der allgemeinen Information, dass Saulus aus Tarsus in Kilikien stammt (vgl. 9,30; 11,25; 21, 39; 22,3), ist aus dieser Anweisung der konkrete Aufenthaltsort des von seinen Begleitern nach Damaskus Geführten zu erfahren: Er befindet sich *im Haus* eines gewissen *Juda*, das in der sogenannten *Geraden Gasse* liegt – eine Straße, die Damaskus von West nach Ost durchquert. Doch die wichtigsten beiden Auskünfte sind die nun folgenden. Der betonte Hinweis (*siehe*), dass Saulus dort *betet*, lässt die innere Wirkung der überwältigenden Begegnung mit dem auferstandenen Jesus auf den ehemaligen Verfolger erkennen: die existenzielle Hinwendung zum Herrn und die Öffnung für ihn – ein Ausdruck der Anerkennung seiner Macht und der Bereitschaft, den von ihm angekündigten Auftrag anzunehmen. Dem korrespondiert die letzte Information, die Hananias erhält: Saulus ist, ebenso wie ihm selbst, eine *Erscheinung* zuteil geworden – und zwar eine, die ihn, den Blinden (!), das vorab hat *sehen* lassen (!), was Hananias nun tun soll (und tun wird; V. 17): zu ihm *hineingehen* und ihm *die Hände auflegen, damit er wieder* – physisch – *sehen kann*. Es gibt demnach eine Weise des übernatürlichen Sehens, die von Jesus (bzw. Gott) her zuteil wird und unabhängig vom natürlichen Sehen ist, da sie göttliche Belange betrifft (deshalb das *Auflegen der Hände*; vgl. zu 6,6). Da der geistliche Dienst, zu dem Saulus beauftragt werden wird (V.

15), jedoch auch das natürliche Sehen voraussetzt, zielt das von Jesus herkommende Handeln neben der Begabung mit dem Heiligen Geist auch auf die Wiederherstellung des Augenlichts (vgl. V. 17f). Darüber hinaus erfährt Hananias in alledem: Alles ist minutiös von Jesus vorbereitet und auf wunderbare Weise in die Wege geleitet worden. Es gibt deshalb eigentlich nur noch eines: den erteilten Auftrag unverzüglich in die Tat umzusetzen.

13–14 Doch Hananias reagiert zunächst auf sehr menschliche Weise, indem er seine Angst vor der Gefährlichkeit des Saulus artikuliert. Er steht hier in einer Linie mit Menschen, die gegen einen großen göttlichen Auftrag erst einmal einen Einwand erheben (vgl. Ex 3,11; Jer 1,6; Lk 1,18). Hier geht es um die Kenntnis vom *Hörens*agen des *vielen Bösen*, das der Verfolger den Christen *in Jerusalem* mit seinem Wüten zugefügt hat (vgl. V. 1; 8,3). Ihre Bezeichnung als *deine Heiligen* bringt ihre existenzielle Zugehörigkeit zu Jesus, dem Heiligen Gottes (3,14; 4,27.30), zum Ausdruck (vgl. V. 9,32.41; 26,10). Auf andere Weise wird diese Zugehörigkeit im nächsten Vers mit der Wendung *die deinen Namen anrufen* umschrieben, wobei die Betonung hier auf der preisenden Anerkennung der Macht und Herrschaft Jesu liegt (vgl. 2,21; 9,21; 1Kor 1,2). Demnach gibt es also in Damaskus (*hier*) eine Vielzahl derer, auf die Saulus es abgesehen hat. Sein Vorhaben, mit *hohepriesterlicher* Ermächtigung *alle* Christen *gefangen zu nehmen* (vgl. V. 1f), hat sich inzwischen herumgesprochen, sodass auch Hananias darum weiß. Seine Entgegnung klingt wie der Versuch, den Herrn über das Maß der Gefährlichkeit des Mannes aufzuklären, den er zu heilen gedenkt. Es ist keine Verweigerung des Auftrags, aber doch ein Ruf zur Vorsicht und zum Erwägen der möglichen Folgen.

15–16 Die Antwort Jesu zielt darauf, die Bedenken des Hananias als unbegründet zu erweisen – indem sie ihn über weitere Sachverhalte in Kenntnis setzt, von denen er noch nichts weiß (und auch nichts wissen kann). Zunächst wiederholt Jesus seinen anfänglichen Befehl, in die besagte Gasse zu *gehen* (V. 11). Zur Begründung (und gleichzeitigen Ermutigung) erfährt Hananias von der totalen Wende, die *der Herr* im Leben seines Widersachers herbeigeführt hat. Dabei tritt der Gedanke des unwiderstehlichen göttlichen Waltens in den Vordergrund. Mit der Bezeichnung des Saulus als *mein auserwähltes Werkzeug* lässt Jesus zunächst verlauten, dass er in seiner göttlichen Hoheit und Macht (vgl. 2,33–35) aus der Vielzahl der Menschen keinen anderen als seinen bisherigen Feind Saulus dazu erwählt hat, ihm fortan zu Diensten zu sein. Inhalt dieses Dienstes ist es, *seinen Namen vor* Menschen *zu tragen* – das heißt: öffentlich Jesus (der *Name* steht für die Person) als den Träger des Heils Gottes (vgl. 2,28; 3.6.16; 4,7–12; 8,12 u.ö.) vor Heiden (*Völker*) und Juden (*Söhne Israels*) sowie deren Machthabern (*Könige*) zu bekennen. Hier lässt Lukas die später breit geschilderte Missionspraxis und Geschichte des Paulus anklingen, der sich den Heiden zuwendet, nachdem seine Verkündigung von den Juden mehrheitlich abgelehnt worden ist (vgl. bes. 13,46f), und der gegen Ende seines Weges im Zuge vielfacher Verantwortung vor Machthabern Jesus bezeugen wird (Kap. 23–26). Die Signatur dieses Jesuszeugnisses ist das *Leiden*. Auch hier liegt das unwiderstehliche göttliche Walten zugrunde: Saulus *muss* nach dem Willen des erhöhten Herrn *viel leiden* – und zwar *für seinen Namen* (vgl. 5,41; 1Petr 4,16). Er wird mit seinen Leiden (vgl. 13,50; 14,5f.19; 16,19ff; 17,5ff; 18,12ff; 20,3; 21,27ff; 23,12ff) demnach den leidenden Jesus repräsentieren – auf diese Weise aber auch das Heil, das durch dieses Leiden zu allen Menschen kommt (vgl. 1,3; 3,18; 17,3; 26,23). Die Erkenntnis der Notwendigkeit des Leidens wird Saulus als Offenbarung des Willens Gottes beziehungsweise Jesu zuteil werden (*ich werde ihm zeigen*; vgl. 1,24; 10,28; 11,28). So wird aus dem, der den Jüngern des Herrn Leiden zufügt (V. 1), derjenige, der für den Herrn leidet und ihm so Jünger zuführt.

17–19a Hananias lässt sich überzeugen und führt den Auftrag unverzüglich aus. Nach dem *Eintritt in das* besagte *Haus* (V. 11) *legt er* dem dort tatsächlich anwesenden Saulus *die Hände auf*, und mit der unmittelbar eintretenden Beendigung seiner physischen Erblindung (*sogleich fiel es wie Schuppen von seinen Augen, und er wurde sehend*) geht in Erfüllung, was dieser in einer Vision als zukünftiges Geschehen im voraus gesehen hat (vgl. V. 12). Getragen und umfasst ist diese wunderbare leibliche Heilung freilich von geistlichen Vorgängen, die das eigentliche Zentrum des Erzählten bilden. Zwar ist die Anrede mit *Bruder* auch unter Juden üblich (vgl. 2,29; 3,17; 7,2), doch soll sie hier offenbar zum Ausdruck bringen, dass aus dem Verfolger Jesu und seiner Gemeinde inzwischen ein (geistlicher) Bruder der Christen geworden ist (vgl. 1,10; 15,1.32f). Der innere Prozess, den Lukas mit den Bemerkungen über das Fasten und Beten des Saulus angedeutet hat (V. 9.11), ist also offenbar in Gang gekommen. Er wird nun auch nach außen hin sichtbar gemacht und seiner Vollendung zugeführt. Dabei beginnt Hananias seine Worte betont mit dem Hinweis auf seine *Sendung* durch *den Herrn*. Was bisher geschehen ist und sich weiter ereignen wird, geht somit auf den Herrn zurück, der seinen vorgefassten Plan bis ins Detail hinein verwirklicht. In alledem ist Saulus der Adressat, der nichts anderes tun kann, als diese Dinge an sich geschehen zu lassen, und Hananias der Bote, durch den Jesus sein Wirken auf menschliche Weise vermittelt. So eröffnet Hananias Saulus in aller Deutlichkeit, wer der ihn sendende Herr ist: kein anderer als *Jesus,* der Saulus *auf dem Weg* nach Damaskus *erschienen ist* und dem dieser die höchst außergewöhnlichen Erfahrungen der vergangenen drei Tage (vgl. V. 9) zu verdanken hat. Es soll ihm nun der Geist zuteil werden, in dem er dies alles verstehen und den ihm von Jesus zugedachten neuen Weg gehen kann. Die *Erfüllung mit dem Heiligen Geist* ist so das eigentliche Ziel, auf das der ganze Prozess hinsteuert. Sie ist mit dem Auflegen der Hände offenbar bereits vollzogen, denn der bislang in völliger äußerer Passivität verharrende Saulus *steht* nun *auf und lässt sich taufen* (wohl durch Hananias). Damit ist die Bekehrung und Berufung des ehemaligen Christen- und Christus-Verfolgers zum Abschluss gekommen. Er gehört nun zu Jesus und seiner Gemeinde (vgl. V. 19b) – jedoch in einer einzigartigen Funktion, die das vorherige, negative Extrem seines Lebens gleichsam in sein positives Gegenteil verkehrt, indem er nunmehr in den weltweiten Zeugendienst für Jesus gestellt ist. Das ist die mit der Bekehrung verbundene Berufung. Die abschließende Bemerkung, dass Saulus *Nahrung zu sich nimmt* und wieder *zu Kräften kommt,* stellt sicher, dass – nach der Wiederherstellung der Sehkraft – nun auch die letzten leiblichen Voraussetzungen dafür geschaffen werden.

Der erste Satz: »Saulus aber schnaubte noch immer Drohung und Mord gegen die Jünger des Herrn« (V. 1) zeigt die grundlegende Konstellation der Erzählung an, aus der sich ihre ganze Dynamik entwickelt: Saulus in seinem Wüten gegen die christliche Gemeinde und die Gemeinde in ihrer Zugehörigkeit zum Herrn. Ersteres wird von Lukas im Folgenden auffallend häufig konkretisiert: die Versuche des Saulus, *Männer und Frauen gebunden nach Jerusalem abzuführen* (V. 2) beziehungsweise *gefangen zu nehmen* (V. 14), seine *Verfolgung Jesu* (V. 4f: zweimal angesprochen) sowie *das Böse, das er der Gemeinde antut* (V. 13). Auf der anderen Seite steht zum einen die Gemeinde, deren Wesen und Identität ebenfalls in auffallender Häufigkeit und Differenziertheit erwähnt wird: *Jünger des Herrn* (V. 1; vgl. V. 10), *Anhänger des Weges* (V. 2), *Heilige* (des Herrn; V. 13), *die den Namen des Herrn anrufen* (V. 14). Dass Saulus am Ende nach einer dramatischen Umkehrung aller Werte und Wege als *Bruder* erscheint, der *mit dem Heiligen Geist erfüllt* wird und sich *taufen* lässt (V. 17f), ist das Ergebnis eines unmittelbaren Eingreifens Jesu selbst in das irdische Geschehen (V. 3ff). Das ist der zweite und entscheidende Aspekt der »Gegenseite« des Saulus. Dabei sticht die Herausstellung Jesu als »Herr« ins Auge. Insgesamt acht Mal wird die Bezeichnung *(der) Herr (kyrios)* auf ihn angewandt (V. 1.5.10.11.13.14. 17), sodass unser Abschnitt neben 11,8–24 (Thema: die Herbeiführung der Heidenmission durch ein Eingreifen Gottes selbst) der Text mit der größten Kyrios-Dichte der Apostelgeschichte ist. Das ist kein Zufall - ist doch die weltweite Mission in ihrem Vollzug an Paulus (Saulus) und seine Bekehrung/Berufung gebunden und ist doch Gott selbst beziehungsweise der himmlische Herr (Jesus; V. 3ff) der Initiator dieses Geschehens, in dem sich seine Herrschaft fortan als *Tragen seines Namens vor Völker, Könige und Söhne Israels* (V. 15) erweist. Der Kyrios hat sich vorbehalten, die Weichen für das, was nach göttlichem Ratschluss geschehen soll (vgl. V 6: es wird Saulus *gesagt werden, was er tun soll*), durch die Berufung *seines auserwählten Werkzeugs* Saulus (V. 15) zu stellen und so den Weg des *Zeugnisses* von ihm *bis an das Ende der Erde* (1,8) selbst zu initiieren. Dass er dafür weitere Menschen in Dienst nimmt - Männer, die Saulus Helfer zum Überleben werden (V. 7–9), und Hananias, der ihm Helfer zum neuen Leben wird (V. 10–18) –, ist Ausdruck nicht nur seiner Geschichtsmächtigkeit, sondern auch ihrer entscheidenden Stoßrichtung: Es geht ihm um das Leben der Menschen, deren Herr er ist. Die Arten und Weisen, wie er diese seine Herrschaft ausübt, haben sich im Laufe der Geschichte geändert - unverändert geblieben ist ihre Ausübung zum Heil der Welt.

9,19b–31
Wirksamkeit und Ergehen des Saulus in Damaskus und Jerusalem

[19b]Er blieb nun einige Tage bei den Jüngern in Damaskus, [20]und sogleich verkündigte er in den Synagogen Jesus: dass dieser der Sohn Gottes ist. [21]Alle aber, die es hörten, gerieten außer sich (vor Staunen) und sagten: »Ist dieser nicht der, der in Jerusalem diejenigen ausrotten wollte, die diesen Namen anrufen, und der hierher gekommen ist, um sie gefesselt vor die Hohenpriester zu führen?« [22]Saulus aber erstarkte immer mehr und brachte die Juden, die in Damaskus wohnten, in Verwirrung, indem er bewies, dass dieser der Messias ist.

[23]Als etliche Tage vergangen waren, beschlossen die Juden miteinander, ihn umzubringen. [24]Aber Saulus wurde ihr Anschlag bekannt. Da bewachten sie sogar die (Stadt-)Tore bei Tag und Nacht, um ihn ja töten zu können. [25]Seine Anhänger aber nahmen ihn und ließen ihn bei Nacht durch die (Stadt-)Mauer herab, indem sie ihn in einem Korb herunterließen.

[26]Als er in Jerusalem angekommen war, versuchte er, sich den Jüngern anzuschließen; aber alle fürchteten sich vor ihm, da sie

nicht glaubten, dass er ein Jünger sei. [27]Barnabas jedoch nahm sich
seiner an und führte ihn zu den Aposteln, und er erzählte ihnen, wie
er (sc. Saulus) auf dem Weg den Herrn gesehen und dass der zu ihm
gesprochen habe und wie er in Damaskus frei heraus im Namen Jesu
geredet habe. [28]Und er ging mit ihnen in Jerusalem ein und aus und
sprach frei heraus im Namen des Herrn. [29]Er redete und stritt auch
mit den Hellenisten; sie aber versuchten, ihn zu ermorden. [30]Doch
als die Brüder es erfuhren, führten sie ihn hinab nach Cäsarea und
schickten ihn weg nach Tarsus.
[31]So hatte nun die Gemeinde in ganz Judäa und Galiläa und Samaria Frieden; sie wurde erbaut und lebte in der Furcht des Herrn und mehrte sich durch den Zuspruch des Heiligen Geistes.

In einem neuen Erzählabschnitt stellt Lukas vor Augen, wie sich die Lebenswende des Saulus unmittelbar in seinem Handeln und Verhalten auswirkt. Zunächst geht es um das höchst erstaunliche Jesuszeugnis des ehemaligen Jesusverfolgers in Damaskus (V. 19b–22), sodann um seine Flucht angesichts jüdischer Mordversuche (V. 23–25) sowie seinen Aufenthalt in Jerusalem mit der anschließenden Rückkehr nach Tarsus (V. 26–30). Den Abschluss bildet ein Resümee über den Frieden und die Erbauung der gesamten palästinischen Kirche (V. 31). Aufgrund zahlreicher historischer Probleme, die sich im Vergleich mit der paulinischen Darstellung seiner Frühzeit in Gal 1,16–24 ergeben, erweist sich die Frage nach den Quellen, auf die Lukas zurückgegriffen hat, als höchst kompliziert. Er wird weder völlig ohne Überlieferungsmaterial gearbeitet haben, noch dürfte die Darstellung im Ganzen auf Tradition zurückgehen. Lukas hat diesen Abschnitt erkennbar nach theologischen Gesichtspunkten, die ihn leiteten, gestaltet (dazu mehr in der folgenden Auslegung).

19b–20 Als Getaufter – und somit der Kirche Zugehöriger – begibt sich der Neubekehrte sogleich in die Gemeinschaft derer, die er zuvor zugrunde richten wollte (vgl. 8,3; 9,1f), und er tritt als Verkündiger des Jesus auf, den er bislang verfolgt hatte (vgl. 9,5f), weil er dessen Lehre für einen gefährlichen Irrtum hielt (vgl. 8,1; 9,13f). Schärfer könnte der Kontrast nicht sein. Dabei veranschaulicht Lukas beide Aspekte der Lebenswende des Saulus – den der Bekehrung: Sie tritt in dem *einige Tage* umfassenden *Bleiben bei den Jüngern in Damaskus* zutage, die den »Bruder« Saulus (9,17) nun als einen der Ihren bei sich aufnehmen – und den der Berufung: Sie wird darin sichtbar, dass Saulus *sogleich* mit der ihm aufgetragenen *Verkündigung* (vgl. 9,15) beginnt. Dabei ist betont *Jesus,* der ehedem verfolgte, aber ihm erschienene und in seinen

Dienst nehmende Herr, kategorisch als Inhalt der Verkündigung genannt (vgl. 19,13; 8,5). Saulus agiert jetzt nicht mehr gegen Jesus und die Seinen, sondern er verkündigt eben diesen Jesus – und zwar in einer Weise, die er sich zuvor nie hätte träumen lassen beziehungsweise die er entschieden zurückgewiesen hätte: als *Sohn Gottes*. Mit diesem Hoheitstitel, der bei Lukas selten, aber akzentuiert begegnet, wird Jesus als derjenige umschrieben, in dem Gott auf Erden gegenwärtig ist und sein Heil für die Menschen aufrichtet (vgl. Lk 1,35; 4,3.9; 4,41; 8,28; 22,20; Apg 13,33; 20,28). Dass diese Verkündigung zunächst *in den Synagogen* erfolgt, bewegt sich im Rahmen des Saulus erteilten Auftrags (9,15; einen anderen Schwerpunkt setzt Lukas allerdings in 26,17f) und ist typisch für die lukanische Darstellung der paulinischen Mission, die sich immer zuerst an die Juden wendet (vgl. bes. 3,26; 13,26.46).

21–22 Der unfassbare Umschwung im Leben des Saulus wird sogleich noch einmal aus einer anderen Perspektive dargestellt: aus der Sicht derer, die außerhalb der Gemeinde stehen, aber von dem Geschehen *gehört haben* und sich in den Synagogen selbst ein Bild davon machen können. Ihr *staunendes Außer-sich-Sein* artikuliert sich in einer doppelten Frage. Denn es ist in der Tat nicht zu leugnen, dass der Jesus-Verkündiger in den Synagogen kein anderer als der ist, der zuvor *in Jerusalem* die Christen *auszurotten* versuchte und der dieses Zerstörungswerk auch in Damaskus fortzuführen gedachte. Sowohl die Bezeichnung der Christen als diejenigen, die den *Namen* Jesu *anrufen,* als auch die Rede vom *Kommen* des Saulus nach Damaskus, *um sie gefesselt vor die Hohenpriester zu führen,* knüpfen an 9,14 an (vgl. die dortigen Ausführungen). Die Doppelfrage, die sich auf diesen Umschwung bezieht, bringt die ganze Rat- und Fassungslosigkeit der Leute zum Ausdruck. Denn auf sie kann eigentlich nur geantwortet werden: Ja, es verhält sich so, aber es kann doch eigentlich gar nicht sein! Dass hier eine Macht am Werk ist, die das menschliche Fassungsvermögen übersteigt, bringt Lukas mit der Formulierung *Saulus aber erstarkte immer mehr* zum Ausdruck, denn das gewählte Verb bezieht sich im Neuen Testament in der Regel auf das geistliche Erstarken, das nur Gott beziehungsweise Christus bewirken kann (vgl. Röm 4,20; Eph 6,10; Phil 4,13; 1Tim 1,12; 2Tim 2,1; 4,17). Lukas setzt damit einen neuen Akzent gegenüber dem leiblichen Erstarken des Saulus (V. 19a). Denn dieser wird *immer mehr* zu einer gewaltigen Christusverkündigung ermächtigt. Sie *bringt* vor allem *die Juden in Verwirrung,* weil sie – vermutlich anhand der Schrift (vgl. Lk 24, 26f.44–47; Apg 2,22–36; 13,22–41) – *beweist,* dass kein anderer als der von ihnen gekreuzigte Jesus *der Messias ist* (vgl. 4,10–12; 5,30f; zum Messiasbegriff vgl. 2,31.36; 3,18.20; 5,42; 8,5).

23–25 Die Verwirrung der *Juden* schlägt mit zunehmender Zeit in radikale Feindschaft um. Dabei ist unausgesprochen vorausgesetzt, dass sie nicht in der Lage sind, der Argumentation des Saulus erfolgreich zu widerstehen. Da die Christusverkündigung des Mannes, der ihre Sache bislang so konsequent vertreten hatte, für sie eine unerträgliche Zumutung darstellt, kommen sie überein, ihn gewaltsam zu beseitigen (so wörtlich für *umbringen, töten*). Saulus erfährt jedoch von *ihrem Anschlag* (vgl. 20,3; 23,16. 30), sodass die Juden nun *die Stadttore* rund um die Uhr *bewachen,* um eine Flucht zu verhindern beziehungsweise ihn beim Verlassen der Stadt zu *töten*. So tun sie alles, um ihren Plan in die Tat umsetzen zu können. Doch die *Anhänger,* die Saulus durch seine vollmächtige Verkündigung inzwischen offenbar gewonnen hat, sorgen in einer geheimen *nächtlichen* Aktion dafür, dass die Flucht aus der Stadt dennoch gelingt. Die Schilderung des Lukas entspricht bis in Einzelheiten hinein (*Bewachen* der Stadt, *Herabgelassenwerden durch die Mauer in einem Korb*) der Darstellung des Paulus in 2Kor 11,32f. Nur ist es dort der Statthalter des Nabatäerkönigs Aretas, der das ganze Geschehen auslöst (weil er Paulus gefangen nehmen will). Vermutlich hat sich die Episode in der von Paulus selbst geschilderten Weise bei seinem zweiten Aufenthalt in Damaskus zugetragen (vgl. Gal 1,17) und ist von Lukas, ohne Kenntnis der näheren historischen Umstände, dem ersten Aufenthalt zugeordnet worden. Er will damit offenbar die geistliche Dimension des Geschehens verdeutlichen: dass Saulus nämlich nicht nur seinen von Jesus erhaltenen Verkündigungsauftrag (9,15) unverzüglich in der Kraft seines Auftraggebers realisiert (vgl. V. 20. 22), sondern auch das angekündigte Leiden-Müssen für Jesus (9,16) sogleich hautnah erfährt – mit ihm aber auch die wunderbare Rettung durch das verborgene Wirken Gottes.

26–27 Nach seiner Flucht kehrt Saulus wieder zum Ausgangspunkt seiner folgenreichen Reise zurück (vgl. 9,1f). Doch die Christen (= *Jünger*) *in Jerusalem* können – ähnlich wie Hananias (9,13f) und die Synagogenangehörigen von Damaskus (V. 21) – zunächst *nicht glauben,* dass aus dem ehemaligen Verfolger nun einer der Ihren geworden sein soll. Sie be*fürchten* im Gegenteil einen Täuschungsversuch, der das begonnene Zerstörungswerk weiter vorantreiben soll (vgl. 8,3) – und so scheitert vorerst der *Versuch* des Saulus, *sich den Jüngern anzuschließen*. Wie es kommt, dass in Jerusalem nach der Vertreibung aller Christen (vgl. 8,1) wieder Jesusnachfolger anzutreffen sind, lässt Lukas im Unklaren (zur historischen Problematik vgl. die Ausführungen zu 8,1). Offenbar setzt er voraus, dass durch die verbliebenen Apostel neue Gemeindeglieder gewonnen worden sind, die über Saulus und seine Intention genauestens Bescheid wissen. In dieser Situation *nimmt sich Barnabas,* der in 4,36f schon beispielhaft hervorgehoben wurde und später mit Saulus zusammenarbeiten wird (vgl. 11,22ff; 13,2ff; 15,2ff), des auf Vermittlung Angewiesenen *an,* indem er ihn *zu den Aposteln führt* und dort dessen Sache vertritt. Vorausgesetzt ist, dass Barnabas genaue Kenntnis über das Ergehen und die Lebenswende des Saulus hat. Woher dieses Wissen stammt, lässt Lukas wiederum offen. Wichtig ist ihm hier nur der Sachverhalt, dass ein glaubwürdiger Zeuge die Gültigkeit des Geschehens an und mit Saulus bestätigt: das *Sehen* des *Herrn* und das *Angesprochen-Werden* durch ihn *auf dem Weg* nach Damaskus (vgl. 9,3–6.17) sowie die dortige unerschrockene Jesusverkündigung (= *im Namen Jesu frei heraus reden;* vgl. V. 20.22).

28–30 Die Vermittlung und das Zeugnis des Barnabas führen Saulus in enge, vertraute Gemeinschaft mit den Aposteln (= *er ging mit ihnen ein und aus;* doch vgl. die andere Darstellung in Gal 1,18f; die damit verbundene historische Problematik ist zu komplex, um sie hier darlegen zu können; die historische Wahrheit wird wohl eher auf Seiten der paulinischen Darstellung in Gal 1 liegen). Saulus wird demnach also nicht nur als »normales« Gemeindeglied angesehen, sondern auf dieselbe Ebene wie die Kirchenleitung *in Jerusalem* gehoben. Infolge der darin zum Ausdruck kommenden Anerkennung des Auftrags, mit dem er von Jesus betraut worden ist (vgl. 9,15), tritt er denn auch in Jerusalem sofort als mutiger Verkündiger auf und kann so das in Damaskus begonnene Wirken zunächst einmal fortsetzen (die Wendung *er sprach frei heraus im Namen des Herrn* ist in deutlicher Analogie zu V. 27 formuliert). Lukas weist ihm näherhin die griechisch sprechenden Diasporajuden (= *Hellenisten;* vgl. zu 6,1.9) als Zielpublikum zu. Das ist zunächst einmal – trotz aller Spannungen zu Gal 1,18ff – historisch plausibel, denn Saulus kennt sich als jemand, der aus demselben Milieu stammt – von Lukas durch die Rückkehr in seine Heimatstadt *Tarsus* angedeutet (vgl. 21,39; 22,3) – bestens mit den Ansichten dieser Kreise aus. Zum anderen scheint dahinter aber auch das Interesse an einer Parallelisierung mit Stephanus zu stecken. Denn wie dieser *streitet* Saulus mit den Hellenisten (vgl. 6,9) und gerät daraufhin in akute Lebensgefahr, die hier wie dort auf *Mord* zielt (vgl. 6,11–14; 7,54–60). Doch im Gegensatz zu Stephanus, dessen Tötung er einst ausdrücklich befürwortete (8,1), wird Saulus – wiederum durch den entschlossenen Beistand seiner christlichen *Brüder* (vgl. V. 25) – ein weiteres Mal vor dem Tod bewahrt. Lukas will durch diese am Ende gegenläufige Parallelität offenbar eine grundlegende Veränderung beziehungsweise Weiterentwicklung der heilsgeschichtlichen Situation aufzeigen: Hatte das Wirken des Stephanus noch nicht den endgültigen Durchbruch der Jesusverkündigung zum Ziel, sondern lediglich die Vorbereitung dieses Geschehens infolge des Martyriums sowie der Vertreibung und ihrer Auswirkungen (vgl. 8,4–25.26–40), so wird das Erreichen dieses Zieles nun ausgerechnet durch den Mann realisiert, der es am entschiedensten zu verhindern suchte: Saulus (vgl. 8,3; 9,1f.4f.13f). Auch wenn dieser zunächst einmal »abtaucht« (durch die Rückkehr über *Cäsarea* nach *Tarsus*), ist inzwischen der Punkt erreicht, an dem eine neue Epoche beginnt: die unaufhaltsame Ausbreitung des Jesuszeugnisses *bis an das Ende der Erde* (1,8). Was der Auferstandene den Aposteln als Vermächtnis mit auf den Weg gegeben hat, wird von nun an durch das Wirken dessen vollendet werden, der hier *mit ihnen ein- und ausgeht*. Der Aktionsradius der elementaren Handlungsträger in der Apostelgeschichte überschneidet sich hier und wird in Zukunft auf Saulus übergehen und sich in die heidnische Welt verlagern (ab Kap. 13).

31 Das geschieht aber erst, nachdem im Kerngebiet *Judäa, Galiläa und Samaria* – wie Lukas in deutlicher Anspielung auf die programmatische Verheißung von 1,8 formuliert – die erforderlichen weiteren Voraussetzungen geschaffen sind (vor allem in Gestalt des endgültigen Durchbruchs zur Heidenmission in Kap. 10 und 11). Zunächst einmal setzt die resümierende Bemerkung, dass *die Gemeinde* in den genannten Gebieten nun *Frieden* hat, einen gewissen Schlusspunkt unter die bisherige Entwicklung. Nach dem scheinbar so unheilvollen Beginn mit dem Tod des Stephanus und der Verfolgung der Jerusalemer Urgemeinde hat sich die christliche Gemeinde inzwischen über ganz Palästina hin ausgebreitet, und aus dem wütenden Verfolger Saulus ist ein vollmächtiger Jesusverkündiger geworden. Der so eintretende *Friede* ist von daher im Sinne einer von allen Anfeindungen ungetrübten Ruhephase der nunmehr konsolidierten Kirche zu verstehen. Dabei vermerkt Lukas ganz unvermittelt die Existenz christlicher Gemeinden in *Galiläa*. Von einer Galiläa-Mission war und ist – im Unterschied zu *Samaria* (vgl. 8,4–25) – in seiner Darstellung keine Rede. Das dürfte zum einen darauf zurückzuführen sein, dass für ihn *Judäa* und Galiläa ganz eng zusammengehören (vgl. Lk 5,17; 7,11.17; Apg 1,8, wo Galiläa offenbar in Judäa integriert ist). Zum anderen ist es aber vor allem seiner heilsgeschichtlichen Konzeption zu verdanken, nach der sich das Jesuszeugnis von Jerusalem herkommend ausbreitet. Von einem Erreichtwerden Galiläas auf diesem Wege kann er jedoch nicht berichten, da es dort von Anfang an (neben Jerusalem) christliche Gemeinden gab (deren Existenz er eben nur voraussetzen kann). In dieser äußeren

Ruhe- und Friedensphase wird der Gemeinde auch innere Stärkung zuteil. Sie besteht in geistlicher *Auferbauung* (vgl. 20,32), sodass sie immer mehr befähigt wird, *in der Furcht des Herrn zu leben* – das heißt: sich ehrfürchtig Gott als demjenigen zu unterstellen, der in alledem am Werk war und ist. Er sorgt *durch den Heiligen Geist* auch dafür, dass Menschen außerhalb der Gemeinde immer wieder vom *Zuspruch* seines Heils in Jesus erreicht werden, sodass die Gemeinde sich auch zahlenmäßig *mehrt* (vgl. 6,1.7). Damit ist der Weg frei für die endgültige Ausbreitung des Jesuszeugnisses zu den Heiden.

Lukas hat seine Darstellung der Wirksamkeit und des Ergehens des Saulus in Damaskus und Jerusalem formal nahezu völlig parallel strukturiert. Dabei geht es um Folgendes: 1. das Verhältnis des Saulus zu den Christen am Ort: In Damaskus hält er sich in völligem Einvernehmen *einige Tage bei den Jüngern* auf (V. 19b); in Jerusalem dagegen stößt sein *Versuch*, sich der Gemeinde *anzuschließen*, auf Schwierigkeiten (V. 26a), sodass er auf die Vermittlung des *Barnabas* angewiesen ist (V. 27a) – 2. die Reaktion der Betroffenen auf seine Lebenswende: in Damaskus besteht sie in fassungslosem Staunen (V. 21a), in Jerusalem dagegen zunächst einmal in Angst (V. 26b) – 3. die Frage nach seiner gewandelten Identität: Der in Damaskus gestellten Frage nach dem Verfolger der Gemeinde (V. 21b) korrespondiert in Jerusalem die Antwort seiner Bekehrung und Berufung durch den Herrn (V. 27b) – 4. sein »Großwerden« vor Ort: Dem geistig-geistlichen *Erstarken* in Damaskus (V. 22a) entspricht in Jerusalem sein Einrücken in die Leitungsebene der Kirche (V. 28a) – 5. die Inhalte seiner Verkündigung: Die expliziten Aussagen von Damaskus, dass Jesus der *Sohn Gottes* und der *Messias* ist (V. 20.22c), werden in Jerusalem zur Rede *im Namen Jesu* beziehungsweise *des Herrn* zusammengefasst (V. 28b) – 6. den in der Verkündigung zutage tretenden Gegensatz zu den (hellenistischen) Juden: In Damaskus äußert er sich in *Verwirrung* der Juden (V. 22b), in Jerusalem im *Streit* mit ihnen (V. 29a) – 7. Mordversuche seitens der Juden (V. 23.24b/29b) – 8. die Rettung beziehungsweise Bewahrung des Saulus vor der tödlichen Bedrohung (V. 24a.25/30).

Lukas will mit alledem wohl veranschaulichen, dass der Saulus, der aus Damaskus nach Jerusalem zurückkommt, ein anderer ist als der, der von Jerusalem nach Damaskus aufgebrochen war (9,1f). Was in der Zwischenzeit geschehen ist (vgl. 3.), hat alles verändert. Saulus gehört nun zu denen, die er vormals verfolgte (vgl. 1.2.). Dabei charakterisiert Lukas die neue Identität seiner neuen Hauptperson in ihren wesentlichen Zügen: Saulus steht in der Kirche von Anfang an mit an vorderster Front (vgl. 4.), und an seiner Jesusverkündigung (vgl.

5.) entzündet sich die erbitterte Feindschaft eines Großteils der Juden (vgl. 6.7.), die dem »erwählten Werkzeug« Jesu (9,15) jedoch nichts anhaben kann (vgl. 8.). Die weitere Wirksamkeit des Saulus – und damit die gesamte zweite Hälfte der Apostelgeschichte (Kap. 13–28) – wird von diesen Dingen, die Lukas hier gleichsam grundlegend einführt, geprägt sein. Dabei lässt er keinen Zweifel daran, dass in all diesen geschichtlichen Vorgängen Gott selbst in verborgener Weise am Werk ist. Er wendet seiner Gemeinde mit alledem *Frieden* und *Erbauung* zu (V. 31). Dieses einzigartige Geschehen lässt sich nicht verallgemeinern, da Gottes Handeln in der Geschichte immer wieder anders ist. Was sich in allem aber durchhält, ist das Zeugnis von Jesus, das Menschen verändert und zusammenführt, an dem sich aber auch die Geister scheiden.

9,32–43
Wundertätigkeit des Petrus in Lydda und Joppe

[32]Es geschah aber beim Durchwandern aller (Orte), dass Petrus auch zu den Heiligen hinab kam, die in Lydda wohnten. [33]Dort traf er auf einen Mann mit dem Namen Äneas, der seit acht Jahren zu Bett lag – er war gelähmt. [34]Und Petrus sprach zu ihm: »Äneas, Jesus Christus heilt dich! Stehe auf und mache dir selbst (dein Bett)!« Und sogleich stand er auf. [35]Und es sahen ihn alle, die in Lydda und der Scharon-Ebene wohnten, und sie bekehrten sich zum Herrn.

[36]In Joppe aber war eine Jüngerin mit dem Namen Tabitha, das heißt übersetzt: Dorkas. Diese war voll an guten Werken und Wohltaten, die sie übte. [37]Es geschah aber in jenen Tagen, dass sie so krank wurde, dass sie starb. Und man wusch sie und legte sie in ein Obergemach. [38]Es war aber Lydda nahe bei Joppe, und so sandten die Jünger, als sie hörten, dass Petrus dort war, zwei Männer zu ihm und ließen ihn bitten: »Zögere nicht, zu uns herüberzukommen!« [39]Da machte sich Petrus auf und ging mit ihnen. Und als er angekommen war, führten sie ihn in das Obergemach hinauf. Und alle Witwen traten weinend zu ihm und zeigten ihm alle Untergewänder und Kleider, die Dorkas gemacht hatte, als sie (noch) bei ihnen war. [40]Petrus aber trieb alle hinaus; und er ging auf die Knie und betete, und zu dem Leichnam gewandt sprach er: »Tabitha, stehe auf!« Da öffnete sie ihre Augen, und als sie Petrus erblickte, setzte sie sich auf. [41]Er aber reichte ihr die Hand und richtete sie auf. Dann rief er die Heiligen und die Witwen (herbei) und stellte sie ihnen lebend vor. [42]Es wurde aber durch ganz Joppe hin bekannt, und viele kamen zum Glauben an den Herrn. [43]Es begab sich aber, dass er etliche Tage in Joppe bei einem Gerber, Simon, blieb.

Mit der Erzählung von zwei Wundertaten des Petrus – der Heilung des Äneas (V. 32–35) und der Auferweckung der Tabitha (V. 36–43) – bringt Lukas den seit Kap. 6 in den Hintergrund getretenen bisherigen Hauptakteur seines Werkes offenbar völlig unvermittelt wieder ins Spiel (lediglich in 8,14–25 spielte er zwischendurch eine Rolle). Doch der abrupte Wechsel von Petrus zu Saulus ist kein Zufall oder eine Ungeschicklichkeit, sondern verdankt sich der entscheidenden Rolle des Petrus beim endgültigen Durchbruch zur Heidenmission, der unmittelbar bevorsteht (Kap. 10 und 11). So sehr die beiden mit einander verknüpften Wundererzählungen ursprünglich eine eigenständige Überlieferung gewesen sein dürften, so sehr sind sie von Lukas in den Duktus seiner Darstellung integriert worden, in dem sie nur noch eine vorbereitende Funktion für das folgende, für den weiteren Weg des Jesuszeugnisses ungleich bedeutsamere Geschehen haben. Von der ursprünglichen Selbständigkeit der beiden Erzählungen zeugt ihre jeweilige Strukturierung nach dem gängigen Muster neutestamentlicher Heilungswundererzählungen (vgl. zu 3,1–10): 1. Ausgangssituation, insbesondere im Blick auf die zu heilenden Personen (V. 33/36.37a) – 2. Heilungs- beziehungsweise Auferweckungsvorgang (V. 34a/40) – 3. Demonstration des Erfolgs (V. 34b/41) – 4. Reaktion der Öffentlichkeit (V. 35/42), von Lukas zugespitzt auf die missionarische Wirkung der wunderbaren Geschehnisse.

32–33 Als »Visitator« der Jerusalemer »Kirchenleitung« greift Petrus wieder in das Geschehen ein. Auf seiner Visitationsreise durch *alle Orte,* in denen inzwischen neue Gemeinden entstanden sind, kommt er auch zu den Christen (= *Heiligen;* vgl. 9,13) in *Lydda,* rund vierzig Kilometer nordwestlich von Jerusalem am Rand der Küstenebene gelegen. Die Entstehung der dortigen Gemeinde mag – ebenso wie in Joppe (V. 36) – auf das Wirken des Philippus in dieser Region zurückgehen (vgl. zu 8,40; zur Existenz von Gemeinden in Judäa zu dieser Zeit vgl. Gal 1,22). Petrus trifft *dort* (bei den *Heiligen,* also in der Gemeinde) auf einen *Gelähmten,* der *seit acht Jahren* an das *Bett* gebunden ist. In der doppelten Nennung seines Namens (*Äneas;* auch V. 34) ist die Erinnerung an die Heilung eben dieses Gemeindegliedes aufbewahrt – auch wenn die Erzählung ansonsten stark nach dem Schema der Heilungswundergeschichten gestaltet ist (und sich von daher eng mit der Erzählung von der Heilung des Gelähmten im Tempel [3,1–10] berührt).

34–35 Die Initiative geht (ähnlich wie in 3,6) von Petrus aus, der den Mann namentlich *anspricht* und ihm unvermittelt die *Heilung* zuspricht. Dabei ist (ebenso wie in 3,6; 4,10) betont davon die Rede, dass *Jesus Christus* es ist, der das Wunder vollbringt. Im Unterschied zum bloßen Jesus-Namen legt der Zusatz *Christus* (= Messias) das Gewicht auf die heilvoll-hoheitliche Identität Jesu (vgl. 2,38; 3,20; 8,12; 10,36 u.ö.). Auf den knapp gehaltenen Befehl *Stehe auf* (3,6: *Gehe umher*) folgt, gleichsam zur Demonstration der sich sogleich einstellenden Heilung (vgl. Lk 5,14.24; Joh 5,8), die Aufforderung, sich *das Bett selbst zu machen* (das Objekt ist hier zu ergänzen). Während Lukas die unmittelbar eintretende Heilung nur sehr knapp erwähnt (*sogleich stand er auf*; vgl. Lk 4,39; 5,13; 7,10 u.ö.), hebt er die Wirkung des Geschehens besonders hervor. Seine Rede davon, dass *alle* Bewohner Lyddas und der umgebenden Küstenebene (*Scharon*) den Geheilten *sehen* und sich daraufhin zu dem *Herrn bekehren*, der hier auf so eindrucksvolle Weise gehandelt hat, ist in ihrer Totalität wohl eine erzählerische Zuspitzung (anders V. 42). Sie soll zeigen, worum es im entscheidenden geht: den überwältigenden missionarischen Erfolg der Wirksamkeit des Petrus (ebenso V. 42), in der Jesus Christus selbst am Werk ist (wie auch bei Saulus; vgl. 9,15).

36–39 Die zweite Episode spielt in der knapp zwanzig Kilometer nordwestlich von Lydda am Meer gelegenen Stadt *Joppe*. Dort lebt eine, wiederum namentlich genannte, *Jüngerin* (die weibliche Form begegnet im Neuen Testament einzig hier; der aramäische Name *Tabitha* wird für die griechisch sprechenden Leser der Apostelgeschichte übersetzt: Dorkas; deutsch: Gazelle). Sie wird als eine überaus *wohltätige* Frau herausgestellt, sodass ihr plötzlicher *Tod* – die tödliche *Krankheit* tritt mitsamt ihrer verhängnisvollen Wirkung in der Zeit auf, in der Petrus sich in Lydda aufhält – für alle Beteiligten einen herben Verlust darstellt (V. 39). Gemäß jüdischer Sitte wird die Verstorbene *gewaschen* und anschließend im *Obergemach* eines Hauses aufgebahrt. Dass sie nicht, entgegen dem Brauch, sofort beerdigt wird (vgl. 5,6.10), sondern im Obergeschoss verbleibt, ist vermutlich der darstellerischen Anlehnung an alttestamentliche Erzählungen von Totenerweckungen zu verdanken (vgl. 1Kön 17,17–24; 2Kön 4,21.32–37). Der sachliche Grund dafür ist aber offenbar das Ansinnen der Christen (*Jünger*) in Joppe, *Petrus* aus dem *nahe* gelegenen *Lydda* holen zu lassen – offenbar in der Erwartung, er könne hier machtvoll helfen, nachdem man von seinem dortigen Aufenthalt (und der Heilung?) *gehört* hat. Dem entspricht die an ihn herangetragene *Bitte*, die ihn zu höchster Eile auffordert (*Zögere nicht, zu uns zu kommen!*). Petrus folgt dem Wunsch und *macht sich* mit den beiden *Gesandten* unverzüglich auf den Weg. Im *Obergemach* angekommen – für Hin- und Rückmarsch der Boten wird man etwa sieben Stunden veranschlagen müssen –, wird er sofort mit dem ganzen Leid konfrontiert. Die dort inzwischen zur Totenklage versammelten *Witwen,* die zu den Bedürftigen der Gemeinde zählen (vgl. 6,1), *zeigen ihm* unter dem wortlosen Ausdruck tiefer Trauer (*weinend*) die *Unter-* und Ober*kleider,* die *Dorkas* zu ihren Lebzeiten für sie angefertigt hatte. Dabei bringt die Formulierung *als sie noch bei ihnen war* eine sehr enge, beständige Form der Gemeinschaft zum Ausdruck (vgl. Lk 6,3f; 22,59). Es handelt sich hier offenbar um den Kreis von Menschen, der vom Tod dieser Wohltäterin besonders schmerzlich betroffen ist.

40–41 Wenn Petrus sie *alle hinaustreibt,* ist dies nicht Ausdruck mangelnder Pietät, sondern des Umstands, dass das, was nun geschieht, keine Öffentlichkeit duldet, da es die Grenzen menschlicher Handlungs- und Wahrnehmungsmöglichkeiten weit übersteigt (vgl. 1Kön 17,19; 2Kön 4,33) – im Gegensatz zu Jesus, dessen Totenerweckungen sich nicht unter Ausschluss der Öffentlichkeit abgespielt haben (vgl. Lk 7,12ff; 8,51; Joh 11,41ff), da in ihm nach biblischer Darstellung das Göttliche und Menschliche personhaft vereint und anschaubar sind. Anders bei Petrus: Dass er *auf die Knie geht,* ist Zeichen seiner totalen Abhängigkeit und Ergebenheit an Gott und seine Macht (bzw. seinen Willen; vgl. Lk 5,8; 22,41; Apg 7,60; 20,36) – und das in dieser Haltung verrichtete *Gebet* bittet um ihr wunderbares Wirksamwerden (vgl. 1Kön 17,20f; 2Kön 4,33). Von daher ist die an den *Leichnam* gerichtete Aufforderung des *Aufstehens* das im Vertrauen auf Gott und in seiner Vollmacht gesprochene Leben schaffende Wort Gottes, das – paradoxerweise einer Toten – persönlich zugesprochen wird (die Verstorbene wird mit ihrem Namen *Tabitha* angeredet). Es erweist sich – auch und gerade in dieser Extremsituation – als wirksam: Tabitha *öffnet ihre Augen* und – offenbar durch den Anblick des Petrus vollends ins Leben zurückgekehrt – *setzt sich aufrecht hin* (vgl. Lk 7,15), um sodann, von Petrus unterstützt (*Reichen der Hand*), vollends aufzustehen (vgl. Lk 8,55). Im *Herbeirufen* der *Witwen* und der ganzen Gemeinde (*Heilige*) sowie der Präsentation der vom Tod Erweckten findet das Geschehen seinen unmittelbaren Abschluss.

42–43 Auch hier ist das Wunder nicht um seiner selbst willen berichtet. Es geht Lukas nicht primär um die Überwindung des Todes als Rückkehr in das normale, irdische Leben (vgl. 7,59f; 20,24; 21,13), sondern – ebenso wie bei der Heilung des Äneas – um die Wirkung des Geschehens im Blick auf das ewige Heil (vgl. 13,48). So schließt er die Erzählung mit der Feststellung ab, dass *viele* von denen, die in *ganz Joppe* von dem Vorgang hörten, *zum Glauben an den Herrn kamen* (vgl. 4,4; 11,21; 14,1; 17,12; 18,8). Die folgende Bemerkung über den längeren Aufenthalt des Petrus in der Stadt bei dem *Gerber Simon* gehört nicht mehr zur Auferweckungsgeschichte, sondern bereitet schon die nachfolgende Cornelius-Erzählung vor (vgl. 10,5f). Diese enge Verknüpfung wirft ein Licht auf das Verständnis der beiden Petrus-Wunder-Erzählungen. Gewiss sollten sie ursprünglich das Weiterwirken der wunderbaren Heils- und Lebenskraft Jesu in seinem »ersten« Jünger und führenden Apostel bezeugen. Im Kontext der Apostelgeschichte – zwischen der wunderbaren Bekehrung und dem ersten Wirken des Heidenmissionars Saulus und der ebenso wunderbaren wie programmatischen Bekehrung des Heiden Cornelius – rückt sie Petrus als denjenigen in den Mittelpunkt, der durch sein machtvolles Wirken im Geiste Jesu unter den Juden legitimiert ist, auch die »offizielle« Erweiterung der Juden- zur Heidenmission zu vollziehen.

Auch in diesem Abschnitt fällt, ähnlich wie im vorausgehenden, die Parallelität der Strukturierung der Vorgänge auf – sieht man von der breit geschilderten Vor- und Begleitgeschichte der verstorbenen Tabitha (V. 36–40) ab. In beiden Fällen geht es um ein wunderbares Geschehen an leidenden oder gar verstorbenen Menschen. Dabei wird nur in der ersten Erzählung explizit gesagt, dass *Jesus Christus* es ist, der durch Petrus die Heilung vollzieht (V. 34). Dem entspricht bei der Auferweckungserzählung aber die Notiz vom *niederknienden Beten* des Petrus als Ausdruck seines Erbittens der Wunderkraft Gottes beziehungsweise Jesu Christi (V. 40). Man darf im Hinblick auf die folgende Cornelius-Geschichte, die durch Petrus den Durchbruch zur Heidenmission mit sich bringt, hierin wohl eine Parallelisierung zum wunderbaren Wirken Jesu sehen, der laut der Predigt des Petrus im Haus des Cornelius »umherging und Gutes tat und alle heilte, die vom Teufel überwältigt waren, denn Gott war mit ihm« (10,38). Durch Petrus setzt Gott sein in Jesus begonnenes Heilungswirken fort – bis hin zu Totenerweckungen (vgl. Lk 7,11–17; 8,49–56), sodass der »erste« Jünger und Apostel Jesu in besonderer Weise autorisiert ist, auch die Erweiterung von der Juden- zur Heidenmission einzuleiten. In diesem Sinne sind wohl auch die auffallenden Schlussbemerkungen des Lukas in beiden Erzählungen zu verstehen, die von der *Bekehrung aller* Augenzeugen (V. 35) beziehungsweise dem *Zum-Glauben-Kommen vieler* Bewohner von Joppe (V. 42) sprechen. Hierin ereignet sich das, was nach der Petrus-Predigt vor Cornelius die Quintessenz des Auftretens und der Geschichte Jesu ist: »dass jeder, der an ihn glaubt, Vergebung der Sünden empfängt durch seinen Namen« (10,43). Lukas macht auf diese Weise deutlich, was die Hauptaspekte des Heilshandelns Gottes in Jesus Christus und dem nachösterlichen Jesuszeugnis sind: Heilung des Leibes und

Überwindung des Todes sowie das Heil der neuen Gottesbeziehung im *Glauben an den Herrn* (V. 42). Was Gott in Jesus begonnen hat und bislang seinem Volk vorbehalten war, soll fortan auch den Heiden zugute kommen. Wir befinden uns hier an der Schwelle zu einer neuen Epoche der Geschichte Gottes mit der Welt und den Menschen, die bis heute andauert und die Frage beantwortet, was das Heil des Menschen ist und wie beziehungsweise wo es zu finden ist.

10,1–48
Die Bekehrung des Cornelius und ihre wunderbare Vorgeschichte

**1Ein Mann in Cäsarea mit Namen Cornelius, ein Hauptmann von der
sogenannten italischen Kohorte, 2der mit seinem ganzen Haus
fromm und gottesfürchtig war und dem Volk viele Almosen gab
und beständig zu Gott betete, 3sah in einer Erscheinung ungefähr
um die neunte Stunde des Tages deutlich einen Engel Gottes, der zu
ihm hereinkam und zu ihm sprach: »Cornelius!« 4Er aber blickte gespannt auf ihn und wurde in Schrecken versetzt und sagte: »Was ist,
Herr?« Er aber sprach zu ihm: »Deine Gebete und deine Almosen
sind hinaufgestiegen zum Gedenken vor Gott. 5Und nun sende
Männer nach Joppe und lass einen gewissen Simon, der den Beinamen Petrus hat, holen. 6Dieser wohnt als Gast bei einem Gerber Simon, der ein Haus am Meer hat.« 7Als der Engel, der zu ihm redete,
weggegangen war, rief er zwei von den Hausdienern und einen
frommen Soldaten von denen, die ständig um ihn waren, 8und nachdem er ihnen alles erklärt hatte, sandte er sie nach Joppe.**

**9Am folgenden Tag, als jene auf dem Weg waren und sich der
Stadt näherten, stieg Petrus um die sechste Stunde auf das Dach um
zu beten. 10Er wurde aber hungrig und wollte etwas essen. Während
sie (die Mahlzeit) zubereiteten, kam eine Verzückung über ihn.
11Und er sah den Himmel geöffnet und ein Gefäß wie ein großes Leinentuch herabkommen, das an vier Enden auf die Erde herniedergelassen wird. 12In ihm waren alle vierfüßigen und kriechenden Tiere der Erde und (alle) Vögel des Himmels. 13Und es erging eine Stimme an ihn: »Steh auf, Petrus, schlachte und iss!« 14Petrus aber sagte:
»Keinesfalls, Herr, denn ich habe noch nie etwas Gemeines oder
Unreines gegessen!« 15Und wiederum, zum zweiten Mal, erging eine
Stimme an ihn: »Was Gott für rein erklärt hat, sieh du nicht als unrein an!« 16Dies geschah dreimal, und sogleich wurde das Gefäß in
den Himmel hinaufgezogen.**

**17Als Petrus aber bei sich selbst in großer Ratlosigkeit war, was
wohl die Erscheinung bedeute, die er gesehen hatte, siehe, da standen die Männer, die von Cornelius gesandt worden waren und sich**

nach dem Haus Simons durchgefragt hatten, bereits vor dem Tor. [18]Und nachdem sie gerufen hatten, erkundigten sie sich, ob Simon mit dem Beinamen Petrus hier zu Gast sei. [19]Während Petrus noch über das Gesehene nachdachte, sprach der Geist zu ihm: »Siehe, drei Männer suchen dich. [20]So steh nun auf, geh hinunter und zieh ohne Bedenken mit ihnen, denn ich habe sie gesandt.« [21]Da stieg Petrus zu den Männern hinab und sprach: »Siehe, ich bin es, den ihr sucht. Was ist der Grund, dass ihr hier seid?« [22]Sie aber sagten: »Cornelius, ein Hauptmann, ein gerechter und gottesfürchtiger Mann, der einen guten Ruf beim ganzen Volk der Juden hat, ist von einem heiligen Engel die Weisung erteilt worden, dich in sein Haus holen zu lassen und zu hören, was du zu sagen hast.« [23]Da rief er sie hinein und nahm sie gastlich auf.

Am nächsten Tag machte er sich auf und zog mit ihnen fort, und einige der Brüder aus Joppe gingen mit ihm. [24]Am Tag darauf kamen sie nach Cäsarea. Cornelius aber erwartete sie und hatte seine Verwandten und engsten Freunde zusammengerufen. [25]Als Petrus nun (in das Haus) hineinkam, ging Cornelius ihm entgegen, fiel ihm zu Füßen und huldigte ihm. [26]Petrus aber richtete ihn auf und sprach: »Steh auf! Auch ich bin (nur) ein Mensch.« [27]Und sich mit ihm unterhaltend ging er hinein, und er fand viele versammelt. [28]Und er sagte zu ihnen: »Ihr wisst, dass es einem Juden nicht erlaubt ist, mit einem Fremden zu verkehren oder zu ihm zu gehen. Aber Gott hat mir gezeigt, keinen Menschen gemein oder unrein zu nennen. [29]Darum bin ich auch ohne Widerspruch gekommen, als nach mir geschickt wurde. Nun frage ich: Aus welchem Grund habt ihr mich holen lassen?« [30]Und Cornelius sagte: »Vor vier Tagen um diese, die neunte Stunde betete ich in meinem Haus; und siehe, ein Mann in einem leuchtendem Gewand trat vor mich, [31]und er sagte: ›Cornelius, dein Gebet ist erhört worden und deiner Almosen ist vor Gott gedacht worden. [32]Sende nun nach Joppe und lass Simon mit dem Beinamen Petrus herbeirufen; der wohnt zu Gast im Haus des Gerbers Simon am Meer.‹ [33]Da sandte ich sofort (Männer) zu dir, und du hast gut daran getan, dass du gekommen bist. Und nun sind wir alle vor Gott zugegen, um alles zu hören, was dir vom Herrn aufgetragen ist.«

[34]Petrus aber tat den Mund auf und sprach: »In Wahrheit begreife ich (jetzt), dass Gott nicht auf die Person sieht, [35]sondern in jedem Volk ist ihm der willkommen, der ihn fürchtet und Gerechtigkeit tut. [36]Das Wort, das er den Söhnen Israels gesandt hat, indem er Frieden verkündigte durch Jesus Christus – der ist der Herr über alle (Menschen) –, [37]kennt ihr: die Sache, die durch ganz Judäa hin geschehen ist, angefangen von Galiläa aus nach der Taufe, die Johannes verkündigte – [38]Jesus von Nazareth, wie Gott ihn mit Heiligem

**Geist und Kraft gesalbt hat, der umherging und Gutes tat und alle
heilte, die vom Teufel überwältigt waren, denn Gott war mit ihm.
[39]Und wir sind Zeugen von allem, was er im Land der Juden und in
Jerusalem tat. Den haben sie getötet, indem sie ihn an ein Holz
hängten. [40]Diesen hat Gott am dritten Tag auferweckt und bewirkt,
dass er sichtbar wurde – [41]nicht dem ganzen Volk, sondern den von
Gott zuvor erwählten Zeugen: uns, die wir mit ihm gegessen und ge-
trunken haben, nachdem er aus den Toten auferstanden war. [42]Und
er hat uns befohlen, dem Volk zu predigen und zu bezeugen, dass er
selbst der von Gott eingesetzte Richter der Lebenden und der Toten
ist. [43]Von diesem legen alle Propheten Zeugnis ab, dass jeder, der an
ihn glaubt, Vergebung der Sünden empfängt durch seinen Namen.«**

**[44]Noch während Petrus diese Worte sprach, fiel der Heilige Geist
auf alle, die das Wort hörten. [45]Und die Gläubigen aus der Beschneidung – alle, die mit Petrus gekommen waren – gerieten außer sich,
dass auch auf die Heiden die Gabe des Heiligen Geistes ausgegossen
worden war. [46]Denn sie hörten sie in Zungen reden und Gott preisen. Da antwortete Petrus: [47]»Kann etwa jemand das Wasser verweigern, dass diese nicht getauft würden, die den Heiligen Geist empfangen haben wie auch wir?« [48]Und er ordnete an, sie im Namen Jesu
Christi zu taufen. Danach baten sie ihn, einige Tage (bei ihnen) zu
bleiben.**

Mit der Corneliusgeschichte (10,1 – 11,18) ist der entscheidende Punkt auf dem Weg zum Durchbruch zur Heidenmission erreicht. Lukas unterstreicht die Bedeutung dieser Begebenheit, indem er sie zur längsten Einzelerzählung seines Werkes ausgestaltet. Das erreicht er durch eine minutiöse Darstellung bis in die Details hinein sowie eine Rekapitulation aus dem Mund des Petrus, die nachträglich noch einmal die entscheidenden Züge herausstellt (11,1–18). Der erste Teil (10,1–48) gliedert sich in sechs Abschnitte: 1. Vision des Cornelius mit der Beauftragung, Petrus holen zu lassen (V. 1–8) – 2. Vision des Petrus über die Aufhebung kultischer Unreinheit durch Gott (V. 9–16) – 3. Ankunft der Boten des Cornelius bei Petrus und dessen Beauftragung, sich mit ihnen zu Cornelius zu begeben (V. 17–23a) – 4. Ankunft des Petrus im Haus des Cornelius (V. 23b–33) – 5. Predigt des Petrus (V. 34–43) – 6. Ausgießung des Geistes auf die anwesenden Heiden und deren Taufe (V. 44–48). In ihren Grundzügen dürfte die Geschichte auf historischem Geschehen beruhen. Lukas hat sie in ihren Einzelzügen und inneren Zusammenhängen zu einer kunstvollen Erzählung gestaltet.

1–2 Die Geschichte beginnt, indem Lukas den Mann einführt, an dem sich das große Ereignis der göttlichen Legitimation der Heidenmission vollziehen soll: einen römischen *Hauptmann* in *Cäsarea*, der einer in Italien gebildeten Einheit (*italische Kohorte*) angehört. Die Stadt war Ziel des Philippus im Anschluss an seine Begegnung mit dem äthiopischen Eunuchen (8,40) – nun wird sie zum Ort der vollen Realisierung dessen, was Lukas mit der Bekehrung dieses Sympathisanten des jüdischen Gottesglaubens (vgl. 8,27) bereits angedeutet hat. Ebenso wie der Äthiopier wird auch der Römer als Gottesfürchtiger vorgestellt – diesmal allerdings weitaus präziser: Cornelius ist nicht nur persönlich *fromm und gottesfürchtig*, also jemand, der den Gott Israels verehrt (vgl. V. 35: der *ihn fürchtet*), sondern er hat auch *sein ganzes Haus* (Familie, Bedienstete) für diesen Glauben gewonnen. Dass er diesen sehr ernst nimmt, zeigen die Zusatzbemerkungen über seine rege Wohltätigkeit (*viele Almosen*) gegenüber dem *Volk* der Juden und die Beachtung der jüdischen Gebetspraxis (er *betete beständig zu Gott*). Gleichwohl hat er noch nicht den offiziellen Übertritt zum Judentum (durch Beschneidung) vollzogen, sodass er einem Juden statusmäßig noch als Heide – und damit als Unreiner – gilt. Hier deutet sich die grundlegende Pointe der ganzen Erzählung an, die ja auf die Aufhebung dieser Begrenzung des Gottesvolkes zielt (vgl. V. 14f.28f.34f), um auch den Heiden das Evangelium zu verkündigen (V. 36ff) und ihnen den Weg des Heils zu eröffnen (vgl. das Schlussresümee 11,18).

3 Dieses folgenreiche Geschehen wird von keinem anderen als Gott selbst in Gang gebracht und (in mehreren Etappen) zur Vollendung geführt. Dabei fällt auf, dass Gott hier auf der vorgängigen Hinwendung eines Menschen zu ihm aufbaut – im Gegensatz zu Saulus, dem skrupellosen Widersacher und Verfolger Jesu und seiner Gemeinde (vgl. 9,1f.4f.13f). Nach Lukas ist ersteres die Regel (vgl. V. 35), letzteres eine einzigartige heilsgeschichtliche Intervention Gottes (vgl. 9,15; 22,15; 26,17f). So wird Cornelius inmitten seiner Beachtung der jüdischen Gebetspraxis, dem Nachmittagsgebet *um die neunte Stunde* (ca. 15 Uhr; vgl. V. 30), eine *Erscheinung* eines *Engels* zuteil. In dem Engel *Gottes* begegnet Gott selbst (vgl. V. 22) und handelt beziehungsweise redet er durch den Heiligen Geist (vgl. V. 20). Dabei ist die sichtbare Wahrnehmung des himmlischen Wesens betont (wörtlich: er sah in Geschautem/Gesehenem ...). Die Wirklichkeit Gottes bricht unvermittelt, aber real in das Leben eines Menschen ein – mit universalen Folgen. Wie am Beginn der Jesusgeschichte (vgl. Lk 1,28) *kommt* auch hier der Bote Gottes (vgl. 5,19; 8,26; 12,7) zu *dem* Menschen (in das Haus) *herein*, mit dem Gott den neuen Abschnitt seiner Geschichte mit der Menschheit im Ganzen eröffnen will. Was hier mit der namentlichen Anrede eines Einzelnen (*Cornelius*) beginnt, endet mit der Perspektive auf die gesamte von ihm repräsentierte Menschheit (11,1.18). Sie lebt davon, dass Gott in ihr Leben *hereinkommt* und *spricht*.

4–8 Voller *Spannung* und mit einem gehörigen *Schrecken* (vgl. Lk 1,12; 2,9; 24,4f.37) *blickt* Cornelius auf die himmlische Gestalt. Die an sie gerichtete Frage *Was ist, Herr?* bringt seine Unterordnung unter ihre überlegene Hoheit zum Ausdruck (vgl. 9,5.10; 26,15). Doch die Antwort des Engels macht ihm klar, dass Angst und Schrecken fehl am Platze sind – im Gegenteil: Cornelius wird mitgeteilt, dass seine ernsthaft praktizierte Frömmigkeit (*deine Gebete und deine Almosen*) bei Gott in hoher Geltung stehen und von ihm nun »belohnt« werden (vgl. V. 31; Hebr 5,7). Das ist der Sinn der an biblische Sprache anknüpfenden Wendung *sind hinaufgestiegen zum Gedenken vor Gott* (vgl. Ex 17,14; Tob 12,12; Sir 35,6; 50,16). Dennoch bleibt Cornelius zunächst völlig verborgen, worin die »Belohnung« besteht. Er erhält lediglich die Anweisung, *Männer nach Joppe zu senden* und den ihm noch unbekannten *Petrus holen zu lassen*. Damit die Boten sich zurechtfinden, wird ihm noch der derzeitige Aufenthaltsort des Aufzusuchenden (vgl. 9,43) genannt und näher beschrieben. Es handelt sich also erneut um einen »blinden« Auftrag, dessen Sinn und Ziel nicht absehbar sind, sondern sich durch das verborgene Walten Gottes erst nach und nach erschließen (vgl. 8,26ff; 9,6ff). Gleichwohl führt Cornelius die Weisung unverzüglich aus – was nicht mit »blindem« Gehorsam (zumal bei einem Offizier) verwechselt werden darf, sondern Ausdruck seiner Gottergebenheit ist. Drei Personen seines Hauspersonals – einer von ihnen ein *Soldat*, der ebenso wie Cornelius *fromm* ist (vgl. V. 2) – werden, nachdem sie die nötigen *Erklärungen* erhalten haben, umgehend *nach Joppe entsandt*.

9–10 Die Erzählung blendet zu ihrem zweiten Abschnitt (V. 9–16) über, der *am folgenden Tag* spielt und von Petrus handelt. Um die Mittagszeit (= *um die sechste Stunde*), als die Boten des Cornelius, die offenbar die ganze Nacht hindurch gewandert waren, sich der etwa fünfzig Kilometer südlich gelegenen *Stadt* (Joppe) *nähern*, begibt Petrus sich *auf das* (flache) *Dach* des Hauses Simons *um zu beten* (wobei er sich nicht an die jüdischen Gebetszeiten hält, die ein häusliches Mittagsgebet nicht vorsehen – vielleicht ein Hinweis auf das folgende Geschehen, in dem ja jüdische Kultriten außer Kraft gesetzt werden). Während des Betens verspürt er *Hunger* und bittet um etwas zu *essen*. In der Zeit, die die *Zubereitung* benötigt, überkommt ihn unvermittelt ein ekstatisches Außer-sich-Sein (*Verzückung*; wörtlich: Ekstase) – ein Zustand, in dem er in die Lage versetzt wird, die folgende überirdische Erscheinung wahrzunehmen (vgl. 22,17f; 2Kor 12,2–4; vgl. auch Lk 1,10f; 3,21f). Auffallend ist die Parallelität zum Beginn der Geschichte: Beiden, Cornelius und Petrus, wird während des Betens eine himmlische Erscheinung zuteil – es handelt sich um korrespondierende Visionen und Auditionen (= Hörvorgänge) –, die jeweils den weiteren Gang des Geschehens aus sich entlässt. Was sich hier abspielt, verläuft also minutiös nach einem verborgenen, in seinen einzelnen Abschnitten auf einander bezogenen und sich nach und nach auf wunderbare Weise realisierenden Plan Gottes.

11–14 Auf das Handeln Gottes verweist auch der Hinweis auf den *geöffneten Himmel,* den Petrus *sehen* kann (vgl. 7,56; Lk 3,21). Doch das Entscheidende ereignet sich *auf der Erde* – betont durch die zweimalige Rede vom *Herabkommen/-lassen.* Da sich hier die nicht-kompatiblen Sphären des Himmels und der Erde berühren, ist der Vorgang nicht an sich, sondern nur mit Hilfe eines Vergleichs beschreibbar (*Gefäß wie ein großes Leinentuch*). Schon allein das, was Petrus in dem Behältnis sieht: Exemplare der gesamten *Tier*welt (vgl. Gen 1,24.28.30; 6,20; Röm 1,23), muss ihn in Verwunderung versetzen – noch mehr aber die an ihn ergehende Himmels*stimme,* die ihn zum *Schlachten und Essen* des merkwürdigen Inhalts auffordert. Hier bleibt Petrus keine andere Wahl, als dieses Ansinnen höflich, aber bestimmt zurückzuweisen (*Keinesfalls, Herr*). Denn er würde andernfalls gegen die Speisegebote verstoßen, die den Genuss von *Unreinem* verbieten (vgl. u.a. Lev 10,10; 20,25; hier begegnet auch die Verbindung mit *Gemeinem* [= Unheiligem]). Als gesetzestreuer Jude (*ich habe noch nie etwas Gemeines oder Unreines gegessen*) würde sich Petrus also gegen Gott und seinen heiligen Willen versündigen, wenn er wahllos von den reinen und unreinen Tieren essen würde, die sich – offenbar unentwirrbar – in dem Tuch befinden (vgl. 11,6–8).

15–16 Genau das soll er aber tun – und gerade auf diese Weise dem Willen Gottes gerecht werden! Den Grund für diese völlig neue Willenskundgabe Gottes erfährt Petrus durch eine *zweite* an ihn ergehende Himmels*stimme*: *Gott* hat alle in dem Tuch befindlichen Tiere (und damit alle Tierarten überhaupt) *für rein erklärt,* sodass die Unterscheidung von rein und unrein nunmehr hinfällig ist. Gegen diese göttliche Entscheidung darf der Mensch nicht aufbegehren (... *sieh* ***du*** [betont im Gegenüber zu Gott] *nicht als unrein an*). Da der ganze Vorgang unerhört und für einen frommen Juden nur schwer nachvollziehbar ist, ergeht die Aufforderung zum Tun des bisher Unerlaubten insgesamt *dreimal.* Danach wird das *Gefäß* wieder in seinen Herkunftsort, den *Himmel,* zurückversetzt. Was aber ist der innere Grund für diese Neuausrichtung Gottes – die ja, wie der/die Leser/in noch erfahren wird, auf die Aufhebung der kultischen Trennung von Juden und Heiden hinausläuft (V. 28.34f)? Lukas beantwortet die Frage nicht explizit. Einen Hinweis gibt er in seinem Evangelium, wo er wiederholt davon spricht, dass durch das Wirken Jesu im Zusammenhang des anbrechenden Reiches Gottes Menschen von (kultischer) Unreinheit gereinigt werden (Lk 5,12–14; 7,22; 17,14.17). Noch deutlicher ist Apg 15,9, wonach der Glaube an Jesus es ist, der (die Heiden) nicht mehr äußerlich beziehungsweise rituell, sondern im Inneren des Wesens reinigt. Womit Petrus hier konfrontiert wird, ist demnach die unausweichliche Konsequenz der universalen Geltung des Jesusgeschehens (vgl. Lk 24,46f; Apg 1,8; 11,18).

17–20 Die dritte Szene (V. 17–23a) verbindet nun die ersten beiden mit einander, indem die Boten des Cornelius mit Petrus zusammentreffen. Letzterer befindet sich zunächst *in großer Ratlosigkeit,* da er die *Bedeutung* der ihm zuteil gewordenen *Erscheinung* nicht herausfinden kann. *Bei sich selbst* kommt er in seinem *Nachdenken über das Gesehene* zu keiner Lösung – sie muss ihm von außen her zuteil werden. Das geschieht in einer doppelten, mit einander verknüpften Weise: zunächst dadurch, dass die *von Cornelius gesandten Männer* inzwischen eingetroffen sind. Lukas erzählt hier auffallend detailliert: Die Boten *stehen vor dem Tor,* nachdem sie sich *zum Haus Simons durchgefragt haben,* und *erkundigen sich* bei der Person, die auf ihr *Rufen* hin das Tor geöffnet hat, ob *Petrus hier zu Gast sei.* Auf diese Weise veranschaulicht er einerseits die geschichtliche Dimension der Frage nach der Bedeutung der Vision des Petrus: Sie erschließt sich durch konkrete Geschehnisse in Raum und Zeit. Doch ohne eine erneute göttliche Intervention wäre die andere, geistliche Dimension des ganzen Geschehens nicht zu erkennen, da geschichtliche Vorgänge immer ambivalent sind. Diese Sachverhalte gelten im Grunde für die gesamte Erzählung, sie verdichten sich hier aber in besonderer Weise. So ist es der Heilige *Geist,* der mitten in dieser Situation zu Petrus *spricht* (vgl. 11,12; 8,29; 13,2; 20,23) und ihm so den Weg zur Lösung weist. Dabei macht Lukas deutlich, dass es der Geist Gottes ist, der in allem bisherigen Geschehen die eigentlich wirkende Kraft war: *Er* (das *ich* in der Rede des Geistes ist betont; V. 20) hat letztlich die Boten des Cornelius zu Petrus gesandt. Der Geist war demnach sowohl in dem Engel am Werk, der Cornelius erschienen ist (V. 3–6), als auch in dessen gehorsamer Befolgung der Anweisung des Engels (V. 7f). Deshalb kann und soll Petrus *ohne Bedenken* mit den unbekannten Männern *mitziehen.*

Der Geist präsentiert somit noch nicht die fertige Lösung, sondern weist die nächsten Schritte, deren vertrauensvolles Gehen zum Ziel führen wird.

21–23a Die ersten Schritte führen Petrus gemäß der Weisung des Geistes *zu den Männern hinab,* denen er sich als der *Gesuchte* zu erkennen gibt. Da er lediglich weiß, dass sie vom Geist gesandt sind, erkundigt er sich nach den näheren Umständen ihres Kommens. Die Antwort der Boten fasst den ersten Abschnitt der Erzählung (V 1–8) zusammen. Sie führt somit die offene Frage nach der Bedeutung der Petrusvision einen Schritt weiter, indem sie sie in einen unmittelbaren Zusammenhang mit der Corneliusvision bringt. Der *Hauptmann* wird hier als *gerechter* (statt: frommer; V. 2) *Mann* bezeichnet (vielleicht im Vorgriff auf V. 35), und es wird ihm ein *guter Ruf beim jüdischen Volk* attestiert (als Auswirkung seiner Mildtätigkeit; V. 2). Das Entscheidende ist jedoch die Anweisung des *Engels,* Petrus *in sein Haus holen zu lassen* (vgl. V. 5). Indem Lukas dem Engel das Attribut *heilig* beilegt, unterstreicht er die Bedeutung des hier von ihm gewählten griechischen Wortes für *eine Weisung erteilen,* das stets deren göttlichen Ursprung zum Ausdruck bringt. Dabei wird erstmals der Grund für diese Aktion genannt: Cornelius und die Seinen sollen dort *hören,* was Petrus *zu sagen hat.* Alles bisherige Geschehen zielt also auf die Wortverkündigung (wörtlich: Worte von dir zu hören) im Haus des Heiden Cornelius (vgl. V. 33.36–43). Die Reaktion des Petrus zeigt seine Einwilligung in den göttlichen Plan, dessen Gestalt für ihn erste Konturen annimmt: Er *ruft* die offenbar noch immer vor dem Tor stehenden Männer in das Haus und *nimmt* (die Rolle des Hausherrn übernehmend) *sie als Gäste auf.* In der damit einhergehenden Beherbergung und Bewirtung von Heiden, durch die man sich nach strenger jüdischer Auffassung verunreinigte, kündigt sich ein erstes Erkennen der Sinnrichtung der ihm zuteil gewordenen Vision an. Doch das Aussprechen ihrer konkreten Bedeutung muss noch bis zur nächsten Szene warten (V. 28).

23b–27 Der vierte Abschnitt (V. 23b–33) bereitet durch die unmittelbare Begegnung der beiden Protagonisten die Realisierung des von den Boten soeben angesprochenen Ziels der gesamten Erzählung vor. Petrus *zieht* – in gehorsamer Befolgung der Weisung des Geistes (V. 20) – *am nächsten Tag* mit den Männern des Cornelius *nach Cäsarea.* Warum *einige Brüder aus Joppe mitgehen* (zur Existenz einer dortigen Gemeinde vgl. 9,36ff), wird erst im weiteren Fortgang klar: Sie fungieren als Zeugen für die Bekehrung der Heiden im Haus des Cornelius (V. 45f; 11,12). Von deren Zusammenkunft spricht Lukas denn auch sogleich: Cornelius hat inzwischen – es ist ein weiterer Tag vergangen – *seine Ver-*

wandten und engsten Freunde zu sich gerufen und *erwartet* die Gruppe mit großer Spannung. Im Unterschied zum Einzelfall des äthiopischen Eunuchen kommt es hier also zur Missionierung einer Vielzahl von Heiden. Sobald Petrus den Bereich des Hauses betritt, *geht Cornelius ihm entgegen,* um ihm *niederkniend zu huldigen* (so wörtlich). Hier wird deutlich, dass er – trotz aller Annäherung an den jüdischen Glauben – immer noch ein Heide ist. Denn er sieht in dem Apostel ein göttliches Wesen (in Analogie zu dem Engel und seinem Wirken; V. 3.22), dem höchste Verehrung zu erweisen ist (vgl. 14,11ff; 28,6). Doch – ähnlich wie später Paulus (vgl. 14,15) – weist Petrus dieses Ansinnen mit der Erklärung zurück, ebenso wie Cornelius *auch nur ein* gewöhnlicher *Mensch* zu sein. Die Wahrheit Gottes und des Evangeliums begegnet ihm so, trotz aller bisherigen göttlichen Einwirkung, in menschlicher Gestalt – in Entsprechung zu *Jesus von Nazareth* (V. 38) und seiner Geschichte als Kerngehalt des Evangeliums (vgl. V. 37ff). Das findet seinen Ausdruck zunächst in der *Unterhaltung* der beiden, bevor Petrus vor der *versammelten* Menge das Wort ergreift.

28–29 Der Apostel spricht die Anwesenden auf ihr *Wissen* um die jüdischen Reinheitsgebote an, nach denen ein *Jude* mit einem Nichtjuden (wörtlich: Stammes*fremder* – aus jüdischer Sicht also ein Heide) keine engere Gemeinschaft haben darf (der eigentliche Sinn von *verkehren* ist: sich eng an jemand anschließen; vgl. auch den Vorwurf, der gegen Petrus wegen dieser Sache von gesetzestreuen Judenchristen erhoben wird [11,2f]). Es folgt die Deutung der Vision, »deren Sinn ihm inzwischen aufgegangen ist« (J. Roloff): *Gott* hat ihm (mit den reinen und unreinen Tieren und der Aufforderung, sie unterschiedslos zu essen) *gezeigt,* dass die Unterscheidung zwischen rein und unrein aufgehoben ist – und sich auf Menschen bezieht, wie die weiteren Umstände zu erkennen gaben (vgl. zu V. 23). Fazit: Es ist fortan *nicht* mehr *erlaubt,* einen *Menschen gemein oder unrein zu nennen.* Von daher hat Petrus sich *widerspruchslos* in das Haus des Cornelius begeben (nachdem er dessen Boten bereits beherbergt hatte). Auf dem so bereiteten neuen Boden der Gemeinschaft zwischen Juden und Heiden beziehungsweise der Geltung auch der Nichtjuden als rein vor Gott, dessen wahre Bedeutung Petrus freilich erst später erkennt (V. 34f), stellt er nun die entscheidende Frage nach dem Anlass seiner Anwesenheit im heidnischen Hause (*Aus welchem Grund habt ihr mich holen lassen?*). Dass er dort predigen soll, weiß er inzwischen (V. 22). Aber er kennt noch nicht die näheren Umstände, die dazu geführt haben. So bietet sich Lukas die Gelegenheit, die Vision des Cornelius zum dritten Mal zu erzählen – und dabei wiederum neue Akzente zu setzen, die ihre Bedeutsamkeit noch mehr unterstreichen.

30–33 Die Schilderung des Cornelius beleuchtet die für den Zusammenhang wesentlichen Aspekte des anfänglichen, alles auslösenden Geschehens. Die Zeitangabe *vor vier Tagen* bezieht den gegenwärtigen Tag mit ein (vgl. V. 9.23f). Die Zeit der Erscheinung des Engels – hier umschrieben als *Mann in einem leuchtenden Gewand* – wird als die *Gebets*zeit der *neunten Stunde* präzisiert (vgl. zu V. 3; vgl. auch 3,1). Die singularische Formulierung *dein Gebet* muss die Engelsbegegnung nicht unbedingt als unmittelbare *Erhörung* jenes Nachmittagsgebets ausweisen. Sie kann sie auch mit dem Beten des Cornelius (und seinen Almosen) generell in Verbindung bringen. Der Sendungsauftrag ist leicht verkürzt, wobei die Details (*Simon mit dem Beinamen Petrus; zu Gast im Haus des Gerbers Simon am Meer*) wiederum erwähnt werden – wahrscheinlich um den Realitätsbezug des Geschehens zu unterstreichen. Das Schwergewicht liegt jedoch auf den abschließenden Worten des Cornelius (V. 33). Demnach hat er seinerseits den göttlichen Auftrag *sofort* ausgeführt, und Petrus hat *gut daran getan*, sich dem anzuschließen. So ist nun jene Situation entstanden, auf die es entscheidend ankommt – nachdem die Voraussetzung dafür durch die göttliche Aufhebung der kultischen Unreinheit der Heiden geschaffen worden ist: *Alle* (Juden wie Heiden) sind nun *vor Gott zugegen, um alles zu hören*, was Petrus im *Auftrag* Gottes sagen soll. Es ist eine Situation gespannter Erwartung dessen, was Gott durch die Verkündigung des Petrus bewirken wird. Der sechste Teil der Erzählung (V. 44–48) wird das beschreiben. Zuvor muss aber noch der Inhalt der Botschaft, die Petrus *vom Herrn aufgetragen ist*, geschildert werden. In diesen einsichtsreichen Worten der Person, die sich kurz zuvor noch inmitten der Bahnen ihrer angestammten heidnischen Religiosität bewegte (V. 25), kündigt sich bereits der Umschwung an, der durch die nun folgende Predigt des Petrus ausgelöst wird.

34–35 Lukas unterstreicht das Gewicht der Rede zunächst durch die Einführungswendung *Petrus aber tat den Mund auf* (vgl. 8,35). Sodann wird ihr Inhalt als Ausdruck von Wahrheitserkenntnis qualifiziert (*in Wahrheit begreife ich*), zu der Petrus nach allem Vorangegangenen – und insbesondere nach den Worten des Cornelius – jetzt gekommen ist und die er nun zusammenfassend formuliert. Dabei geht es ganz grundsätzlich um das Unparteiisch-Sein Gottes in Bezug auf den Menschen. *Gott sieht nicht auf die Person* (wörtlich: er ist nicht parteiisch; vgl. Dtn 10, 17; 2Chr 19,7; Röm 2,11; Eph 6,9; 1Petr 1,17), sodass er die einen bevorzugen und die anderen benachteiligen würde, sondern er beurteilt den Menschen – egal welchem *Volk* er angehört – nach seiner inneren Einstellung ihm gegenüber und dem daraus folgenden Handeln und Verhalten. Das ist exemplarisch an Cornelius deutlich geworden, *der Gott fürchtet* und danach strebt, seinen Willen zu erfüllen (= *Gerechtigkeit tun*; vgl. V. 2.4.22.30f). Jeder so lebende Mensch ist *ihm willkommen*. Das heißt nicht, dass er schon gerettet wäre. Auch Menschen wie Cornelius bedürfen der Sündenvergebung durch den Glauben an Jesus (vgl. V. 43) und damit der Umkehr und der Rettung im Blick auf das endzeitliche Gericht (vgl. V. 42; 11,14.18). Aber es bedeutet, dass solche Menschen ihrem wesensmäßigen Gottesbezug als seine Geschöpfe gerecht werden – was freilich seit dem Jesusgeschehen im Glauben an Jesus sein Ziel findet. So ist es nur konsequent, wenn Petrus nach dieser kurzen Vorrede gleich zum Kern seiner Verkündigung kommt: dem Evangelium vom Handeln Gottes durch und in Jesus.

36–37 Betont stellt er zu Anfang die Worthaftigkeit als die entscheidende Dimension der heilvollen Zuwendung Gottes zu den Menschen heraus: Es geht um ein *Wort*, das *verkündigt* wird. Es ist von Gott zunächst seinem Volk (*Söhne Israels*) *gesandt*, gilt aber allen Menschen, weil es *Jesus Christus*, den von Gott eingesetzten *Herrn über alle* (vgl. zu 2,36), zum Inhalt hat. In den *Frieden*, den Gott *durch* ihn aufgerichtet hat, sind demnach nicht nur die Juden, sondern auch die Heiden einbezogen (vgl. Lk 1,79; 2,14). Dieser Friede kommt zu den Menschen in Gestalt der Verkündigung (vgl. Jes 52,7; Zeph 9,10; Eph 6,15), und er ist seit der Geschichte *Jesu* an diesen gebunden (vgl. Eph 2,14.17). Petrus setzt die *Kenntnis* dieser Aufsehen erregenden Geschichte auch bei Cornelius und seinen Leuten voraus – vielleicht aufgrund der vorausgegangenen Verkündigung durch Philippus in Cäsarea (vgl. 8,40). Zum Wesen des Evangeliums gehört es demnach, ein Geschehen (*die Sache*) in Raum und Zeit zum Gegenstand zu haben. Das macht seine unverwechselbare Identität aus. Dieses Geschehen ist untrennbar an den Menschen *Jesus von Nazareth* (V. 38) gebunden (vgl. 8,12; 9,35; 11,20; 17,18) und es hat einen konkreten Ort (*durch ganz Judäa hin ... angefangen von Galiläa aus*; vgl. Lk 23,5) sowie eine konkrete Zeit (*nach der Taufe, die Johannes verkündigte*; vgl. 1,21f – hier schwingt auch ein heilsgeschichtlicher Aspekt mit; vgl. Lk 16,16).

38 Dieses Geschehen lebt davon und wird dadurch zum Inhalt der Heilsbotschaft (= Evangelium), dass Gott Jesus *mit Heiligem Geist und Kraft gesalbt hat*. Damit ist auf die Taufe Jesu angespielt, bei der er von Gott mit der »Kraft des Geistes« (Lk 4,14) ausgerüstet wurde (vgl. Lk 3,21f; 4,1.14) – was Lukas in Anspielung auf Jes 61,1 auch als *Salbung* interpretiert (Lk 4,18; Apg 4,27) und sich in der Bezeichnung Jesu als der Gesalbte (= Christus; griechisch: Christos; vgl. V. 36) niederschlägt. Damit ist der Beginn der öffentlichen Wirksamkeit Jesu angesprochen, wie sie in den Evangelien ausführlich beschrieben wird. Es liegt hier die einzige neutestamentliche Darstellung des Lebens Jesu außerhalb der Evangelien vor (bis V. 42). Sie konzentriert sich auf die wesentlichen Aspekte, zumal Lukas bei seinen Lesern die Kenntnis seines Evangeliums voraussetzt (vgl. 1,1f). So genügt es, im Kontext der Missionspredigt des Petrus vor Menschen, die die Grundzüge der Jesusgeschichte ebenfalls bereits kennen, deren wichtigste Stationen kurz zu beleuchten. So folgt auf die Taufe die Rede von der öffentlichen Wirksamkeit Jesu, umschrieben als *Umhergehen, Gutes-Tun* und *Heilen*. Es fehlt jeder Bezug zur Verkündigung Jesu – wohl deshalb, weil Jesus nach dem Vorgehenden selbst Grund und Gegenstand der göttlichen Friedensverkündigung ist. Auffallend ist dagegen die Bezeichnung der von ihm Geheilten als zuvor *vom Teufel Überwältigte*. Dahinter verbirgt sich zum einen die Vorstellung, dass Krankheit letztlich etwas ist, was dem guten Willen Gottes für den Menschen zuwiderläuft und vom Teufel beziehungsweise Satan verursacht ist (vgl. Lk 13,16). Wichtiger dürfte aber der sich darin andeutende zweite Aspekt sein: Der Teufel ist – das wird gerade von Lukas deutlich herausgearbeitet – der Widersacher (= Satan) Gottes und des Heiligen Geistes (vgl. Lk 4, 2f.6.13; 8,12; 22,3.31; Apg 5,3; 13,10). So kommt hier zum Ausdruck, dass durch das *Mit-Sein Gottes mit Jesus* und seine *Salbung mit dem Heiligen Geist* die Macht des Teufels – und damit des Widergöttlichen und Lebensfeindlichen – über die Menschen überhaupt gebrochen wird (vgl. bes. Lk 10,18; Apg 26,18).

39–40 Mit der Kurzdarstellung des Lebens Jesu verbindet Lukas unvermittelt die für seine Darstellung der frühen nachösterlichen Mission konstitutive Zeugenkonzeption (vgl. Lk 24,48; Apg 1,8.22; 2,32; 3,15; 5,32 u.ö.). Sie wird mit der Jesusgeschichte verwoben (vgl. V. 41–43), sodass nicht nur deren geschichtliche Glaubwürdigkeit, sondern auch die Verlässlichkeit der Rede von ihrer Heilsbedeutung gewährleistet ist. Die (Augen-)Zeugenschaft der Apostel (*wir sind Zeugen*), als deren Vertreter Petrus hier auftritt, bezieht sich zunächst auf das gesamte Wirken Jesu in Palästina (= *Land der Juden*) *und in Jerusalem* (vgl. Lk 1,2; Apg 1,21f). Mit der Erwähnung der Hauptstadt ist bereits der Bogen zur nächsten Station geschlagen: dem Tod Jesu. Die Rede davon nimmt Formulierungen aus Apg 2,23 (*diesen ... habt ihr getötet*) und 5,30 (*indem ihr ihn an das Holz hängtet*) auf (vgl. die dortigen Ausführungen) – nun freilich in der dritten Person formuliert.

Gemäß dem in der Apostelgeschichte wiederholt begegnenden Kontrastschema von Unheilshandeln der Juden (in der Tötung Jesu) und Heilshandeln Gottes (vgl. zu 2,24) folgt unmittelbar die Rede von der *Auferweckung* Jesu durch *Gott*. Die Formulierung ist an 3,15 und 4,10 angelehnt (vgl. auch 13,30). Jedoch findet sich die dort regelmäßig auftretende Präzisierung *aus den Toten (auferweckt)* erst in der zweiten Erwähnung der Auferstehung in V. 41. Hier ist dagegen vom *dritten Tag* die Rede, was der ältesten Osterüberlieferung entspricht und die Realität des Geschehens unterstreichen soll (vgl. 1Kor 15,4; Lk 9,22; 18,33; 24,7.46). Ebenso wie die Auferweckung selbst werden auch die Erscheinungen des Auferstanden auf das *Wirken* Gottes zurückgeführt (wörtlich: Gott hat ... *gegeben, dass er sichtbar wurde*).

41–42 Damit verbindet Lukas wiederum seine Zeugenkonzeption, indem er betont, dass der Auferstandene *nicht dem ganzen Volk*, sondern nur dem Kreis der *Zeugen* erschienen ist. Dahinter steckt eine doppelte Absicht – erstens: Der Auferstandene soll den Menschen allein in Gestalt der Verkündigung derjenigen Personen begegnen, die er (bzw. Gott) *zuvor* für diesen Auftrag *erwählt* hat (vgl. Lk 6,13; Apg 1,2.24). So ist die Zielrichtung auf den Glauben (als Antwort auf die Verkündigung) gewährleistet (vgl. V. 43). Zweitens: Durch den ausdrücklichen Hinweis auf das *Essen und Trinken mit dem Auferstandenen* (vgl. Lk 24,41–43) erweist sich die Verkündigung der Zeugen im Blick auf ihren Kerngehalt, die Realität des Auferstehungsgeschehens (vgl. 1,22), als zuverlässig und glaubwürdig. Das ist umso wichtiger, als es bei dieser Verkündigung um Leben und Tod geht. Deshalb erfolgt als nächstes der Hinweis, dass die Verkündigungstätigkeit der Zeugen (*dem Volk zu predigen und zu bezeugen*) durch den Auferstandenen selbst auf dessen ausdrücklichen *Befehl* hin in Gang gesetzt worden ist. Sie treten also nicht in eigener Sache auf, sondern als von Gott erwählte und durch den Auferstandenen autorisierte Sprecher an sein heiliges *Volk*. So erhält die abschließende Qualifizierung Jesu als *von Gott eingesetzter* universaler *Richter* (vgl. 2Tim 4,1; Lk 12,8) höchste Dringlichkeit: Es geht in der Verkündigung von ihm um die Frage des Bestehens im zukünftigen göttlichen Gericht – und damit um die letzte, ultimative Entscheidung um Heil oder Unheil. Das ist ein Punkt, der auch für Heiden höchste Relevanz hatte, weshalb er in der Heidenmissionspredigt fest verortet ist (vgl. 17,31; 1Thess 1,10; Röm 2, 14–16).

43 Abschließend werden in das *Zeugnis* für Jesus noch die alttestamentlichen *Propheten* einbezogen – freilich in einem anderen Sinne als die Apostel. Es geht um die prophetische, das heißt von Gott inspirierte (vgl. 2,16f.30; 3,18.21) Vorankündigung der Heilsbedeutung des Jesusgeschehens – wie sie nach Lukas etwa in Joel 3,5 vorliegt (vgl. 2,21). Petrus präzisiert die Rede von Jesus als Richter also nicht durch die weitere Entfaltung des Gerichtsaspekts, sondern durch den dezidierten Verweis auf dessen Retterfunktion (vgl. 11,14). Ähnlich wie im »Vermächtnis« des Auferstandenen an die Apostel am Ende des Lukasevangeliums (Lk 24,-44–47) spitzt dabei das prophetische Zeugnis der alttestamentlichen Schriften das in Jesus eröffnete Heil auf die *Vergebung der Sünden* zu (vgl. Lk 1,77; Apg 2,38; 5,31; 13,38; 26,18). Weil sie an ihn und seine Macht gebunden ist, erfolgt sie *durch seinen Namen*. Sie wird *jedem* zuteil, *der an ihn glaubt* (vgl. Lk 5,20; Apg 26,18) – also nicht nur Menschen aus *dem Volk* Israel (V. 42), sondern aus allen Völkern (vgl. V. 35). Damit ist der Kreis geschlossen, nur dass im Unterschied zum Ausgangspunkt bei *Gott willkommen* zu sein (V. 35) jetzt bedeutet, am ewigen Heil teil zu haben, das von nun an allen Menschen durch das weltweite Jesuszeugnis eröffnet werden soll (vgl. 11,18 und die in Kap. 13 beginnende umfassende Missionstätigkeit des Paulus).

44–46 Nach der Darstellung des Lukas ist Petrus mit seiner Predigt noch nicht am Ende, doch ist mit der Rede vom universalen, heilschaffenden Angebot des Glaubens an Jesus im Anschluss an das Vorangehende alles Wichtige gesagt. Die Zuhörer haben alle *das Wort* des Evangeliums *gehört*. Noch bevor Petrus sie zum Glauben beziehungsweise zur Umkehr rufen kann, ergreift Gott ein letztes Mal die Initiative, um das zu vollenden, was er in den vielen einzelnen vorausgegangen Schritten begonnen und zielstrebig seiner endgültigen Realisierung zugeführt hat. Deren Stunde ist jetzt gekommen, indem er *den Heiligen Geist auf alle* anwesenden Heiden *fallen* lässt. Das versetzt die *mit Petrus gekommenen* Judenchristen (= *Gläubige aus der Beschneidung*) in fassungsloses Erstaunen (sie *gerieten außer sich*). Sinnlich wahrnehmbar ist dieses für sie höchst verwunderliche Geschehen daran, dass die Heiden plötzlich beginnen, *Gott in Zungen(rede) zu preisen*. Wie beim Pfingstgeschehen in Jerusalem geht es hier beim »Pfingsten der Heiden« wohl auch um ein Reden in fremden Sprachen (vgl. 2,4.6.11). Denn die Judenchristen aus Joppe verstehen sofort, was dieses Ereignis zu bedeuten hat. Es handelt sich nicht um eine singuläre Episode, sondern um einen Vorgang von genereller Tragweite, der von Lukas auch als solcher charakterisiert wird: *Die Gabe des Heiligen Geistes* ist *auch auf* **die Heiden** *ausgegossen worden*. Die Leute des Cornelius stehen stellvertretend für alle Nichtjuden beziehungsweise die Völker (in deren Sprachen sie reden). Was sich an ihnen ereignet hat, soll fortan überall in der heidnischen Welt geschehen: Gott macht Menschen auf der ganzen Welt und in allen Völkern zu Teilhabern seines Heils.

47–48 Damit steht die Frage der *Taufe* an, die den Übergang des Menschen in das Heil Gottes rituell symbolisiert. Die Frage des Petrus ist rein rhetorischer Art: Es gibt keinen Grund, den Menschen, die auf das Jesuszeugnis hin *den Heiligen Geist empfangen haben,* das Tauf*wasser* zu *verweigern* (vgl. 8,36). Das Handeln Gottes an ihnen ist so eindeutig, *wie* es zu Pfingsten *auch* bei den ersten Christen war (vgl. 11,15). Dass hier nicht auf die Taufe verzichtet wird – wo doch der Geist Gottes schon in überwältigender Weise am Werk war –, besagt etwas über ihr Wesen: Sie steht als äußeres Zeichen für ein inneres Geschehen unabdingbar am Anfang des christlichen Lebens. Sie versinnbildlicht nach Lukas sowohl den Glauben des Menschen (vgl. 8,12f; 16,31–34; 18,8; 19,4f) als auch die Zueignung von Heil und Vergebung durch Gott (vgl. 2,38; 22,16; V. 43; vgl. auch Lk 3,3). So ist sie auch in diesem Fall unverzichtbar – zumal sie durch den Vollzug *im Namen Jesu Christi* (vgl. 2,38; 8,16; 19,5) klarstellt, dass die Getauften durch sein Heilswerk (vgl. V. 36–43) und durch den Glauben *an ihn* (V. 43) mit Gott verbunden sind. Auffälligerweise vollzieht Petrus die Taufe nicht selbst, sondern er *ordnet* sie lediglich *an* (sodass sie durch die anwesenden Judenchristen aus Joppe vollzogen worden sein muss). Dahinter verbirgt sich wahrscheinlich die – auf Jesus zurückgehende? (vgl. Joh 4,2) – Zurückhaltung der Apostel bezüglich des Taufvollzugs zugunsten der Konzentration auf die ihnen aufgetragene Verkündigung als des entscheidenden Geschehens, durch das die Taufe überhaupt erst ermöglicht wird (vgl. 1Kor 1,17). Durch die Taufe sind Cornelius und seine Leute zeichenhaft in die christliche Gemeinde – und damit in das neue Gottesvolk der Endzeit – integriert worden (vgl. 2,41; 8,12–14). Diesem Sachverhalt verleiht Petrus Ausdruck, indem er ihrer *Bitte* Folge leistet, noch *einige Tage bei ihnen zu bleiben*. Die neue (heidenchristliche) Gemeinde im Haus des Cornelius praktiziert auf diese Weise ihre Verbundenheit mit den Judenchristen (vgl. 16,15.33f). Dazu gehört auch die Tischgemeinschaft, für deren Vollzug sich Petrus im nächsten Teil der Erzählung verantworten muss (vgl. 11,3).

Die Corneliusgeschichte ist eine durch und durch theozentrische Erzählung: Gott ist der Mittelpunkt, um den sich alles dreht, von dem alles ausgeht, auf den sich alles bezieht. Das aber heißt zugleich: Es geht auch um den Menschen, da Gott nicht anders Gott ist und sein will als in der Bezogenheit auf den Menschen. Das entscheidende

Stichwort in dieser Hinsicht ist der *Friede*, den er *durch Jesus Christus* nicht nur für sein Volk *Israel*, sondern für *alle Menschen* realisiert hat (V. 36). Diese universale Aufweitung des Heils Gottes wird in der Corneliusgeschichte als Handeln Gottes dargestellt, das sich in mehreren aufeinander folgenden und miteinander verwobenen Schritten seinen Weg in die Herzen der Menschen bahnt.

Es beginnt mit einer Grundsatzentscheidung Gottes, die darin besteht, die bislang in Geltung stehende Unterscheidung von *rein* und *unrein* aufzuheben (V. 15). Das heißt: Es gibt fortan *keinen Menschen* mehr, der als *unrein* – und damit als nicht Gott gemäß und deshalb von seiner Nähe ausgeschlossen – anzusehen wäre, weil er es definitiv nicht mehr ist (V. 28). Vielmehr gilt ab sofort, dass Gott *in jedem Volk willkommen* ist, wer *ihn fürchtet und Gerechtigkeit tut* (V. 35). Letzteres ist wohl nicht als Ausschlusskriterium zu verstehen, sondern im Sinne einer Antwort Gottes, die ergeht, wenn Menschen aller Völker sich auf ihn ausrichten (vgl. 17,23ff).

Entsprechend besteht der zweite Schritt in einem *Gedenken der Gebete und Almosen* eines solchen Menschen durch Gott (V. 4.31) – mit der Folge, an diesem einen (Cornelius) und an den mit ihm verbundenen Menschen das nunmehr geltende Willkommensein *aller Heiden* exemplarisch zu demonstrieren (V. 44f). Im Gegenzug dazu müssen die *Juden* von der Aufhebung der bisher geltenden Abgrenzung vom Unreinen überzeugt werden (V. 28). Gott vollzieht diesen dritten Schritt exemplarisch an Petrus, den er – entgegen dessen Überzeugung (V. 14) – zur Erkenntnis der für ihn völlig neuen *Wahrheit* führt (V. 34f.15.28).

Nachdem die Voraussetzung der göttlichen Entscheidung geklärt ist und die aus ihr resultierenden Wege eingeschlagen sind, sorgt Gott durch wunderbare, minutiöse Führung für ein Zusammenkommen der beiden betreffenden Menschheitsgruppen (V. 17–33). Lukas will auf diese Weise verdeutlichen, dass in diesem entscheidenden Geschehen Gott allein am Werk ist. Nicht von ungefähr wird dieser vierte Schritt: das Novum der durch Gott selbst herbeigeführten unmittelbaren Gemeinschaft von Juden und Heiden, als ein *Zugegensein aller vor Gott* charakterisiert (V. 33). Die innere Haltung dieser Gemeinschaft, die ahnt, dass sie sich an einem Wendepunkt der Geschichte Gottes mit den Menschen befindet, ist denn auch die vorbehaltlose Bereitschaft, auf *alles zu hören*, was der *Herr* nun (durch den Mund des Petrus) zu sagen hat (V. 33).

Weil die Aufhebung der bisherigen Grenze zwischen Juden und Heiden für Juden im Grunde unvorstellbar ist – deshalb geraten sie bei ihrer endgültigen Überwindung *außer sich* (V. 45) –, verwundert es nicht, wenn Petrus diese Aufhebung in seiner Predigt (V. 34–43) noch nicht mit letzter Konsequenz nachvollzieht. Gleichwohl führt er – das ist der fünfte Schritt – das Jesusgeschehen als die von Gott in der Geschichte gelegte Grundlage der nunmehr gültigen »Heilsordnung« vor Augen. Fundamental ist und bleibt dabei die primäre Zuordnung Jesu zu Israel (V. 36–41), sodass sich auch die Verkündigung des durch ihn realisierten göttlichen Friedens an *Israel* (V. 36) beziehungsweise *das Volk* Gottes (V. 42) richtet. Da jedoch in alledem derselbe Gott am Werk war und ist, der die Trennung von Juden und Heiden aufgehoben hat, ist sein Friedensbringer *der Herr aller Menschen* (V. 36). Weil er seine Herrschaft als *der von Gott eingesetzte Richter der Lebenden und der Toten* zur Vollendung bringt (V. 42), gilt der durch ihn gebrachte Friede, wie Petrus abschließend andeutet, ausnahmslos allen: in Gestalt der *Vergebung der Sünden* für *jeden, der an ihn glaubt* (V. 43).

Gleichsam wie zur demonstrativen Bestätigung der Gültigkeit dieser – bereits von *allen Propheten* bezeugten (V. 43) und nunmehr von Petrus in letzter Gültigkeit ausgesprochenen – Wahrheit *gießt* Gott in einem sechsten und letzten Schritt *seinen Geist* auf *alle* anwesenden *Heiden* aus (V. 44f), sodass sie in die Lage versetzt werden, ihn in den Sprachen der Völker (= *Zungen*) zu *preisen* (V. 46). Indem Petrus dieses Geschehen abschließend mit den Worten kommentiert (V. 47): *Diese* (Heiden) *haben den Heiligen Geist empfangen wie auch wir* (Juden), bringt er die Erkenntnis zum Ausdruck, dass zum endzeitlichen Gottesvolk neben den *Gläubigen aus der Beschneidung* (V. 45) fortan auch die Glaubenden aus den *Heiden* gehören (vgl. 11, 1.17f). So gibt es keinen Hinderungsgrund mehr, diese Zugehörigkeit durch die *Taufe im Namen Jesu Christi* zu besiegeln und die auf diese Weise nun auch in der Geschichte zum Ziel gekommene Aufhebung der Unterscheidung von rein und unrein durch die Pflege von Gemeinschaft zwischen Juden und Heiden in die Tat umzusetzen (V. 48).

Der Friede, den Gott durch Jesus Christus aufgerichtet hat, gilt nach unserer Geschichte ausnahmslos allen Menschen, da Gott selbst die – oft missbrauchte und missverstandene – Kategorisierung von unreinen Heiden und reinen Juden aufgehoben hat. Die Trennlinie verläuft seit Jesus nicht mehr zwischen Israel und den Völkern, sondern quer durch die Menschheit im Ganzen. Ihr Kriterium ist der Glaube, der die Vergebung der Sünden empfängt – durch den Namen dessen, der als der Herr aller Menschen zugleich ihr Richter ist. Von daher gibt es für die Kirche und die Christen nur eine Konsequenz aus dieser grundlegend neuen Konstellation: die *Umkehr zum Leben,* die Gott allen Menschen *gegeben* hat (11,18), immer wieder selbst zu vollziehen und sie als den Weg des Heils in der ganzen Welt zu bezeugen.

11,1–18
Die Zustimmung der Judenchristen zur Heidenmission

[1]Die Apostel und die Brüder, die in Judäa waren, hörten, dass auch die Heiden das Wort Gottes angenommen hatten. [2]Als aber Petrus nach Jerusalem hinaufkam, stritten die (Gläubigen) aus der Beschneidung mit ihm [3]und sagten: »Du bist zu unbeschnittenen Männern gegangen und hast mit ihnen gegessen!« [4]Da fing Petrus an und erklärte es ihnen der Reihe nach; und er sprach: [5]»Ich war in der Stadt Joppe und betete, und ich sah in einer Verzückung eine Erscheinung: Es kam ein Gefäß wie ein großes Leinentuch herab, an vier Enden aus dem Himmel herniedergelassen, und es kam zu mir. [6]Als ich gespannt hineinschaute und es beobachtete, sah ich die vierfüßigen Tiere der Erde, die wilden Tiere, die Kriechtiere und die Vögel des Himmels. [7]Ich hörte auch, wie eine Stimme zu mir sprach: ›Steh auf, Petrus, schlachte und iss!‹ [8]Ich aber sagte: ›Keinesfalls, Herr, denn noch nie ist etwas Gemeines oder Unreines in meinen Mund gekommen!‹ [9]Da antwortete die Stimme zum zweiten Mal vom Himmel her: ›Was Gott für rein erklärt hat, sieh du nicht als unrein an!‹ [10]Dies geschah dreimal, und alles wurde wieder in den Himmel hinaufgezogen. [11]Und siehe, sogleich traten drei Männer, die aus Cäsarea zu mir gesandt waren, an das Haus heran, in dem wir waren. [12]Da sagte mir der Geist, ich solle ohne Bedenken mit ihnen gehen. Es kamen aber auch diese sechs Brüder mit mir, und wir gingen in das Haus des Mannes hinein. [13]Er aber berichtete uns, wie er den Engel gesehen habe, der in seinem Haus stand und sprach: ›Sende (Männer) nach Joppe und lass Simon mit dem Beinamen Petrus holen; [14]der wird Worte zu dir reden, durch die du gerettet werden wirst mit deinem ganzen Haus!‹ [15]Als ich aber anfing zu reden, fiel der Heilige Geist auf sie, so wie auch auf uns am Anfang. [16]Da gedachte ich des Wortes des Herrn, wie er sprach: ›Johannes hat mit Wasser getauft, ihr aber werdet mit heiligem Geist getauft werden.‹ [17]Wenn nun Gott ihnen die gleiche Gabe gegeben hat wie auch uns, indem sie zum Glauben an den Herrn Jesus Christus gekommen sind – wer war ich, dass ich Gott hätte wehren können?« [18]Als sie dies hörten, beruhigten sie sich, und sie verherrlichten Gott und sprachen: »Dann hat Gott also auch den Heiden die Umkehr zum Leben gegeben!«

Der zweite Teil der Corneliusgeschichte rekapituliert die entscheidenden Züge des ersten Teils – und zwar aus judenchristlicher Sicht in Gestalt einer Rechtfertigung des Petrus für seine zuvor praktizierte Tischgemeinschaft mit Heiden. Die Darstellung kreist um die göttliche Kunde von der Aufhebung der Unreinheit (der

Heiden) und visiert den Vollzug der Gemeinschaft als Weg zur Rettung auch der Heiden an. Sie gelangt in der Erkenntnis und dem Bekenntnis der Judenchristen zum Ziel, dass Gott auch den Heiden die »Umkehr zum Leben gegeben« hat.

1–4 Die Nachricht von der Entstehung der ersten heidenchristlichen Gemeinde spricht sich schnell herum, sodass auch die in Jerusalem verbliebenen *Apostel* und alle Christen (*Brüder*) *in Judäa* davon *hören*. Den Inhalt dieser Kunde umschreibt Lukas mit einem Terminus der Missionssprache: Die *Heiden* (vgl. 10,45) haben *das Wort Gottes angenommen* (vgl. 8,14; 17,11; 2,41; Lk 8,13; 1Thess 1,6). Obwohl hier geprägte Sprache vorliegt, hat die Wendung doch einen klaren Bezug zum Vorausgegangenen: Das von Petrus verkündigte Christus-Evangelium ist das von Gott an sein Volk gesandte Wort (10,36). Wo es im Glauben angenommen wird, ist das Heil Gottes zu einer existenziellen Wirklichkeit geworden. Das ist im Haus des Cornelius geschehen – und genau das stellt aus Sicht der Judenchristen (Gläubige *aus der Beschneidung*) ein gravierendes Problem dar. Deshalb stellen sie Petrus zur Rede, als er nach seinem Aufenthalt bei den Christen in Cäsarea (vgl. 10,48) *nach Jerusalem* zurückkommt. Er wird mit dem Sachverhalt konfrontiert, *zu unbeschnittenen Männern gegangen* zu sein und *mit ihnen gegessen* zu haben (vgl. Gal 2,12, wo in einer anderen Situation dieselbe Problematik vorliegt). Dahinter steckt der Vorwurf, sich durch die Tischgemeinschaft mit Heiden verunreinigt zu haben (vgl. zu 10,28). Doch das Problem ist von noch grundsätzlicherer Art: Wenn das Wort des Evangeliums *den Söhnen Israels gesandt* ist (10,36) und nun auch von *den Heiden angenommen* worden ist, dann kann dies nach Auffassung der Judenchristen doch nicht so zugehen, dass dadurch zugleich die von Gott seinem Volk anvertrauten (Reinheits-)Gebote aufgehoben werden – und Gott damit seinem zuvor gegebenen Wort (des Gesetzes) untreu wird. Es sind die selben fundamentalen Bedenken, die Petrus vorbrachte, als er zum Essen auch der unreinen Tiere aufgefordert wurde (10,14). So steht Petrus nun vor der Herausforderung, ihnen die neue Erkenntnis plausibel zu machen, zu der er in dieser Sache gelangt ist. Deshalb beginnt er seine Antwort mit einer ausführlichen Schilderung der ihm zuteil gewordenen Vision. Mit ihr begann für ihn das Geschehen, das er nun *der Reihe nach erklärt*.

5–10 Die Visionsschilderung macht knapp die Hälfte der Rede des Petrus aus. Ihr Gewicht ist also gegenüber der Darstellung in Kap. 10 erheblich verstärkt. Auf ihr ruht das ganze argumentative Gewicht der Rechtfertigung des Petrus, auch wenn das entscheidende Argument am Schluss ein anderes ist (die Geisttaufe der Heiden; V. 15–17). Aber zu dieser Situation wäre es nie gekommen, wenn Petrus nicht zuvor von Gott die besagte Erscheinung zuteil geworden wäre. Die Schilderung stimmt der Sache nach im wesentlichen mit der Darstellung in 10,9–16 überein (zum Teil wörtlich). Auffallende Änderungen, und damit Akzentuierungen, sind folgende:

– Das Geschehen wird von Anfang an als *Erscheinung* (wörtlich: Geschautes) qualifiziert (in Kap. 10 erst danach; 10,17.19). Damit wird das Wesen des Phänomens (eine von Gott gewährte Vision) von vornherein klar benannt.

– Petrus betont, dass das vom Himmel herabgelassene Gefäß/Tuch *zu ihm kam* (V. 5). Damit bringt er zum Ausdruck, dass der Vorgang (bzw. die aus ihm resultierende Erkenntnis) bei ihm ankommen, ihn unmittelbar betreffen sollte. Dem entspricht die Rede vom *gespannten Hineinsehen* (V. 6).

– Bei der Aufzählung der in dem Gefäß/Tuch befindlichen Tiere werden die *wilden Tiere* hinzugefügt (V. 6). Das erhöht die Vielfalt der Tierarten, die nun nicht mehr nach den Kategorien von rein und unrein aufgeteilt werden dürfen, und unterstreicht somit das Anliegen der Vision.

– In seiner Entgegnung betont Petrus, dass noch nie etwas Gemeines oder Unreines *in seinen Mund gekommen* ist (V. 8). Das verstärkt die Aussage, er habe noch nie etwas dergleichen *gegessen* (10,14) – und damit die Treue des Apostels gegenüber den Reinheitsgeboten. Die Änderungen zielen also allesamt darauf, die Aussagerichtung der Petrusrede auf die von seinen Kontrahenten angesprochene Problematik zuzuspitzen.

11–14 Es folgt die Darstellung der Begegnung mit den Boten und mit Cornelius. Dessen Name wird allerdings weggelassen, auch die Beschreibung seiner Frömmigkeit. Es ist lediglich von einer Gesandtschaft *aus Cäsarea* (V. 11) und von *dem Mann* die Rede, in dessen Haus man einkehrt, den die Hörer aber noch gar nicht kennen (V. 12) – ebensowenig wie *den Engel*, von dem Cornelius spricht (V. 13). Daran wird ersichtlich, dass Lukas die Kenntnis der in Kap. 10 geschilderten Geschichte voraussetzt, die Rede des Petrus also vor allem im Blick auf die Leser seines Werkes konzipiert ist. Das gilt im Prinzip für alle Reden der Apostelgeschichte, wird hier aber in besonderer Weise deutlich. Ebenso fehlen die Erwähnung der Verlegenheit, in der sich Petrus im Blick auf die Bedeutung der Vision befand (10,17.19), und der Hinweis auf die Sendung der Männer durch den Heiligen Geist (10,20). Diese Inhalte werden von Lukas für den vorliegenden Kontext offenbar als nebensächlich erachtet. Eng an 10,20 angelehnt ist dagegen die höchst wichtige Anweisung des Geistes, *ohne Bedenken* mit den Boten *mitzugehen* (V. 12). Gegenüber der unbestimmten Anzahl der ebenfalls mitkommenden Christen aus Joppe (10,23) legt Lukas hier ihre Zahl auf *sechs* fest (V. 12). Sie fungieren in der Situation, in der Petrus nun spricht, als Zeugen des Geschehens in Jerusalem (*diese sechs Brüder* – sie sind also als anwesend gedacht). Vielleicht soll die Zahl sechs ihre eingeschränkte Zeugenschaft im Vergleich zu der der zwölf Apostel andeuten. Die gravierendste Änderung liegt in V. 14 vor, wonach der Engel (im Gegensatz zu 10,4–6) bereits am Anfang der ganzen Geschichte zu Cornelius gesagt hat, der zu holende Petrus werde *Worte zu ihm reden, durch die er mit seinem ganzen Haus gerettet werden wird.* Hier spitzt Lukas das gesamte Geschehen auf sein zentrales Anliegen zu: Es geht in alledem letztlich um die Rettung von Menschen für das Heil Gottes (vgl. 10,43; 16,31; 2,21.40.47; 4,12 u.ö.).

15–16 Der Schluss der Rede schildert den Vorgang der Rettung der Heiden, ohne ihn explizit als solchen zu entfalten. Er wird sichtbar in dem *Fallen des Heiligen Geistes auf* die Anwesenden. Im Unterschied zu 10,44 geschieht das unmittelbar nach Beginn der Predigt des Petrus. Damit verdeutlicht Lukas das Anliegen der souveränen Alleinwirksamkeit Gottes in dem ganzen Geschehen (der einer ausführlichen Verkündigung des Petrus nicht bedarf, um sein Ziel zu erreichen). Auf diesen Gesichtspunkt kommt ja alles an, wenn Petrus die Kontrahenten überzeugen will. Durch die Parallelisierung mit der anfänglichen Geistausgießung auf die ersten Christen zu Pfingsten (*wie auch auf uns am Anfang*) unterstreicht Lukas das Gewicht des Vorgangs: Es geht um ein zweites Pfingsten – das der Heiden (vgl. zu 10,45). Dieses Interesse wird noch verstärkt durch die Berufung auf ein *Wort des Herrn.* Handelte es ursprünglich von der Ankündigung des nahe bevorstehenden Pfingstereignisses (1,5: ... ihr [= die Apostel] werdet *in wenigen Tagen* mit heiligem Geist getauft werden), so wird hier gleichsam von seiner zweiten Erfüllung gesprochen. War das erste Pfingsten der »Startschuss« für die Ausrichtung des Jesuszeugnisses in Jerusalem, Jüdäa und Samaria, so das zweite der für dessen weiteren Weg bis an das Ende der Erde (vgl. 1,8), um den sich ab Kap. 13 alles dreht.

17–18 Die Schlussfolgerung aus dem ganzen Geschehen ist eine dreifache. Erstens: Gott hat den Heiden(christen) mit der Ausgießung des Heiligen Geistes *dieselbe Gabe gegeben* wie den Judenchristen. Zweitens: Damit ist ihr *Zum-Glauben-Kommen an den Herrn Jesus Christus* auf das engste verbunden. Was in 10,43f nur angedeutet ist (Glaube an Jesus, Empfang des Geistes), wird hier als Wirklichkeit herausgestellt. Bekehrung und Geistempfang gehören nach Lukas unmittelbar zusammen, auch wenn sich das im Einzelnen unterschiedlich gestaltet (vgl. 2,38; 8,13–15; 15,7–9; 19,4–6). Drittens: Wenn Petrus sich geweigert hätte, die Taufe an den Heidenchristen zu vollziehen – etwa aufgrund des Verweises auf die Unreinheit der Heiden –, hätte er sich zum Gegenspieler Gottes erhoben. Das ist undenkbar! Gott selbst war in alledem offenkundig und unwiderstehlich am Werk – und damit sind auch die kultischen Grenzen zwischen Juden und Heiden (sowie zwischen Judenchristen und Heidenchristen) hingefallen. Das in Jesus eröffnete Heil gilt ausnahmslos allen Menschen. Die Reaktion der anwesenden Judenchristen bestätigt das: Ihr Widerstand verstummt (*sie beruhigten sich*), und stattdessen wird das Lob Gottes laut. Sein Inhalt ist in der allgemeinen Schlussfolgerung thesenhaft formuliert: *Dann hat Gott also auch den Heiden die Umkehr zum Leben gegeben!* Der Weg zur Heidenmission ist nun frei. Im nächsten Abschnitt wird er bereits zielstrebig und mit großem Erfolg beschritten (vgl. 11,19–21). Die theologischen (und zwischenmenschlichen) Probleme, die sich daraus ergeben, sind hier noch nicht im Blick. Lukas thematisiert sie in Kap. 15. Vorerst herrscht dankbare Freude über die wunderbaren Wege Gottes.

Der zweite Teil der Corneliusgeschichte konfrontiert die faktisch vollzogene göttliche Heilszuwendung an die Heiden mit der traditionellen jüdischen Vorstellung von der Unreinheit der Heiden. Die Problematik, die zuvor an Petrus exemplarisch sichtbar geworden ist (10,13ff), wird hier auf den kultischen Aspekt der Tischgemeinschaft zugespitzt (V. 3) – und als völlig irrelevant im Blick auf das, worum es eigentlich geht, entlarvt und auf diese Weise zugleich überwunden. Denn im Rückblick macht Petrus unmissverständlich deutlich, was das eigentliche Anliegen Gottes mit der ganzen Angelegenheit, die durch die praktizierte Haus- und Tischgemeinschaft von Juden und Heiden in die Wege geleitet wird (V. 12), ist: die *Rettung* auch der Heiden (V. 14). Dabei spielt der *Heilige Geist* die entscheidende Rolle, denn sein Kommen auf die Heiden ist der Ausweis dafür, dass sich an ihnen die Heilsverheißung Jesu in gleicher Weise erfüllt hat wie bei den Juden (V. 15f) – sodass dem ersten *Anfang* der endzeitlichen Heilszuwendung Gottes an die Juden (V. 15) ein zweiter bei den Heiden entspricht. Dieser zweite Anfang setzt nur im Blick auf die Adressaten etwas Neues. In der Sache selbst ist er identisch mit dem, worum es seit dem ersten Anfang geht und was von daher dessen konsequente Fortsetzung ist: das Wirken des Geistes Gottes, das Menschen zum rettenden *Glauben an den Herrn Jesus Christus* ermächtigt (V. 17). Entsprechend lautet das Fazit der Judenchristen, die Gott über diesem ganzen – alle bisherigen Grenzen des Gottesvolkes außer Kraft setzenden – Geschehen preisen: *Dann hat Gott also auch den Heiden die Umkehr zum Leben gegeben* (V. 18)! Mit diesem Satz stellt Lukas das Gewicht und die Bedeutung der Umkehr, in Gestalt des Glaubens an Jesus Christus, heraus: Sie ist der erste, entscheidende Schritt auf dem Weg des Lebens – nicht nur für Juden, sondern auch für Heiden (vgl. 17,30!). Von daher ist die gegenwärtig weit verbreitete Auffassung, Gott könne die Menschen anderer Religionen durch sein verborgenes Wirken im Rahmen dieser Religionen den Weg des Lebens führen, ohne dass sie zur Erkenntnis Jesu Christi kommen müssten, sehr zu hinterfragen. Lukas – und mit ihm das ganze Neue Testament – sehen das völlig anders!

11,19–26
Die Entstehung der heidenchristlichen Gemeinde in Antiochia

[19]Diejenigen, die infolge der Bedrängnis, die unter Stephanus entstand, zerstreut worden waren, zogen durch (die Lande) bis nach Phönizien, Zypern und Antiochia; und sie verkündigten das Wort niemandem außer den Juden. [20]Es waren aber unter ihnen einige Männer aus Zypern und Kyrene, die, als sie nach Antiochia kamen, auch zu den Griechen redeten und das Evangelium von Jesus, dem Herrn, verkündigten. [21]Und die Hand des Herrn war mit ihnen, und eine große Zahl kam zum Glauben und bekehrte sich zum Herrn. [22]Die Kunde über sie kam aber der Gemeinde in Jerusalem zu Ohren, und sie entsandten Barnabas nach Antiochia. [23]Als der ankam und die Gnade Gottes sah, freute er sich, und er ermahnte alle, mit fester Absicht des Herzens beim Herrn zu bleiben; [24]denn er war ein guter Mann, voll Heiligen Geistes und Glaubens. Und eine große Menge wurde dem Herrn hinzugefügt. [25]Er ging aber nach Tarsus, um Saulus aufzusuchen; [26]und als er ihn gefunden hatte, nahm er ihn mit nach Antiochia. Es fügte sich aber für sie, dass sie ein ganzes Jahr lang in der Gemeinde zusammenkamen und eine zahlreiche Menge lehrten, sowie, dass die Jünger in Antiochia zum ersten Mal Christen genannt wurden.

Nachdem der Weg zur Heidenmission frei ist, schildert Lukas die Entstehung der ersten überwiegend heidenchristlichen Gemeinde in Antiochia. Sie wird später zur treibenden Kraft der weltweiten Heidenmission, beginnend mit der ersten Missionsreise des Paulus (vgl. 13,1–3). Vorerst liegt ihre Bedeutung aber darin, im Lauf der sich anbahnenden Heidenmission gleichsam einen Doppelpunkt zu setzen. Denn im Unterschied zu den Anfängen dieses Weges mit der Missionierung Samarias (8,4–25), die sich an Menschen im Grenzbereich zwischen Judentum und Heidentum wandte, und der Taufe des äthiopischen Beamten (8,26–40), bei dem es sich um einen einzelnen heidnischen Sympathisanten des Judentums handelte, kommt es nun – im unmittelbaren Anschluss an die Corneliusgeschichte – zur Bekehrung gleichsam von »Vollheiden« (Griechen; V. 20), und das in hoher Zahl. Durch das gemeinsame Wirken von Barnabas und Saulus entwickelt sich diese Gemeinde sodann zum ersten Zentrum des Heidenchristentums und der von ihm ausgehenden Mission. Auch wenn ihre Bedeutung im Zuge der weltweiten Ausbreitung des christlichen Glaubens nach und nach verblasst, ist die Gemeinde in Antiochia so etwas wie der geschichtliche Kristallisationspunkt der heidenchristlichen Kirche – was sich auch in der erstmals aufkommenden Bezeichnung »Christen« (V. 26) niederschlägt.

19 Die Entstehung der Gemeinde in Antiochia wird von Lukas als heilsgeschichtliche Konsequenz aus der unmittelbar vorausgegangenen »offiziellen« Eröffnung der Heidenmission dargestellt. Sie geht in ihren Anfängen in doppelter Weise hinter die Corneliusgeschichte zurück – einmal durch den Rückbezug auf die große Verfolgung (hier: *Bedrängnis*), zu der es im Zusammenhang mit der Ermordung des Stephanus gekommen war und die zur *Zerstreuung* der Jerusalemer Gemeinde geführt hatte (8,1). Der Radius der Vertriebenen hat sich nach Lukas inzwischen erheblich erweitert, sodass sie auch in entferntere Gegenden gelangt sind: an die Küste des südlichen Syrien (*Phönizien*), auf die nächstgelegene Mittelmeerinsel (*Zypern*) und bis hin in die rund fünfhundert Kilometer von Jerusalem entfernte syrische Hauptstadt *Antiochia.* Zum anderen geht der Beginn der Erzählung hinter den Stand der Corneliusgeschichte zurück, indem sie bemerkt, dass die Zerstreuten *das Wort* (Gottes) *niemandem außer den Juden verkündigten* (vgl. 8,4). Ausgangsbasis ist also – wie bei Petrus in Joppe und Cäsarea – die Mission allein unter Juden (vgl. 10,14.28.36). Die Heidenmission kommt also nicht dadurch in Gang, dass das Cornelius-Geschehen nun überall als ihr göttlicher »Startschuss« proklamiert würde, sondern dadurch, dass die Geschichte von nun an unwiderstehlich in diese Richtung verläuft.

20 So berichtet Lukas im unmittelbaren Fortgang von einer Wende, die sich folgerichtig als Konsequenz aus dem Corneliusgeschehen ergibt: Unter den Zerstreuten sind *einige*, die die Heilsbotschaft (*das Evangelium*) *auch den Griechen* verkündigen. Sie setzen gleichsam programmatisch die soeben in die Wege geleitete Heidenmission in die Tat um, indem sie sich an griechisch sprechende Menschen heidnischer Herkunft (= *Griechen*) wenden. Hatten die offenbar zuvor nach Antiochia gekommenen Judenchristen nur unter den dort zahlreich lebenden Juden evangelisiert (V. 19), so erweitern die aus dem Bereich des Diasporajudentums (*Zypern, Kyrene*; vgl. zu 2,10) stammenden Christen den Adressatenkreis in der syrischen Hauptstadt auch auf nichtjüdische Menschen. Dem entspricht auch der Inhalt ihrer Verkündigung, der mit dem Grundbekenntnis des sich nun entwickelnden Heidenchristentums identisch ist: *Jesus* ist *der Herr* (vgl. 1Kor 12,3; 8,6).

21 Ihr von der bisherigen Gepflogenheit abweichendes Handeln wird von Gott bestätigt, indem er selbst es zum Erfolg führt. Sein machtvolles Wirken, das ihr Vorgehen begleitet (= *die Hand des Herrn war mit ihnen*; vgl. 2Sam 3,12; Lk 1,66; Apg 13,11), sorgt dafür, dass *eine große Zahl* der angesprochenen Heiden *zum Glauben kommt* (vgl. 4,4; 6,7; 16,5). Wenn Lukas dies als *Bekehrung zum Herrn* präzisiert, ist damit nicht die Hinwendung der Heiden zum Gott Israels (= der *Herr*, dessen *Hand* die Missionare leitet) gemeint, sondern das Zum-Glauben-Kommen an Jesus als den Herrn (vgl. 9,35.42; 11,17; 16,31), was eine völlige Neuorientierung des Lebens mit sich bringt (das griechische Verb für *sich bekehren* bedeutet eigentlich: sich umwenden, umkehren).

22 Die Nachricht (*Kunde*) über die Vorgänge in Antiochia gelangt – wie zuvor von Samaria und Cäsarea aus (vgl. 8,14; 11,1) – auch nach *Jerusalem*. Lukas setzt dort wie selbstverständlich die Existenz einer *Gemeinde* voraus (zur damit verbundenen Problematik vgl. zu 8,1). Deren Reaktion auf das Gehörte besteht – ebenso wie zuvor im ähnlich gelagerten Fall der Entstehung einer Gemeinde in Samaria (8,14) – in der *Entsendung* eines Delegaten an den Ort des Geschehens. Damit will Lukas zum einen die führende Rolle der Jerusalemer Urgemeinde als der ersten Gemeinde der Christenheit herausstellen, in deren Zuständigkeitsbereich vorerst noch jede neu entstandene Gemeinde gehört. Die Jerusalemer können ja noch nicht wissen, was die Leser der Apostelgeschichte wissen. Sie müssen erst herausfinden, ob die *Hand des Herrn* (V. 21) in alledem dabei war. Und zum anderen soll die Verbundenheit der judenchristlichen Muttergemeinde (aus der die Gründer der Gemeinde in Antiochia stammen; V. 19f) mit der mehrheitlich heidenchristlichen Tochtergemeinde aufgezeigt werden. Das setzt freilich ein positives Ergebnis der Überprüfung voraus – was nach dem bisher von Lukas Erzählten aber auch nicht ausbleiben kann (siehe V. 23). Auffallenderweise wird diesmal kein Apostel mit der bedeutenden Aufgabe betraut (im Falle von Samaria waren es Petrus und Johannes; 8,14), sondern *Barnabas*. Das mag damit zusammenhängen, dass der gebürtige Zyprer (4,36) als besonders befähigt erachtet wurde, die Mission seiner zyprischen Landsleute

(V. 20) zu beurteilen. Darüber hinaus wird er von Lukas als die Verbindungsperson zwischen dem zur Heidenmission berufenen Saulus und den Aposteln gezeichnet (vgl. 9,27) – also als derjenige in Jerusalem, der auch im Blick auf die heidenchristliche Gemeinde in Antiochia besonders kompetent war.

23 Als Barnabas nach seiner *Ankunft* in Antiochia die vielen ehemaligen Heiden *sieht,* die zum Glauben an Jesus gekommen sind und deren Leben eine völlig neue Ausrichtung erhalten hat (V. 21), kann er in alledem nichts anderes als ein Werk der *Gnade Gottes* erblicken, das ihn mit *Freude* erfüllt (vgl. 8,8.39). Doch richtet er den Blick sogleich in die Zukunft der Neubekehrten und der jungen Gemeinde, in der es darum geht, das Verbundensein mit Jesus im Alltag des Lebens aufrecht zu erhalten und zu bewähren. So *ermahnt er alle,* die Hinwendung zum *Herrn* (V. 21) mit innerer Entschlossenheit bleibend zu leben. Wenn Lukas dabei von der *festen Absicht des Herzens* spricht, zielt er auf das tiefste Innere des menschlichen Wesens, das sich für das Wirken Gottes öffnen und von ihm bewegen lassen (vgl. 2,37.46; 15,9; 16,14), sich ihm gegenüber aber auch verschließen und dagegen agieren kann (vgl. 5,3f; 7,51.54; 8,21f; 28,27). Leben im Glauben ist nie nur etwas, was den Menschen passiv dem Wirken Gottes aussetzt, sondern er ist in der Tiefe seines Wesens davon betroffen und herausgefordert, dem Geist Gottes Raum zu geben.

24 Gleichsam wie zur Illustration dieses Sachverhalts stellt Lukas (wie bereits in 4,36f) Barnabas als Vorbild heraus: Er ist *ein guter Mann, voll Heiligen Geistes und Glaubens* (vgl. 6,5). Göttliches Wirken (Heiliger Geist, Glaube; vgl. zu 3,16) und menschliche Rezeption (Glaube; vgl. 5,14; 6,7; 8,12f; 9,42; 10,43) bilden hier eine existenzielle Einheit, die in allem von Gott getragen und umfasst ist und die letztlich das *Gut*-Sein eines Menschen ausmacht (vgl. Lk 6,45; 8,15; 19,17; 23,50). Das zeigt sich bei Barnabas auch darin, dass er die junge Gemeinde nicht nur gemäß seinem Auftrag inspiziert (V. 22), sondern darüber hinaus sofort eine geistliche Leitungsfunktion in ihr ausübt. Wenn Lukas diesen Abschnitt in der für ihn typischen Weise mit einer summarischen Wachstumsnotiz beschließt (*eine große Menge wurde dem Herrn hinzugefügt;* vgl. 2,41.47; 4,4; 5,14; 6,7; 9,31), will er damit nicht nur zum Ausdruck bringen, dass Gott das begonnene Werk der Heidenmission erneut bestätigt, sondern auch, dass er dafür Menschen in besonderer Weise begabt und in Dienst nimmt.

25 Letzteres ist wohl auch der Grund, warum Barnabas völlig unvermittelt *nach Tarsus* aufbricht, um den dort weilenden *Saulus* (vgl. 9,30) *aufzusuchen.* Er sieht offenbar die Notwendigkeit eines qualifizierten Mitarbeiters an seiner Seite in der Leitung der jungen Gemeinde. Die beiden sind sich von ihrer Begegnung in Jerusalem her bestens bekannt, wo Lukas schon eine gewisse innere Nähe und Verbundenheit beider Männer anklingen ließ (vgl. zu 9,27f). Freilich bedeutet das Vorgehen des Barnabas, dass er es nicht für nötig hält, persönlich nach Jerusalem zur Berichterstattung zurückzukehren, sondern die Aufgabe der Gemeindeleitung für so dringend erachtet, dass hier entschlossen neue Wege (im Glauben und unter der Leitung des Geistes; V. 24) zu gehen sind.

26 Saulus lässt sich denn auch für die vorgesehene Aufgabe *nach Antiochia mitnehmen*. Dass in dem ganzen Vorgang Gott in verborgener Weise am Werk ist, deutet Lukas mit der Wendung vom *Sich-Fügen* für die beiden Männer an. So ergibt es sich, dass sie miteinander *ein ganzes Jahr lang* in und mit der Gemeinde *zusammenkommen*, vor allem um das fortzusetzen, was Barnabas bereits begonnen hat (V. 23): die Unterweisung (*Lehre*) der inzwischen *zahlreich* gewordenen jungen Christen im Glauben (vgl. 13,1). Die abschließende Bemerkung, *dass die Jünger in Antiochia zum ersten Mal Christen genannt wurden*, deutet einen kirchengeschichtlichen Vorgang von größter Tragweite an: die Loslösung der christlichen Kirche von der jüdischen Gemeinde. Die mehrheitlich heidenchristliche Gemeinde in Antiochia wird von Außenstehenden zum ersten Mal als eine eigenständige Größe neben dem Judentum – und nicht mehr, wie bisher, als eine Gruppierung innerhalb der jüdischen Religion – wahrgenommen, sodass die dortigen *Jünger* (vgl. 6,1f.7; 9,1.25.38) wegen ihrer offenkundigen Bindung an Jesus Christus *Christen* (d.h. Christus-Leute) genannt werden (vgl. 26,28; 1Petr 4,16). Die daraus resultierende Frage, wie es zu erklären ist, dass das bisherige jüdische Gottesvolk durch ein neues, mehrheitlich heidenchristliches Gottesvolk abgelöst wird, ist eines der großen theologischen Themen, denen die Apostelgeschichte im Ganzen nachgeht (vgl. zu 13,46–48; 18,6; 22,18–22; 26,17f; 28,25–28).

Lukas verknüpft die Entstehung der antiochenischen Gemeinde nicht von ungefähr mit der Stephanus-Verfolgung (V. 19) – hat doch das, was zur Vernichtung der Kirche gedacht war, nicht nur zur Ausweitung der Judenmission, sondern auch zu den Anfängen des Heidenchristentums geführt. Die Verfolgung der Urgemeinde in Jerusalem erweist sich somit im Rückblick als der geschichtliche Auslöser der weltweiten Mission. Von daher fasst Lukas auch den Beginn und das (vorläufige) Ende dieses Prozesses bewusst ins Auge: den Überschritt von der exklusiven Judenmission (V. 19b) zur uneingeschränkten Heidenmission (V. 20). Was zu Beginn der Stephanus-Verfolgung noch nicht einmal im Blick war, ist nun zu voller Wirklichkeit geworden. Der innere Grund für diesen Wandel ist – im Anschluss an alles Vorausgegangene – das machtvolle Mit-Sein der *Hand* Gottes (V. 21) mit der *Verkündigung des Evangeliums von Jesus, dem Herrn*, an die *Griechen* (V. 20). Wenn sich die so erwiesene *Gnade Gottes* (V. 23) in einer *großen Zahl* von *Bekehrungen* auswirkt (V. 21), zielt dieses *Hinzufügen einer großen Menge zum Herrn* (V. 24) auf den Beginn eines völlig neuen Lebensweges der davon betroffenen Menschen in einer völlig neuen Gemeinschaft. Beides – der neue Weg und die neue Gemeinschaft – zeichnen sich dadurch aus, dass ihre Teilhaber/innen mit ihrem ganzen Leben auf den ausgerichtet sind und *bleiben*, der die Quelle und der ständige Bezugspunkt ihrer neuen Existenz als Einzelne und im Miteinander ist: Jesus, der *Herr* (V. 23). Durch *Ermahnung* (V. 23) und *Lehre* (V. 26), die die Menschen beständig zu Christus weist und sie im Glauben an ihn unterweist, kristallisiert sich so eine neue Bewegung heraus, die nach außen hin als etwas völlig Neues wahrgenommen wird: die Gemeinde der *Christen* (V. 26). Sie lebt auch heute noch davon, dass Gott sie mit seinem *Geist* und mit *Glauben* erfüllt und ihr immer wieder Menschen schenkt, die in solcher Geistes- und Glaubensfülle besondere Verantwortung in ihr übernehmen (V. 24).

11,27–30
Hilfeleistung für die Gemeinden in Judäa

27In diesen Tagen aber kamen Propheten von Jerusalem nach Antio-
chia herab. 28Einer von ihnen mit dem Namen Agabus trat auf und
sagte durch den Geist voraus, dass eine große Hungersnot über den
ganzen Erdkreis kommen werde – die unter Claudius (auch) eintrat.
29Sie beschlossen aber, dass von den Jüngern jeder gemäß seinem
Vermögen (etwas) zur Unterstützung den Brüdern senden sollte,
die in Judäa wohnten. 30Das taten sie auch, indem sie (es) durch die
Hand des Barnabas und Saulus den Ältesten sandten.

Die kurze Notiz von der antiochenischen Hilfeleistung für die Gemeinden in Judäa birgt eine Reihe von historischen Problemen in sich. Auf eines von ihnen wird zu V. 29 eingegangen, weil es von großer Bedeutung für die Auslegung ist. Das andere betrifft die Frage der Beteiligung des Saulus an der Überbringung der Gabe. Nach seinen eigenen Angaben (Gal 1,18 – 2,1) hat sich Paulus zwischen seiner Berufung und dem »Apostelkonzil« nur ein einziges Mal in Jerusalem aufgehalten – was nach der Chronologie des Lukas mit dem in 9,26–30 geschilderten Besuch identisch wäre. Dann aber müsste der vorliegende, zweite, Aufenthalt bereits der des Apostelkonzils sein – was von manchen Auslegern auch vermutet wird. Dem widerspricht allerdings die weite inhaltliche Übereinstimmung der lukanischen Darstellung des Apostelkonzils (15,1ff) mit den Angaben des Paulus im Galaterbrief. Wenn Gal 2 und Apg 15 auf ein- und dasselbe Ereignis zu beziehen sind – und es spricht weitaus mehr dafür als dagegen –, dann hätte Lukas einen Aufenthalt des Paulus in Jerusalem zu viel (den vorliegenden). Sollte er hier Paulus/Saulus als Begleiter des Barnabas sekundär eingefügt haben? Das Anliegen der engen Zusammenarbeit der beiden, die nach Lukas spätestens mit 11,25f beginnt (vgl. aber schon 9,27) und mit Kap. 13 fortgesetzt wird, könnte ein Beweggrund dafür sein. Das Problem würde sich allerdings lösen, wenn Paulus in Gal 2,1 nicht von dem zweiten Besuch sprechen würde, der tatsächlich stattfand, sondern von dem nächsten Besuch in der Reihenfolge seiner Darstellung. Paulus hätte dann den faktischen zweiten Besuch (= Apg 11,30) schlicht verschwiegen. Sprachlich wäre das möglich, und es würde seiner Aussageintention in Gal 1–2 im Blick auf sein Verhältnis zu Jerusalem entsprechen.

27 Hatte Lukas zuvor die Eigenständigkeit der Gemeinde in Antiochia und ihres Leiters Barnabas gegenüber Jerusalem akzentuiert (vgl. zu V. 23–26), so schildert er nun eine Episode, die die Verbundenheit beider Gemeinden – und damit der Heidenchristen mit den Judenchristen – zum Ausdruck bringt. Anlass ist das Auftreten von *Propheten,* die in der Zeit des gemeinsamen Wirkens von Barnabas und Saulus (*in diesen Tagen;* vgl. V. 26) *von Jerusalem nach Antiochia herabgekommen* sind (Jerusalem liegt deutlich höher als Antiochia). Es ist das erste Mal, dass in der Apostelgeschichte *Propheten* unmittelbar in Erscheinung treten (vgl. 13,1; 15,32; 21,10).

28 Es handelt sich um besonders begabte Christen, die in der Kraft des Heiligen Geistes (*durch den Geist*) das Wort und den Willen Gottes vollmächtig in die Situation von Menschen und Gemeinden hineinsagen (vgl. 1Kor 14; Offb 19,10). Dazu gehört auch die *Voraussage* künftiger Geschehnisse (vgl. Offb 1,3), wie es hier durch *Agabus* der Fall ist (vgl. 21,10f). Inhalt seiner Prophetie ist eine weltweite *Hungersnot* – wobei es Lukas wichtig ist zu bemerken, dass diese unter dem römischen Kaiser *Claudius* (41–54 n.Chr.) auch tatsächlich *eintrat* – wohl um die Zuverlässigkeit der Weissagung zu untermauern.

29 Nun ist für diese Zeit eine derartige Katastrophe nicht bezeugt. Der jüdische Historiker Josephus spricht aber von einer schweren Hungersnot in Palästina in den Jahren 46 bis 48. Wahrscheinlich bezieht Lukas sich darauf, was erklären würde, dass die

Gemeinden *in Judäa* besonders betroffen sind (im Gegensatz zu Antiochia). Manche Ausleger sehen hier zwar ein weiteres Problem (die folgende, nach Lukas etwa zeitgleiche Begebenheit unter Herodes Agrippa I. [12,1ff.25] muss in die Jahre 41 bis 44 datiert werden; hier entsteht also eine Differenz von mindestens eineinhalb Jahren), aber sie beachten nicht, dass nicht die tatsächlich eingetretene Hungersnot der Anlass für die Hilfeleistung ist, sondern die *Prophetie* des *Agabus*! Auf diese hin *beschließen* die *Jünger* in Antiochia, die sich mit den *Brüdern* in Judäa im gemeinsamen Glauben an Jesus verbunden wissen, die *Entsendung* einer Hilfeleistung. Das geschieht offenbar im Voraus, um die Not gar nicht erst so *groß* werden zu lassen, wie sie angesagt worden ist (vgl. das in 2,45; 4,34f sich artikulierende Ideal). Dabei gilt, wie in der Jerusalemer Urgemeinde, das Prinzip der Freiwilligkeit unter Berücksichtigung der jeweils eigenen *Vermögens*verhältnisse.

30 Der Beschluss wird unverzüglich in die *Tat* umgesetzt: *Barnabas und Saulus* (die späteren Missionare der antiochenischen Gemeinde; vgl. 13,1f) werden nach Jerusalem *entsandt,* um die Gabe zu überbringen. Dabei ist an eine finanzielle Unterstützung zu denken (die *durch die Hand* der beiden Delegaten überreicht wird). Auffallend ist, dass nicht die Apostel die Empfänger der Hilfeleistung sind, sondern *die Ältesten.* Damit deutet Lukas eine Änderung in der Leitungsstruktur der Jerusalemer Gemeinde an: Die Apostel verlagern ihren Tätigkeitsschwerpunkt in die Mission (unter Juden; vgl. Gal 2,9), und an ihre Stelle tritt (nach dem Vorbild der Synagogenverfassung) ein Ältestengremium – unter Leitung des Herrenbruders Jakobus (vgl. 12,17; 15,2.4.6.13.22f; 16,4; 21,18). Dabei sind die Jerusalemer Ältesten als Leitungsgremium aller Gemeinden in Judäa im Blick.

Lukas will mit der kurzen Episode wohl zum einen demonstrieren, dass die erste große heidenchristliche Gemeinde eine im vollen Sinne christliche Gemeinde ist. Das zeigt sich in der gegenseitigen Verbundenheit mit den *Brüdern* (V. 29) in Jerusalem und Judäa, aus deren Mitte Propheten in Antiochia wirken und die (finanzielle) Unterstützung von den syrischen *Jüngern* (V. 29) erhalten. Zum anderen geht es Lukas darum, das Wirken des Geistes in dieser neuen Phase der Mission ausdrücklich festzuhalten (V. 28). Dabei fällt auf, dass der Geist jeweils sozusagen aus Jerusalem kommt – einmal durch Barnabas (11,22.24) und nun durch den Propheten Agabus (V. 27f). Das entspricht ganz der Linie, die bereits bei der Missionierung Samarias (vgl. zu 8,14ff) und in der Corneliusgeschichte (vgl. 10,44ff, wo der Geist auf die Predigt des Petrus hin ausgegossen wird) zu beobachten war. Lukas will damit wohl sagen: Gott wirkt in der urchristlichen

Missionsgeschichte durch seinen Geist souverän und in völliger Freiheit. Aber alles, was er in diesem Zusammenhang tut, geht auf die grundlegenden Anfänge in Jerusalem zurück und leitet sich von ihnen her. So tut die Kirche auch heute noch gut daran, sich auf ihre Verwurzelung in der apostolischen Kirche des Anfangs zu besinnen.

12,1–23
Hinrichtung des Jakobus. Gefangenschaft und wunderbare Befreiung des Petrus. Ende des Herodes

1Zu jener Zeit machte Herodes, der König, sich daran, einige von der Gemeinde zu misshandeln. 2Dabei tötete er Jakobus, den Bruder des Johannes, mit dem Schwert. 3Und als er sah, dass es den Juden gut gefiel, ließ er auch noch Petrus festnehmen – es waren aber die Tage der ungesäuerten Brote. 4Und nachdem er ihn ergriffen hatte, setzte er ihn in das Gefängnis und übergab ihn vier Abteilungen von je vier Soldaten zur Bewachung. Er hatte vor, ihn nach dem Passafest dem Volk vorzuführen. 5Petrus wurde also im Gefängnis verwahrt. Von der Gemeinde aber wurde anhaltend für ihn zu Gott gebetet.

6In jener Nacht, nach der Herodes ihn vorführen lassen wollte, schlief Petrus zwischen zwei Soldaten, gebunden mit zwei Ketten, und Wächter vor der Tür bewachten das Gefängnis. 7Und siehe: Ein Engel des Herrn trat herzu, und Licht leuchtete im Raum. Er weckte Petrus mit einem Stoß an die Seite und sprach: »Steh schnell auf!« Da fielen ihm die Ketten von den Händen ab. 8Und der Engel sprach zu ihm: »Binde deinen Gürtel um und zieh deine Sandalen an!« Er tat es so. Und er sprach zu ihm: »Wirf deinen Mantel um und folge mir!« 9Und er ging hinaus und folgte (ihm). Er wusste aber nicht, dass es Wirklichkeit war, was durch den Engel geschah. Er meinte nämlich, eine Vision zu haben. 10Nachdem sie die erste und die zweite Wache passiert hatten, kamen sie an das eiserne Tor, das in die Stadt führte; dieses öffnete sich ihnen von selbst, und sie traten hinaus und gingen eine Straße entlang; und sogleich entfernte sich der Engel von ihm. 11Als Petrus zu sich kam, sagte er: »Nun erkenne ich wahrhaftig, dass der Herr seinen Engel gesandt und mich aus der Hand des Herodes und der Erwartung des Volkes der Juden befreit hat.«

12Als ihm das klar geworden war, ging er zum Haus der Maria, der Mutter des Johannes mit dem Beinamen Markus, wo viele versammelt waren und beteten. 13Als er an das Hoftor klopfte, kam eine Magd mit dem Namen Rhode herbei, um nachzusehen. 14Und als sie die Stimme des Petrus erkannte, öffnete sie vor Freude das Tor nicht, sondern lief hinein und verkündete, Petrus stehe vor dem

Tor. 15Sie aber sagten zu ihr: »Du bist von Sinnen!« Doch sie behauptete unerschütterlich, dass es so sei. Da entgegneten sie: »Es ist sein Engel!« 16Petrus aber klopfte noch immer, und als sie geöffnet hatten, sahen sie ihn und waren außer sich. 17Er aber winkte ihnen mit der Hand, dass sie schweigen sollten, und erzählte ihnen, wie der Herr ihn aus dem Gefängnis herausgeführt hatte. Dann sagte er: »Berichtet dies Jakobus und den Brüdern!« Und er ging hinaus und begab sich an einen anderen Ort.

18Als es Tag geworden war, gab es eine nicht geringe Bestürzung unter den Soldaten darüber, was wohl mit Petrus geschehen sei. 19Als Herodes ihn holen lassen wollte, man ihn aber nicht vorfand, verhörte er die Wachen und befahl, sie abzuführen. Und er ging von Judäa nach Cäsarea hinab und blieb dort. 20Er hatte aber eine heftige Auseinandersetzung mit den Bewohnern von Tyrus und Sidon. Da kamen sie gemeinsam zu ihm und baten, nachdem sie Blastus, den Kammerherrn des Königs, für sich gewonnen hatten, um Frieden – sie bezogen nämlich ihre Nahrung aus dem königlichen Land. 21An einem festgesetzten Tag legte Herodes sein Königsgewand an, nahm auf der Rednertribüne Platz und hielt eine Ansprache an sie. 22Das Volk aber rief aus: »Die Stimme Gottes und nicht eines Menschen!« 23Sogleich aber schlug ihn ein Engel des Herrn, weil er nicht Gott die Ehre gegeben hatte. Und von Würmern zerfressen starb er.

Mit der Erzählung von der wunderbaren Befreiung des Petrus und ihren Begleitumständen fokussiert Lukas die Perspektive noch einmal auf die Jerusalemer Urgemeinde. Das Geschehen ist umrahmt von Ankunft und Abreise des Barnabas und Saulus in/von Jerusalem (11,30; 12,25). Es steht also bereits ganz im Zeichen des erfolgten Umbruchs zur Heidenmission, die nach Beendigung dieser Episode bis zum Schluss der Apostelgeschichte im Zentrum der Darstellung des Lukas steht. Dieser Umbruch ist auch eine der Ursachen der Unterdrückung der Gemeinde durch Herodes, in deren Zusammenhang sich die Befreiung des Petrus ereignet (vgl. zu V. 3f). Die Erzählung, die von einer dreifachen Dynamik lebt – die wunderbare Rettung des Petrus, das ungläubige Staunen der Gemeinde und das plötzliche Ende des Unterdrückers – gliedert sich in sechs Abschnitte: 1. Verfolgung der Gemeinde durch Herodes und Hinrichtung des Jakobus (V. 1f) – 2. Gefangennahme und sichere Verwahrung des Petrus (V. 3–5) – 3. Wunderbare Befreiung des Petrus (V. 6–11) – 4. Wiedererkennen des Petrus durch die fassungslose Gemeinde und sein Abschied von ihr (V. 12–17) – 5. Entdeckung des Befreiungswunders durch Herodes (V. 18f) – 6. Plötzliches Ende des Herodes (V. 20–23). Lukas hat – soweit sich erkennen lässt – mehrere Überlieferungen (Tod des Jakobus,

Rettung des Petrus, Tod des Herodes) zu einer kunstvoll gestalteten Gesamterzählung verschmolzen, die insbesondere von der Spannung zwischen der wunderbaren Rettung des Unterdrückten und dem wunderlichen Ende des Unterdrückers lebt.

1 Mit der Einführungswendung *zu jener Zeit* deutet Lukas an, dass sich das nun folgende Geschehen etwa zur selben Zeit ereignet wie die zuvor geschilderte Überbringung der antiochenischen Unterstützung nach Jerusalem (vgl. auch V. 25). Mit *Herodes, dem König,* ist Agrippa I., ein Enkel Herodes d.Gr. (vgl. Lk 1,5), gemeint, der von 41 bis 44 n.Chr. Herrscher auch über Judäa war. Auf seine Initiative hin kommt es erneut zu einer Verfolgung der Jerusalemer Gemeinde. Sie richtet sich gegen einzelne Personen (*einige*) aus ihrer Mitte und vollzieht sich in der Form willkürlicher Gewaltanwendung *(Misshandlung).*

2 Ausdruck dieser Willkür ist auch die Hinrichtung des *Jakobus,* der aus dem Leitungsgremium der Gemeinde herausgegriffen und – offenbar ohne Anklage und jegliches Gerichtsverfahren – *mit dem Schwert beseitigt* wird (so wörtlich). Gemeint ist der Apostel Jakobus, der zusammen mit seinem Bruder Johannes (vgl. Lk 5,10) dem Zwölferkreis angehörte (vgl. 1,13).

3–4 Ob Herodes mit seinem Vorgehen gezielt um die Gunst der jüdischen Bevölkerung buhlt oder sich diese unbeabsichtigt einstellt, gibt Lukas nicht eindeutig zu erkennen. Seine Bemerkung, *dass es den Juden gut gefiel,* weist jedenfalls auf einen Gesinnungswandel in der breiten Öffentlichkeit hin: Sie steht nicht mehr hinter der Gemeinde (vgl. dagegen 2,47; 5,14). Die Gründe dafür sind wohl darin zu suchen, dass die religiösen Unterschiede der »Christen« (so 11,26) gegenüber dem traditionellen Judentum zunehmend zutage treten (vgl. 6,11–14; 15,1ff). Das lässt die christliche Gemeinde immer mehr als Fremdkörper erscheinen. Davon ist auch die Jerusalemer Gemeinde betroffen, die ja – wie kurz zuvor dargestellt – in regem Kontakt zu den Christen in Antiochia stand (11,22.27–30) und deren Leiter Petrus sich für eine Öffnung zu den Heiden eingesetzt hatte (10,1 – 11,18). So macht sich Herodes diese Stimmung zunutze und lässt nun auch Petrus *festnehmen* – mit der Absicht, ihn ebenso umzubringen. Da er ihm jedoch einen öffentlichen (Schau-?)Prozess machen (= *dem Volk vorführen*) will, muss er warten, bis das gerade stattfindende *Passafest* vorüber ist (mit den *Tagen der ungesäuerten Brote,* die eigentlich auf das Passa folgen, meint Lukas wohl auch das Fest als solches; vgl. Lk 22,1.7). Um Petrus bis dahin in sicherem Gewahrsam zu halten, *übergibt* Herodes ihn *im Gefängnis* einer militärischen Sondereinheit. Sie besteht aus *vier* sich abwechselnden

Abteilungen von je vier Soldaten, sodass rund um die Uhr eine perfekte *Bewachung* gewährleistet ist.

5 In dieser nach menschlichem Ermessen aussichtslosen Lage tut die Gemeinde das, was ihrem Glauben entspricht: Sie wendet sich im *Gebet* an *Gott*. Das heißt: Sie vertraut die Notlage des Petrus (das Gebet *geschieht* [so wörtlich] *für ihn*) – und damit auch ihre eigene Not – dem an, »der den Himmel und die Erde und das Meer und alles in ihnen gemacht hat« (so im Gebet der Gemeinde nach 4,24). Damit ist nicht gesagt, dass die Gemeinde Gott in seiner schöpferischen Macht um das Geschehen eines Wunders bittet (V. 15f sprechen eher dagegen), wohl aber, dass sie in dieser verzweifelten Lage nichts anderes tut, als den Allmächtigen *anhaltend* um Beistand und Hilfe anzurufen. Eine wesentliche Rolle spielen dabei Versammlungen in einzelnen Häusern (vgl. V. 12; vgl. auch 2,46; 5,42).

6 Es vergehen Tage, ohne dass etwas geschieht. Doch kurz bevor Herodes den beabsichtigten Prozess zu veranstalten gedenkt, greift Gott auf wunderbare Weise ein. Der Herausstellung der Größe des Wunders dient zunächst die Situationsschilderung, indem sie veranschaulicht, wie sicher Petrus verwahrt ist: *gebunden mit zwei Ketten* – an jeweils einen der beiden neben ihm liegenden Soldaten –, während zwei andere *vor der Tür* der Zelle Wache halten. Die Viererabteilung versieht also ordnungsgemäß ihren Dienst, auch und gerade in der Nacht.

7 Doch plötzlich (*und siehe*; vgl. 1,10; 10,30) geschieht das Unfassbare: Perfekte Bewachung und Mauern können Gott nicht daran hindern, seinen Apostel zu befreien! Er schickt einen *Engel* (*des Herrn* = Sendbote Gottes; vgl. Lk 1,11; 2,9; Apg 8,26; 12,23), der als sein Repräsentant und Vollstrecker seines Willens ganz einfach – ohne dass die vermeintlichen Hindernisse als solche auch nur erwähnt würden – *herzutritt* (vgl. Lk 2,9) und die Rettungsaktion beginnt. Was Lukas in 5,19 bei einem analogen Geschehen (wunderbare Befreiung der gefangenen Apostel durch einen Engel) in aller Knappheit beschrieben hat, schildert er hier in breiter Ausführlichkeit – zunächst durch den Hinweis auf das in dem dunklen Raum *aufleuchtende Licht*. Es versinnbildlicht zum einen die himmlische Herrlichkeit Gottes (vgl. 9,3; 22,6.9; 26,13), die mit dem Engel unvermittelt in die (dunkle) irdische Wirklichkeit hereingebrochen ist, und zum anderen die bevorstehende Rettung aus dieser Wirklichkeit, die ja letztlich gegen Gott selbst gerichtet ist (vgl. 26,18.23; vgl. auch das erneute »Zuschlagen« des Engels in V. 23). Das erste, was der Engel tut, ist, den offenbar tief schlafenden Petrus mit einem kräftigen *Stoß an die Seite aufzuwecken*. Was dann folgt, schildert Lukas in drei strukturell gleichen Handlungsabläufen (V. 7b–9a): Auf ein jeweiliges Befehlswort des Engels hin geschieht die sofortige Verwirklichung des Gesagten. Auf diese Weise führt der himmlische Sendbote Regie und damit Petrus Schritt für Schritt hinaus in die Freiheit. Der erste Handlungsablauf beginnt mit der Aufforderung an den Apostel, *schnell aufzustehen*, worauf hin diesem auf wunderbare Weise *die Ketten von den Händen abfallen*. Die Frage nach dem Wie lässt Lukas dabei ebenso offen wie die nach den Soldaten, die das Klirren der Ketten eigentlich hätten hören müssen. Das himmlische Eingreifen ist nach Lukas der irdischen Wirklichkeit derart überlegen, dass sich solche Fragen gar nicht stellen.

8 Der zweite und dritte Handlungsablauf veranschaulichen die Realität des unfassbaren Geschehens, indem sie scheinbar nebensächliche Details der Bekleidung schildern. So weist der Engel Petrus an, *seinen Gürtel umzubinden und seine Sandalen anzuziehen*. Trotz der gebotenen Eile (*Steh schnell auf*; V. 7) ist dank des souveränen Waltens des himmlischen Wesens so viel Zeit, dass Petrus nicht gleichsam im Schlafanzug hinaus auf die Straße muss. *So* bekleidet er sich mit den genannten Utensilien. Auch das Anziehen des *Mantels*, mit dem er sozusagen straßentauglich wird, verläuft nach dem gleichen Schema. Erst darauf hin erfolgt der befreiende Befehl: *Folge mir!*

9 Er wird von dem offenbar verdutzten Petrus, der gar nicht weiß, wie ihm geschieht, und dem von daher jeder Handgriff einzeln anzusagen ist, ebenso unverzüglich in die Tat umgesetzt wie alles andere zuvor. Doch nun stockt die Schilderung des Geschehensablaufs zugunsten einer kurzen Besinnung auf das innere Ergehen des Apostels, wodurch die ohnehin schon ausgeprägte Dramatik noch weiter gesteigert wird. Denn was hier abläuft, kann nicht in die Kategorie der normalen Vorgänge des Lebens eingeordnet werden, nicht einmal in die außergewöhnlichsten. Was hier geschieht, sprengt den Rahmen dessen, was Menschen für wahr und wirklich halten können. So ergeht es auch Petrus, der mit Jesus immerhin so manche wunderbare Erfahrung gemacht hatte – bis hin zu Begegnungen mit dem von den Toten Auferstandenen (vgl. Lk 24,36ff; Apg 1,3.4ff). Aber wir Menschen sind nicht ohne Weiteres in der Lage, derartige Erweise der Wirklichkeit Gottes in unser Weltbild und unsere Erfassung von Wahrheit und Wirklichkeit zu integrieren. Bei Petrus zeigt sich dies darin, dass er das Geschehen für einen Traum beziehungsweise das Schauen eines unwirklichen Vorgangs hält (*Er meinte, eine Vision zu haben*; wörtlich: *eine Erscheinung zu sehen*). Das, *was durch den Engel geschieht*, befindet sich jenseits dessen, was er mit seinen Möglichkeiten erkennen und nachvollziehen kann, weil es sich um den

Einbruch göttlicher Macht und Wirklichkeit in die Begrenzungen menschlichen Daseins handelt. Gleichwohl lässt Lukas keinen Zweifel aufkommen: Es ist *Wirklichkeit*, und zwar von Gott gewirkte Wirklichkeit inmitten des Geschehens der Welt – Wirklichkeit, die *durch den Engel geschieht*.

10 Petrus wird das freilich erst klar, nachdem er sich inmitten dieser neuen Wirklichkeit wiederfindet: inmitten der Stadt – in Freiheit und nicht mehr im Gefängnis (V. 11). Den Weg bis dahin erlebt er noch »wie im Traum« (Roloff, 190). Auch hier schildert Lukas die Vorgänge bis ins Detail: Der Engel geht mit Petrus völlig ungehindert an den beiden vor der Zelle postierten Wachsoldaten der Viererabteilung vorbei bis hin zu dem *eisernen* Außentor, das den Weg *in die Stadt* wie ein unüberwindbares Hindernis versperrt. Doch als sie herantreten, *öffnet es sich ihnen von selbst* (griechisch: automaté), sodass nun der Weg in die Freiheit vollends gebahnt ist. Ausdrücklich fügt Lukas den entscheidenden Satz hinzu: *Und sie traten hinaus.* Aber noch ist Petrus nicht ganz in Sicherheit. So führt ihn der Engel *eine Straße entlang,* offenbar bis zur nächsten Querstraße, in die hinein Petrus im Dunkel der Nacht verschwinden kann und somit allen Möglichkeiten der Nachstellung entzogen ist. Erst als – aber auch *sobald* – dieser Zustand der völligen Sicherheit erreicht ist, verschwindet der *Engel* genauso plötzlich, wie er gekommen war. Er hat seinen Auftrag erfüllt und entzieht sich der menschlichen Wahrnehmung.

11 Sobald der himmlische Bote verschwunden ist, ist Petrus auf sich allein gestellt. Er muss sich in seiner völlig unerwarteten Lage erst einmal orientieren *(zu sich kommen)*. Dabei wird ihm bewusst, dass wahr und wirklich ist, was ihm widerfahren ist *(nun erkenne ich wahrhaftig)*. In den Worten, in denen sich sein ganzes Erstaunen ausspricht, geht es nun nicht mehr um das Wie des wunderbaren Ereignisses (das von Lukas ja umfassend beschrieben worden ist), sondern um dessen Ursache und Ergebnis. Sich in Freiheit wiederfindend konstatiert Petrus: Das alles war kein Traum, sondern ein reales Geschehen, das von Gott ausging. Er (*der Herr*) hat *seinen Engel gesandt* und ihn so *aus der Hand des Herodes befreit* (wörtlich: herausgerissen). Eigens fügt Lukas hinzu, dass das Ansinnen des Herodes mit dem Zugriff auf Petrus der *Erwartung des jüdischen Volkes* entspricht. Das aber heißt: Gott hat den Apostel mit seinem Eingreifen vor dem sicheren Tod gerettet (vgl. zu V. 1–4). Und es besagt auch: Herodes und die Mehrheit des Gottesvolkes erweisen sich als Gegenspieler Gottes (vgl. 5,39) – die freilich keine Chance haben gegenüber seinem souveränen und machtvollen Walten.

12–14 Nachdem Petrus *klar geworden* ist, was vorgegangen war, macht er sich auf den Weg zu einem Haus, von dem er weiß, dass sich dort ein Teil der Jerusalemer Gemeinde zu versammeln pflegt. Indem Lukas die Hausbesitzerin und ihren Sohn namentlich erwähnt, führt er nicht nur *Johannes Markus* als eine der Personen ein, die im Fortgang seiner Darstellung eine Rolle spielen (vgl. V. 25; 13,5.13; 15,37.39), sondern trägt er auch dem Umstand Rechnung, dass dieser im Urchristentum eine weithin bekannte Gestalt war (vgl. Kol 4,10; 2Tim 4,11; Phlm 24; 1Petr 5,13). Außerdem unterstreicht die Nennung der Namen – in V. 13 kommt noch die *Magd Rhode* hinzu – den Realitätscharakter der Erzählung. Im *Haus der Maria* sind (mitten in der Nacht!) *viele* Christen zum Gebet *versammelt* – nach V. 5 im Rahmen der anhaltenden Fürbitte für den gefangenen Petrus. Dieser steht jetzt als freier Mann vor dem *Hoftor*. Größer könnte der Kontrast kaum sein. Das bringt auch die weitere Schilderung des Lukas zum Ausdruck. Die an das Tor (des offenbar stattlichen Anwesens) kommende Magd *erkennt die Stimme* des Apostels, aber anstatt zu öffnen, eilt sie voller *Freude* ins Haus zurück, um den dort Versammelten die unglaubliche Nachricht zu verkünden.

15–16 Die Anwesenden reagieren entsprechend und weisen die Auskunft der Magd als Verrücktheit ab *(Du bist von Sinnen)*. Doch sie ist felsenfest davon überzeugt, dass es kein anderer als Petrus ist, der vor dem Tor steht. Trotz aller Hinwendung zu Gott (V. 5.12) sprengt diese Nachricht den Rahmen dessen, was die Christen sich als Auswirkung ihres Betens vorstellen können. So kontern sie mit dem Verweis auf den *Engel* des Petrus – gemäß der Vorstellung vom persönlichen Schutzengel (vgl. Ps 91,11; Mt 18,10), der dem anbefohlenen Menschen nach volkstümlicher Auffassung offenbar bis in die Stimme hinein gleicht. Auch hier zeichnet Lukas einen Kontrast: Was Petrus für unwirklich gehalten hat – das Eingreifen eines Engels (vgl. V. 9) –, ist die Gemeinde geneigt, für wirklich zu halten, um das ihr unwirklich Erscheinende zu erklären. Doch auf das anhaltende Klopfen hin öffnen sie selbst das Tor – und geraten in höchstes Erstaunen (sie *waren außer sich*; vgl. 8,9.11.13; 9, 21; 10,45), als sie Petrus tatsächlich vor sich stehen sehen.

17 Der in lautstarker Erregung befindlichen Menge bedeutet Petrus sogleich mit einer *Hand*bewegung zu *schweigen* (vgl. 21, 40), um ihr das Wunder erzählen zu können. Dabei fasst Lukas das Geschehen im Blick auf sein Charakteristikum zusammen: Gott (*der Herr*) ist es, der Petrus *aus dem Gefängnis herausgeführt hat*. Doch zum Feiern und für weiteren Austausch oder einen spontanen Dankgottesdienst ist keine Zeit. Petrus sieht zu, dass er wegkommt – offenbar um an einem *anderen Ort* zunächst einmal unterzutauchen und so vor den Nachstellungen des Herodes sicher zu sein. Bevor er dies tut, gibt er noch kurz die Anweisung, das Ganze auch *Jakobus* und den übrigen Mitchristen (*Brüdern*) zu berichten. Jakobus, der Bruder Jesu (vgl. Gal 1,19), der hier zum ersten Mal in der Apostelgeschichte erwähnt wird und später der Leiter der Jerusalemer Gemeinde ist (vgl. 21,18), wird sehr bald neben Petrus in leitender Funktion auftreten (vgl. 15,13ff). Wahrscheinlich will Lukas mit seiner Erwähnung andeuten, dass er diese Position schon zur Zeit der Verfolgung durch Herodes innehatte.

18–19 Am nächsten Morgen ist die *Bestürzung* unter den *Soldaten* groß: Der Gefangene ist entkommen, obwohl die Wachposten ihren Dienst ordnungsgemäß versehen hatten. Was war da wohl *mit Petrus geschehen*? Auch *Herodes*, der den Apostel vergeblich *holen lassen* will, kann an der rätselhaften Sache nichts ändern. Nach einem *Verhör der Wachen* bleibt ihm nichts anderes übrig, als sie *abführen* zu lassen – vermutlich zur Hinrichtung (vgl. Lk 23,26), denn Wächter hatten nach damaliger Sitte mit ihrem Leben für die ihnen anvertrauten Gefangenen einzustehen (vgl. 16, 27; 27,42). Lukas beschließt die Szene mit der lapidaren Bemerkung, dass Herodes (nach dieser völlig missratenen Geschichte) *Judäa* verlässt und *nach Cäsarea* (in seine Hauptresidenz) zurückkehrt.

20–23 Dort kommt es sehr schnell zum Ende des gottlosen Herrschers. Ausgangspunkt ist eine *heftige Auseinandersetzung mit den Bewohnern* der phönizischen Städte *Tyrus und Sidon*. Für Lukas ist es völlig nebensächlich, worum es dabei ging. In aller Knappheit bietet er lediglich die nötigen Informationen, um zum Eigentlichen zu kommen: Den von Getreidelieferungen aus dem *Land* des Königs abhängigen Städten gelingt es, mit *Blastus* einen einflussreichen Beamten des königlichen Hofes zu gewinnen und auf diese Weise erfolgreich *um Frieden* zu *bitten*. Herodes nutzt die Gelegenheit der öffentlichen Proklamation des Friedensschlusses an einem dafür *festgesetzten Tag* zur Selbstdarstellung als Herrscher mit den Insignien königlicher Macht (Anlegen des *Königs*ornats und Platznehmen auf der thronartigen *Rednertribüne*). Dass ihm die heidnische Menge dabei, damaliger Gepflogenheit entsprechend, als Gott in Menschengestalt huldigt (*Die Stimme Gottes und nicht eines Menschen*), wird ihm augenblicklich zum Verhängnis – weil er die *Gott* allein gebührende *Ehre* (als Gott verherrlicht zu werden; vgl. Lk 17,18) für sich in Anspruch genommen und nicht zurückgewiesen beziehungsweise auf den wahren Gott verwiesen hat. Hier kommt nach Lukas die ganze gottwidrige Gesinnung des Königs exemplarisch zum Tragen, die er zuvor schon mit der Hinrichtung des Jakobus und der Verhaftung des Petrus an den Tag gelegt hatte. Beides zusammen führt zu seinem plötzlichen Ende. Wer sich in eklatanter Weise als Widersacher Gottes behauptet, indem er die christliche Gemeinde verfolgt und sich als Gott huldigen lässt, findet das, was ihm nach göttlichem Recht zusteht: den Tod (vgl. Dan 5,22–30). Dieser wird von einem *Engel* im Auftrag Gottes herbeigeführt (zum Motiv des Strafengels vgl. 2Sam 24,16; 2Kön 19,35) – in Gestalt des augenblicklichen Zerfressen-Werdens von Würmern (vgl. 2Makk 9, 5–9). Was für uns Heutige überzogen und grausam klingt, ist von Lukas offenbar als drastisches Beispiel dafür gedacht, dass Gott im Blick auf das Streitig-Machen seines Gott-Seins und den Widerstand gegen seinen heiligen Willen nicht mit sich spaßen lässt (vgl. 5,1–11; 7,41–43). Auch der jüdische Historiker Josephus berichtet in ähnlicher Weise über den Vorfall in Cäsarea und den Tod des Herodes Agrippa (Josephus, Antiquitates 19,346).

Das Motiv der *Ehre Gottes*, mit dem die Erzählung endet, zieht sich bereits zuvor wie ein roter Faden hindurch – und zwar in der Polarität ihrer Verweigerung sowie ihrer Erweisung durch den Menschen. Auf der einen Seite steht Herodes. Dass er sich die ihm erwiesene Huldigung als Gott in Menschengestalt gefallen lässt (V. 22f), zeigt die widergöttliche Grundeinstellung, mit der er sein Herrscheramt ausübt und wie sie in der Misshandlung der Gemeinde sowie der Tötung des Jakobus anfangs zum Ausdruck kommt (V. 1f). Auf der anderen Seite stehen die Gemeinde und Petrus. Die Glaubenden erweisen Gott die Ehre, indem sie sich in ihrer Not mit Bitte und Fürbitte an ihn wenden und alles von ihm erwarten (V. 5). Und von Petrus wird gleich zweimal berichtet, wie er die erfolgte Rettung auf das wunderbare Handeln Gottes zurückführt und damit – entgegen allen anderen Deutungsversuchen und -möglichkeiten – klarstellt, wer hier machtvoll am Werk war (V. 11.17). So will Lukas mit dieser Erzählung wohl veranschaulichen, wem zum Abschluss der Phase des Übergangs zur Heidenmission (8,4 – 12,25) die Ehre gebührt: Gott allein, der diesen Wandel in vielen Erweisen seiner wunderbaren Macht herbei und zu ihrem (vorläufigen) Ziel geführt hat. Aller Widerstand gegen die Heidenmission, wie er sich exemplarisch im Handeln und Verhalten des Herodes und der Zustimmung der Juden dazu äußert (V. 1–3.11), ist letztlich gegen Gott selbst und sein Walten in der Geschichte gerichtet.

Dementsprechend arbeitet die Erzählung – das ist ihr zweiter Grundzug – denn auch die Geschichtsmächtigkeit Gottes mit Nachdruck heraus: einmal, indem die Frage nach der *Wirklichkeit* des wunderbaren Geschehens in aller Deutlichkeit gestellt (V. 9) und in aller Klarheit beantwortet wird (V. 11) – und zum anderen, indem allen Versuchen, den Wirklichkeitscharakter des Unfassbaren an menschliche Vorstellungen anzupassen und damit abzuschwächen oder gar zu bestreiten (V. 9: Vision; V. 15: Verrücktheit, Schutzengel), eine doppelte Absage erteilt wird (V. 11.17). So ist die Aufforderung, dieses *wahre* (V. 11) und *wirkliche* (V. 9) Geschehen Jakobus zu berichten (V. 17), mehr als nur die Pflicht der Mitteilung an die neue Gemeindeleitung. Es geht vielmehr um das Zeugnis von dem Gott, der sein *Wort wachsen* lässt – so das Fazit im unmittelbar folgenden V. 24 (siehe nächster Abschnitt) –, indem er in der Geschichte handelt: in der Geschichte Jesu sowie des Zeugnisses von ihm unter Juden und Heiden. Dabei kommt die Macht und Größe seines Geschichtswirkens nirgends deutlicher zum Tragen als in der Rettung aus auswegloser Situation. Was Gott in der Auferweckung Jesu aus den Toten als die letzte Tiefendimension seines Eingreifens in die Geschichte offenbart hat, erweist er immer wieder neu in analogen Taten im Zusammenhang des Jesuszeugnisses (V. 6–17; vgl. 9,1–19. 32–43). Dazu gehört auch die Rettung der Heiden (11,14) aus der ausweglosen Situation der Unreinheit (10,28) und der Sündhaftigkeit (10, 43; vgl. 26,18).

Lukas ist offensichtlich daran gelegen, die rettende Macht Gottes als Wirklichkeit seines Handelns in der Geschichte am Wendepunkt zum weltweiten Jesuszeugnis mit Nachdruck herauszustellen. Im Vordergrund sollte für uns Heutige daher nicht die Frage stehen: *Wie* kann so etwas (wie die wunderbare Rettung des Petrus) möglich sein?, sondern: *Wer* ist der Gott, der hier am Werk ist – damals wie heute?

12,24–25
Wachstum des Wortes Gottes. Rückkehr des Barnabas und Saulus nach Antiochia

24Das Wort Gottes aber wuchs und mehrte sich. 25Barnabas und Saulus kehrten, nachdem sie den Dienst erfüllt hatten, aus Jerusalem zurück. Dabei nahmen sie auch Johannes mit dem Beinamen Markus mit sich.

24 Mit einem für ihn typischen Resümee schließt Lukas seine Darstellung der Wende zur Heidenmission ab. Wie auch andernorts lenkt er den Blick auf das, worum es eigentlich geht: die Verkündigung des Wortes Gottes und das mit ihm einhergehende geistliche Wachstum. Lukas platziert diese die Gesamtrichtung des Geschehens aufzeigenden Zusammenfassungen gerne am Ende größerer Ereigniszusammenhänge – so im Anschluss an die Bewältigung der mit der Armenversorgung aufgebrochenen Krise in der blühenden Anfangszeit der Jerusalemer Gemeinde (6,7), zum Abschluss der Konsolidierungsphase der verfolgten Gemeinde durch die Berufung und Verkündigung des Saulus (9,31) sowie beim Übergang der Epoche der paulinischen Mission in Kleinasien und Griechenland zur Phase der Gefangenschaft in Jerusalem und Rom (19,20). Eine ähnliche Abschluss- und Übergangsfunktion hat auch V. 24 im Blick auf den Darstellungszusammenhang der Kap. 10–12 und 13ff. Lukas verdeutlicht mit seinem Resümee: Es geht in allem Geschehen um das Wirksamwerden des Wortes Gottes. Was mit der Bekehrung des Hauses des Cornelius begonnen hat (10,1 – 11,18) und mit der Entstehung der ersten heidenchristlichen Gemeinde in Antiochien fortgesetzt wurde (11,19–30), soll nun – mit der sogleich einsetzenden Mission des Saulus (Kap. 13ff) – in einen weltweiten Horizont überführt werden, in dem in neuen Dimensionen das geschieht, worum es auch bisher in allem gegangen ist: dass Gott selbst für die heilschaffende Wirkung seines Wortes sorgt. Dessen Verkündigung und Frucht unter den Menschen lässt sich auch durch die Intervention irdischer Machthaber nicht verhindern (V. 1–23).

25 Mit der Notiz von der Rückkehr des Barnabas und Saulus nach Antiochia leitet Lukas unmittelbar zum nächsten großen Abschnitt seiner Darstellung über: das Missionswerk des Saulus (bzw. Paulus; zur Namensänderung vgl. 13,9) und sein Weg nach Rom (Kap. 13–28). Dabei verknüpft er die neue Epoche mit dem bisherigen Geschehen über die theologische Richtungsanzeige von V. 24 hinaus auch darstellerisch, indem er *Barnabas und Saulus* erst jetzt *aus Jerusalem* nach Antiochia *zurückkehren* lässt. Eigentlich hätte diese Notiz schon nach 11,30 erfolgen können, aber Lukas legt offenbar Wert darauf, den Abschluss seiner Schilderung der Geschichte der Jerusalemer Gemeinde mit dem Beginn der paulinischen Mission zu verzahnen (V. 1–23; die Urgemeinde wird fortan nur noch im Zusammenhang ihrer Rolle in der Geschichte des Paulus erwähnt; vgl. 15,2ff; 21,17ff). Er will damit wohl zum Ausdruck bringen, dass der nun beginnende neue Abschnitt der Heilsgeschichte organisch aus dem alten erwächst und mit ihm verbunden ist. Konkret zeigt sich dies in der *Erfüllung* des *Dienstes* der Unterstützung der Jerusalemer Gemeinde (vgl. zu 11,30) durch Antiochia sowie in der *Mitnahme* des *Johannes Markus* aus Jerusalem. Ihn hatte Lukas im Zusammenhang der Befreiung des Petrus eingeführt (V. 12); er wird Saulus und Barnabas auf der ersten Missionsreise begleiten (13,5).